Rocky Linux 8로

Docker 핵심 이해하기

Understanding the Docker with Rocky Linux 8

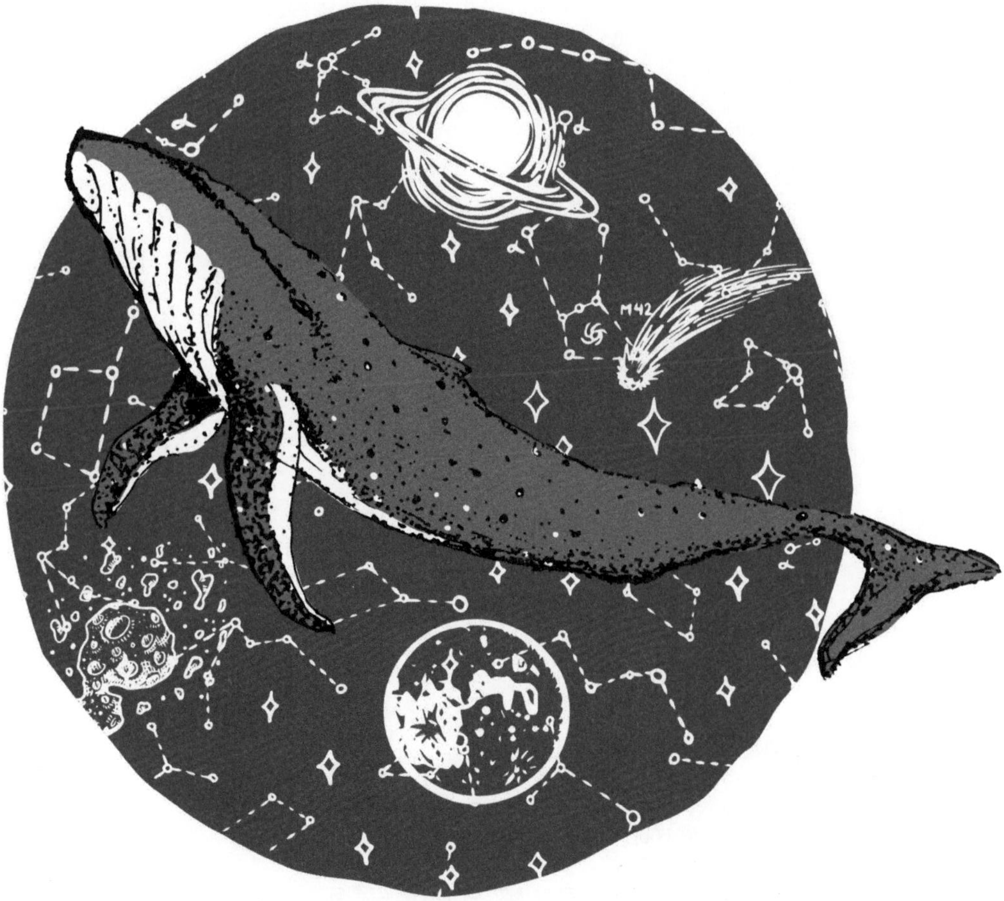

북스홀릭
Publishing

Rocky Linux 8로 **Docker** 핵심 이해하기
Understanding the Docker with Rocky Linux 8

초판 1쇄 발행일 2023년 11월 6일

지은이 백승찬, 박지안, 정성재
펴낸이 조완용, 고영진

주소   서울시 금천구 시흥1동 992-12 영광빌딩 203호
문의전화 02-896-7846 / 02-3142-3600 팩스 02-896-7852
홈페이지 http://www.booksholic..co.kr

발행처 북스홀릭 퍼블리싱 출판등록번호 제2012-000063호

ⓒ 백승찬, 박지안, 정성재 2023(저작권자와 맺은 특약에 따라 검인을 생략합니다.)
ISBN 979-11-6289-117-9 [93000]

이 책은 저작권법에 따라 보호받는 저작물이므로 무단전제와 무단복제를 금지하며,
이 책 내용의 전부 또는 일부를 이용하려면 반드시 저작권자와 북스홀릭 퍼블리싱의 서면동의를 받아야 합니다.

※ 잘못된 책은 구입처에서 바꾸어 드립니다.
※ 책 가격은 뒷면에 있습니다.

머리말

모놀리식(Monolithic) 아키텍처는 애플리케이션의 모든 구성 요소가 한 프로젝트에 통합된 서비스이며 많은 회사가 선택하는 개발 구조이다. 소규모의 프로젝트에서 모놀리식 형태는 간단하며 유지 보수가 편하기 때문에 많이 선호되었지만, 일정 규모 이상으로 넘어가면 한계점에 봉착하였다. 이러한 모놀리식 아키텍처 서비스의 한계점에서 마이크로 서비스 아키텍처가 등장하게 되었다. 마이크로 서비스 아키텍처는 애플리케이션을 서비스의 모음으로 개발되는 아키텍처이며 각각의 서비스는 독립적으로 개발, 배포, 유지 관리할 수 있어야 한다. 이때 컨테이너를 사용하여 서비스를 구현하면 애플리케이션을 각 담당 영역을 가진 소규모의 독립적인 구성 요소로 구분할 수 있다. 컨테이너는 종속 항목에 대한 걱정 없이 서비스를 개발하는 데 집중할 수 있게 되기 때문에 최신 클라우드 기반 애플리케이션은 컨테이너를 사용하여 마이크로 서비스로 빌드한다. 현재 컨테이너를 다루는 기술 중 가장 많이 사용되는 것이 도커(Docker)이며, 컨테이너 런타임을 통해 컨테이너를 오케스트레이션(orchestration)할 때 가장 많이 사용되는 도구로 쿠버네티스(Kubernetes)가 있다. 이 책에서는 도커와 쿠버네티스의 기본 개념을 이해하고 클라우드 환경에서 운영 능력을 향상할 수 있는 내용을 다루고 있다. 가장 일반적인 환경인 윈도우 운영체제에서 호스트기반 가상화 도구인 VirtualBox를 사용하여 가상 머신을 만들고, 가상 머신의 운영체제로 현재 가상 이슈인 Rocky Linux 8을 선택하였다. Rocky Linux에 도커를 설치하고, 온프레미스(On-Premise) 기반으로 개발자가 개발 코드와 함께 컨테이너 개발 환경을 구성할 수 있도록 하였다. 또한 구글 클라우드 서비스에 생성된 컨테이너를 운영할 수 있는 쿠버네티스 이용하여 개발자에 의해 생성된 컨테이너가 클라우드 프로덕션 서비스 환경으로 바로 배포될 수 있도록 하였다.

이 책에서는 운영체제인 Rocky Linux, 가상화 솔루션인 VirtualBox, 컨테이너 기술인 Docker, 구글 클라우드에 대한 내용을 담고 있으며, 입문하는 초보자부터 중급 사용자에게 도움이 되는 책이 되기를 기원한다. 교재와 관련된 오류, 오타, 내용 보강, 피드백은 대표 저자에게 메일을 보내면 답변을 드릴 예정이다. 도커와 쿠버네티스를 공부하는 많은 분들의 기본 서적이 될 수 있도록 지속적인 업데이트를 진행할 예정이다.

[감사의 글]

책을 집필하겠다고 말씀드리면 흔쾌히 허락해주시고, 출판되기까지 많은 격려와 도움을 주신 북스홀릭 조완용 대표이사님과 고영진 이사님의 노고에 깊은 감사를 드립니다.

책을 쓰는데 가장 큰 역할을 담당해준 정성재 교수님, 바쁘신 와중에도 좋은 책이 나오도록 함께 힘써주신 박지안 선생님, 마음으로 지원해 주신 솔데스크 직원 및 강사님들, 고등학교 및 대학교 친구들, 저에게 강의를 들었던 제자분들, IT를 하며 많은 도움을 주신 분들에게 고마운 마음을 전합니다. 사랑하는 가족들, 특히 항상 큰 힘이 되어준 밝은 미소를 가진 아들 민준, 민혁에게 고마운 마음을 전합니다.

대표저자 백승찬

| 차례 |

Chapter 01 리눅스 기반 가상화 기술 및 설치

1.1 가상화 환경의 이해 ·· 10
    1.1.1 가상화 기술의 유형 ·· 10
    1.1.2 CPU 가상화 기능 활성화 ··· 11
1.2 컨테이너 기술의 이해 ·· 12
    1.2.1 컨테이너 기술의 개요 ·· 12
    1.2.2 주요 컨테이너 기술 ·· 12
1.3 Rocky Linux 8 설치 ··· 13
    1.3.1 VirtualBox 설치하기 ··· 13
    1.3.2 Rocky Linux 8 설치하기 ·· 23
    1.3.3 설치된 리눅스 정보 확인 ·· 63
    1.3.4 VirtualBox의 가상 머신 관리하기 ······································· 65

Chapter 02 Docker의 개요 및 설치

2.1 Docker의 이해 ·· 72
    2.1.1 Docker의 개요 ·· 72
    2.1.2 Docker의 기능 ·· 73
    2.1.3 Docker 컴포넌트(Docker Component) ······························· 75
    2.1.4 Docker 기반 기술 ··· 76
2.2 Docker 설치 ··· 80
    2.2.1 Docker 설치 준비 ··· 80
    2.2.2 리눅스에 Docker 직접 설치하기 ··· 82
    2.2.3 Docker 처음 사용하기 ··· 84

Chapter 03 Docker 명령

3.1 Docker 이미지 관리 · 90
　3.1.1 Docker Hub · 90
　3.1.2 도커 이미지 관리 명령어 · 91
3.2 Docker 컨테이너 관리 · 105
　3.2.1 Docker 컨테이너 라이프 사이클(Life Cycle) · 105
　3.2.2 Docker 컨테이너 관리 명령어 · 106
3.3 Docker 볼륨 관리 · 115
　3.3.1 Docker 데이터 관리 개요 · 115
　3.3.2 Docker 볼륨 관리 방식 · 116
　3.3.3 이미지 및 컨테이너와 레이어 · 130
3.4 Docker 컨테이너의 네트워크 관리 · 142
　3.4.1 도커 네트워크의 개요 · 142
　3.4.2 도커 컨테이너 네트워크 관리 · 145
　3.4.3 도커 네트워크 관리 · 148
3.5 Docker 컨테이너 운용하기 · 167
　3.5.1 기동 중인 컨테이너 연결 · 167
　3.5.2 기동 컨테이너 프로세스 실행 · 168
　3.5.3 기동 컨테이너의 프로세스 확인 · 170
　3.5.4 기동 컨테이너의 포트 정보 확인 · 171
　3.5.5 컨테이너 이름 변경 · 172
　3.5.6 컨테이너 안의 파일 복사 · 174
　3.5.7 컨테이너 변경의 차이점 확인 · 175
　3.5.8 기동 중인 컨테이너 로그 확인 · 177
3.6 리소스 제한 및 모니터링하기 · 179
　3.6.1 리소스 제한의 개요 · 179
　3.6.2 리소스 제한 실습 · 182
3.7 도커 이미지 생성 · 189
　3.7.1 도커 컨테이너로부터 이미지 작성 · 189
　3.7.2 컨테이너를 tar 파일로 출력 · 196
　3.7.3 tar 파일로부터 이미지 작성 · 198
　3.7.4 도커 이미지 저장 · 202
　3.7.5 도커 이미지 읽어들이기 · 203

Chapter 04 Dockerfile과 이미지 빌드

- 4.1 Dockerfile을 사용한 구성 관리 ·· 208
  - 4.1.1 Dockerfile 소개 ·· 208
  - 4.1.2 Dockerfile의 기본 구문 ·· 213
- 4.2 Dockerfile을 사용한 이미지 빌드와 이미지 레이어 ······················ 217
  - 4.2.1 Dockerfile로부터 Docker 이미지 생성 ······································ 217
  - 4.2.2 Docker 이미지의 레이어 구조 ··· 219
- 4.3 멀티 스테이지 빌드를 사용한 애플리케이션 개발 ······················· 221
  - 4.3.1 빌더 패턴 ·· 222
  - 4.3.2 다단계 빌드(Multi Stage Build) 사용 ·· 223
- 4.4 Dockerfile 명령 및 데몬 실행 ··· 230
  - 4.4.1 Dockerfile 명령 및 프로세스 실행 ··· 230
  - 4.4.2 데몬 실행 ·· 233
  - 4.4.3 빌드 완료 후에 실행되는 명령 ··· 240
  - 4.4.4 작업 디렉터리 지정 ··· 243
  - 4.4.5 사용자 지정 명령 ·· 245
  - 4.4.6 파일 및 디렉터리 추가 ·· 246
  - 4.4.7 이미지 라벨 정보 ·· 249
  - 4.4.8 리스닝(Listening) 포트 지정 ·· 249
  - 4.4.9 컨테이너 볼륨 영구 저장 ··· 249
- 4.5 미니 프로젝트 ··· 262
  - 4.5.1 vsftpd 서버 이미지 만들기 ·· 262
  - 4.5.2 PHP 연동 웹 서버 이미지 만들기 ··· 267
  - 4.5.3 Python 연동 웹 서버 이미지 만들기 ··· 272

Chapter 05　이미지 공개

5.1 도커 이미지의 자동 생성 및 공개 ·· 280
　　5.1.1 도커 이미지 자동 빌드 ··· 280
　　5.1.2 CI/CD ··· 281

5.2 프라이빗 레지스트리 구축 ·· 282
　　5.2.1 로컬 레지스트리 시작과 종료 ··· 283
　　5.2.2 도커 레지스트리 구축 실습 ·· 285

5.3 구글 클라우드에 프라이빗 레지스트리 구성 작업 ························ 302
　　5.3.1 클라우드 플랫폼 소개 ·· 302
　　5.3.2 구글 컨테이너 레지스트리 실습 ······································· 303

Chapter 06　Docker Compose

6.1 Docker Compose 개요 및 설치 ··· 320
　　6.1.1 Docker Compose 소개 ·· 320
　　6.1.2 Docker Compose 설치 ·· 320

6.2 Docker Compose 파일 ·· 328
　　6.2.1 YAML 파일 ·· 328
　　6.2.2 Docker Compose 파일 ··· 331

6.3 Docker Compose 명령 ·· 359
　　6.3.1 Docker Compose 버전 확인 ··· 360
　　6.3.2 여러 컨테이너 생성 및 시작 ·· 361
　　6.3.3 여러 컨테이너 상태 확인 ·· 366
　　6.3.4 컨테이너에서 명령 실행 ··· 369
　　6.3.5 여러 컨테이너 시작, 중지, 재시작 ···································· 372
　　6.3.6 서비스 구성 확인 ·· 376
　　6.3.7 여러 컨테이너 강제 정지 및 삭제 ····································· 377
　　6.3.8 Docker Compose를 활용한 구성 실습 ···························· 379

Chapter 07 클라우드 환경 컨테이너 관리

7.1 클라우드 환경에서 Docker 오케스트레이션 ·· 410
    7.1.1 분산 환경에서의 컨테이너 운용 관리 ·· 410
    7.1.2 퍼블릭 클라우드가 제공하는 매니지드 서비스 ······························ 410
    7.1.3 구글 클라우드 플랫폼의 컨테이너 관련 서비스 ···························· 411
7.2 Kubernetes ·· 412
    7.2.1 쿠버네티스의 개요 ·· 412
    7.2.2 쿠버네티스의 구성 요소 ·· 413
7.3 GCP를 사용한 실습 ··· 420
    7.3.1 GCP를 사용한 Docker 애플리케이션 개발 실습 ·························· 420
    7.3.2 GCP를 사용한 컨테이너 애플리케이션 실행 환경 구축 ············· 429
    7.3.3 클라우드 환경에서 Docker 실행 환경의 운용 관리 ···················· 455

■ 참고문헌 ·· 470
■ 찾아보기 ·· 471

Chapter 01

리눅스 기반 가상화 기술 및 설치

1.1 가상화 환경의 이해
1.2 컨테이너 기술의 이해
1.3 Rocky Linux 8 설치

Chapter 01 리눅스 기반 가상화 기술 및 설치

1.1 가상화 환경의 이해

1.1.1 가상화 기술의 유형

▶ 가상화의 정의

가상화(Virtualization)란 한 컴퓨터의 물리적 시스템 자원인 CPU, 메모리, 디스크 등을 여럿으로 나누거나, 여러 컴퓨터의 물리적 자원을 하나로 묶어서 제공하는 기술을 통칭해서 일컫는다. 가상화 기술은 실제 존재하는 CPU, 메모리, 디스크 같은 물리적 자원들을 논리적 자원들의 형태로 표시하는 기술로서, 물리적 자원을 이용하는 사용자(구체적으로 애플리케이션 및 서비스를 가리킴)에게는 논리적 형태로만 나타난다.

서버 가상화 기술은 크게 두 가지 유형으로 나눌 수 있는데, 베어메탈(Bare-Metal) 가상화와 호스트 기반 가상화로 분류할 수 있다.

▶ 베어메탈(Bare-Metal/Hypervisor) 가상화

하드웨어 상에 호스트 운영체제 없이 하이퍼바이저(Hypervisor)가 바로 설치되고, 그 위에 가상머신을 구현한 방식으로 서버에서 사용하는 대부분이 사용하는 방식이다. 이 방식을 사용하는 제품에는 VMware ESXi Server, Citrix XenServer 등이 있다.

▶ 호스트 기반 가상화

(1) 호스트 기반 가상화

하드웨어 상에 호스트 운영체제를 설치하고, 그 위에 가상 머신을 구현하는 방식이다. 데스크톱에서 사용되는 가상화 프로그램인 VMware Workstation, VirtualBox 등이 이 방식에 해당한다.

> 참고 | Host OS와 Guest OS
>
> Host OS는 하드웨어 위에 바로 설치되는 운영체제를 의미하고, Guest OS는 가상 머신 위에 설치되는 운영체제를 의미한다.

┃베어메탈 가상화 VS 호스트 기반 가상화┃

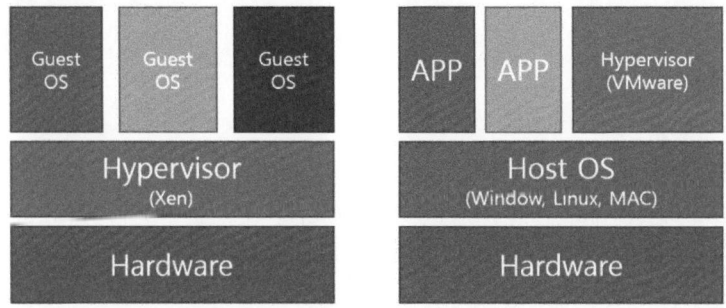

1.1.2 CPU 가상화 기능 활성화

VMware Workstation이나 VirtualBox와 같은 가상화 프로그램을 사용하려면 시스템에 장착된 CPU 에서 관련 기능을 지원해야 하고, 기능도 활성화시켜야 한다. 인텔(Intel) 계열 CPU인 경우에는 VT-x라고 부르고, AMD 계열 CPU인 경우에는 SVM이라고 부른다. 관련 기능은 시스템 부팅 전 메 인보드의 BIOS에 진입해서 활성화시킬 수 있다.

┃AMD의 SVM 활성화 예┃

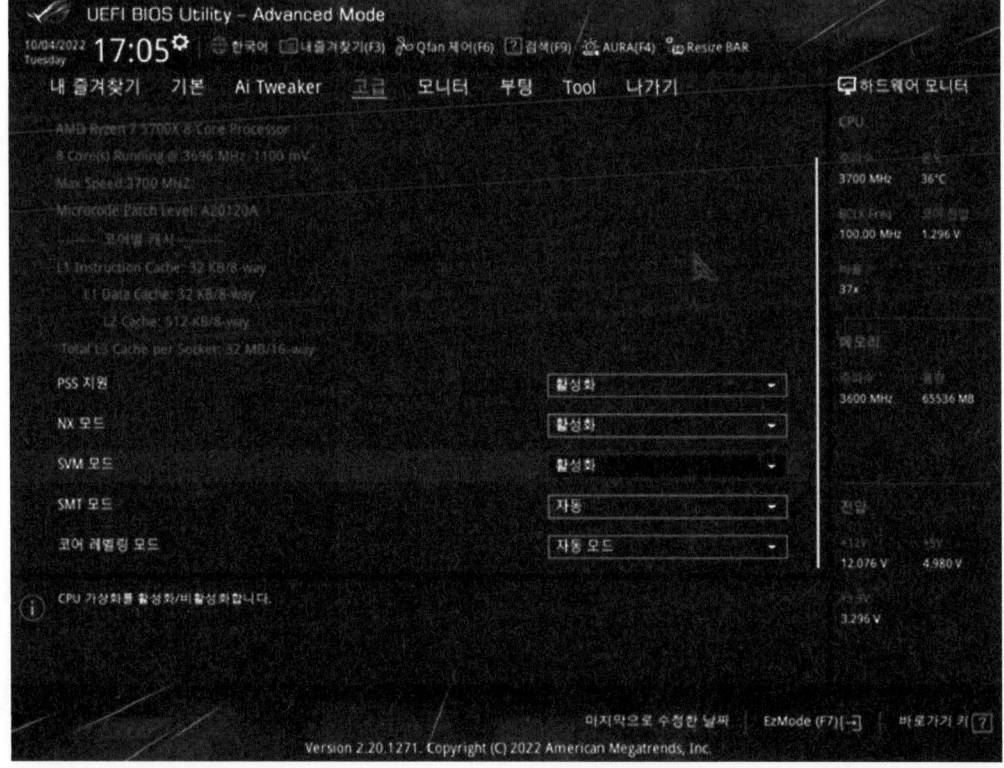

1.2 컨테이너 기술의 이해

1.2.1 컨테이너 기술의 개요

컨테이너(Container)란 호스트 OS 상에 논리적인 구획(컨테이너)을 만들고, 애플리케이션을 작동시키기 위해 필요한 라이브러리나 애플리케이션 등을 하나로 모아서, 마치 별도의 서버인 것처럼 사용할 수 있는 기술이다. 호스트 OS의 자원을 논리적으로 분리시키고, 여러 개의 컨테이너가 공유하여 사용한다. 컨테이너는 오버헤드가 적기 때문에 가볍고 고속으로 동작하는 특성을 갖는 관계로 경량형 서버 가상화 기술이라고도 부른다.

| 애플리케이션 배포 비교 |

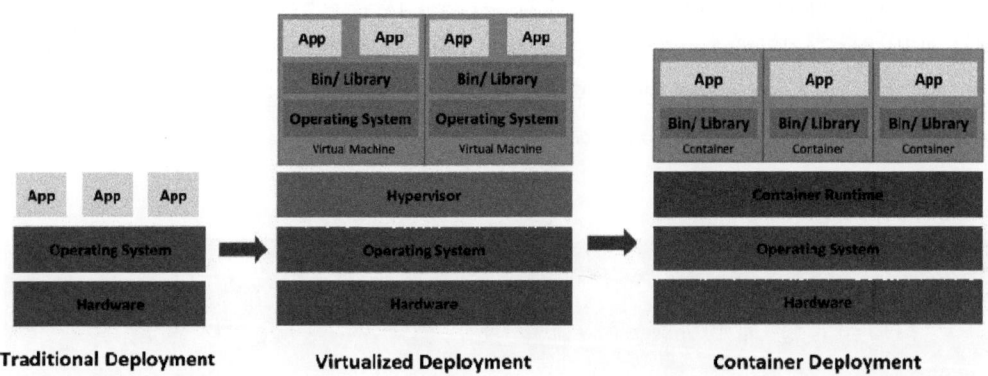

1.2.2 주요 컨테이너 기술

| 주요 컨테이너 기술 |

	LXD	Docker	LXC	OpenVZ	Virtuozzo
Release	2015	2013	2008	2005	2001
개발사	Canonical	Docker Inc.	IBM, Parallels, Canonical	OpenVZ Community	Parallels
지원 OS	Linux	Linux, Windows, macOS	Linux	Linux	Linux, Windows
비용	무상	무상	무상	무상	유상
소스 공개 여부	공개	공개	공개	공개	독점

1.3 Rocky Linux 8 설치

본 교재에서는 Docker 시스템 구축을 위한 운영체제로 공개형 엔터프라이즈 리눅스인 Rocky Linux 8을 사용한다. 또한 Rocky Linux 8을 물리적인 하드웨어에 단독으로 설치하기 힘든 경우가 대부분이라 판단되어 윈도우 운영체제에서 가상화 프로그램인 VirtualBox 기반으로 실지를 진행한다.

1.3.1 VirtualBox 설치하기

> **VirtualBox 설치하기**

(1) 관련 사이트 방문 및 다운로드

① VirtualBox를 사용하려면 먼저 관련 웹 사이트인 https://www.virtualbox.org를 방문한다. 메인 페이지의 왼쪽 메뉴에서 [Downloads]를 클릭하거나 페이지 중앙에 위치한 [Download VirtualBox 7.0] 이미지를 클릭해서 다운로드 페이지로 이동한다.

② 호스트 운영체제에 따른 플랫폼 패키지를 선택한다. 윈도우 운영체제 기반으로 리눅스를 설치할 예정이라면 [Windows hosts]를 클릭해서 관련 패키지를 다운로드한다. 2023년 9월 03일 기준으로 윈도우용 VirtualBox 파일명은 VirtualBox-7.0.10-158379-Win.exe이고 파일 용량은 약 105MB 정도 된다.

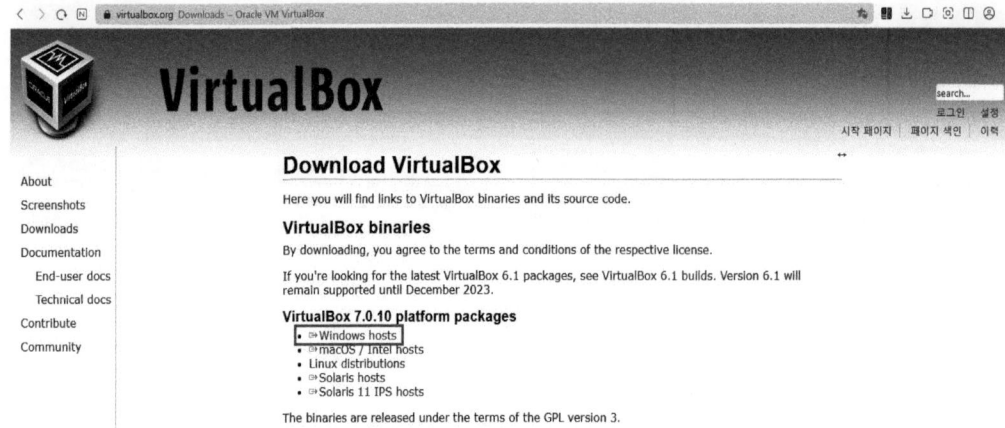

(2) VirtualBox 설치하기

VirtualBox 프로그램은 처음 설치나 기존 버전이 있는 상태에서 재설치해도 설치 단계의 차이점은 없다. 재설치할 때는 중간에 기존 버전을 삭제하는 과정이 나타날 수 있지만, 기존에 사용하던 가상 머신을 그대로 사용할 수 있으므로 이전 버전이 설치된 경우라도 설치 과정을 그대로 진행하면 된다.

① 다운로드 받은 VirtualBox-7.0.10-158379-Win.exe 파일을 클릭하면 설치 마법사가 나타나는데, [Next] 버튼을 클릭한다.

참고 | Microsoft Visual C++ 재배포 가능 패키지 설치

VirtualBox 7.0 버전 설치 과정에서 Microsoft Visual C++ 2019 용 재배포 가능 패키지를 설치하라는 메시지 창이 나타날 수도 있다. 이 경우에는 해당 패키지를 먼저 설치해야 한다.

메시지 창 예

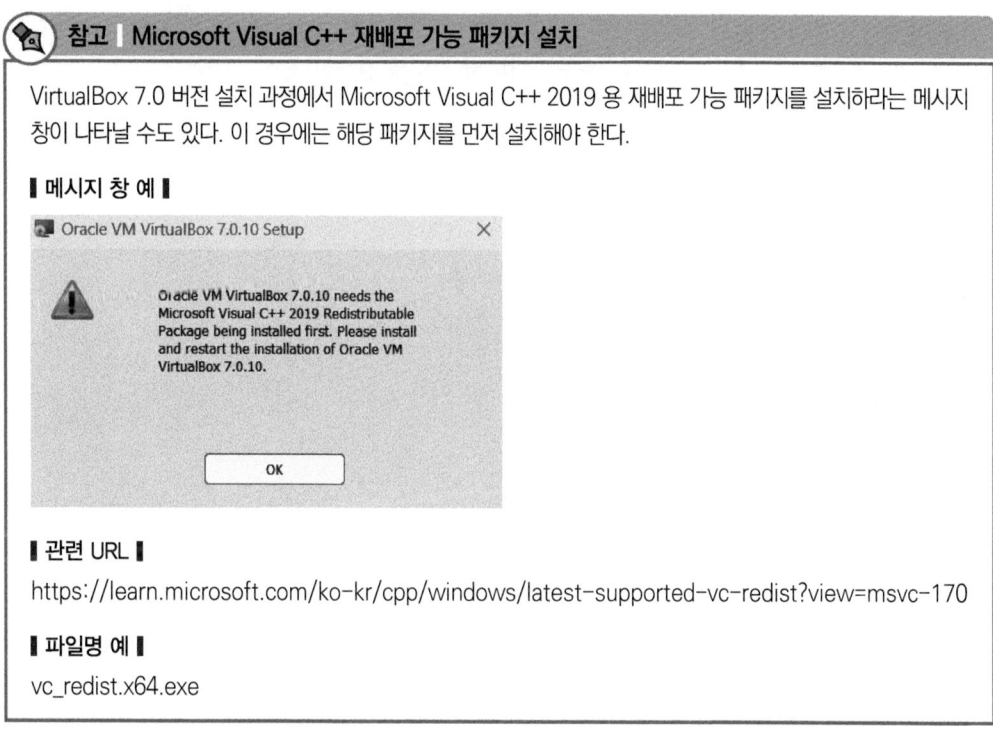

관련 URL

https://learn.microsoft.com/ko-kr/cpp/windows/latest-supported-vc-redist?view=msvc-170

파일명 예

vc_redist.x64.exe

② 설치되는 폴더(디렉터리)를 지정할 수 있다. 기본으로 지정된 폴더에 설치하려면 [Next] 버튼을 클릭하고, 변경하려면 [Browse] 버튼을 클릭해서 특정 폴더로 지정하면 된다. 본 교재에서는 기본 폴더에 설치한다. 참고로 D:와 같이 다른 드라이브를 설치하면 VirtualBox 실행 시 오류가 나는 경우가 있으므로 설치는 C: 드라이브에 설치하는 것을 권장한다.

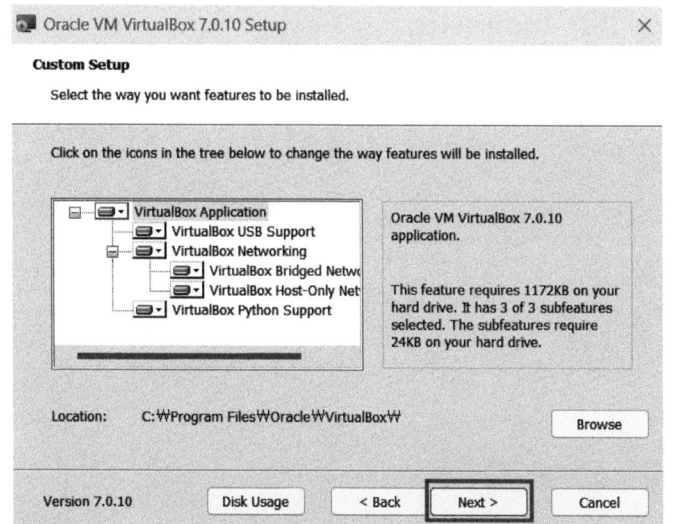

③ VirtualBox의 네트워크 기능을 설치하면 네트워크 연결이 재설정되면서 일시적으로 연결이 끊어질 수 있다는 메시지이다. [Yes] 버튼을 클릭해서 설치를 진행한다.

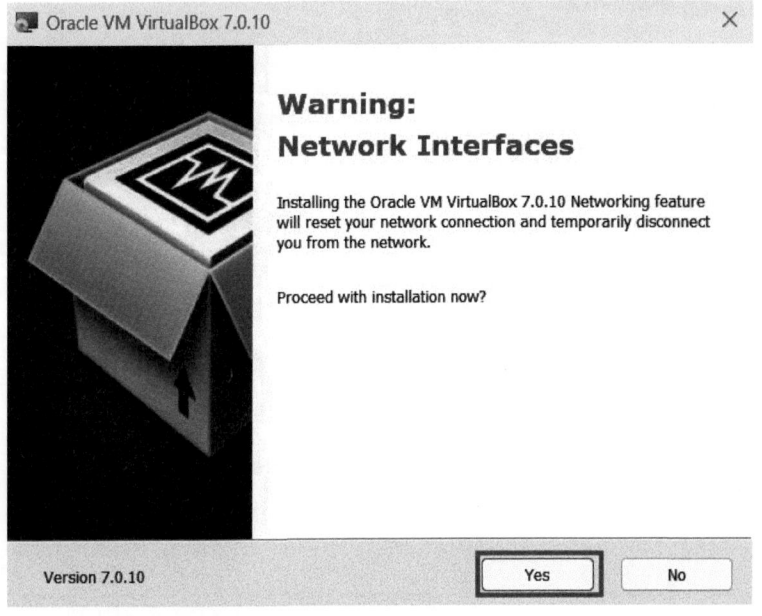

④ VirutalBox 7.0 버전에서는 Python Core 및 win32api 관련 패키지를 사용하므로 사전 설치가 필요하다. [Yes] 버튼을 클릭해서 설치를 진행한다.

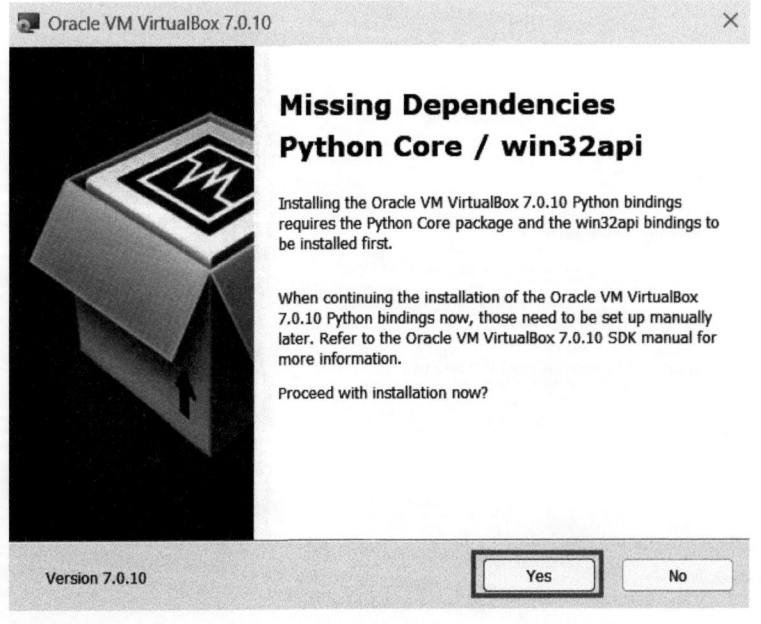

⑤ 설치 준비가 되면 [Install]을 클릭해서 설치한다.

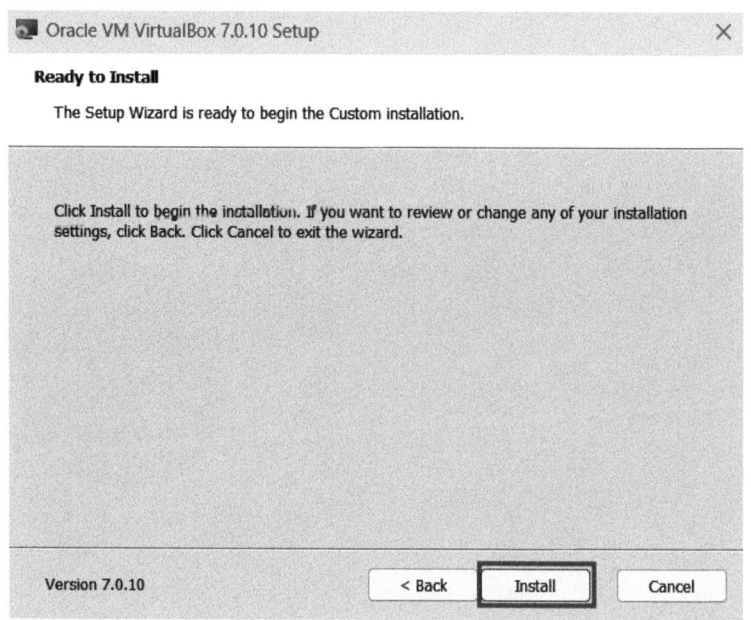

⑥ 설치 과정이 끝나면 완료 화면이 나타나는데, 확인 후에 [Finish] 버튼을 클릭한다.

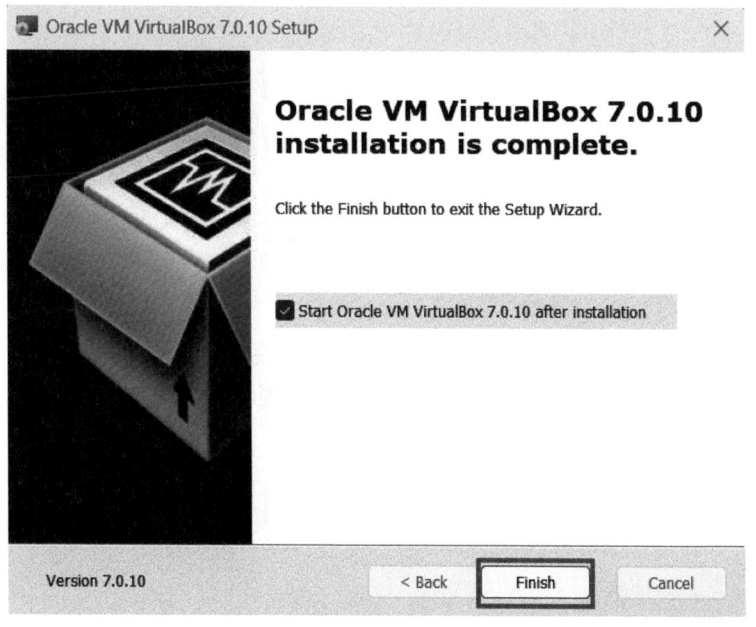

(3) 가상 머신 생성하기

① VirtualBox를 실행하면 'Oracle VM VirtualBox 관리자'가 실행되는데, 상단 메뉴에서 [새로 만들기] 아이콘을 클릭한다.

② '가상 머신 만들기'의 첫 번째 단계는 '가상 머신 이름 및 운영체제'를 지정하는 것이다. [이름] 항목에는 설치되는 운영체제의 이름 및 버전을 고려해서 기재하는 것을 권장한다. 본 교재에서는 Rocky Linux 8.8 버전을 설치할 예정이라 'Rocky-88'로 입력하였다. 아울러 기재한 이름이 파일명이 되는데, 기본 설정을 진행한다면 'Rocky-88.vdi'로 저장된다. [Folder] 항목은 생성되는 VDI 파일의 위치를 지정할 때 사용한다. 기본 저장소가 아닌 다른 드라이브에 저장하기를 원한다면 '드롭다운 버튼'을 클릭하고 '기타'를 선택해서 원하는 폴더를 지정하면 된다. 참고로 C 드라이브에 공간이 부족한 상황이고, D: 또는 E: 드라이브와 같이 다른 영역이 있다면 변경하는 것을 권장한다. 본 교재에서는 기본 폴더를 사용한다. [ISO Image] 항목은 가상 머신에 설치하기 위해 다운로드 받은 ISO 파일의 경로를 지정할 때 사용한다. 이 단계에서 지정하려면 '드롭다운 버튼'을 클릭하고 '기타'를 선택해서 ISO 파일을 지정하면 된다. 본 교재에서는 〈선택하지 않음〉 상태로 진행한다. [종류] 및 [버전] 항목은 설치하는 운영체제에 맞게 지정해준다. [이름] 항목에 CentOS나 Fedora 입력하면 자동 지정되지만, Rocky Linux인 경우에는 자동 지정이 되지 않으므로 [종류] 항목은 'Linux', [버전] 항목은 'Red Hat (64-bit)'를 선택해야 한다. 입력 및 설정한 내용을 확인하고 [다음] 버튼을 클릭한다.

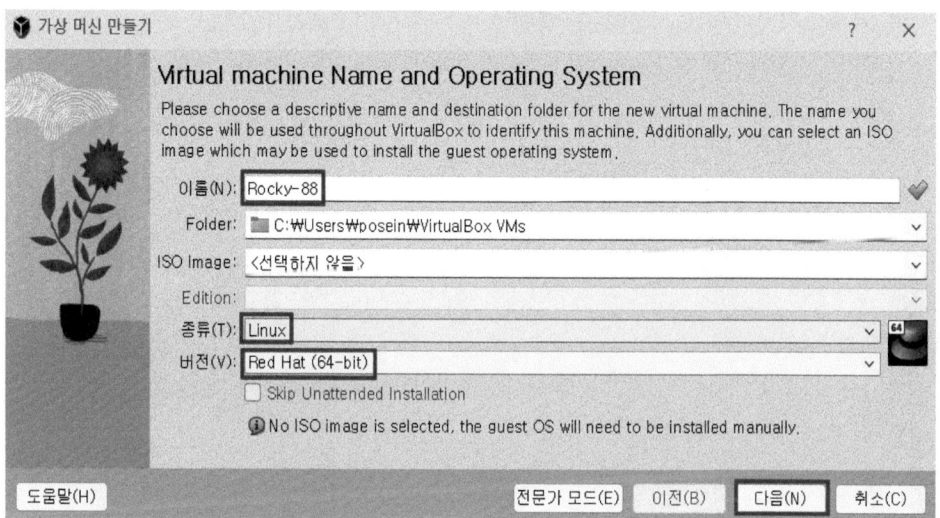

③ '하드웨어' 설정 단계에서는 메모리와 프로세서를 선택할 수 있다. Rocky Linux 8 버전인 경우에는 '기본 메모리(RAM) 크기'는 최소 2GB(2048MB)를 권장하고, 시스템의 메모리에 여유가 있다면 4GB(4096MB)로 지정하는 것을 권장한다. 프로세서의 개수도 사용하려는 상황에 맞게 지정하면 되는데, Docker 컨테이너를 사용하는 경우에는 2개 이상을 권장한다. 본 교재에서는 기본 메모리는 4096MB, 프로세서 개수는 2로 지정한다. 설정 내용을 확인한 후에 [다음]을 클릭한다. 참고로 이 항목의 설정은 가상 머신 생성 후에도 변경할 수 있다.

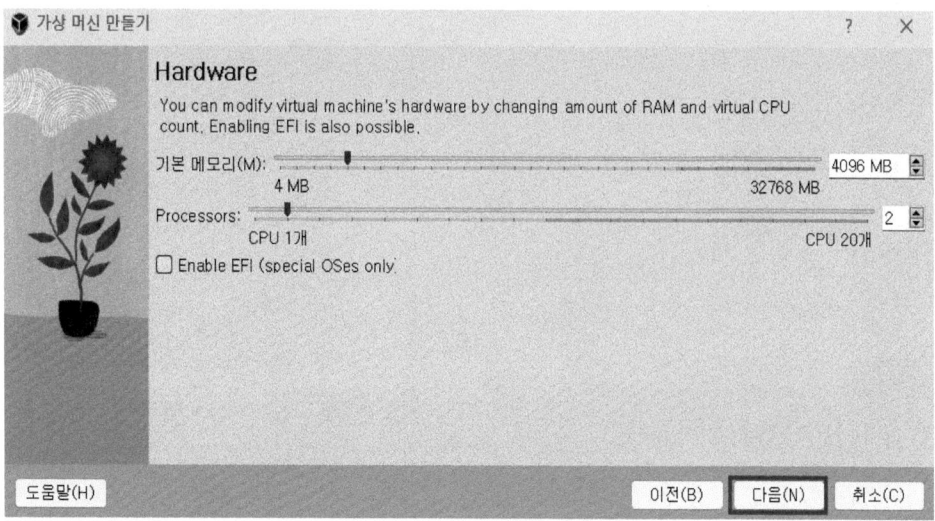

④ '가상 하드 디스크' 설정은 가상 머신에서 사용할 하드 디스크를 설정하는 과정으로 기본 선택된 'Create Virtual Hard Disk Now'를 항목에서 디스크 크기를 여유 있게 지정한다. 본 교재에서는

100GB를 지정할 예정인데, VirtualBox는 동적 할당 방식을 사용해서 100GB로 지정한다고 해도 실제 사용한 만큼의 크기만 이용하는 방식이라 대용량도 부담 없이 설정할 수 있다. 설정 내용을 확인한 후에 [다음] 버튼을 클릭한다.

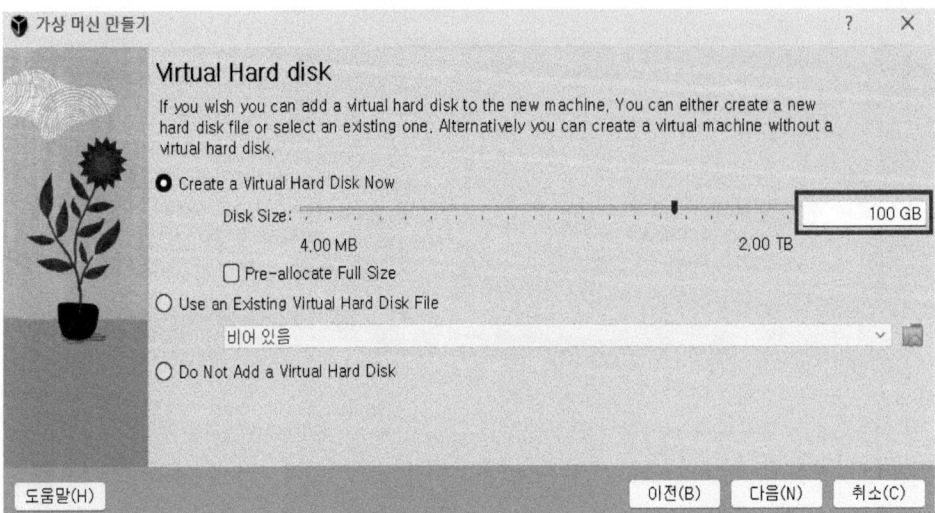

⑤ '요약(Summary)' 창에서 전체적인 설정 내용을 확인한 후에 [Finish] 버튼을 클릭한다.

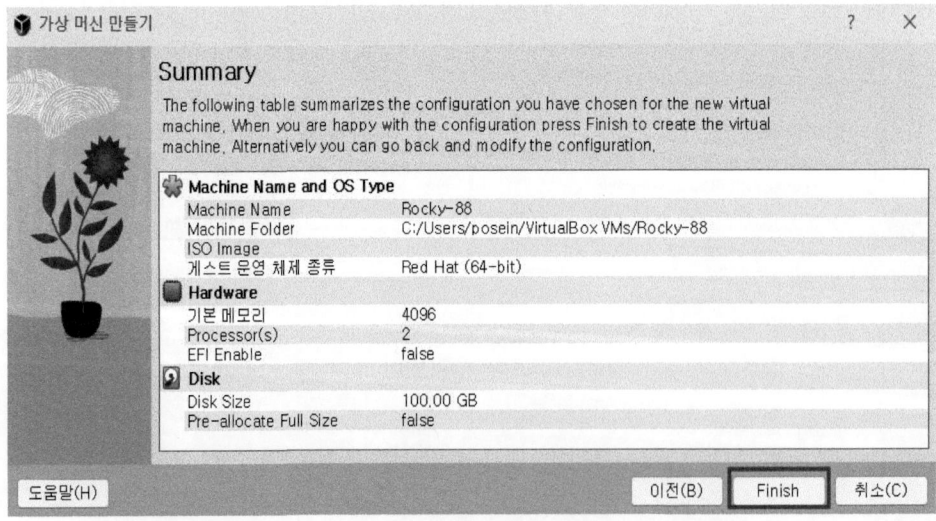

⑥ 'Oracle VM VirtualBox 관리자' 창의 왼쪽 메뉴에서 생성한 가상 머신 아이콘을 확인할 수 있고, 해당 가상 머신 아이콘을 더블 클릭하거나 상단 메뉴에서 [시작] 아이콘을 클릭하여 가상 머신을 가동할 수 있다.

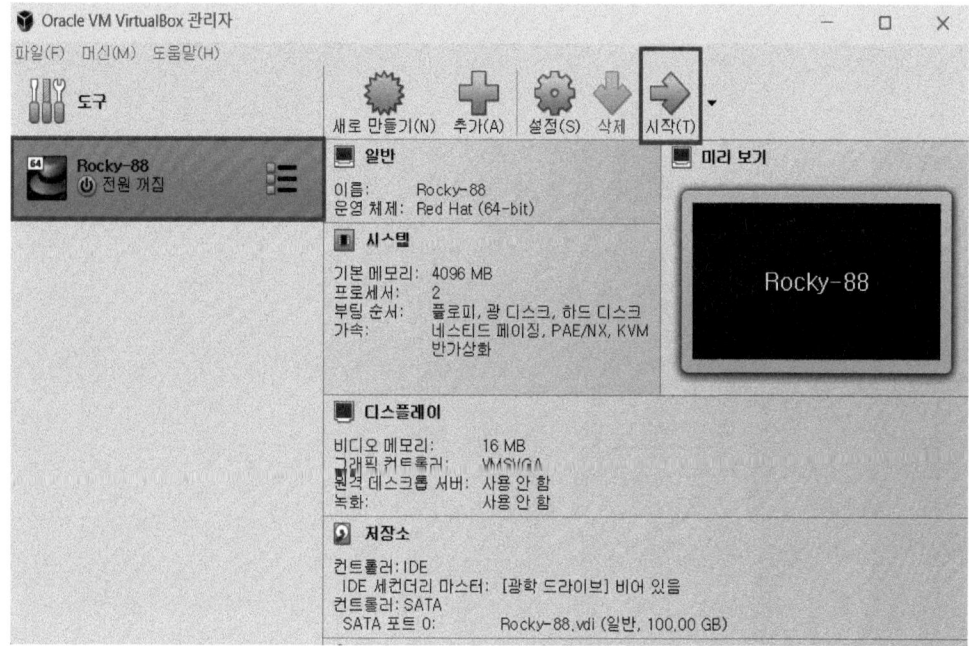

▶ VirtualBox 주요 설정

(1) 호스트(Host) 키 변경하기

호스트 키란 호스트 운영체제(Host OS)로 빠져나오는 키이다. 윈도우 운영체제 기반에 버추얼박스를 설치하고 가상 머신을 생성하여 리눅스 운영체제를 설치한 환경이라면 윈도우가 Host OS이고, 리눅스는 Guest OS가 된다. Guest OS인 리눅스가 설치된 가상 머신의 화면에 마우스를 클릭하면 마우스의 제어권이 Guest OS로 넘어간다. 호스트 키는 호스트 운영체제인 윈도우로 마우스 제어권을 넘길 때 사용하는 키이다.

버추얼박스의 기본 호스트 키가 오른쪽 컨트롤키인 [Right Control]로 설정되어 있다. 그러나 이 키가 시스템에 따라 적용이 안 되는 경우가 있고, 특히 노트북인 경우에는 이 키가 존재하지 않는 경우가 있다. 따라서 이 키를 변경하는 것이 좋다.

설정 방법은 'Oracle VM VirtualBox 관리자'의 [파일] 메뉴에서 [환경 설정]을 클릭하면 'VirtualBox - 환경 설정'이라는 창이 실행된다. 왼쪽에 나타나는 [입력] 메뉴를 선택하면 오른쪽 화면에 [VirtualBox 관리자] 탭과 [가상 머신] 탭이 나타나는데, [가상 머신] 탭을 선택하고, [호스트 키 조합] 항목의 [단축키] 영역에 마우스를 클릭한 후에 [F12] 키를 누른다. [F12] 키는 리눅스 운영체제에서 여섯 번째 X 윈도 창 호출에 사용했지만, 최근에는 6개 이상을 실행하는 경우가 많지 않으므로 [F12] 키를 사용한다. 변경한 후에 [확인] 버튼을 클릭한다.

┃설정 예┃

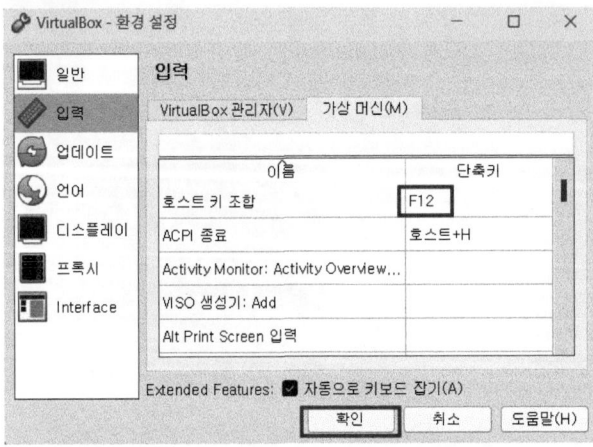

(2) 생성된 가상 머신의 마우스 설정 변경하기

기본 생성된 가상 머신을 실행하면 마우스의 클릭이 잘 안되는 것과 같은 이상 현상이 발생하는 경우가 있다. 이런 현상은 마우스 설정에 해당하는 '포인팅 장치' 설정이 'PS/2 마우스'로 되어 있어서 발생하는데, 'USB 태블릿'으로 변경하면 해결된다. 변경하는 방법은 Oracle VM VirtualBox 관리자' 창에서 해당 가상 머신(예 Rocky-88)이 선택된 상태에서 오른쪽 상단에 있는 [설정] 버튼을 클릭한다. 'Rocky-88 – 설정'이라는 창이 나타나는데, 왼쪽 메뉴에서 [시스템]을 선택하고 오른쪽 항목의 [포인팅 장치]를 'USB 태블릿'으로 변경하고 [확인] 버튼을 클릭한다.

┃설정 예┃

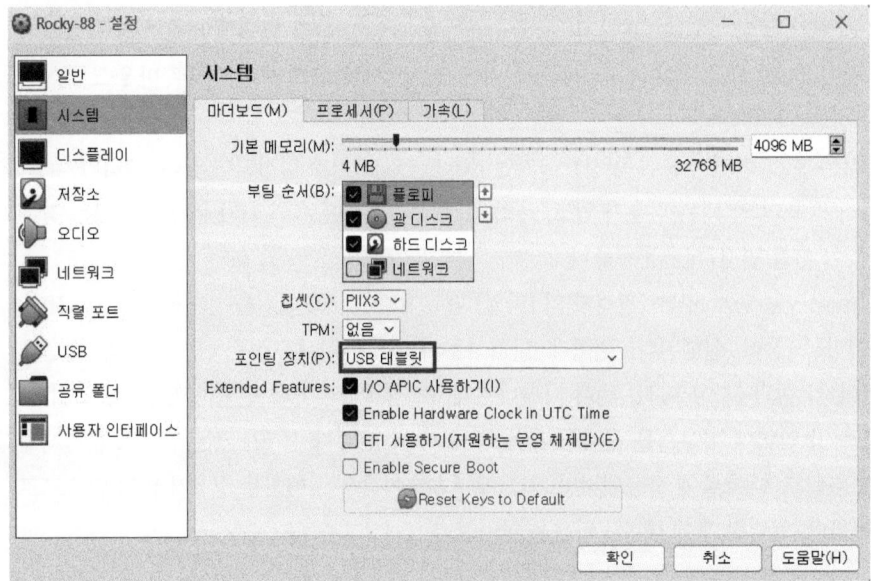

(3) 가상 머신의 창 모드 변경

가상 머신 실행했을 때 기본 제공되는 가상 머신의 창이 너무 작다고 느껴진다면 창 모드를 변경하면 된다. 가상 머신의 실행 창 상단에 [보기]라는 메뉴를 클릭해서 [전체 화면 모드]나 [크기 조정 모드]를 선택한다. 여러 대의 가상 머신을 조작해야 하는 경우가 많은 관계로 [크기 조정 모드]를 선택해서 직접 크기를 조정하는 것을 권장한다. [크기 조정 모드]를 선택하면 상단의 메뉴가 사라지는데, 다시 나타나게 하려면 '호스트 키+[Home]'키를 눌러야 한다. 만약 [F12]로 설정했다면 '[F12]+[Home]'키 조합으로 메뉴를 호출해야 한다.

❙ 설정 예 ❙

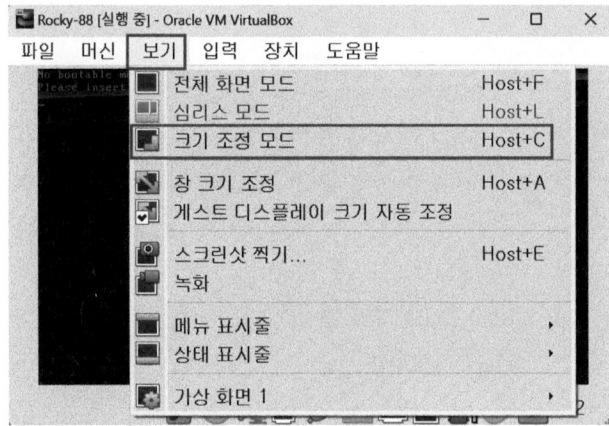

1.3.2 Rocky Linux 8 설치하기

▶ Rocky Linux 8 다운로드

(1) 개요

Rocky Linux의 공식 웹 사이트는 https://www.rockylinux.org로 현재 8버전과 9버전을 배포하고 있다. 본 교재에서는 Rocky Linux 8 버전을 설치해서 실습을 진행한다.

(2) 다운로드 과정

① Rocky Linux 사이트인 https://www.rockylinux.org에 접속한 후 페이지에 상단에 위치한 [Download] 이미지를 클릭한다.

▌화면 예▌

② Download Rocky 페이지에서 설치하려는 시스템 아키텍처와 원하는 버전을 선택해서 이미지 파일을 다운로드한다. 본 교재에서는 Rocky Linux 8 버전을 설치할 예정이니 페이지 하단의 Rocky Linux 8 버전 항목에서 선택한다. 8 버전인 경우에는 x86_64와 ARM64(aarch64)만 지원하는데, 일반적으로 많이 사용되는 인텔 또는 AMD CPU를 사용하는 경우에는 아키텍처 'x86_64' 항목에서 [DVD]를 클릭하면 된다. 참고로 2023년 8월 22일 기준으로 파일명은 Rocky-8.8-x86_64-dvd1.iso 이고, 파일 용량은 약 11.75GB 정도된다.

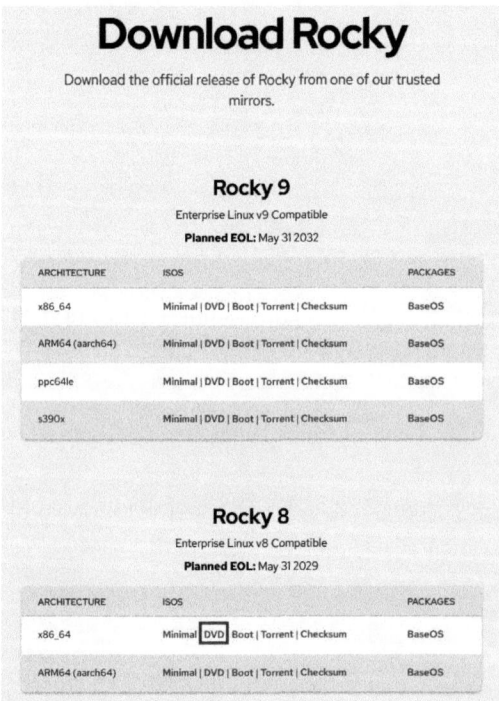

▶ VirtualBox 가상 머신에서 Rocky Linux 8 이미지 파일 불러오기

(1) 개요

VirtualBox에서 생성한 가상 머신에 Rocky Linux 8을 설치하기 위해 이미지 파일을 불러오는 방법은 크게 3가지가 존재한다. 첫 번째 방법은 가상 머신을 생성하고 한 번도 실행하지 않았다면 시작 시에 시동 디스크를 선택하는 창이 나타나는데 이 창에서 폴더 아이콘을 선택해서 찾아가는 방법이다. 두 번째 방법은 가상 머신 시작 전 VirtualBox 관리자의 메뉴를 통해 미리 선택하는 방법이다. 마지막 방법은 가상 머신 실행한 후에 창에 나타나는 하단 메뉴 아이콘을 이용하는 방법이다. 본 교재에서는 마지막 방법으로 Rocky Linux 8 이미지를 불러오는 과정을 자세히 설명한다.

① [시동 디스크 선택 창]에서 이미지 파일 선택

┃사용 예┃

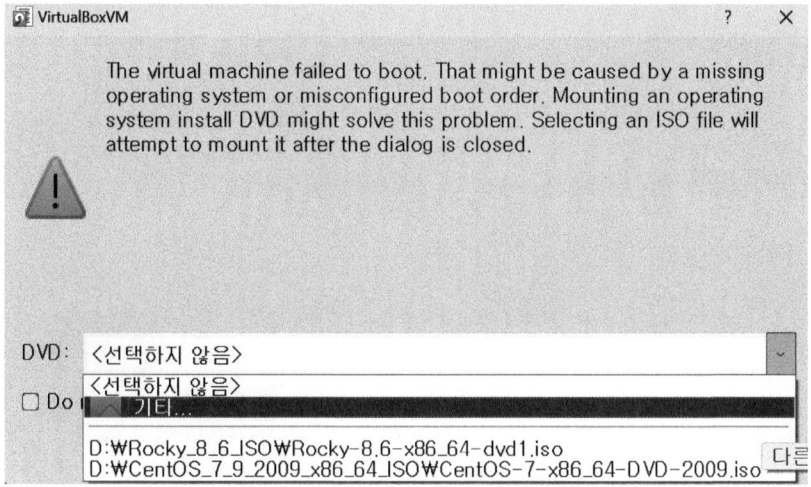

➡ 가상 머신을 생성한 후 처음 실행하면 부팅에 실패했다는 메시지와 함께 ISO 파일을 선택하라고 나타난다. 아래의 [DVD] 항목의 '드롭다운' 버튼을 클릭하고 [기타]를 선택해서 다운로드받은 ISO 이미지 파일을 선택하면 된다.

② VirtualBox 관리자에서 이미지 파일 선택

가. VirtualBox 관리자 메뉴에서 [설정] 클릭

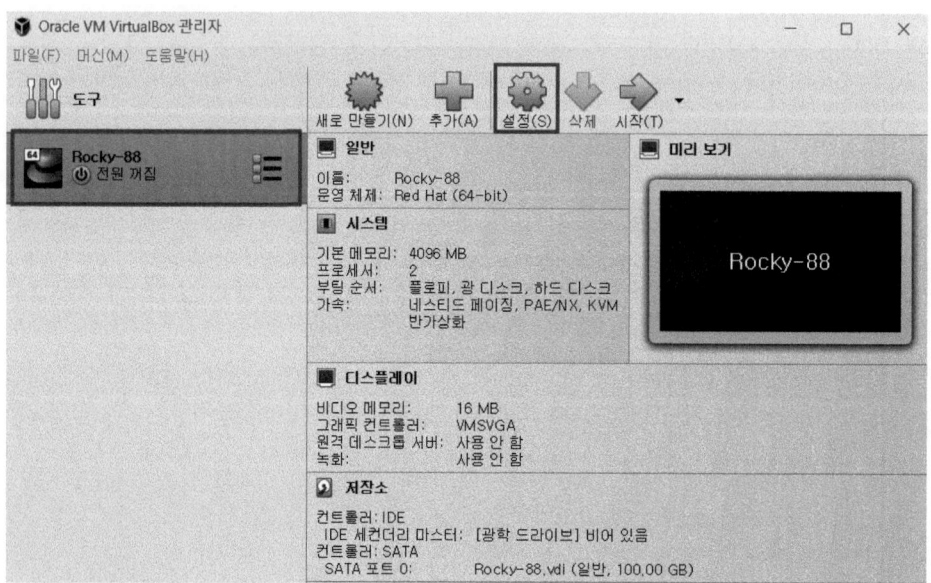

➡ 설치하려는 가상 머신의 '전원 꺼짐' 상태에서 VirtualBox 관리자의 왼쪽 상단 메뉴의 [설정]을 클릭한다.

나. 가상 머신 설정 창에서 선택

➡ 왼쪽 메뉴의 [저장소]를 선택하고 오른쪽 메뉴의 '컨트롤러 IDE' 항목에서 '비어 있음'을 클릭하면, [속성] 메뉴의 CD-ROM 모양을 클릭할 수 있다. 클릭한 후 나타나는 메뉴에서 '가상 광학 디스크 선택/만들기'를 선택한다. '광학 디스크 선택기'의 상단의 [추가] 클릭하고 ISO 파일을 찾아서 선택하면 된다.

③ 가상 머신 실행 후 하단 아이콘 메뉴 이용

  가. 가상 머신 실행 후에 오른쪽 하단 메뉴에서 선택

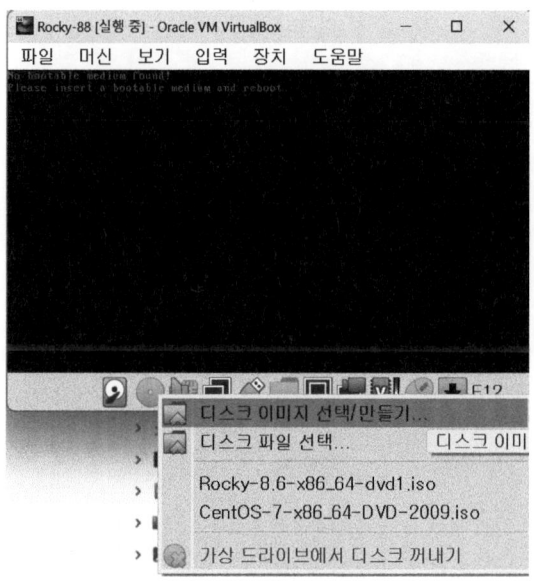

➡ 오른쪽 하단 메뉴로 표시되는 아이콘 목록에서 비활성화된 CD-ROM 모양 위에 마우스 포인터를 위치시
  킨 후에 마우스 오른쪽 버튼을 누르고, [디스크 이미지 선택/만들기]를 클릭한다.

  나. '광학 디스크 선택기' 창에서 [추가] 클릭

➡ 상단 메뉴에 있는 [추가]를 클릭한다.

다. 다운로드한 이미지 파일 찾기

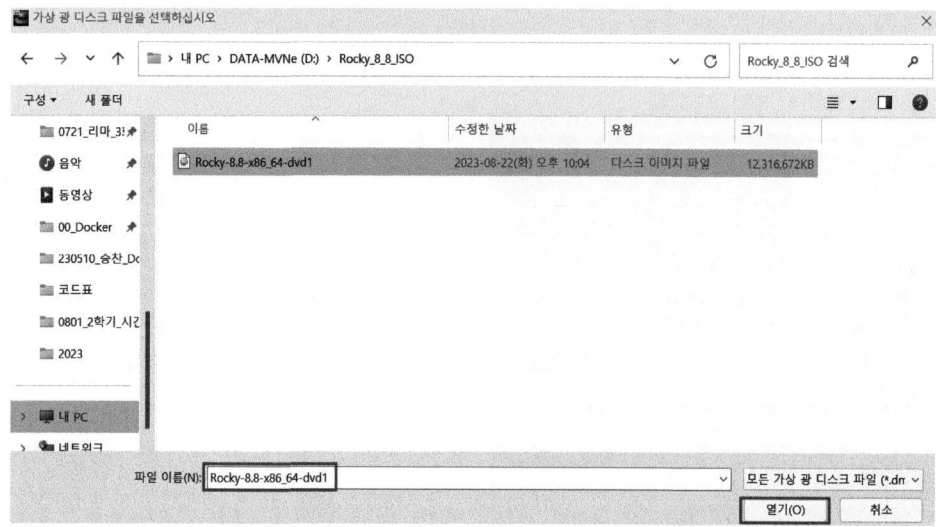

➡ Rocky Linux 8 이미지 파일이 있는 경로로 찾아가서 선택한 후에 하단에 있는 [열기] 버튼을 클릭한다.

라. '광학 디스크 선택기' 창에서 이미지 파일 선택

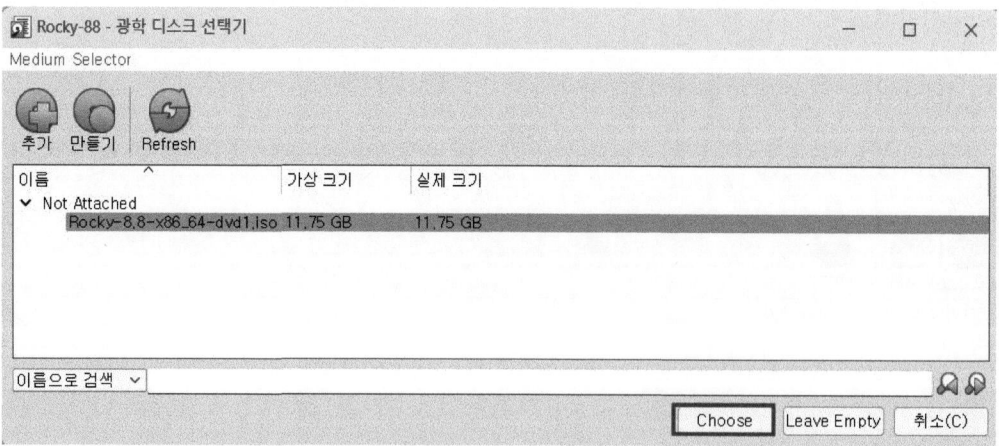

➡ 추가된 이미지 파일을 확인한 후에 하단에 있는 [Choose] 버튼을 클릭한다.

마. 가상 머신 우측 하단 메뉴에서 확인

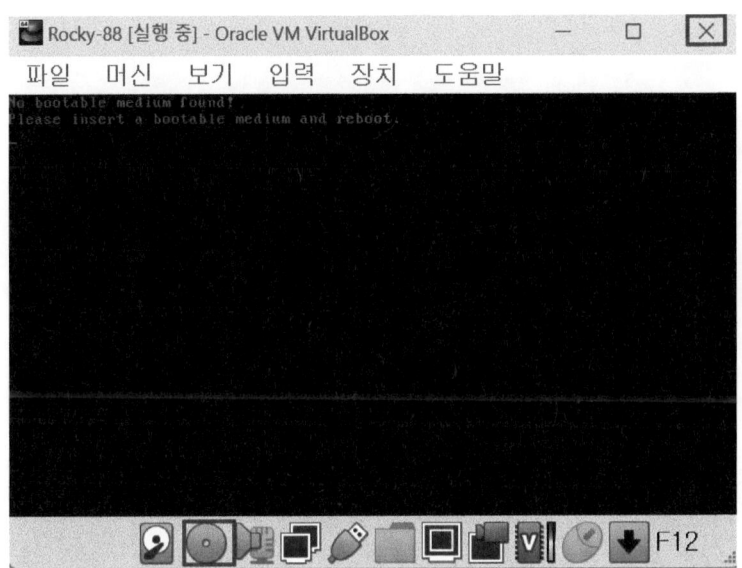

➡ 우측 하단에 있는 CD-ROM 아이콘이 활성화된 것을 확인한 후 우측 상단에 있는 창닫기[X]를 클릭한다.

바. 가상 머신 전원 끄기

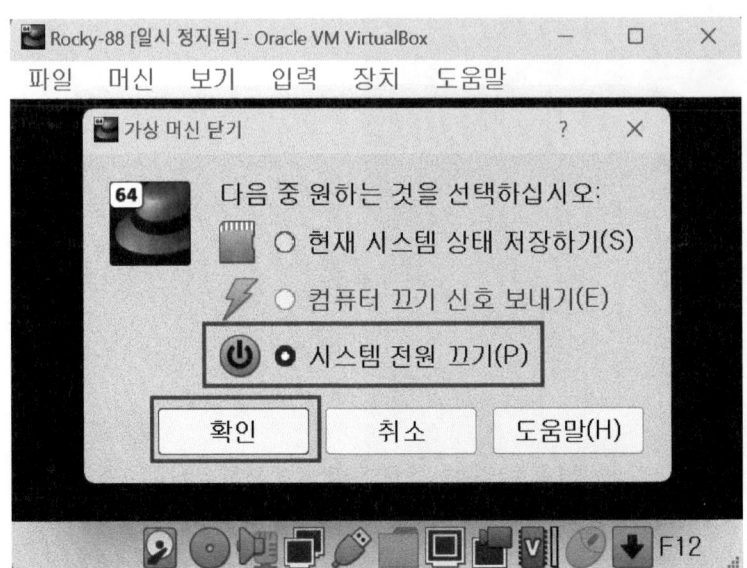

➡ 가상 머신 닫기' 창이 나타나는데, 반드시 '시스템 전원 끄기'를 선택하고 [확인] 버튼을 클릭한다. 참고로 '현재 시스템 상태 저장하기'를 선택하면 가상 머신 실행 시 계속 부팅되지 않은 상태를 유지하게 된다.

사. VirtualBox 관리자 메뉴에서 확인

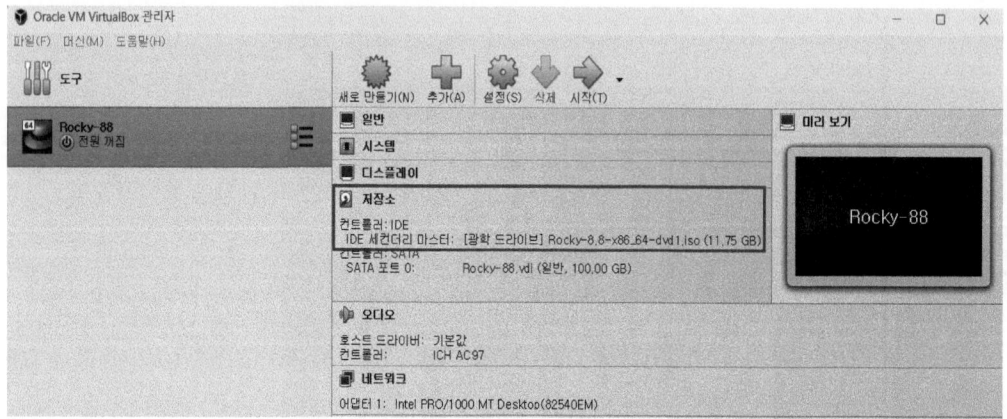

➡ 선택한 가상 머신의 오른쪽 항목의 [저장소] 영역에서 장착된 [광학 드라이브] 정보를 확인할 수 있다.

아. 가상 머신 실행

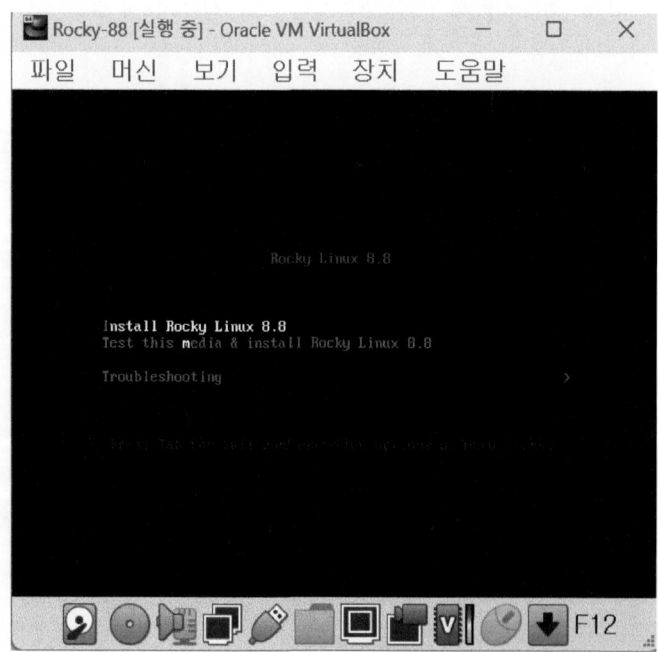

➡ VirtualBox 관리자에서 [시작] 화살표를 클릭해서 가상 머신을 가동하면 Rocky Linux 8 설치를 위한 화면을 확인할 수 있다.

▶ Rocky Linux 8 설치하기

(1) 설치 초기 화면

ISO 이미지 파일을 이용해서 부팅을 하면 설치와 관련된 3가지의 메뉴가 나타난다. 커서(Cursor)키를 이용해 메뉴를 선택하여 [Enter] 키를 누르면 해당 설치 모드로 진입하고, [Tab] 키를 누르면 해당 메뉴 항목의 옵션값을 변경하여 관련 모드로 진입할 수 있다.

▍화면 예▍

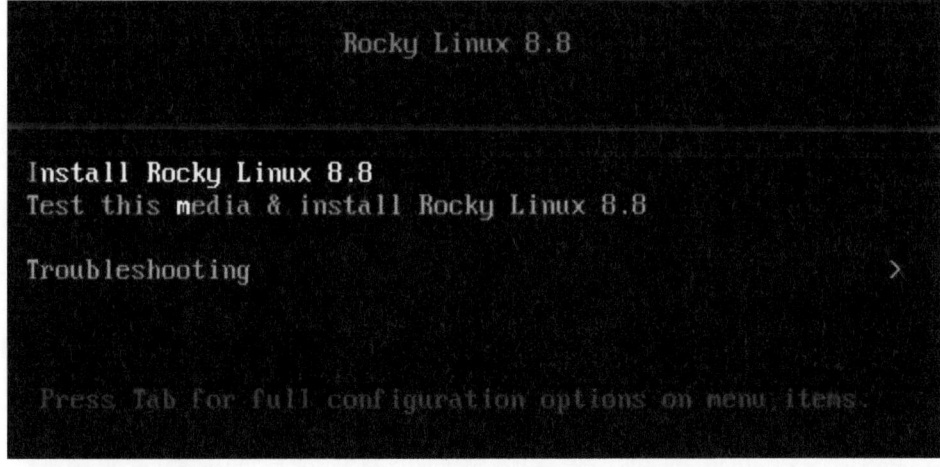

▍3가지 설치 메뉴▍

메뉴	설명
Install Rocky Linux 8.8	기본 설치 옵션으로 '아나콘다'라고 부르는 그래픽 설치 프로그램을 이용하여 설치를 진행한다.
Test this media & install Rocky Linux 8.8	ISO 이미지 파일을 다운로드하여 설치하는 경우에는 설치 미디어의 무결성을 검사하고 시스템을 점검한 후에 설치 과정을 진행한다.
Troubleshooting	오류 시스템 점검, 메모리 테스트 등 4가지 하위 메뉴를 가지고 있다.

Troubleshooting 선택 화면 예

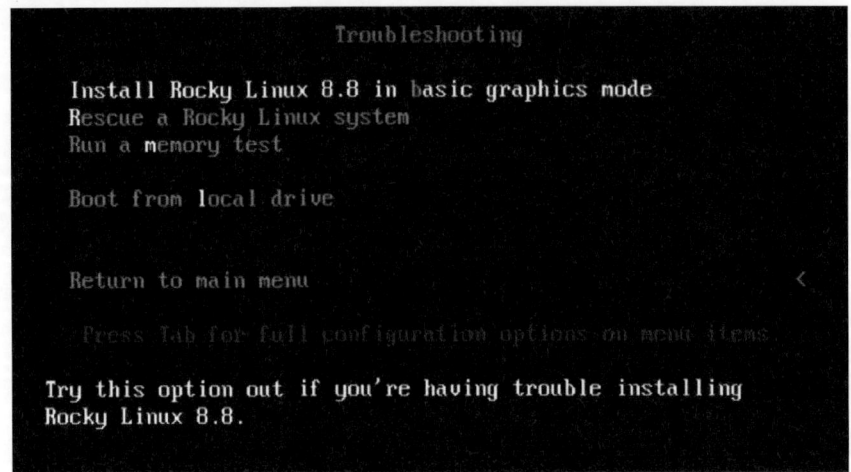

Troubleshooting 하위 메뉴

메뉴	설명
Install Rocky Linux 8 in basic graphics mode	설치하는 시스템의 비디오 카드를 제대로 인식하지 못한 경우에 VESA 모드로 설정하여 그래픽 모드 설치가 가능하게 한다.
Rescue a Rocky Linux system	일종의 유지 보수용 모드로서 설치된 리눅스 시스템이 정상적으로 부팅하지 못하는 경우 문제를 해결하기 위해 사용한다. 파일시스템이 손상되었거나, 부트 로더인 grub에 설정된 패스워드를 잊어버린 경우 복구할 때 사용한다.
Run a memory test	설치하려는 시스템의 물리적 메모리의 상태를 점검할 때 사용한다. CPU와 메모리 정보를 알 수 있고 메모리의 상태를 점검해 주지만 하드웨어 상태에 따라 점검에 오랜 시간이 소요되기도 한다.
Boot from local drive	디스크에 설치된 리눅스로 부팅할 때 사용한다. 의도하지 않게 설치 DVD로 부팅한 경우에 사용하면 유용하다.

(2) 언어 선택

'Install Rocky Linux 8.8'을 선택해서 부팅을 진행하면 기본적인 하드웨어 인식 과정이 진행되고, '아나콘다'라는 설치 프로그램이 실행되면서 가장 먼저 언어 선택하는 화면이 나타난다. 설치 이미지 파일에는 세계 국가의 언어를 모두 포함하고 있다. 설치하는 동안에 사용할 언어를 선택하는 메뉴이지만, 설치한 이후에 지원되는 기본 언어와 연관이 있으므로 한글을 사용하려면 '한국어'를 선택하도록 한다. 언어 선택을 마쳤으면 하단의 [계속 진행] 버튼을 클릭한다.

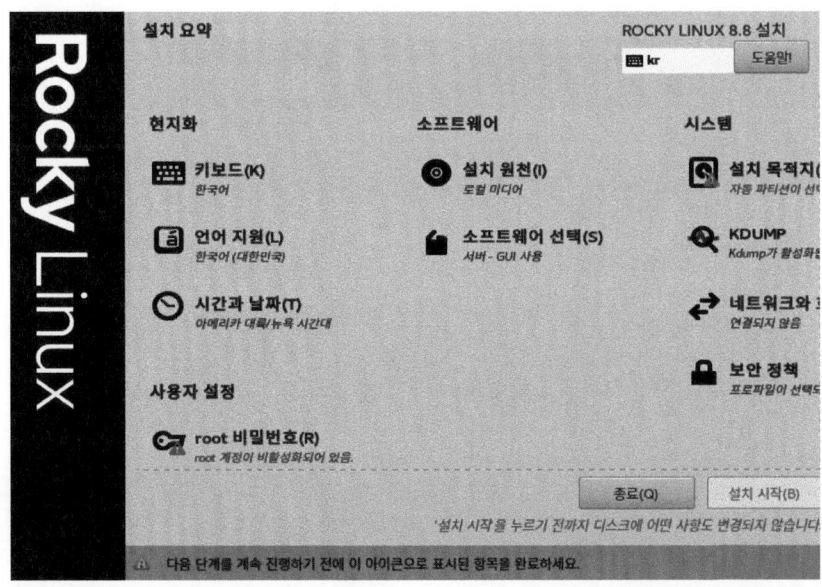

(3) '설치 요약'

설치 요약 설정은 현지화, 소프트웨어, 시스템, 사용자 설정과 같이 크게 네 가지 영역으로 나뉜다. '현지화' 항목에는 키보드, 언어 지원, 시간과 날짜를 설정한다. '소프트웨어' 항목에서는 설치 원천과 소프트웨어 선택을 설정한다. '시스템' 항목에서는 설치 목적지, KDUMP, 네트워크와 호스트 이름, 보안 정책을 설정한다. 마지막으로 '사용자 설정'에서는 root 비밀번호를 설정한다. 현지화부터 하나씩 클릭해서 확인한다.

(4) 키보드

설치 언어에서 '한국어'를 선택했으면 크게 변경할 필요가 없지만 다른 키보드 레이아웃을 추가 지정할 수도 있다. 확인하고 좌측 상단에 위치한 [완료] 버튼을 클릭한다.

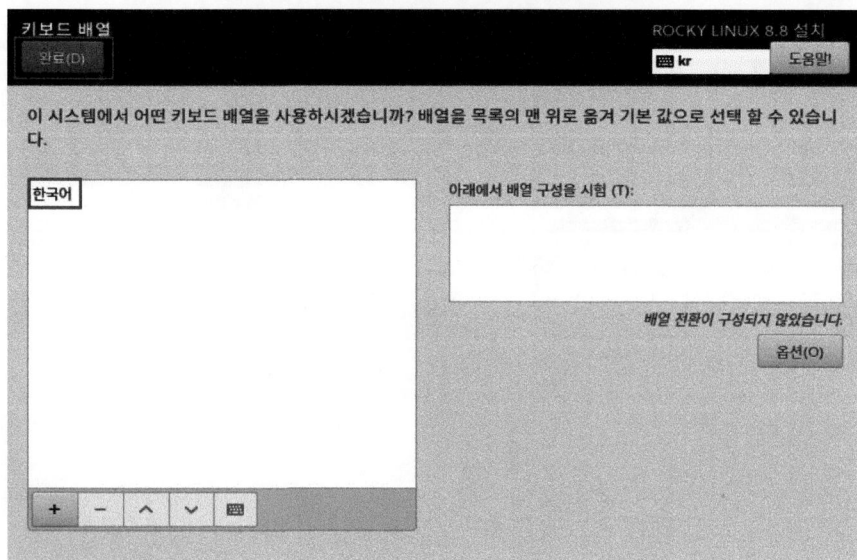

(5) 언어 지원

'한국어'를 선택한 경우라면 언어 지원도 '키보드'와 마찬가지로 특별히 변경할 필요는 없다. 확인하고 좌측 상단에 위치한 [완료] 버튼을 클릭한다.

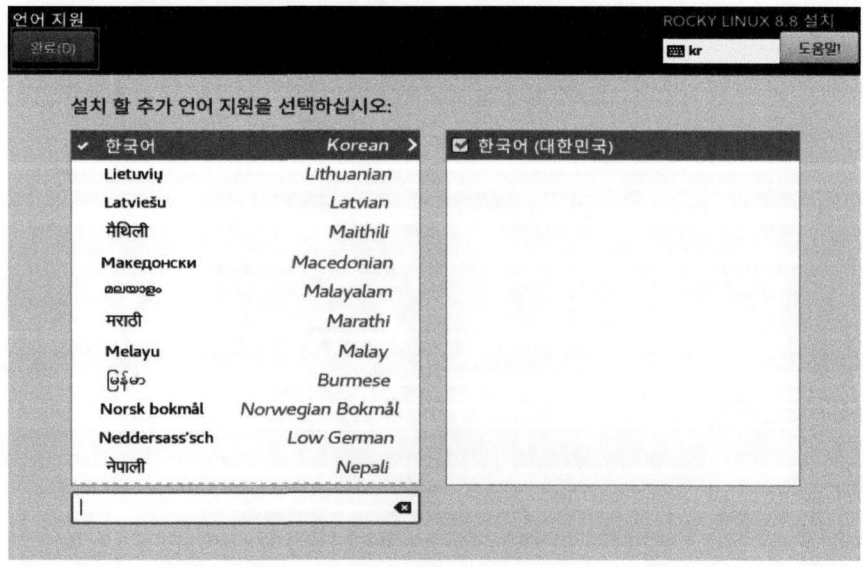

(6) 시간과 날짜

지역과 도시에 맞는 시간대를 설정한다. 다른 지역에 다른 도시로 지정되어 있다면 '아시아/서울'로 변경한다. 변경하는 방법은 상단에 있는 드롭다운 메뉴를 이용해도 되고, 세계 지도 부분을 직접 클릭해서 찾아가도 된다. 설정 내용 확인 후에 좌측 상단에 위치한 [완료] 버튼을 클릭한다.

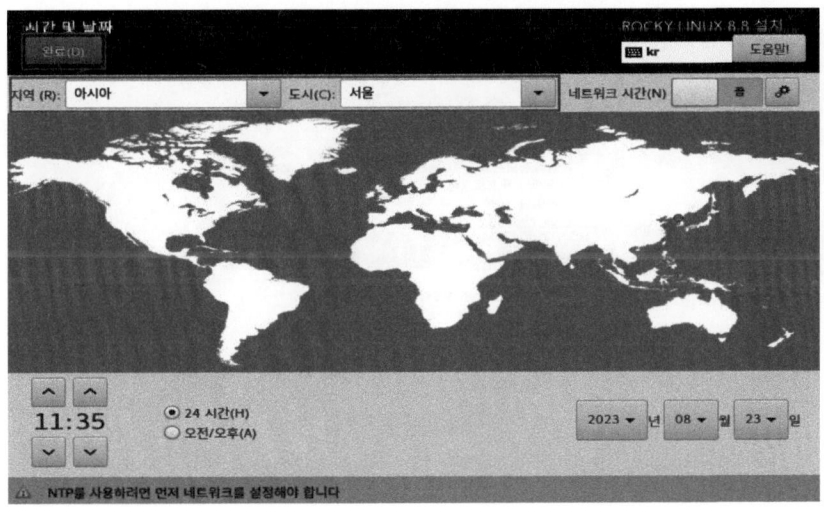

(7) 설치 원천

설치 원천은 설치 소스를 선택하는 부분이다. ISO 이미지 파일로 부팅한 경우에는 '로컬 미디어'로 나타나고 클릭해서 들어가면 '자동 감지 설치 미디어'로 선택되어 있다. 네트워크 설치를 진행하는 경우에는 관련 정보를 입력해서 설치하면 된다. 또한 추가 저장소를 지정할 수 있는데, 기본값으로 Appstream이 활성화되어 있다. 내용 확인 후에 좌측 상단에 위치한 [완료] 버튼을 클릭한다.

(8) 소프트웨어 선택

'소프트웨어 선택'에서 '서버-GUI 사용'이 기본 환경으로 선택되어 있다. 사용 용도에 맞게 선택하면 된다. 본 교재에서 기본 환경은 '워크스테이션'을 선택하고, '선택 환경을 위한 추가 소프트웨어'는 '개발용 툴'을 추가 선택한다. 설정 내용 확인 후에 좌측 상단에 위치한 [완료] 버튼을 클릭한다.

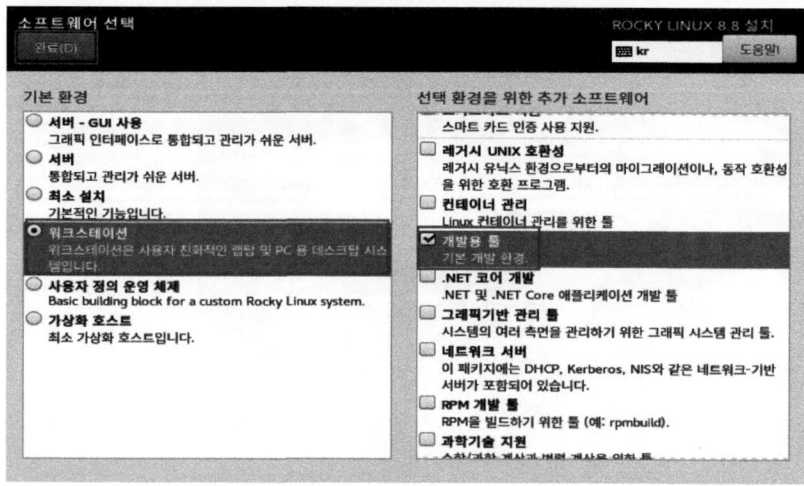

(9) 설치 목적지

설치 목적지에서는 시스템에 장착된 로컬 하드디스크를 확인할 수 있고, 네트워크와 같은 특수 디스크를 추가 선택할 수 있다. 이 부분은 특수 디스크 및 네트워크 디스크인 SAN(Storage Area Network), FCoE(Fiber Channel over Ethernet), iSCSI, 펌웨어 RAID, 멀티패스(Multipath) 장치 등

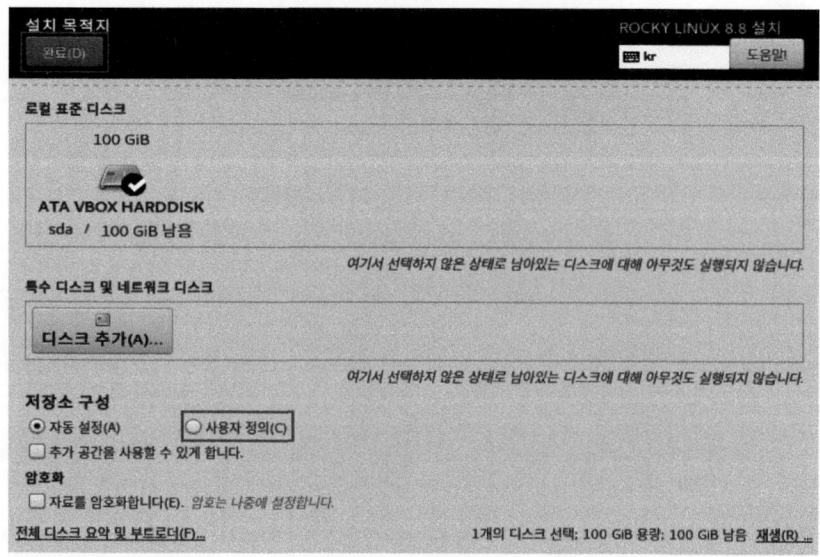

을 사용하는 경우에 선택하여 설정한다. 저장소 구성은 '자동 설정'이 선택되어 있는데, 이것은 자동으로 파티션을 구성해주는 것이다. 초보자이거나 단순 설치가 목적이라면 자동 설정을 사용해도 되지만 본 교재에서는 '사용자 정의' 선택을 통해 수동으로 파티션을 나눌 예정이다. '사용자 정의' 선택 후에 좌측 상단에 위치한 [완료] 버튼을 클릭한다.

(10) 수동 파티션 설정

'사용자 정의'를 선택한 후에 [완료]를 클릭하면 '수동 파티션 설정' 메뉴가 나타난다. 수동 파티션 설정이지만 '자동으로 생성하려면 여기를 눌러 주세요.'를 선택해서 기본으로 분할되는 파티션으로 자동으로 생성할 수도 있고, 드롭다운 메뉴를 클릭해서 표준 파티션, LVM, LVM 씬 프로비저닝을 선택 후 진행할 수 있다. LVM은 디스크의 구조와 상관없이 원하는 크기의 논리 볼륨을 생성할 수 있는 기술이고, LVM 씬 프로비저닝(Thin Provisioning)은 씬 풀(Thin Pool)이라는 여유 공간 스토리지 풀을 관리하여 애플리케이션이 필요할 때 임의의 수의 장치를 할당해준다. 볼륨의 크기를 실제 디스크에 할당되는 크기가 아닌 가상의 크기를 사용하는 방법이다. LVM 관련 내용은 '참고'로 간단히 언급하고 본 교재에서는 '표준 파티션'을 선택해서 진행한다.

▎수동 파티션 설정 화면 예 ▎

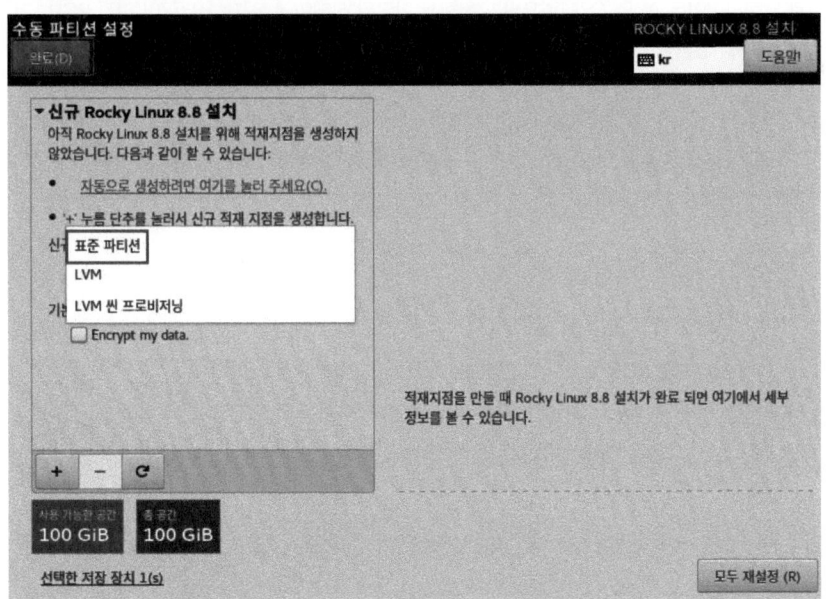

참고 | LVM(Logical Volume Manager)

리눅스 설치할 때나 운영 중인 시스템에 하드디스크를 추가하면 파티션을 분할하고 공간을 할당한다. 이때 설정한 공간의 크기는 고정이 되어서 변경이나 용량 증설이 어렵다. 이러한 문제점을 해결할 수 있는 방법이 LVM이다. LVM은 쉽게 찰흙과 같은 개념으로 생각하면 된다. 여러 개의 하드디스크를 하나로 묶어서 하나의 디스크인 것처럼 만들 수도 있고, 2개의 하드디스크를 3개의 하드디스크인 것처럼도 만들 수 있다. 또한 LVM으로 구성한 경우에는 사용 중인 파티션의 크기를 줄이거나 늘릴 수 있는데, 파티션 확장은 디스크를 추가한 뒤에 간단한 명령만으로 데이터 이전 없이 손쉽게 가능하다. 참고로 파티션 확장의 경우에는 기존 데이터 손실 없이 가능하나, 파티션을 축소하는 경우에는 데이터 손실이 발생하므로 백업 후에 진행해야 한다. 최근 일부 배포판 리눅스에서는 자동 파티션 분할 선택 시 LVM으로 변환하여 파티션을 생성한다.

 참고 | LVM 씬 프로비저닝(LVM Thin Provisoning)

LVM 씬 프로비저닝은 LVM의 VG(볼륨 그룹) 상단에 Thin-Pool을 구성해서 별도로 관리하는 방법으로 볼륨 그룹의 용량보다 더 큰 용량을 할당할 때 사용한다. 이 기술은 실제 용량보다 더 큰 용량이 제공되는 기술은 아니고, 각각의 클라이언트(또는 애플리케이션)가 요청한 공간을 전부 사용하지 않는다는 것을 이용하는 것이다. 즉 5GB의 디스크 공간을 요청한 경우에 전체 디스크 공간을 할당하지 않고 데이터 사용에 따라 5GB까지 증가시켜 주는 방식이다. 실무에서는 디스크 요청이 많은 경우에 이 기술이 유용하게 쓰일 수 있다. 예를 들면 디스크 볼륨의 크기가 총 15GB이다. 클라이언트 A, B, C가 5GB씩 요청해서 할당된 상태인데, 실제 사용량이 각각 3GB, 3GB, 4GB라면 추가로 5GB를 할당이 가능하다. Thin Provisoining은 사용하지 않은 공간에 대해 클라이언트 D에게 5GB를 할당할 수 있도록 지원한다. 디스크 볼륨의 용량 이상을 할당하는 것을 Over Provisioning이라고 부르는데 이런 방식으로 운영하는 경우에는 볼륨 증가에 대한 지속적인 모니터링이 요구된다. 참고로 Thin Provisiong의 반대의 개념이 Thick Provioning인데, 이것은 요구한 용량에 전부 할당하는 방식을 의미한다.

① 파티션 분할

'표준 파티션'을 선택하고 하단에 [+] 버튼을 클릭하면 '신규 적재 지점 추가'라는 창이 나타나면서 수동으로 마운트 지점 및 용량을 설정할 수 있다. 리눅스는 실제 설치되는 영역인 /와 가상 메모리로 사용되는 영역인 swap 등과 같이 최소 2개의 파티션 분할이 필요하다. 리눅스를 서버로 사용하는 경우에는 더욱 많은 파티션 분할이 필요하기 때문에 파티션 분할 과정은 설치의 필수이자 가장 중요한 과정이라고 할 수 있다. 본 교재에서는 디스크를 100GB로 할당한 상태에서 진행하는 관계로 /를 80GB, swap을 4GB로 설정한다. 참고로 남는 용량인 약 16GB 정도는 파티션 추가를 비롯해서 LVM 및 RAID 실습에서 사용할 수 있으니 남겨두는 것을 권장한다. 아울러, 파티션 분할과 관련된 내용은 다른 교재를 통해 한 번 찾아보는 것을 권한다.

┃파티션 분할 화면 예┃

② 파티션 분할

Rocky Linux 8에서 적재 지점(Mount Point)인 '/'를 80GB, swap 영역을 4GB와 같이 GB 단위로 설정하면 실제 저장은 GiB로 환산되어서 용량이 줄어든 것처럼 보인다. 참고로 GB는 1KB를 1000Byte로 계산하는 방식이고, GiB는 1KB를 1024Byte로 계산하는 방식이다. 최근 리눅스 운영체제에서는 GiB를 사용하므로 실제 서버를 구성할 때 용량 설정은 GiB 단위 사용을 추천한다. 파티션 분할 내역에 이상이 없으면 좌측 상단에 [완료] 버튼을 클릭한다.

┃파티션 분할 예┃

③ [변경 요약] 확인

'수동 파티션 설정'에서 [완료] 버튼을 클릭하면 '변경 요약'이라는 창이 나타나는데, 수정할 내역이 있으면 [취소하고 사용자 정의 파티션 설정으로 되돌아갑니다] 버튼을 클릭하고 이상이 없으면 [변경 적용] 버튼을 클릭한다.

| 변경 요약 화면 예 |

순서	동작	유형	장치	적
1	포맷 삭제	Unknown	ATA VBOX HARDDISK (sda)	
2	포맷 생성	파티션 테이블 (MSDOS)	ATA VBOX HARDDISK (sda)	
3	장치 생성	partition	ATA VBOX HARDDISK 상의 sda1	
4	포맷 생성	xfs	ATA VBOX HARDDISK 상의 sda1	/
5	장치 생성	partition	ATA VBOX HARDDISK 상의 sda2	
6	포맷 생성	swap	ATA VBOX HARDDISK 상의 sda2	

[취소하고 사용자 정의 파티션 설정으로 되돌아갑니다(C)] [변경 적용(A)]

(11) KDUMP

KDUMP 항목은 커널 크래시 덤프 메커니즘(kernel crash dump mechanism)으로 시스템 충돌이 발생했을 때 시스템에서 정보를 수집하여 충돌 원인을 규명하는 자료를 제공한다. 이 기능을 사용하려면 물리적 메모리를 할당받아야 하는데, 해당 기능 사용 여부와 용량을 지정해야 한다. 필요하지 않다면 'kdump 활성화' 부분의 체크를 없애도록 한다. 본 교재에서는 체크를 없애고 [완료] 버튼을 클릭하여 진행한다.

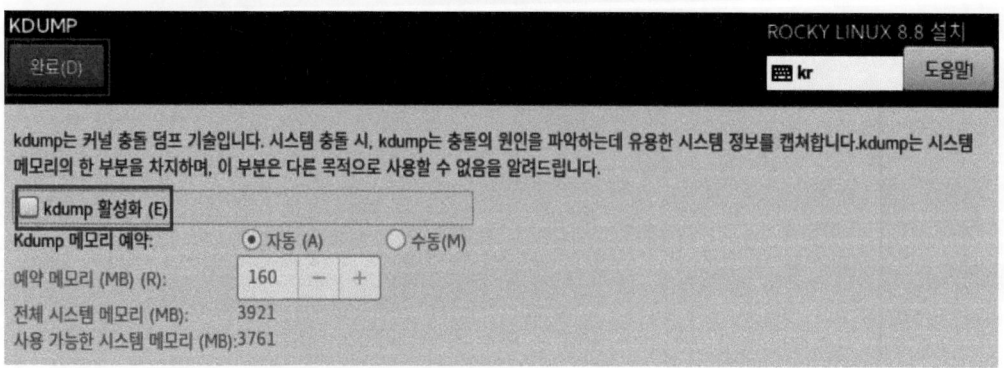

(12) 네트워크와 호스트 이름

'네트워크 및 호스트 이름' 항목은 말 그대로 네트워크 사용 여부, IP 주소 설정, 호스트 이름 설정 등을 하는 영역이다.

│ '네트워크 및 호스트 이름' 화면 예 │

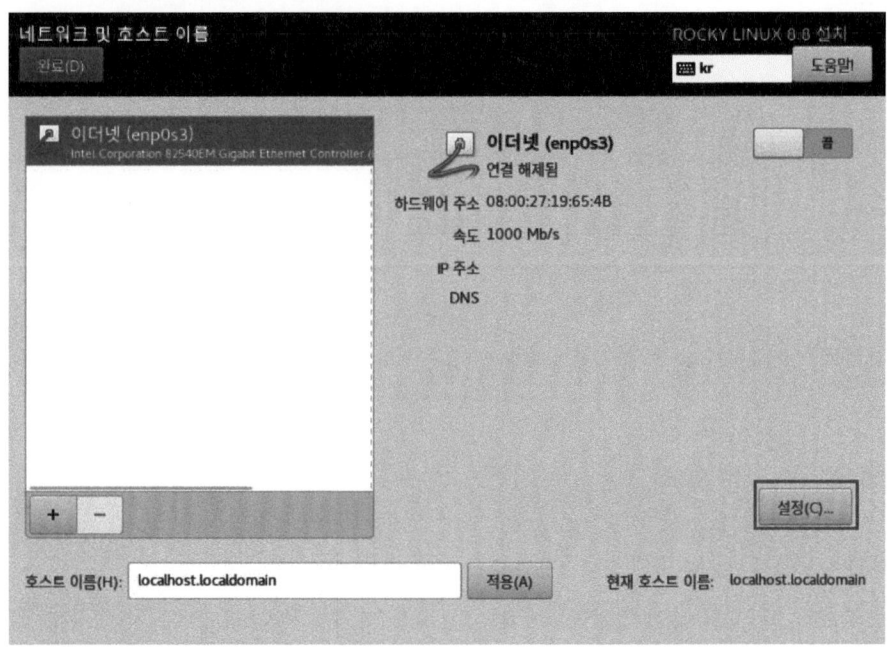

① IP 주소 설정

IP 주소 설정을 설정하기 위해서는 '네트워크 및 호스트 이름' 화면의 우측 하단 [설정] 버튼을 클릭하면 'enp0s3 편집'과 같은 형식의 창이 나타난다. 이 창에서 상단 탭 메뉴에서 [IPv4 설정]이나 [IPv6 설정] 탭에서 설정한다. 현재 시스템의 대부분이 아직도 IPv4를 사용하기 때문에 [IPv4 설정] 탭을 선택하면 된다. 해당 탭에서 [Method]는 고정 IP 주소를 사용하는 경우에는 '수동'을 선택하고, 자동으로 IP 주소를 받아오는 경우에는 '자동(DHCP)' 등을 선택하면 된다. 예를 들면 서버의 경우 대부분 고정 IP 주소를 사용하는데 이 경우에는 [IPv4 설정] 탭에서 [Method]는 '수동'으로 설정하고, 아래의 [주소] 항목에서 [Add] 버튼을 누르고 IP 주소, 넷마스크, 게이트웨이값을 설정하면 된다. 마지막으로 사용하는 DNS 서버의 값을 입력하면 된다. 참고로 VirtualBox나 VMware와 같은 가상화 프로그램을 사용한다면 '자동(DHCP)'로 선택해야 외부 인터넷 사용이 가능하다. 본 교재에서는 기본값인 '자동(DHCP)'를 사용한다. 확인하였으면 하단의 [저장]을 클릭한다.

'이더넷 편집' 예

② 호스트 이름 및 네트워크 사용 설정

호스트 이름은 시스템 사용 용도에 맞게 www, mail, ns 등의 형태로 설정하면 된다. 도메인이 있는 경우에는 도메인을 덧붙여서 입력하면 된다. (예) www.posein.or.kr)

네트워크는 기본으로 '끔' 설정이 되어 있는데, 사용한다면 우측 상단에서 '켬'으로 변경해야 부팅

호스트 이름 및 네트워크 사용 설정 예

시마다 네트워크를 사용할 수 있다. 참고로 본 교재에서는 호스트 이름은 'www'로 지정할 예정인데, 입력 후 [적용] 버튼을 눌러서 현재 호스트 이름 항목에서 변경된 내용을 확인한다. 관련 설정을 확인했으면 좌측 상단에 위치한 [완료] 버튼을 클릭한다.

(13) 보안 정책

보안 정책은 보안 관련된 다양한 정책 설정을 하는 항목이지만, 본 교재에서는 선택하지 않도록 한다. 보안 정책 적용을 '끔'으로 변경한 후에 [완료] 버튼을 클릭한다.

▌보안 정책 화면 예 ▌

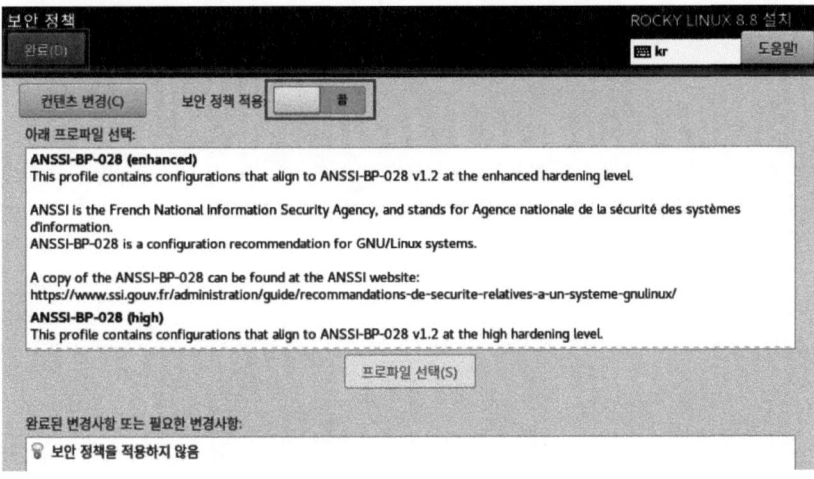

(14) 사용자 설정

사용자 설정은 시스템 관리자 계정인 root 사용자의 패스워드를 생성하는 [root 비밀번호] 항목이 있다. root 사용자의 패스워드를 설정하면 [사용자 생성]이라는 항목이 추가로 나타남과 동시에 우측 하단에 위치한 [설치 시작] 버튼이 활성화된다.

① root 비밀번호 설정

root 사용자는 전체 시스템에 대한 제어권을 갖는 계정이므로 단순한 패스워드나 추측하기 쉬운 패스워드를 설정하면 해킹의 위험이 있으므로 주의해야 한다. root의 암호는 최소한 6자 이상 되어야 하며 사전(dictionary)에 나오지 않는 단어가 좋다. 숫자, 대문자, 소문자, 공백, 특수문자 등을 조합해서 설정하는 것을 추천한다. 두 곳의 비밀번호 입력창에 똑같이 입력한 후에 [완료] 버튼을 클릭한다. 만약 입력한 패스워드가 너무 짧거나 취약하다고 판정을 받은 경우에는 [완료] 버튼을 두 번 클릭해야 진행된다.

▌root 비밀번호 설정 ▌

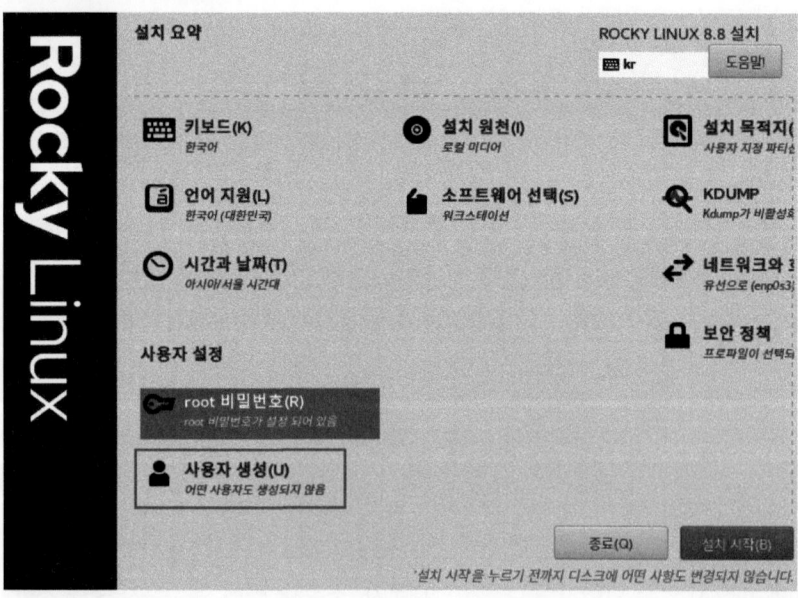

▌추가된 항목 확인 예 ▌

② 사용자 생성

root 사용자의 패스워드를 설정하면 [사용자 생성]이라는 항목이 추가로 나타난다. 이 항목은 root 이외의 일반 사용자를 지정하는 항목으로 반드시 생성하기를 권장한다. 보안상 관리자라고 하더라도 root 계정으로 직접 로그인하는 것은 권장하지 않으므로 일반 계정을 하나 정도는 반드시 생성하도록 한다. [사용자 생성]을 클릭하면 [사용자 생성]이라는 화면이 나타난다.
[성명] 부분에 사용할 아이디를 기록하면 실제 아이디에 해당하는 [사용자 이름] 부분도 동일하게 입력된다. 비밀번호 설정한 후에 [완료] 버튼을 클릭한다. 참고로 해당 사용자를 관리자로 설정하는 것은 추천하지 않고, [고급] 버튼을 눌렀을 때 나오는 설정들은 설치 이후에도 가능하니 특별히 설정하지 않도록 한다. 사용자 등록이 끝났으면 [완료] 버튼을 클릭한다.

┃사용자 생성 화면 예┃

③ [사용자 설정] 확인
[사용자 설정] 항목에서 'root 비밀번호가 설정되어 있음'과 '사용자 계정이 생성되어 있음'을 확인하고 우측 하단에 있는 [설치 시작] 버튼을 클릭한다.

┃화면 예┃

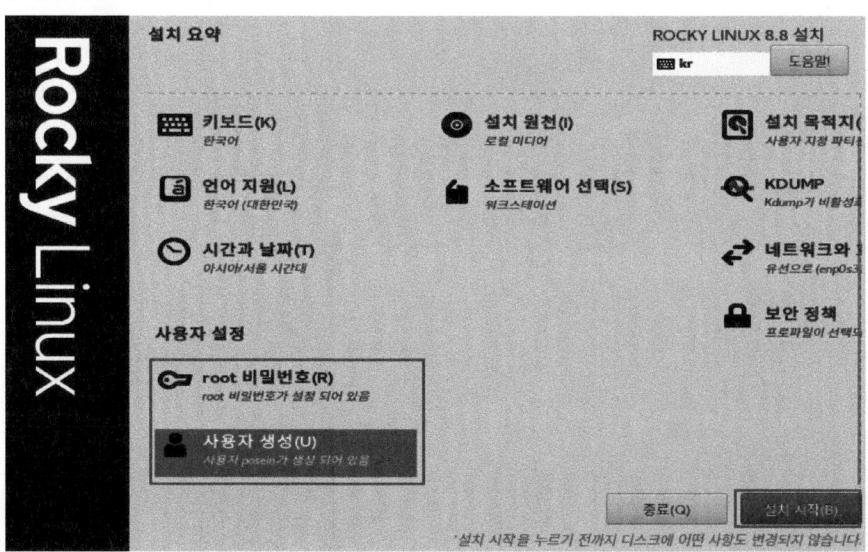

(15) 설치 진행

[설치 시작] 버튼을 클릭하면 설치가 진행된다.

┃ 설치 진행 화면 예 ┃

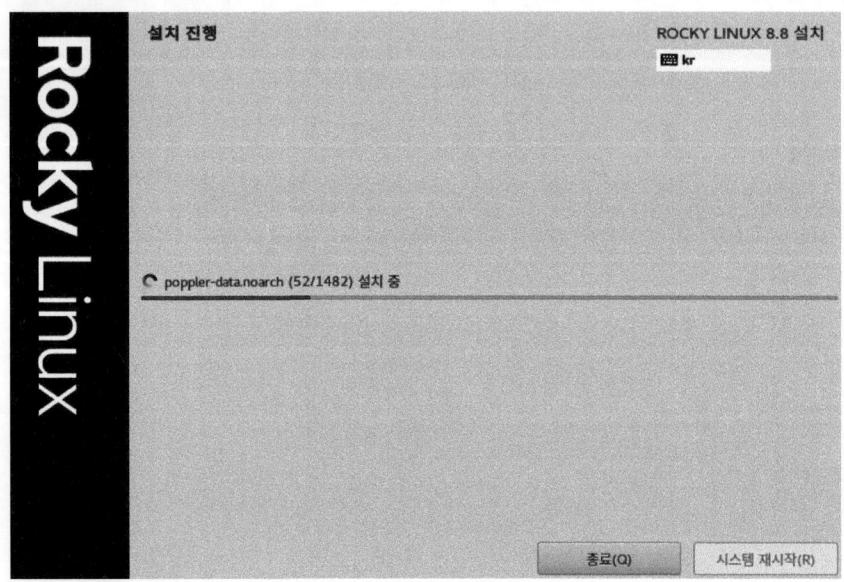

(16) 시스템 재시작

설치 진행이 완료되면 우측 하단에 위치한 [시스템 재시작] 버튼을 클릭한다.

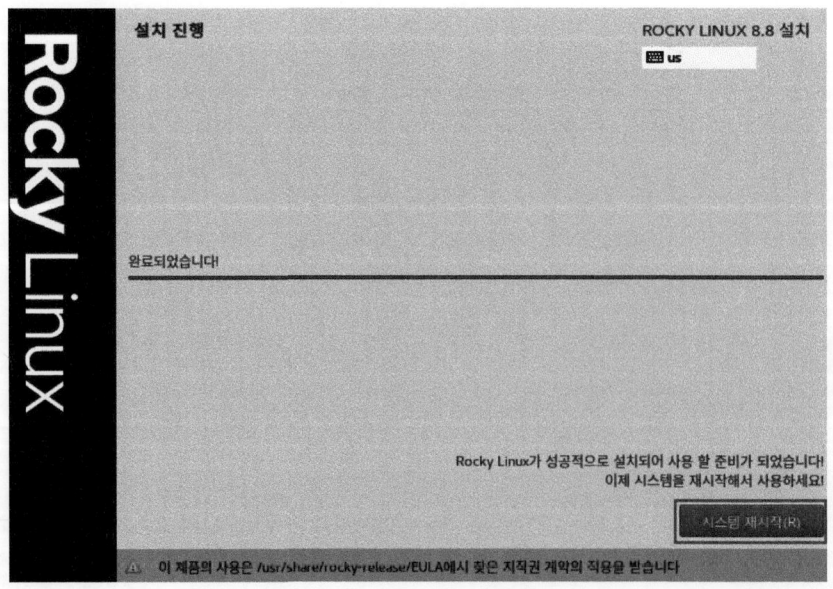

(17) 부팅 메뉴

시스템을 재시작하면 GRUB이라는 부트 매니저 프로그램이 관리하는 부팅 메뉴가 나타난다. 기본 메뉴를 선택해서 부팅을 진행하는데, 별도로 선택하지 않아도 기본 메뉴로 진행된다. 메뉴와 관련된 자세한 설명은 GRUB 관련 문서에서 확인하길 바란다.

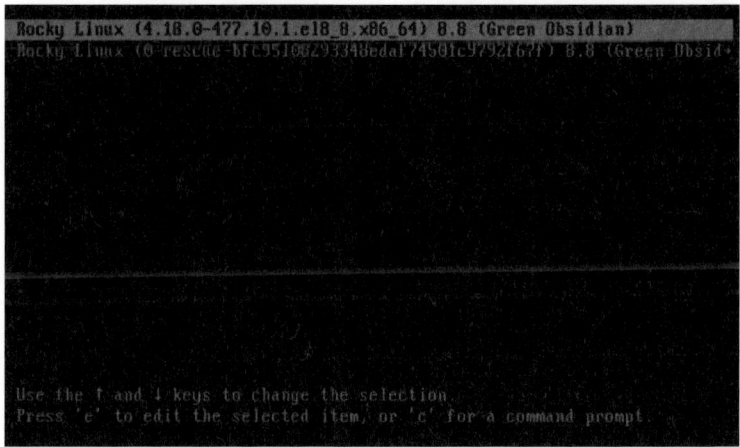

(18) 초기 설정

처음 부팅을 하게 되면 라이선스에 동의하는 초기 설정을 진행해야 한다.

① [라이센스 정보] 클릭
화면 가운데에 위치한 [라이센스 정보]를 클릭한다.

② 약관 동의

[라이선스 정보]를 클릭하면 라이선스 계약에 대한 설명이 나오는데, 확인 후에 '약관에 동의합니다.' 부분을 체크한다. 체크를 했다면 [완료] 버튼을 클릭한다.

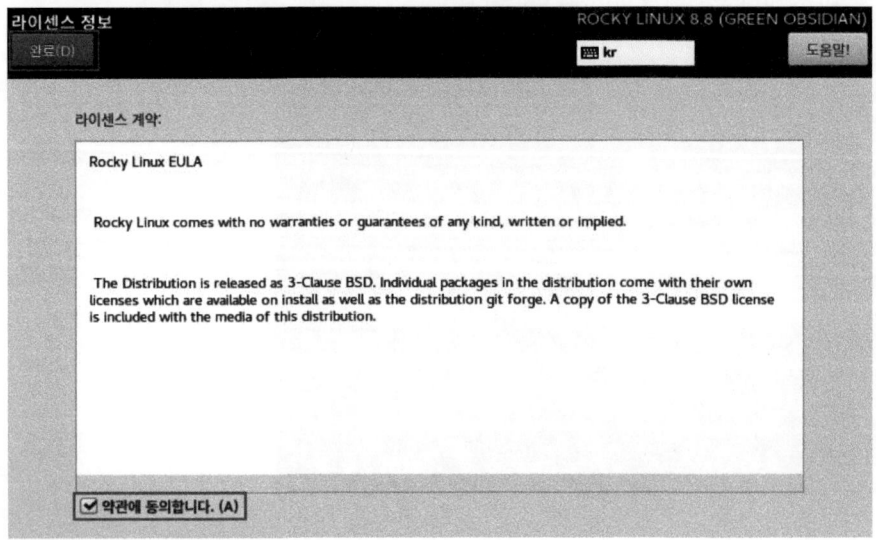

③ 라이선스 동의 확인

라이선스에 동의하면 우측 하단에 [설정 완료] 버튼이 활성화된다. 이 버튼을 클릭한다.

(19) X-Window 로그인

초기 설정이 끝나면 X-Window 로그인 창이 나타난다. 등록된 계정이 있으면 목록으로 제공해주고, root 사용자로 로그인하려면 [목록에 없습니까?]를 선택해서 사용자 이름 및 암호를 입력하면 로그인할 수 있다. 서버 설정과 관련된 실습이 많은 경우에는 root 사용자로 로그인하는 것을 추천한다.

┃ 로그인 화면 예 ┃

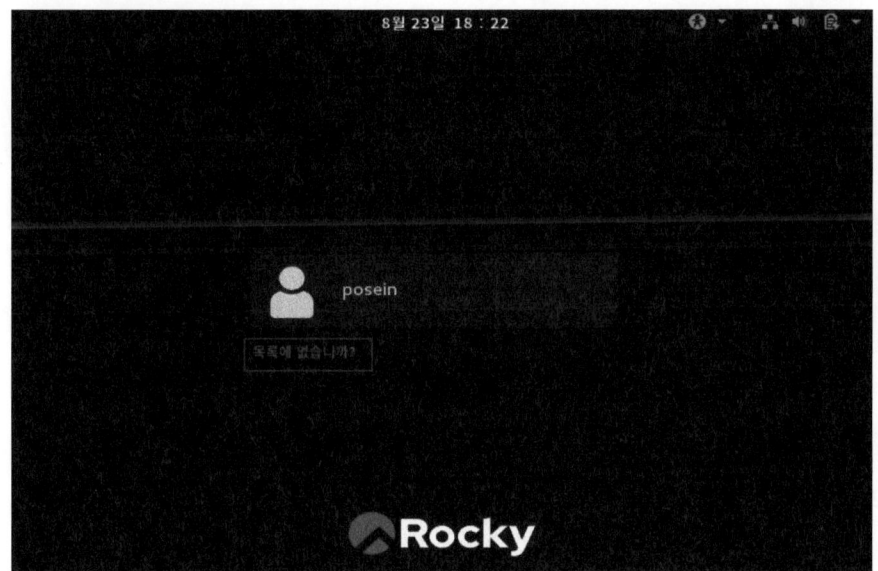

(20) Gnome-initial-setup

로그인에 성공하면 Gnome 초기 설정이 진행된다. 여러 가지 설정 진행된다. 기본 설정 언어를 확인하고 [다음] 버튼을 클릭한다.

① 기본 언어 설정 및 확인

설치 과정에서 '한국어'를 선택하면 기본 언어 설정은 자동으로 한국어가 선택된다. 확인 후에 [다음] 버튼을 클릭한다.

┃확인 예┃

② 입력(키보드 배치) 확인

'입력'은 키보드 배치 또는 입력기를 선택하는 단계인데, 한글을 사용하려면 '한국어(Hangul)'을 선택하고 [다음] 버튼을 클릭한다. 이 부분도 설치 과정에서 '한국어'를 선택하면 자동 설정된다.

┃확인 예┃

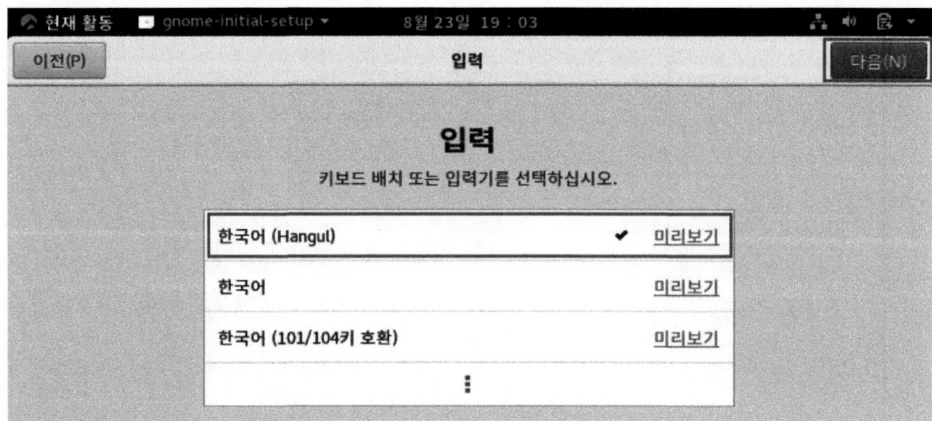

③ 개인 정보 확인

'개인 정보'는 위치 정보를 판단하는 프로그램의 허용 여부를 결정하는 항목이다. 불필요하다면 '끔'을 선택하고 [다음] 버튼을 클릭한다.

확인 예

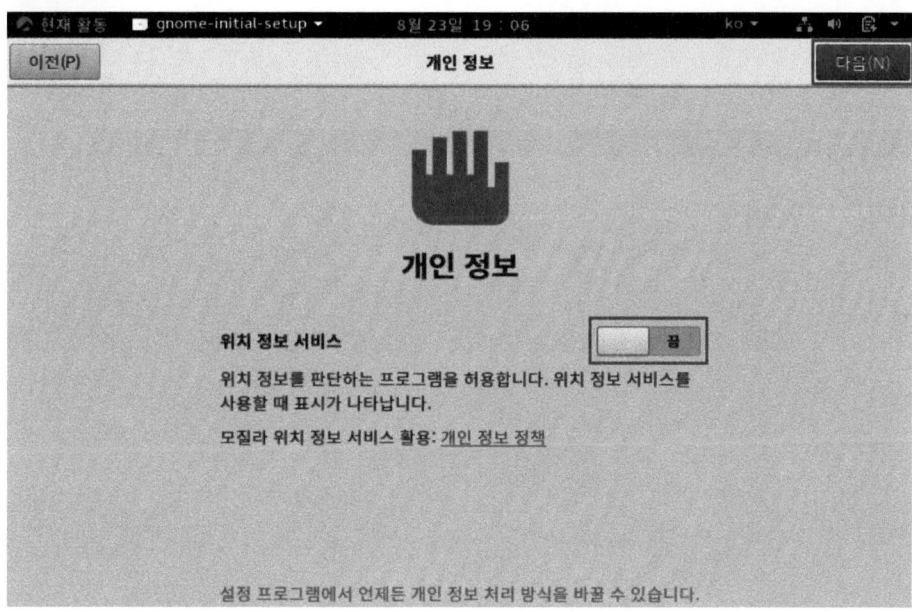

④ 온라인 계정 연결

온라인 계정을 연결해서 사용하려면 설정한다. 구글 등의 서비스와 연결해서 달력, 연락처, 문서, 사진 등에 접근할 수 있다. 필요하지 않으면 [건너뛰기] 버튼을 클릭한다.

확인 예

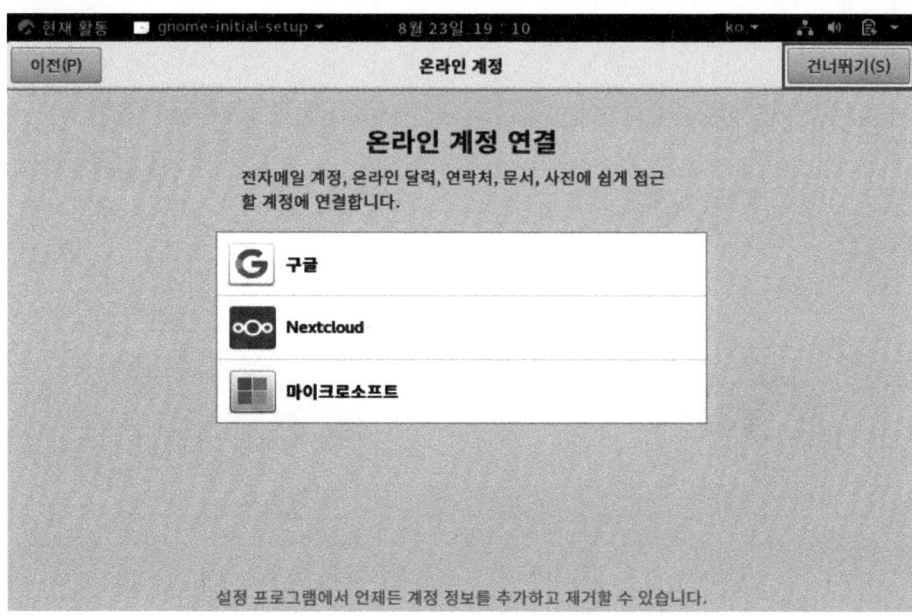

⑤ 준비 완료

모든 항목 설정이 완료되었으면 [Rocky Linux 시작] 버튼을 클릭한다.

┃확인 예┃

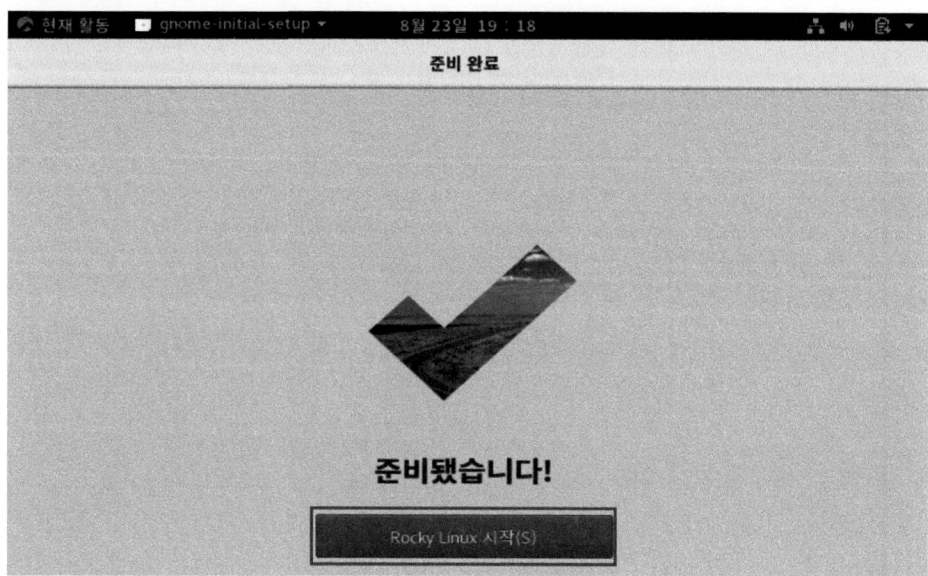

⑥ 시작하기

'시작하기'에서 Rocky Linux 사용과 관련된 동영상을 제공하고 있다. X 윈도 기반의 사용법을 배우기를 원한다면 유용하다. 종료하려면 우측 상단에 창닫기([X])를 클릭한다.

┃확인 예┃

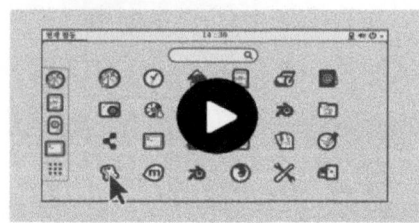
프로그램 실행

작업 전환하기

(21) X 윈도(X Window) 환경

정상적으로 시작되면 X 윈도를 사용할 수 있다. 참고로 Rocky Linux 8에서 X 윈도 기본 메뉴가 '스탠다드(Wayland 디스플레이 서버)'이다. 이 메뉴는 모바일 환경에 적합하게 설계된 것으로 전통적인 서버 환경에 익숙해진 사람에게는 약간 불편하게 느껴질 수 있다. 예전 스타일로 변경하는 것은 '유용한 설정'에서 설명하도록 하고, 좌측 상단에 [현재 활동]을 클릭해본다.

┃확인 예 ┃

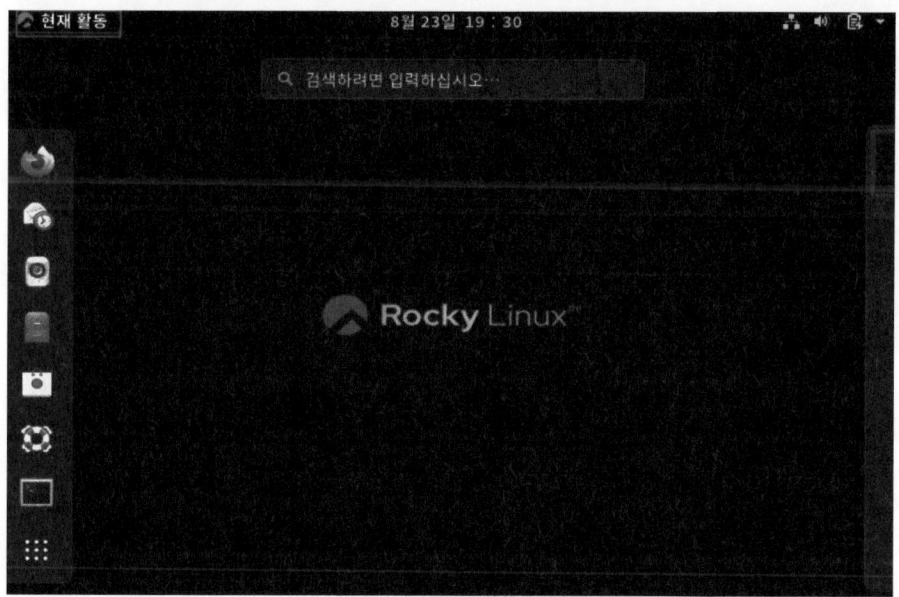

(22) 터미널 실행

X 윈도에 로그인하면 GUI 기반의 다양한 메뉴를 제공하고 있지만, 서버 설정과 같은 중요한 작업은 터미널 환경에서 명령어를 이용하거나 편집기를 사용하는 경우가 많다. Rocky Linux에서 터미널 창을 사용하려면 좌측 상단의 [현재 활동] 클릭한 후에 검정색 터미널 아이콘을 선택한다. 클래식 스타일인 경우에는 마우스 오른쪽 버튼으로 메뉴를 호출한 후에 'Open in Terminal'을 클릭한다.

터미널 실행 예

![터미널 실행 화면]

(23) 시스템 종료

X 윈도 기반에서 사용자를 로그아웃하거나 시스템을 종료하려면 우측 상단에 위치한 역삼각형 모양(▽)의 드롭다운 메뉴를 클릭하면 된다.

사용 예

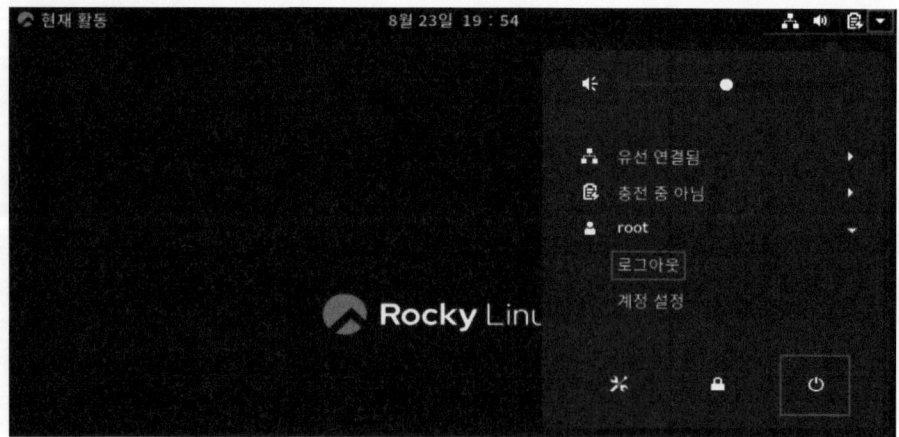

▶ Rocky Linux 8의 유용한 주요 설정

(1) X 윈도 스타일 변경

Rocky Linux 8 설치 후에 기본으로 제공되는 X 윈도 스타일은 '스탠다드(Wayland 디스플레이 서버)'이다. 모바일 환경에 적합하게 설계된 것으로 전통적인 서버 환경이나 윈도우 운영체제 스타일에 익숙한 경우에는 불편하게 느낄 수 있다. 이전 버전과 같은 환경으로 사용하려면 사용자의 패스워드를 입력하는 화면에서 톱니바퀴 모양의 아이콘을 눌러서 '클래식(Wayland 디스플레이 서버)'으로 변경하면 된다.

① 메뉴 목록 확인

X 윈도 로그인 과정에서 사용자 이름은 아이디를 입력하고 [다음]을 누른 뒤, [암호] 입력 창에 나타나는 톱니바퀴 모양을 클릭한다.

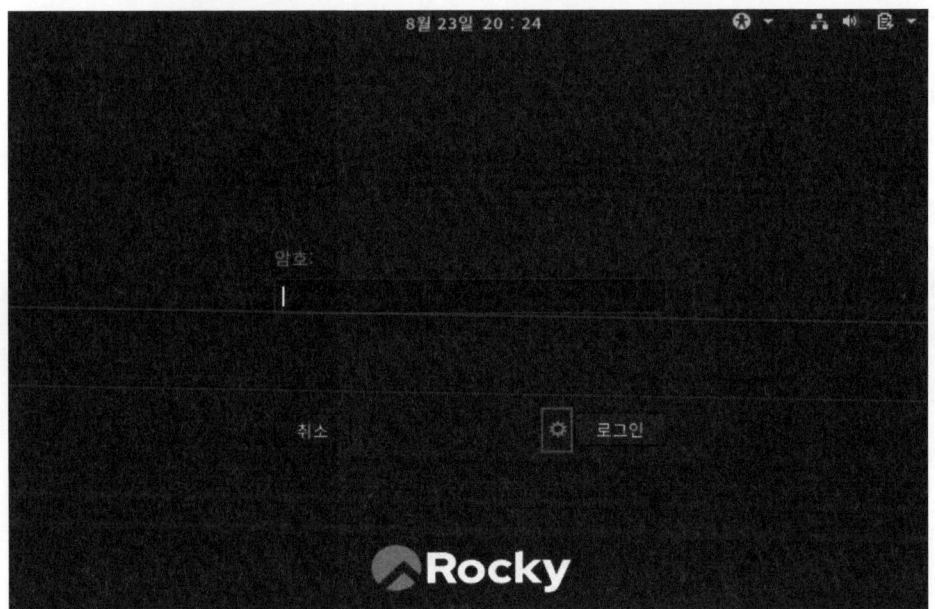

② 메뉴 선택

메뉴 목록에서 '클래식(X11 디스플레이 서버)' 또는 '클래식(Wayland 디스플레이 서버)'를 선택하고 암호를 입력한 뒤에 [로그인] 버튼을 클릭한다.

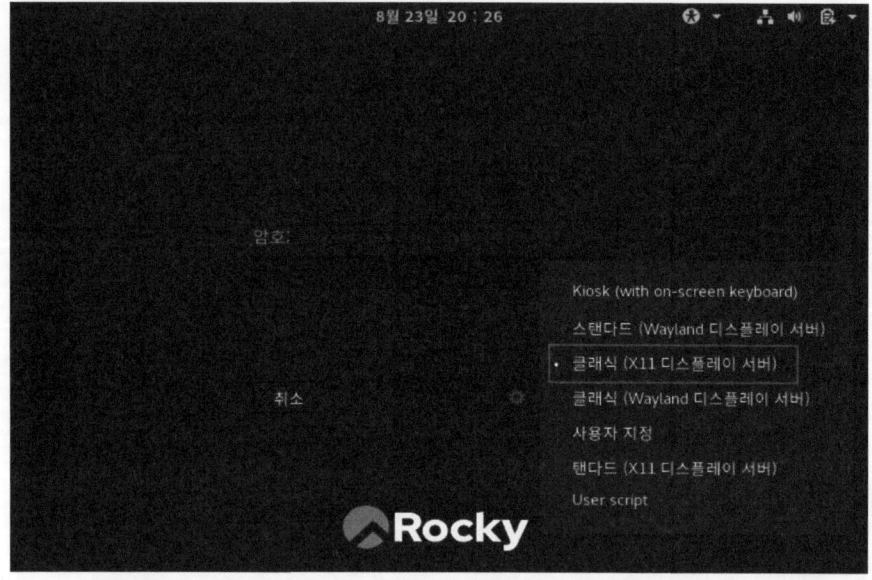

③ X 윈도 확인

X 윈도의 클래식 모드를 확인한다.

■ 확인 예 ■

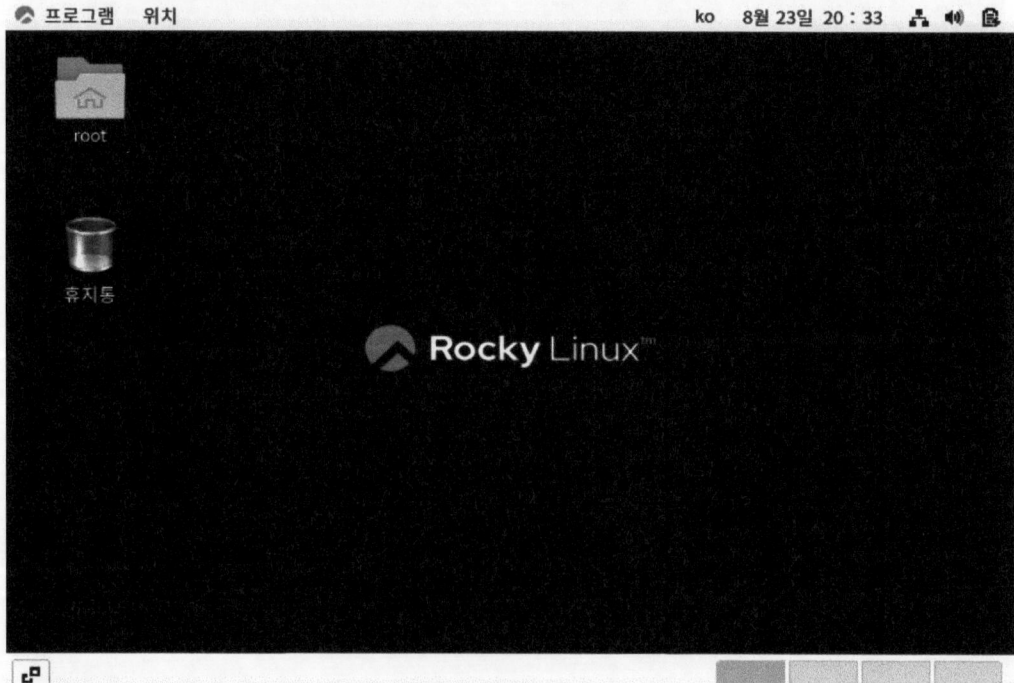

(2) 해상도 변경하기

해상도가 너무 낮으면 X 윈도에 나타나는 아이콘과 터미널이 너무 커서 불편할 수 있다. 이 경우에는 해상도를 변경하면 된다. Rocky Linux 8에서 클래식 스타일 기반으로 변경하는 절차는 다음과 같다.

① X 윈도 화면 좌측 상단에 있는 [프로그램] → [시스템 도구] → [설정]을 선택하면 '설정' 창이 나타난다.

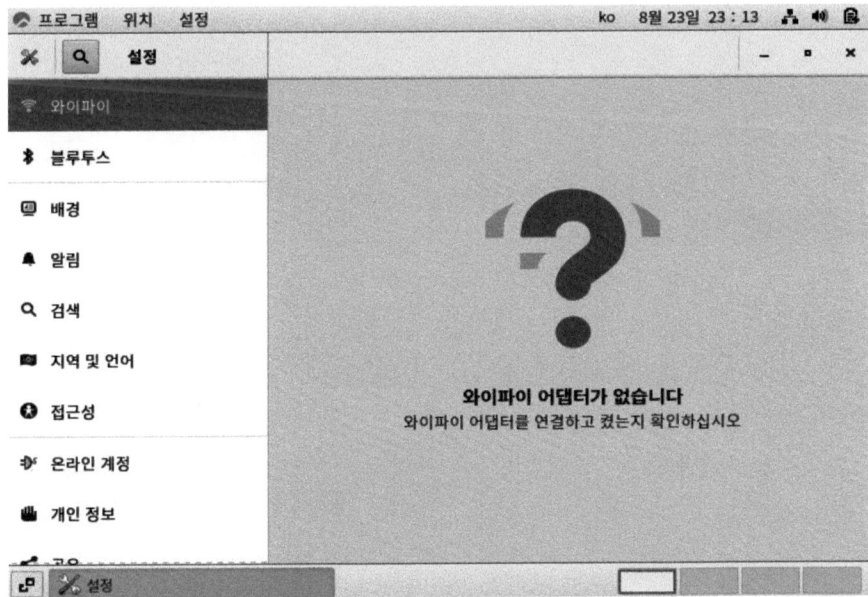

② 좌측 하단의 메뉴에서 [장치] → [디스플레이]를 선택하여 오른쪽 메뉴에 나타나는 [해상도] 항목에서 적절한 해상도(예 1024x768)를 선택하고 우측 상단에 위치한 [적용] 버튼을 클릭한다. [적용] 버튼을 누르면 팝업창으로 한 번 더 확인하는데 [바뀐 사항 유지]를 클릭하면 최종적으로 적용된다.

(3) 터미널 글꼴 변경하기

X 윈도로 로그인해도 여전히 터미널 환경에서 명령어를 이용한 작업이 대부분을 차지할 수도 있다. 이런 경우 터미널의 기본 글꼴이 매우 중요한데, 불편하다고 느껴지면 본인이 원하는 글꼴로 바꿀 수 있다. 변경 절차는 다음과 같다.

① 바탕화면에서 마우스 오른쪽 버튼을 누르면 메뉴가 나타나는데, [Open in Terminal]을 클릭해서 터미널을 실행한다.

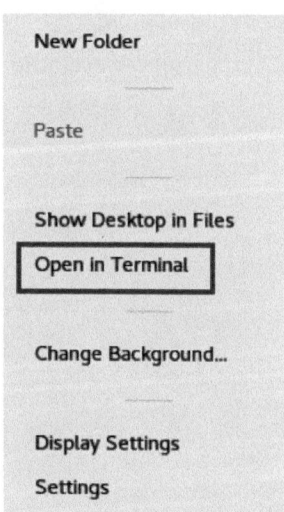

② 터미널의 상단 메뉴에서 [편집] → [기본 설정]을 클릭한다.

③ [기본 설정 - 프로파일] 창의 오른쪽 탭의 [텍스트] 항목에서 '사용자 지정 글꼴'의 앞부분에 체크 박스를 클릭한 후에 'Monospace Regular 12'라고 기본 설정된 부분을 클릭한다.

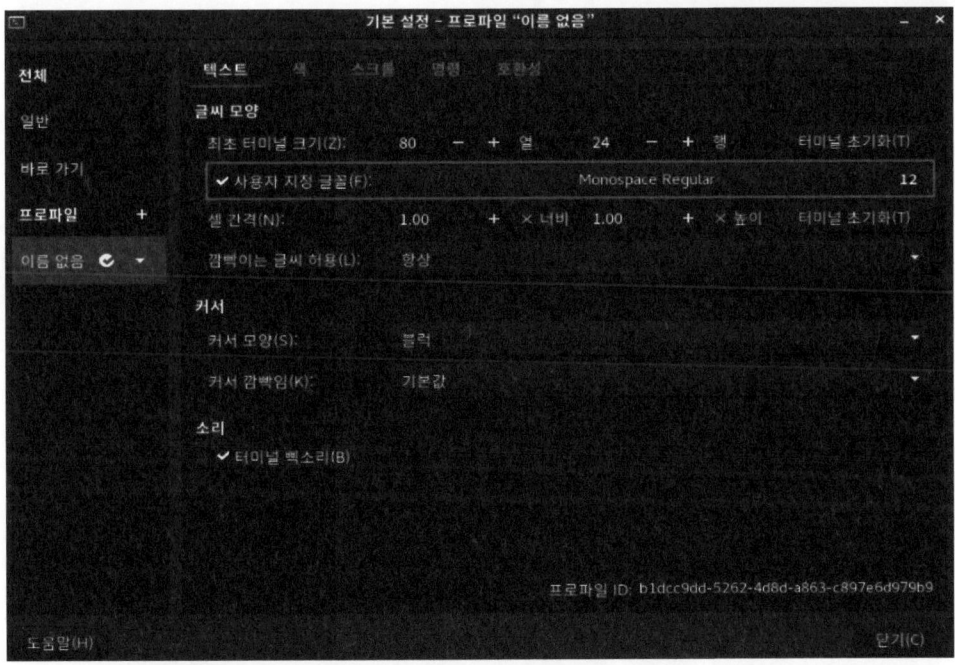

④ '터미널 글꼴 선택' 창에서 검색 기능을 이용해 아는 글꼴을 검색하거나 아래의 목록에서 글꼴을 선택하고 글자 크기도 지정한다. 다음 그림은 'Dejavu Sans Mono Bold'와 글자 크기는 12를 선택한 화면이다. 선택을 완료하려면 우측 상단에 위치한 [선택] 버튼을 클릭한다.

설정 예

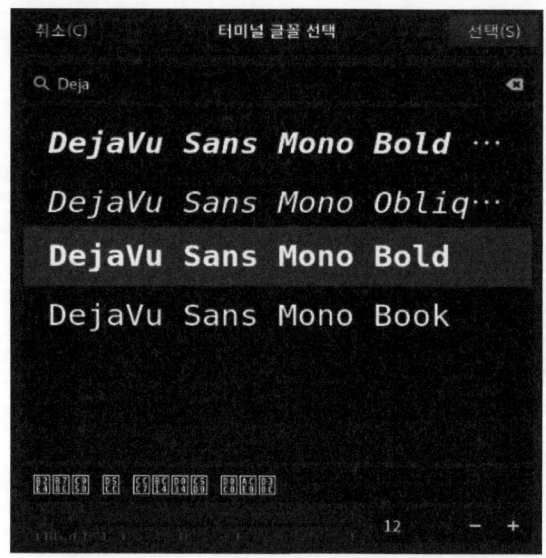

⑤ 설정한 내용을 확인하고 우측 하단에 위치한 [닫기] 버튼을 클릭한다.

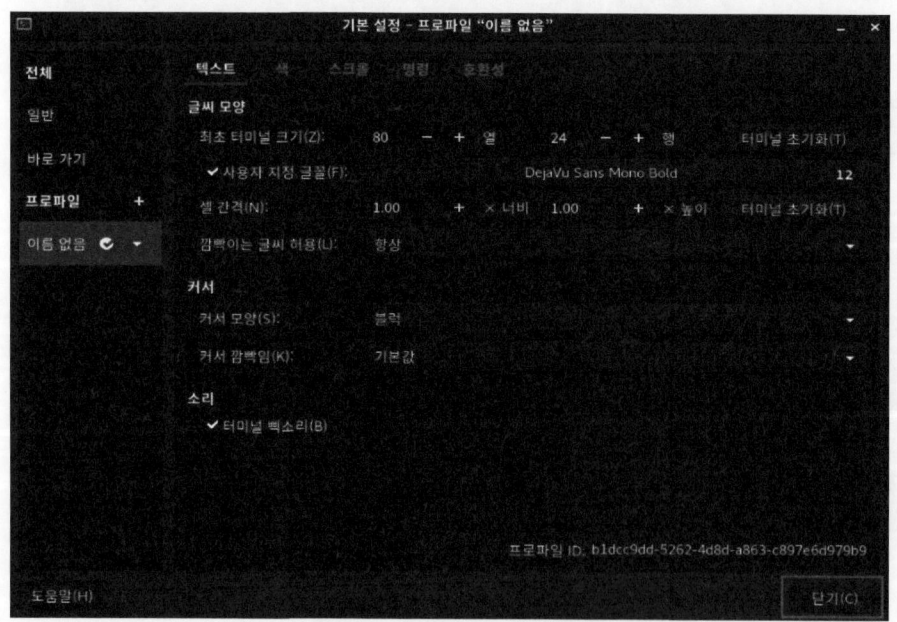

⑥ 터미널 화면에서 변경된 글꼴을 확인한다. 참고로 한영 전환은 먼저 [Super Key 또는 윈도우 Key]+[Space]를 실행하여 '한국어(Hangul)'로 선택하고, [Shift]+[Space Bar]를 사용하면 토글 키 (Toggle Key)처럼 한영 전환을 할 수 있다.

┃ 글꼴 및 한영 전환 테스트 예 ┃

```
[root@www 바탕화면]# cd
[root@www ~]# ls
anaconda-ks.cfg       공개      문서      비디오     서식
initial-setup-ks.cfg  다운로드   바탕화면   사진      음악
[root@www ~]# 록키 리눅스 8
bash: 록키: 명령을 찾을 수 없습니다...
[root@www ~]#
```

(4) 전원 관리 설정

일정 시간 동안 시스템을 이용하지 않으면 화면 잠금 현상이 발생하여 다시 해제하려면 번거로울 수 있다. Rocky Linux 8 기준으로 기본 설정 시간인 5분이 매우 짧다고 생각되면 시간을 늘리거나 아예 설정하지 않으면 된다. 절차는 다음과 같다.

① X 윈도 화면 좌측 상단에 있는 [프로그램] → [시스템 도구] → [설정]을 선택하면 '설정' 창이 나타난다.

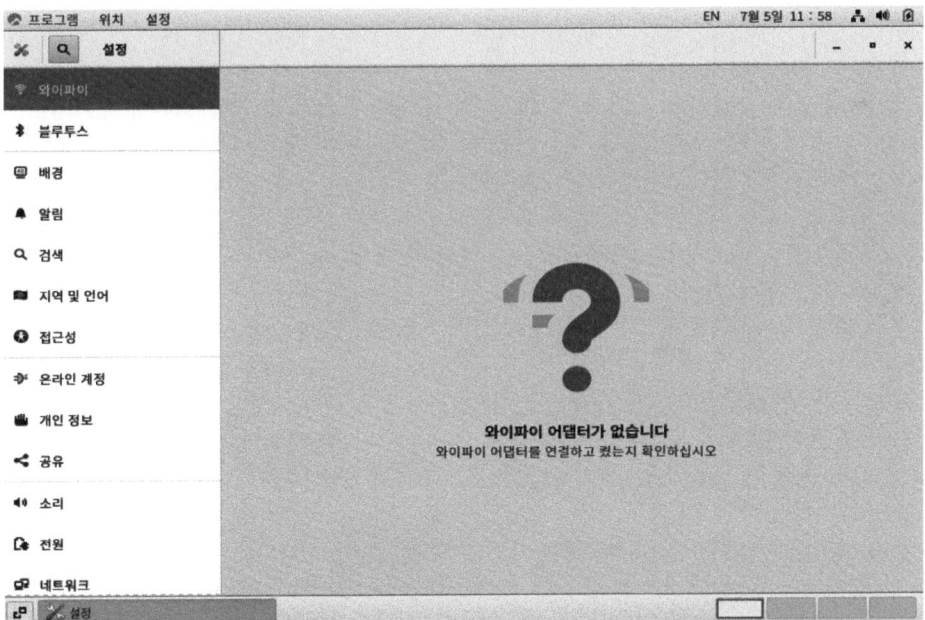

② 좌측 메뉴 하단의 [전원]을 선택하면 나타나는 오른쪽 메뉴에서 [절전] 항목을 원하는 값으로 지정한다. 실습 과정에서 화면 잠금을 없애려면 [안함]으로 설정하고 창닫기([X])를 선택하면 반영된다.

설정 예

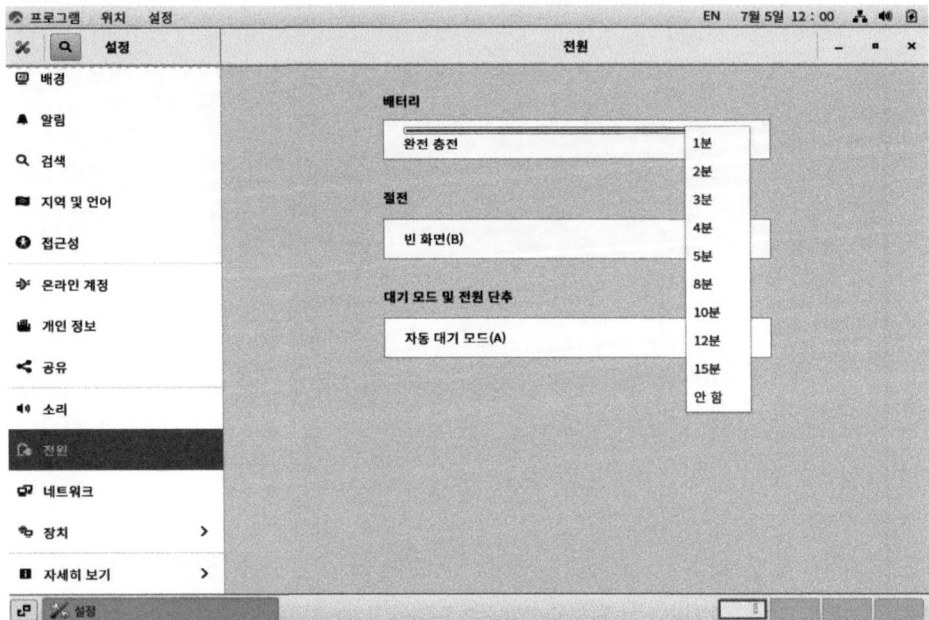

> **참고 | Rocky Linux 8에서 한영 전환 설정**
>
> Rocky Linux 8을 설치한 후에 키보드 입력 또는 배치 설정에서 '한국어(Hangul)'를 지정한 경우에는 '[Shift]+[Space Bar]' 키 조합으로 한영 전환을 할 수 있다. 이 조합으로 한영 전환이 되지 않는다면 2가지 경우로 해결할 수 있다. 먼저 [Super 키, 윈도우 키]+[Space Bar] 키로 '한/한국어(Hangul)' 로 전환한 후에 사용하는 것이다. 'ko/한국어'로 선택되어 있다면 전환되지 않는다. 두 번째의 경우는 처음 설치할 때 '한국어(Hangul)'를 선택하지 않은 경우이다. 선택하지 않았다면 다음과 같이 설정하여 사용할 수 있다.
> ① X 윈도의 좌측 상단에 위치한 [프로그램] → [시스템 도구] → [설정]을 마우스를 이용해서 차례대로 클릭한다.
> ② 좌측에 열거된 [설정] 메뉴에서 [지역 및 언어]를 선택하고 우측 화면에 위치한 [입력 소스] 메뉴에서 [+]를 클릭한다.
> ③ [입력 소스 추가]라는 팝업 창에서 [한국어]를 선택한다.
> ④ [입력 소스 추가] 화면에서 [한국어(Hangul)]를 선택하고, 우측 상단에 위치한 [추가] 버튼을 클릭한다.
> ⑤ [입력 소스] 메뉴에서 [한국어(Hangul)]를 선택한 후에 위쪽 화살표를 클릭해서 맨 위쪽에 배치한다.
> ⑥ [입력 소스] 메뉴에 순서를 확인한다.
> ⑦ [설정] 메뉴 창을 닫은 후에 [Shift]+[Space Bar] 키 조합으로 한영 전환을 한다.

1.3.3 설치된 리눅스 정보 확인

시스템에 리눅스를 처음부터 설치해서 사용하는 경우도 있지만, 서버로 운영 중인 리눅스 시스템을 맡아서 관리하는 경우도 있다. 이때에는 정확한 리눅스 배포판 및 커널 버전의 확인이 필수이다.

▶ 리눅스 배포판 버전 확인

(1) 파일로 확인하기

① /etc/rocky-release

가장 직관적으로 리눅스 배포판 이름과 버전을 확인할 수 있다. 심볼릭 링크 파일로 /etc/system-lease, /etc/redhat-release, /etc/centos-release가 제공되어서 해당 파일명으로도 확인할 수 있다.

│ 확인 예 │

```
[root@www ~]# cat /etc/rocky-release
Rocky Linux release 8.8 (Green Obsidian)
[root@www ~]#
```

② /usr/lib/os-release

리눅스 배포판 이름과 버전 정보 이외에도 웹 사이트 정보 등을 확인할 수 있다. 심볼릭 링크 파일로 /etc/os-release가 제공되어서 해당 파일명으로도 확인할 수 있다.

│ 확인 예 │

```
[root@www ~]# cat /usr/lib/os-release
NAME="Rocky Linux"
VERSION="8.8 (Green Obsidian)"
ID="rocky"
ID_LIKE="rhel centos fedora"
VERSION_ID="8.8"
PLATFORM_ID="platform:el8"
PRETTY_NAME="Rocky Linux 8.8 (Green Obsidian)"
ANSI_COLOR="0;32"
LOGO="fedora-logo-icon"
CPE_NAME="cpe:/o:rocky:rocky:8:GA"
HOME_URL="https://rockylinux.org/"
BUG_REPORT_URL="https://bugs.rockylinux.org/"
SUPPORT_END="2029-05-31"
ROCKY_SUPPORT_PRODUCT="Rocky-Linux-8"
ROCKY_SUPPORT_PRODUCT_VERSION="8.8"
REDHAT_SUPPORT_PRODUCT="Rocky Linux"
REDHAT_SUPPORT_PRODUCT_VERSION="8.8"
[root@www ~]#
```

(2) 명령어로 확인: lsb_release

lsb_release라는 명령어를 사용해서 리눅스 배포판 버전을 확인할 수 있다. 이 명령어는 LSB(Linux Standard Base) 정보 및 배포판(Distribution) 정보를 출력해주는 명령어이다. 만약 해당 명령어가 존재하지 않는다면 'dnf install redhat-lsb-core' 명령을 실행해서 관련 패키지를 설치한다.

❙ 사용법 ❙

$ lbs_release [option]

❙ 주요 옵션 ❙

옵션	설명
-v	배포판과 호환되는 LSB 버전을 출력한다. 기본값으로 적용되는 옵션이다. (--version)
-a	LSB, 배포판 정보 및 버전(release) 등 모든 정보를 출력한다. (--all)

❙ 사용 예 ❙

```
[root@www ~]# lsb_release -a
LSB Version:    :core-4.1-amd64:core-4.1-noarch
Distributor ID: Rocky
Description:    Rocky Linux release 8.8 (Green Obsidian)
Release:        8.8
Codename:       GreenObsidian
[root@www ~]#
```

➡ LSB, 배포판 이름, 버전 정보 등을 출력한다.

▶ 리눅스 커널 버전 확인

(1) 파일로 확인하기

시스템 동작과 관련된 다양한 정보는 /proc 디렉터리에서 확인할 수 있는데, 그중에서 커널 정보는 /proc/version 파일에서 확인할 수 있다.

❙ 확인 예 ❙

```
[root@www ~]# cat /proc/version
Linux version 4.18.0-477.10.1.el8_8.x86_64 (mockbuild@iad1-prod-build001.bld.equ
.rockylinux.org) (gcc version 8.5.0 20210514 (Red Hat 8.5.0-18) (GCC)) #1 SMP Tu
e May 16 11:38:37 UTC 2023
[root@www ~]#
```

(2) 명령어로 확인: uname

시스템 정보를 출력해주는 명령으로 커널 버전, 머신 타입(하드웨어 타입) 등을 알 수 있다.

사용법
$ uname [option]

주요 옵션

옵션	설명
-s	커널 이름을 출력하는 옵션으로 특별한 옵션 없이 명령어만 실행한 경우에 기본 출력된다. (--kernel-name)
-m	하드웨어 타입(machine type) 정보를 출력한다. arch 명령과 같다. (--machine)
-n	시스템에 설정된 이름을 출력하는데, 기본적으로 호스트명이 출력된다. (--nodename)
-r	커널 릴리즈 정보를 출력한다. 실질적으로 커널의 버전을 확인할 수 있다. (--kernel-release)
-v	커널 버전을 출력한다. 최근 배포판에서는 날짜 관련 정보를 출력한다. (--kernel-version)
-p	프로세서 정보를 출력한다. (--processor)
-i	하드웨어 플랫폼 정보를 출력한다. (--hardware-platform)
-o	운영체제 정보를 출력한다. (--operating-system)
-a	위에 열거된 모든 정보를 출력한다. (--all)

사용 예
$ uname -r

➡ 커널 릴리즈 버전 정보를 출력한다.

```
[posein@www ~]$ uname -a
Linux www 4.18.0-477.10.1.el8_8.x86_64 #1 SMP Tue May 16 11:38:37 UTC 2023 x86_6
4 x86_64 x86_64 GNU/Linux
[posein@www ~]$
```

➡ 시스템 관련 모든 정보를 출력한다.

1.3.4 VirtualBox의 가상 머신 관리하기

▶ 이더넷 카드 추가하여 호스트 운영체제인 윈도우와 통신하기

(1) 개요

VirtualBox에 가상 머신을 생성한 후에 리눅스를 설치하면 '네트워크 어댑터'가 어댑터 1로 설정되면서 하나만 생성되는데, A 클래스의 사설 IP 대역 주소인 10.0.2.15가 할당되고 NAT(Network Address Translation) 형식으로 외부의 사이트에만 접속할 수 있다. 즉 호스트 운영체제인 윈도우나 VirtualBox 내의 다른 가상 머신과의 통신은 불가능하다. 상호 통신이 가능하게 하려면 다음과 같이 어댑터 2로 '네트워크 어댑터'를 추가 설정하는 과정이 필요하다.

(2) 설정 과정

① 'Oracle VM VirtualBox 관리자'의 메뉴 왼쪽에 있는 '가상 머신' 목록에서 네트워크 어댑터를 추가할 가상 머신을 선택한 후에 우측 상단 메뉴에 있는 [설정]을 클릭한다. 참고로 우측 하단에 [네트워크] 항목을 살펴보면 '어댑터 1'만 존재하는 것을 확인할 수 있다.

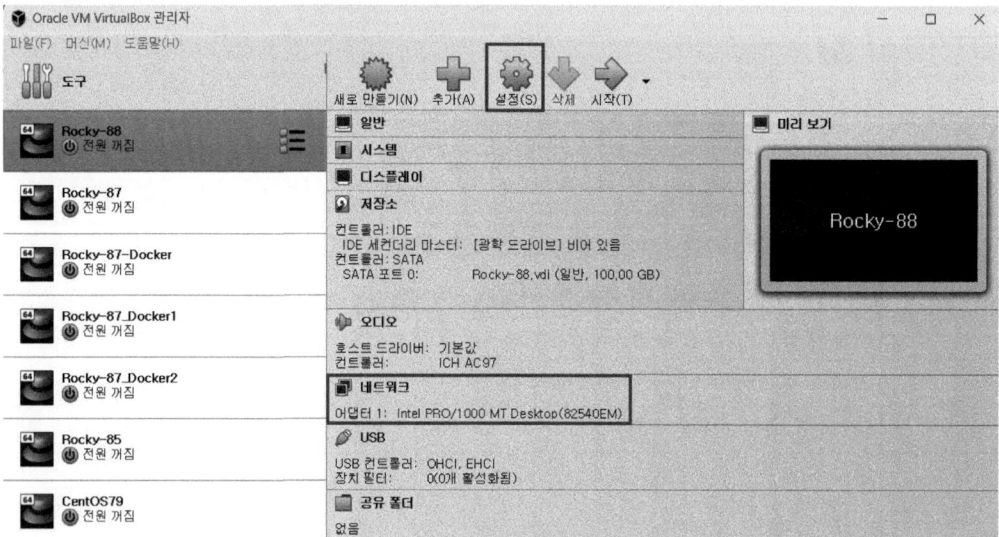

② [설정] 창의 왼쪽 메뉴에 있는 네트워크를 선택하고 오른쪽 화면에 나타나는 [어댑터 2] 탭을 선택한다.

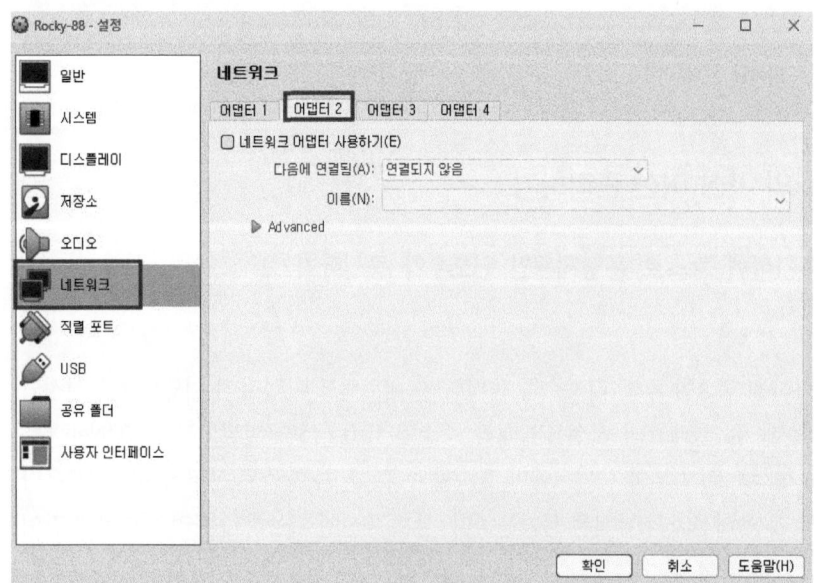

③ [어댑터 2] 탭에서 '네트워크 어댑터 사용하기' 부분의 체크 박스를 클릭한다. [다음에 연결됨] 메뉴에서 '호스트 전용 어댑터'를 선택하고 [확인] 버튼을 클릭한다.

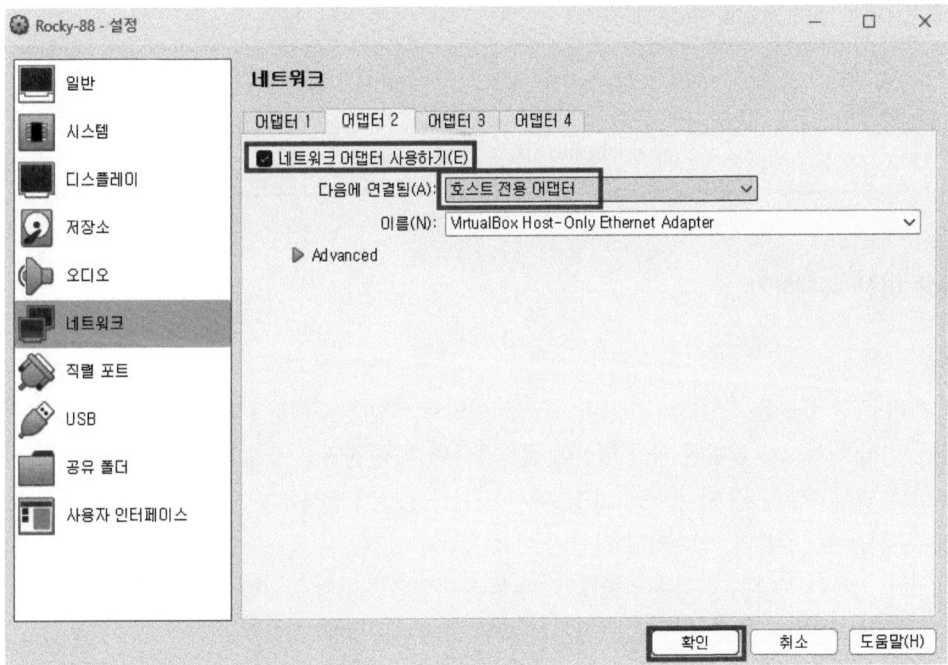

④ 'Oracle VM VirtualBox 관리자' 창에서 네트워크 어댑터가 추가된 것을 확인한다.

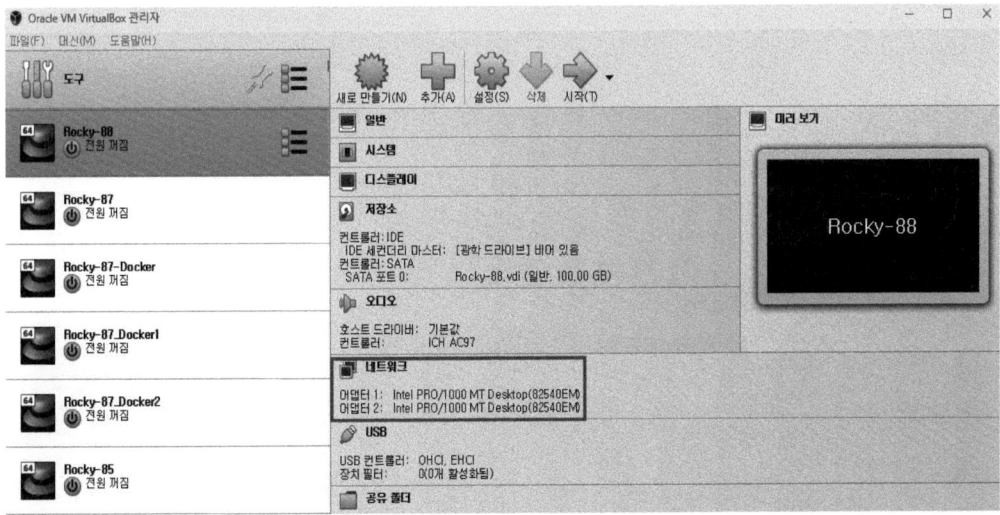

> **참고 | VirtualBox Host-Only Ethernet Adapter**
>
> '호스트 전용 어댑터'를 추가하면 호스트 운영체제인 윈도우에 'VirtualBox Host-Only Network'이란 이름으로 Adapter가 생성되고 IP 주소는 192.168.56.1이 할당된다. 게스트 운영체제인 리눅스에서 ifconfig나 'ip addr show' 명령을 실행해보면 추가로 ethernet 카드가 생성되었고, IP 주소가 192.168.56.101이 할당된 것을 확인할 수 있다. 만약 다른 가상 머신에 네트워크 어댑터를 추가하면 192.168.56.102이 할당되어 윈도우뿐만 아니라 다른 가상 머신과도 통신이 가능해진다. 주의할 점은 리눅스인 경우에 방화벽이 기본적으로 동작하고 있으므로 'systemctl stop firewalld' 등과 같이 방화벽 사용을 중지하는 작업이 요구된다.

▶ 가상 머신 복제하기

(1) 개요

리눅스 서버 관련 실습을 진행하려면 서버 및 클라이언트 역할을 수행할 다수의 리눅스 시스템이 필요하다. 만약 리눅스가 설치된 가상 머신이 존재한다면 복제 과정을 통해 다수의 리눅스 시스템을 빠르고 손쉽게 확보할 수 있다. VirtualBox에서 지원하는 복제 방식에는 '완전한 복제'와 '연결된 복제'가 존재하는데, 원본이 되는 가상 머신의 이상 유무와 상관없이 독립적인 가상 머신을 사용하기 위해서는 '완전한 복제'를 선택해야 한다. 다만 원본 파일의 크기랑 동일한 파일이 생성되므로 디스크 용량이 부족하지 않은지 확인해야 한다. '연결된 복제'는 원본을 기반으로 다른 부분만을 별도로 저장하는 방식이라 복제된 파일의 크기가 매우 작다. 다만 원본에 이상이 발생하면 작동하지 않으므로 원본과 함께 관리되어야 한다. 다만 디스크의 공간이 부족하고 다수의 시스템이 필요한 경우에는 유용할 수 있다. 본 교재에서는 '완전한 복제'하는 과정으로 진행한다.

(2) 복제 과정

① 'Oracle VM VirtualBox 관리자'에서 복제하려는 대상의 가상 머신을 선택하고 마우스 오른쪽 버튼을 메뉴가 나타나는데, [복제]를 선택한다.

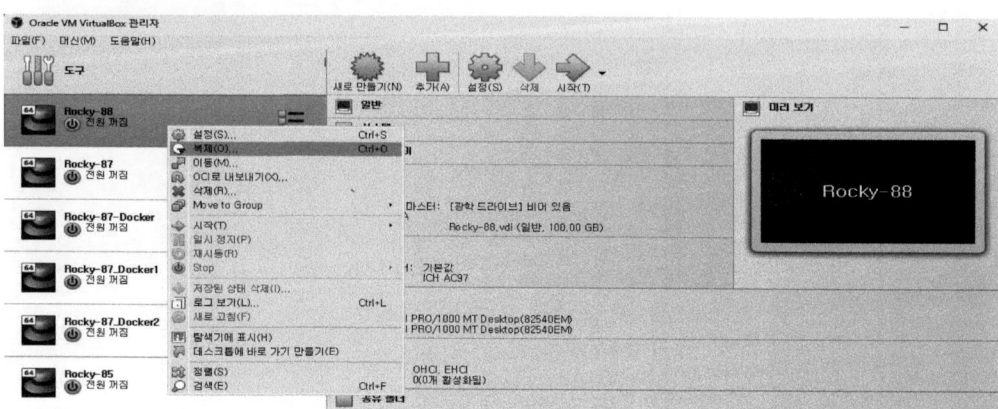

② '가상 머신 선택' 창이 나타나면서 '새 머신의 이름과 경로' 설정하는 항목이 나타난다. 이름은 기본적으로 '기존_이름 복제'라고 나타나는데, 본인이 식별하기 쉬운 이름으로 변경한다. 저장되는 경로에 해당하는 'Path' 항목도 적절한 위치를 선택한다. 아울러, 추가 옵션에서 '디스크 이름 유지'는 원본과 동일한 파일명으로 저장되고, '하드웨어 UUID 유지하기'는 원본과 동일한 UUID가 부여된다. 이 경우에 백업본의 역할을 수행하지만, 가상 머신 실행을 원본과 동시에 실행할 수 없으므로 주의해야 한다. 본 교재에서는 이름만 'Rocky-88_2'로 설정하고 경로는 변경하지 않는다. 만약 C 드라이브의 공간이 부족하다면 경로를 변경하도록 한다. 선택이 완료되었으면 하단의 [다음] 버튼을 클릭한다.

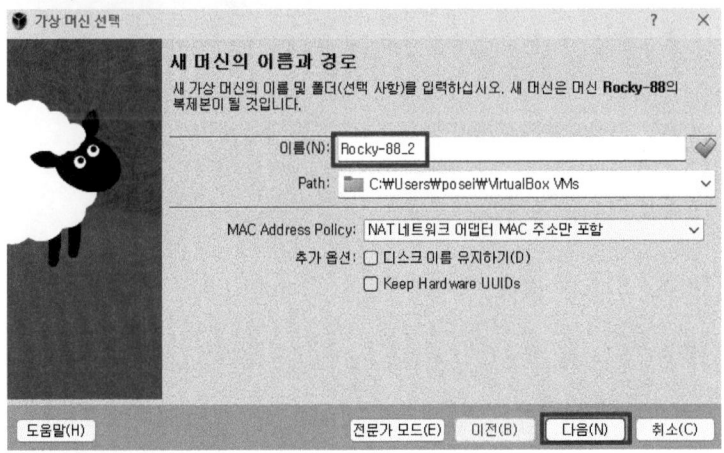

③ [복제 방식]을 선택한다. 본 교재에서는 원본의 이상 유무와 상관없이 독립적인 가상 머신을 사용하기 위해서는 [완전한 복제]를 선택한다. 다만 원본 파일의 크기랑 동일한 파일이 생성되므로 디스크 용량이 부족하지 않은지 확인해야 한다. 확인 후 하단의 [Finish] 버튼을 클릭한다.

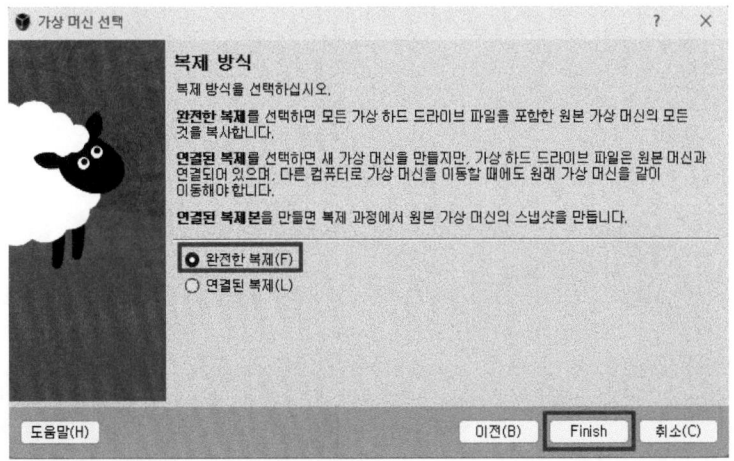

④ 'Oracle VM VirtualBox 관리자'에 복제된 가상 머신을 확인해서 실행한다.

┃생성 예┃

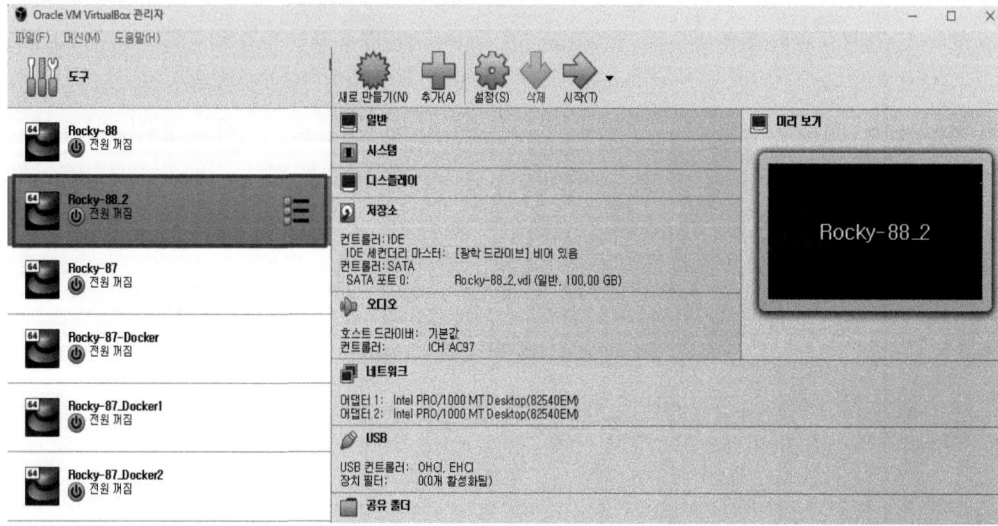

Chapter 02

Docker의 개요 및 설치

2.1 Docker의 이해
2.2 Docker 설치

Chapter 02 Docker의 개요 및 설치

2.1 Docker의 이해

2.1.1 Docker의 개요

Docker는 Linux, macOS, Windows에서 운영체제 레벨 가상화를 사용하여 컨테이너(Container)라고 부르는 패키지 형태로 애플리케이션을 배포하는 오픈 소스 프로젝트이다. 하이퍼바이저를 사용하거나 게스트 운영체제도 설치하지 않고, 서버 운영에 필요한 프로그램과 라이브러리만 이미지로 만들어 프로세스처럼 동작시키는 경량화된 가상화 방식이다. 실행되는 이미지에 해당하는 컨테이너(Container)는 가상화 레이어가 존재하지 않고 운영체제도 존재하지 않기 때문에 파일 시스템, 네트워크 속도가 가상 머신을 이용하는 방법에 비해 상당히 빠르다. 특히 저장소에 이미지를 올리거나 내려받을 수 있으며 배포도 가능하다.

┃Docker의 기본 동작 구조┃

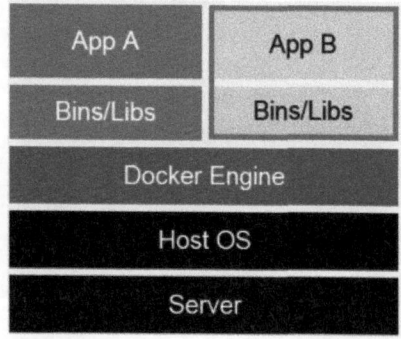

Docker의 구성

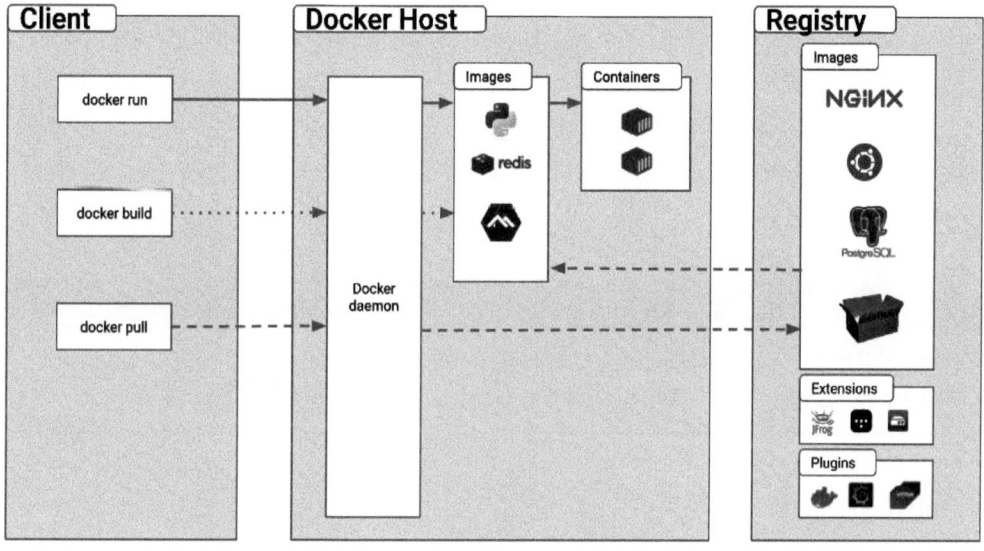

2.1.2 Docker의 기능

▶ 도커 이미지와 도커 컨테이너

명칭	설명
도커 이미지 (Docker Image)	도커 컨테이너를 구성하는 파일 시스템과 실행할 애플리케이션 설정을 하나로 합친 것으로 컨테이너를 생성하는 일종의 틀로 템플릿(template)이다. 도커 이미지를 줄여서 이미지라고 부른다.
도커 컨테이너 (Docker Container)	도커 이미지를 기반으로 생성되며, 파일 시스템과 애플리케이션을 구체화하여 실행된 상태이다. 도커 컨테이너를 줄여서 컨테이너라고 부른다.

▶ 도커의 기능

기능	설명
Build	Docker Image를 만드는 기능
Ship	Docker Image를 공유(ship/share)하는 기능
Run	Docker Image를 동작시키는 기능

▶ 도커 이미지를 만드는 기능(build)

빌드(Build)는 애플리케이션 실행에 필요한 프로그램 본체(Program Body), 라이브러리, 미들웨어, OS, 네트워크 설정 등을 하나로 모아서 Docker 이미지를 생성한다. Docker 이미지는 애플리케이션의 실행에 필요한 파일들이 저장된 디렉터리이다. docker 명령을 사용하면 이미지를 tar 파일로 출력할 수 있다. Docker 이미지는 docker 명령을 사용한 수동방식과 Dockerfile을 사용한 자동방식으로 생성할 수 있다.

 참고 | Docker 이미지 생성 권장

> Docker 이미지는 Dockerfile 사용하여 만들 것을 권장한다. 또한 Docker에서는 하나의 이미지에 하나의 애플리케이션만 넣어두고, 여러 개의 컨테이너를 조합하여 서비스를 구축하는 방법을 권장한다.

▍도커 이미지 생성 예 ▍

CentOS 이미지(Base Image)와 아파치 웹 서버 이미지(Application Image)를 결합해서 웹 서버용 이미지를 생성할 수 있다.

CentOS 이미지(BASE Image)	웹 서버용 이미지(생성된 Docker Image)

`/`
`|-- dev`
`|-- etc`
`|-- sbin`
`|-- usr`
`|-- var`
`|-- ....`
	`/`
	`|-- dev`
	`|-- etc`
	`|   '-- httpd`
	`|       '-- conf`
	`|           '-- httpd.conf`
	`|-- sbin`
	`|-- usr`
	`|   |-- bin`
	`|   |   '-- apachectl`
	`|   '-- sbin`
	`|       '-- httpd`
	`'-- var`
	`    |-- log`
	`    |   '-- httpd`
	`    |       '-- access_log`
	`    '-- www`
	`        '-- html`
	`            '-- index.html`
	`....`

Apache 이미지(Application Image)	
* etc/httpd/conf/httpd.conf * usr/bin/apachectl * usr/sbin/httpd * var/www/html/index.html * var/log/httpd/access_log *	

▶ 도커 이미지를 공유하는 기능(ship/share)

도커 이미지는 Docker Hub(https://hub.docker.com)라고 부르는 도커 레지스트리를 이용해서 공유할 수 있다. 도커 레지스트리는 docker 명령을 사용하여 로그인하고 이미지를 검색, 업로드, 다운로드할 수 있는 공유 저장소이다. Docker Hub는 GitHub 또는 Bitbucket 등과 연계하여 사용할 수 있으며, GitHub 상에 Dockerfile을 관리하고, 거기서 Docker 이미지를 자동으로 생성하여 Docker Hub에 공개하는 것도 가능하다. (Automated Build)

▶ 도커 이미지를 동작시키는 기능(run)

Docker는 하나의 Linux 커널을 여러 개의 컨테이너에서 공유하고 있다. 컨테이너 안에서 작동하는 프로세스를 하나의 그룹으로 관리하고, 그룹마다 각각 파일 시스템이나 호스트명, 네트워크등을 할당한다. 그룹이 다르면 프로세스나 파일에 대한 접근을 할 수 없다. (chroot + namespace + cgroups)

2.1.3 Docker 컴포넌트(Docker Component)

도커는 클라이언트-서버 아키텍처를 사용한다. 도커 클라이언트(docker CMD)는 도커 컨테이너를 빌드, 실행 및 배포하는 작업을 수행하는 도커 데몬과 통신한다. 도커 클라이언트는 동일한 시스템의 도커 데몬과 통신하거나 원격의 도커 데몬에 연결할 수 있다. 도커 클라이언트와 데몬은 UNIX 소켓 또는 네트워크 인터페이스를 통해 REST API를 사용하여 통신한다.

| Docker Component |

명칭		설명
Docker Engine (docker-ce)	① Docker Client	도커 명령줄 인터페이스(docker CMD)
	② Docker API	REST API
	③ Docker Daemon	도커 데몬(dockerd)
Docker Object	Image/Container, Network, Volumes, Plugins	
Docker Registry	이미지 공개 및 공유(docker hub)	
Docker Compose	다중 컨테이너 애플리케이션을 정의하고 실행하는 도구	
Docker Swarm	클러스터 관리(Docker Orchestration)	

▶ 도커 데몬(Docker daemon)

도커 데몬(dockerd)는 Docker API 요청을 수신하고 이미지, 컨테이너, 네트워크, 볼륨과 같은 Docker Object를 관리한다. 데몬은 도커 서비스를 관리하기 위해 다른 데몬과 통신할 수도 있다.

▶ 도커 클라이언트

도커 클라이언트(docker CMD)는 많은 도커 사용자가 도커와 상호 작용하는 기본 방법이다. 예를 들어 docker run 명령은 Docker API를 사용하여 dockerd에게 명령을 보낸다. 도커 클라이언트는 둘 이상의 데몬과 통신할 수 있다.

▶ 도커 레지스트리(Docker Registry)

도커 레지스트리는 도커 이미지를 저장한다. Docker Hub는 누구나 사용할 수 있는 공용 레지스트리이며 도커는 기본적으로 Docker Hub에서 이미지를 찾도록 구성되어 있다. 개인 레지스트리를 실행할 수도 있다. docker pull 명령을 사용하여 구성된 레지스트리에서 이미지를 가져오고, docker push 명령을 사용하여 이미지가 구성된 레지스트리에 푸시(push)된다.

▶ 도커 객체(Docker Objects)

도커를 사용하면 이미지, 컨테이너, 네트워크, 볼륨, 플러그인 및 기타 객체를 만들고 사용한다.

명칭	설명
이미지	도커 컨테이너 생성 지침이 포함된 읽기 전용 템플릿이다.
컨테이너	이미지의 실행 가능한 인스턴스(Instance)이다.
네트워크	Host OS와 Container, Container와 Container 간의 통신을 위한 구간이다.
볼륨	영구적인 저장을 위한 볼륨이다.
플러그인	추가적인 기능을 지정한다.

2.1.4 Docker 기반 기술

도커는 GO 프로그래밍 언어로 작성되었으며, 리눅스 커널의 여러 기능을 활용하여 기능을 제공한다. 도커 Container는 Namespace라는 격리된 작업 공간을 제공하기 위한 기술을 사용한다. 컨테이너를 실행할 때 도커는 해당 컨테이너에 대한 Namespace Set(chroot + namespace + cgroups)를 생성한다. 이러한 Namespace는 격리 계층으로 제공된다. 컨테이너의 각 측면은 별도의 Namespace에서 실행되며 액세스는 해당 Namespace로 제한된다.

▶ root 디렉터리를 변경하는 기술(chroot)

운영체제에서 chroot는 현재 실행중인 프로세스와 자식(child) 프로세스 그룹에서 최상위(root) 디렉터리를 변경하는 기술을 말한다. 보통 특정 프로세스의 최상위 디렉터리를 지정하게 되는데, 지정된 최상위 디렉터리를 벗어나 상위 디렉터리로의 접근을 막는 환경을 구축한다. 이런 환경으로 인해 chroot 감옥(chroot Jail)이라고도 부른다.

> **참고 | chroot 관련 정보 URL**
>
> | 항목과 관련 URL |
> | --- |
> | • How to Use the chroot Command on Linux
https://www.howtogeek.com/441534/how-to-use-the-chroot-command-on-linux/ |
> | • chroot command in Linux with examples
https://www.geeksforgeeks.org/chroot-command-in-linux-with-examples/ |
> | • Linux Virtualization - Chroot Jail
https://www.geeksforgeeks.org/linux-virtualization-using-chroot-jail/?ref=rp |
> | • 컨테이너 기초 - chroot를 사용한 프로세스의 루트 디렉터리 격리
https://www.44bits.io/ko/post/change-root-directory-by-using-chroot |

▶ 컨테이너를 구획화하는 장치(namespace)

Linux namespace는 시스템 리소스를 격리하고 가상화하는 Linux 커널 기능이다. 네임스페이스로 제한된 프로세스는 동일한 네임스페이스의 일부인 리소스 또는 프로세스 간에만 상호 작용할 수 있다. 네임스페이스는 한 프로세스 집합이 한 리소스 집합을 보고, 다른 프로세스 집합이 다른 리소스 집합을 볼 수 있도록 커널 리소스를 분할하는 Linux 커널의 기능이다. 이 기능은 리소스 및 프로세스 집합에 대해 동일한 네임스페이스를 사용하여 작동하지만 이러한 네임스페이스는 고유한 리소스를 참조한다. 리소스는 여러 공간에 존재할 수 있다. 이러한 리소스의 예로는 프로세스 ID, 호스트 이름, 사용자 ID, 파일 이름, 네트워크 액세스와 관련된 일부 이름 및 프로세스 간 통신이 있다.

네임스페이스는 Linux 컨테이너의 기본적인 측면이다. "네임스페이스"라는 용어는 네임스페이스의 유형(예 프로세스 ID)과 이름의 특정 공간에 대해 자주 사용된다.

Linux 시스템은 모든 프로세스에서 사용되는 각 유형의 단일 네임스페이스로 시작한다. 프로세스는 추가 네임스페이스를 생성하고 다른 네임스페이스를 결합할 수도 있다.

namespace 타입

타입	설명
USER	UID 매핑
PID	프로세스
NET	네트워크
MOUNT	스토리지
UTS	호스트/도메인 이름
IPC	프로세스간 통신

▶ 릴리스 관리 장치(cgroups, control groups)

cgroups는 프로세스 모음의 자원 사용량(CPU, Memory, Disk I/O, network 등)을 제한, 확인, 격리하는 Linux 커널 기능이다. Docker는 cgroups을 사용하여 자원 제한을 제어하고 격리한다.

cgroups 주요 하위 시스템

타입	설명
cpu	CPU 사용량 제한
cpuacct	CPU 사용량 통계 정보를 제공
cpuset	CPU 메모리 배치를 제어
memory	메모리나 스왑 사용량을 제한
devices	디바이스에 대한 액세스 허가/거부
freezer	그룹에 속한 프로세스 정지/재개
net_cls	네트워크 제어 태그를 부가
blkio	블록 디바이스 입출력량 제어

cgroups 관리 예

➡ cgroups 계층 구조를 사용하여 프로세스를 그룹화하여 관리한다.

```
/(루트) cpu 100%
        +---- 사용자앱 cpu 10%
        |              +---- 에디터 cpu 5%
        |              +---- 자작앱 cpu 5%
        |
        +---- 데몬 cpu 50%
                       +---- 웹서버 cpu 20%
                       +---- DB서버 cpu 30%
```

> **참고** | cgroups 관련 정보 URL
>
> | 항목과 관련 URL |
> | --- |
> | • cgroups 개요
https://ko.wikipedia.org/wiki/Cgroups |
> | • A Linux sysadmin's introduction to cgroups
https://www.redhat.com/sysadmin/cgroups-part-one |

▶ 네트워크 구성(가상 브리지/가상 NIC)

Docker를 설치하면 서버의 물리 NIC가 docker0이라는 가상 브리지 네트워크로 연결된다. docker0은 Docker를 실행시키면 기본적으로 만들어진다. Docker 컨테이너가 실행되면 컨테이너에 172.17.0.0/16이라는 서브넷 마스크를 가진 프라이빗 IP 주소가 eth0으로 자동으로 할당된다.

│ 네트워크 구성 예 │

```
Physical NIC(eth0)
    |
    +---- docker0(가상 브리지)
                |
                +- veth0 ------- (eth0)컨테이너A
                |
                +- veth1 ------- (eth0)컨테이너B
```

▶ Docker 이미지의 데이터 관리 파일 시스템

일반적인 이미지는 애플리케이션을 추가할수록 용량이 늘어나게 되는데, 이러한 경우를 tarball 방식이라고 한다. 이와 반대로 애플리케이션이 추가될 때마다 계층(Layer)을 생성해서 관리하는 형태를 유니온 파일 시스템(UnionFS)이라고 한다. 도커는 현재 오버레이 파일 시스템(OverlayFS)을 사용하는데, 리눅스의 대표적인 통합 마운트 파일 시스템(Union mount filesystem)이다. 여러 기본 마운트 지점을 하나로 결합하여 모든 소스에 적용되는 기본 파일과 하위 디렉터리를 포함하는 단일 디렉터리 구조를 생성한다.

오버레이 파일 시스템(OverlayFS)은 CoW(Copy on Write) 형태로 동작하는데, CoW는 읽을 때는 원본을 읽고 새롭게 쓰기(수정)가 이루어지면 복사(Copy)를 하여 원본에 영향을 주지 않고 새로운 레이어를 형성하여 다음 차례에 수정된 레이어를 읽도록 한다.

주요 파일 시스템

명칭	설명
UnionFS	초기 Layer 형태의 파일 시스템이다.
AUFS	aufs(advanced multi-layered unification filesystem)는 초기에 AnotherUnionFS라는 의미로 UnionFS을 개선하여 재작성한 파일 시스템이었다. 코드의 가독성 문제로 리눅스 커널에서 포함되지 못하였다.
OverlayFS	리눅스 계열에서 현재 주로 사용되는 통합 마운트 파일 시스템이다. 리눅스 커널에 포함되었고, OverlayFS2로 업데이트된 상태이다.

2.2 Docker 설치

2.2.1 Docker 설치 준비

▶ Docker 설치 개요

도커를 설치하는 방법은 도커 데스크톱(Docker Desktop)을 이용하는 방법과 리눅스 시스템에 직접 설치하는 경우로 나눌 수 있다.

(1) 도커 데스크톱(Docker Desktop) 사용법

Docker는 Linux 커널 기능을 공유하는 기술이기 때문에 일반적으로 Linux 배포판 상에서 동작한다. 하지만, 개발 환경에서 이용하기 위한 클라이언트 PC용 도구를 제공하고 있다. 이것을 Docker Desktop이라고 한다. Docker Desktop은 Mac용, Windows 용, Linux 용과 같이 3가지가 있다.

Docker Desktop은 컨테이너화된 애플리케이션 및 마이크로서비스를 구축하고 공유할 수 있는 Mac, Windows, Linux 환경으로 설치하기 쉬운 애플리케이션이다. 도커 데스크톱(Docker Desktop)에는 도커 엔진(Docker Engine), 도커 CLI 클라이언트(Docker CLI Client), 도커 compose(Docker Compose), 도커 콘텐츠 신뢰(Docker Content Trust), 쿠버네티스(Kubernetes), 자격 증명 도우미(Credential Helper)가 포함되어 있다.

▎도커 데스크톱의 주요 기능 ▎

주요 기능
• 여러 언어 및 프레임워크로 모든 클라우드 플랫폼에서 모든 애플리케이션을 컨테이너화하고 공유할 수 있는 기능 • 완전한 Docker 개발 환경의 빠른 설치 및 설정 • 최신 버전의 Kubernetes를 포함 • Windows에서 애플리케이션을 빌드하기 위해 Linux와 Windows Server 환경 사이를 전환하는 기능 • Windows의 Hyper-V 가상화를 통한 빠르고 안정적인 성능. • Windows 컴퓨터에서 WSL 2(Windows Subsystems For Linux 2)를 통해 Linux 환경에서 기본 작업 지원 • 파일 변경 알림 및 localhost 네트워크에서 실행 중인 컨테이너에 대한 손쉬운 액세스를 포함하여 코드 및 데이터를 위한 볼륨 마운팅

▎운영체제별 관련 정보 안내 URL ▎

명칭		관련 URL
Mac	Install	https://docs.docker.com/desktop/mac/install/
	User Manual	https://docs.docker.com/desktop/mac/
Windows	Install	https://docs.docker.com/desktop/windows/install/
	User Manual	https://docs.docker.com/desktop/windows/
Linux	Install	https://docs.docker.com/desktop/linux/install/
	User Manual	https://docs.docker.com/desktop/linux/

(2) 리눅스에 직접 설치법

리눅스 시스템에 도커 엔진을 직접 설치하기 위해서는 검증이 완료된 리눅스 배포판을 사용하여 저장소(repository) 사용을 권장한다. 지원되는 배포판은 CentOS, Debian, Fedora, RHEL, SLES, Ubuntu 등이다. 또한, 지원 목록에 없는 배포판이라도 선결 조건(Prerequisite)을 만족할 수 있다면 바이너리(Binary) 파일을 이용하여 설치할 수 있다. Rocky Linux는 CentOS와 같은 저장소(repository)를 사용한다.

▎리눅스 배포판별 설치 정보 URL ▎

배포판	관련 URL
CentOS(Rocky Linux)	https://docs.docker.com/engine/install/centos/
RHEL	https://docs.docker.com/engine/install/rhel/
Fedora	https://docs.docker.com/engine/install/fedora/
Debian	https://docs.docker.com/engine/install/debian/
Ubuntu	https://docs.docker.com/engine/install/ubuntu/
SLES	https://docs.docker.com/engine/install/sles/
Binary	https://docs.docker.com/engine/install/binaries/

2.2.2 리눅스에 Docker 직접 설치하기

▶ 설치 사전 준비 사항

설치 시나리오

항목	설명
실습 시스템	Rocky Linux 8이 설치된 시스템으로 docker1이라고 칭하고 이 시스템에 Docker를 직접 설치한다.
실습 시나리오	• Docker 설치에 필요한 문서들을 공부한다. • Rocky Linux 8에 docker를 설치하기 전에 패키지 충돌이 발생할 가능성이 있는 패키지를 제거한다. • Docker Engine에 해당하는 패키지인 docker-ce를 설치한다.

Docker 관련 문서

항목과 관련 URL

- Docker docs
  https://docs.docker.com

- Install Docker Engine
  https://docs.docker.com/engine/install/

- Install Docker Engine on CentOS
  https://docs.docker.com/engine/install/centos/

CentOS(Rocky Linux)용 Docker 저장소

저장소 URL
https://download.docker.com/linux/centos/docker-ce.repo

> **참고 | yum 명령과 저장소 추가**
>
> 저장소를 추가할 때 'dnf config-manager' 명령 대신에 yum-config-manager 명령어를 대신 사용할 수 있는데, 이 경우에는 yum-utils 패키지를 추가로 설치해야 한다.
> 예 # dnf install yum-utils

🔼 리눅스에 Docker 설치하는 방법

(1) 설치 개요

Rocky Linux(CentOS)에 docker를 설치할 때 명령행에서 직접 명령을 입력해서 설치하는 방법이 있고, Docker 사이트에서 제공되는 스크립트를 이용해 설치하는 방법도 있다.

설치 전 주의사항으로는 먼저 기존에 Docker를 사용한 적이 있다면 해당 패키지를 제거해야 한다. 이전 패키지인 경우에는 docker 또는 docker-engine이라는 이름을 사용하였다. 또한 Rocky Linux(CentOS)에는 docker-ce 패키지와 충돌이 발생할 수 있는 runc, podman, buildah 등이 설치되어 있는 경우가 있다. 이 경우에는 관련 패키지를 먼저 삭제하여야만 정상적으로 docker-ce를 설치할 수 있다.

┃ Docker 이전 버전 삭제 예 ┃

명령 예
dnf remove docker \\ 　　　　docker-client \\ 　　　　docker-client-latest \\ 　　　　docker-common \\ 　　　　docker-latest \\ 　　　　docker-latest-logrotate \\ 　　　　docker-logrotate \\ 　　　　docker-engine

➡ 참고로 사용했던 Image, containers, volumes, network 등은 /var/lib/docker/ 디렉터리에 저장되어 있는데, 이 안에 있는 것들은 자동 제거되지 않는다.

┃ 충돌 패키지 삭제 예 ┃

명령 예
dnf remove runc

(2) 명령으로 설치하기

① 패키지 데이터베이스 업데이트 확인 및 진행

　　# dnf check-update

　　# dnf update

② Docker의 CentOS(Rocky Linux) 전용 저장소(repository)를 추가

　　# dnf config-manager --add-repo https://download.docker.com/linux/centos/docker-ce.repo

③ 추가된 저장소(repository)를 확인

```
[root@www ~]# dnf repolist
repo id                repo name
appstream              Rocky Linux 8 - AppStream
baseos                 Rocky Linux 8 - BaseOS
docker-ce-stable       Docker CE Stable - x86_64
epel                   Extra Packages for Enterprise Linux 8 - x86_64
extras                 Rocky Linux 8 - Extras
[root@www ~]#
```

④ docker-ce 패키지 설치

　# dnf install docker-ce

⑤ 설치된 docker 버전 확인

　# docker version

(3) 스크립트를 이용한 설치 과정

① 설치 스크립트 파일 다운로드

　# curl -fsSL https://get.docker.com -o get-docker.sh

② 스크립트 파일을 이용해서 설치

　# sh get-docker.sh

> **참고 | 스크립트 파일을 이용한 설치 과정의 확인**
>
> 스크립트 파일을 이용해서 docker를 설치할 때 DRY_RUN=1 옵션을 추가로 지정하면 실행 단계를 확인할 수 있다.
> 예) # DRY_RUN=1 sh get-docker.sh

2.2.3 Docker 처음 사용하기

▶ 실습 개요

실습 시나리오

항목	설명
실습 시스템	Rocky Linux 8에 Docker가 설치된 시스템인 docker1에서 진행한다.
실습 시나리오	• 도커 데몬인 dockerd(docker.service)를 가동하고 'Hello World'를 출력해본다. • 웹 서버인 nginx를 설치하고 가볍게 가동해본다.

▶ 도커 환영 메시지(Hello World) 출력하기

(1) 개요

처음 프로그래밍 수업을 진행하면 'Hello World'를 출력하는 프로그램을 만드는 것처럼 도커의 환영 메시지(Hello World)를 확인한다. 기본적인 동작 과정은 도커 허브(docker registry)에서 docker image를 내려받는 작업을 진행하고 가동한다. 그 후에 docker container를 생성하고 컨테이너에서 실행된 프로세스에 의해 메시지가 출력된다.

(2) 실습

① 도커 서비스 가동

   # systemctl enable --now docker.service

   ➡ docker 서비스를 부팅 시에 동작하도록 설정하고, 동시에 관련 데몬을 시작한다.

② 도커 동작 유무 확인

   # systemctl status docker.service

③ 'Hello World' 이미지를 실행하여 Docker 엔진의 동작 확인

   # docker container run hello-world

> **참고 | Docker 명령어 사전 학습**
>
> 도커 이미지 관리 명령어는 'docker image'로 시작하고 도커 컨테이너 관리 명령어는 'docker container'로 시작한다.
> 예) # docker image ⟨command⟩
>   # docker container ⟨command⟩

④ ubuntu에서 echo 명령을 활용해서 'hello world' 출력하기

   # docker container run ubuntu /bin/echo 'Hello world'

⑤ 컨테이너 확인

```
[root@www ~]# docker container ps -a
CONTAINER ID   IMAGE          COMMAND                CREATED          STATUS
               PORTS          NAMES
85e13b7c31b6   ubuntu         "/bin/echo 'hello wo…"  5 minutes ago    Exited (0)
5 minutes ago                 affectionate_brahmagupta
5c0d690693a0   hello-world    "/hello"                10 minutes ago   Exited (0)
10 minutes ago                hardcore_kowalevski
[root@www ~]#
```

   ➡ 'docker container ps -a' 명령을 사용해서 관련 정보를 확인할 수 있다.

⑥ 컨테이너 삭제

   # docker container rm 85e13b7c31b6 5c0d690693a0

   ➡ 'docker container rm ⟨CONTAINER ID⟩' 명령을 사용해서 컨테이너를 삭제할 수 있다.

▶ Nginx 웹 서버 가동하기

(1) 개요

Nginx 웹 서버 이미지를 docker hub 사이트(원격 registry)에서 검색하여 이미지를 다운로드한 후에 가동한다.

(2) 실습

① nginx 이미지 검색

docker search nginx

➡ nginx라는 문자열이 들어갈 이미지 목록을 출력한다. 기본적으로 25개만 출력한다.

docker search nginx | grep ^nginx

➡ nginx라는 문자열로 시작하는 이미지 목록만 출력한다.

② nginx 관련 docker 이미지 다운로드

docker image pull nginx

③ nginx 관련 docker 이미지 정보 확인

```
[root@www ~]# docker pull nginx
Using default tag: latest
latest: Pulling from library/nginx
Digest: sha256:480868e8c8c797794257e2abd88d0f9a8809b2fe956cbfbc05dcc0bca1f7cd43
Status: Image is up to date for nginx:latest
docker.io/library/nginx:latest
[root@www ~]#
```

➡ 'docker pull nginx' 명령으로 이미지 정보를 확인할 수 있다.

④ docker 이미지 목록 확인

docker image ls

⑤ docker 실행 환경 확인

docker system info

⑥ docker 디스크 사용량 확인

docker system df

⑦ docker 이미지 목록 확인

docker image ls

⑧ docker 컨테이너 프로세스 확인

docker container ps

➡ 참고로 'docker ps' 및 'docker container ls' 명령과 동일하다. 기본적으로 실행(start)된 프로세스만 표시된다.

⑨ nginx 컨테이너 실행

docker container run --name webserver -d -p 80:80 nginx

➡ nginx 컨테이너의 이름을 webserver로 지정하고, 컨테이너를 백그라운드로 실행하고 컨테이너 ID를 출력한다. 또한 컨테이너에 호스트 운영체제의 포트번호 80번과 컨테이너 포트번호 80번을 연결하여 실행한다. 참고로 'docker container run' 대신에 'docker run'이라고만 입력해도 된다.

> **참고 | 컨테이너 이름이 존재한다는 에러 메시지가 나타날 경우**
>
> 컨테이너 프로세스를 확인하고 컨테이너를 삭제한 후에 다시 실행한다.
> 예 # docker ps -a
>   # docker container rm 〈CONTAINER ID〉
>   # docker run --name webserver -d -p 80:80 nginx

⑩ 명령행에서 웹페이지 확인

curl http://localhost:80

➡ 파이어폭스 웹 브라우저를 사용해서 확인할 수도 있다.

⑪ nginx 컨테이너 프로세스 확인

```
[root@www ~]# docker container ps -a
CONTAINER ID    IMAGE      COMMAND             CREATED         STATUS         P
ORTS                                  NAMES
d3aa4148d08e    nginx      "/docker-entrypoint.…"  9 minutes ago   Up 9 minutes   0
.0.0.0:80->80/tcp, :::80->80/tcp    webserver
[root@www ~]#
```

➡ 'docker ps -a' 명령을 실행하면 모든 컨테이너(start 및 stop)를 확인할 수 있다. 참고로 STATUS 항목에서 Up이라고 표시되어 있으면 실행중인 컨테이너이다.

⑫ nginx 컨테이너 모니터링

docker container stats webserver

➡ webserver로 지정된 nginx 컨테이너의 자원 사용량 정보를 실시간으로 확인할 수 있다. 명령을 중지시키려면 [Ctrl]+[c]를 사용한다.

⑬ nginx 컨테이너 중지

docker container stop d3aa4148d08e

➡ 'docker container stop 〈CONTAINER ID〉' 명령으로 컨테이너 동작을 중지시킬 수 있다.

⑭ nginx 컨테이너 재가동하기

docker container start d3aa4148d08e

➡ 'docker container start 〈CONTAINER ID〉' 명령으로 컨테이너 동작을 다시 시작할 수 있다. 참고로 CONTAINER ID는 'docker ps -a' 명령으로 확인한다.

Chapter 03

Docker 명령

3.1 Docker 이미지 관리
3.2 Docker 컨테이너 관리
3.3 Docker 볼륨 관리
3.4 Docker 컨테이너의 네트워크 관리
3.5 Docker 컨테이너 운용하기
3.6 리소스 제한 및 모니터링하기
3.7 도커 이미지 생성

Chapter 03 Docker 명령

3.1 Docker 이미지 관리

3.1.1 Docker Hub

Docker Hub는 Docker 회사에서 운영하는 Docker Image 저장소이다. Docker는 리눅스 컨테이너를 관리하는 도구로 미리 만들어진 Docker Image를 사용해 개발 환경을 구축하거나 애플리케이션을 손쉽게 실행할 수 있다. Docker Hub에는 수많은 Docker Image가 업로드되어 있으며 docker 클라이언트와 기본적으로 연동된다. Docker Hub에서 다양한 이미지를 자신의 도커로 다운로드할 수 있고, 자신이 만든 이미지를 업로드할 수 있다.

Docker Hub는 GitHub 또는 Bitbucket과 같은 소스 코드 관리 도구와 연계하여 코드를 빌드할 수도 있다. Docker Hub는 애플리케이션의 이미지를 관리하는 기능을 갖춘 Docker의 공식 저장소(repository) 서비스이다.

| 도커 허브의 URL(Public Registry) |

https://hub.docker.com

 참고 | Docker 명령어 관련 URL

항목과 관련 URL
• Docker CLI Cheat Sheet https://docs.docker.com/get-started/docker_cheatsheet.pdf
• Docker CLI Command-line reference https://docs.docker.com/engine/reference/commandline/docker/

3.1.2 도커 이미지 관리 명령어

❙ 도커 이미지 관리 주요 명령어 목록 ❙

항목	명령어
도커 이미지 검색	docker search
도커 이미지 다운로드	docker pull
도커 이미지 목록 확인	docker ps
도커 이미지 자세한 내용 확인	docker inspect
도커 이미지 태그 설정	docker tag
도커 이미지 삭제	docker rmi
도커 허브에 로그인	docker login
도커 이미지 업로드	docker push

▶ 도커 이미지 검색(docker search)

도커 허브(Docker Hub)에서 이미지를 검색하기 위해서는 웹사이트인 https://hub.docker.com 접속해서 검색하거나 명령행에서 docker search 명령어를 사용하여 검색할 수 있다. docker search 명령을 사용하는 경우에는 docker.io/library 사용한다.

> **참고 ❙ Docker 이미지의 명명 규칙(Docker Image Naming Convention)**
>
> Dcoker Hub에는 사용자가 작성한 임의의 Docker 이미지를 공개할 수 있다. 그래서 Docker 이미지의 이름을 고유하게 하기 위해 '레지스트리/사용자명/이미지명:tag' 형식으로 이름을 붙인다. 아울러, centos나 ubuntu와 같이 사용명을 갖지 않는 이미지도 있는데, 이것은 Docker의 공식 이미지라는 것을 나타낸다.
>
> **❙ 도커 이미지 태그 예 ❙**
>
> ```
>                              same
>   Default ←                  commit ID
>          ┌─────────────────────┐
>          │ docker.io/library/ubuntu:14.04 │ ┐
>          │ docker.io/library/ubuntu:trusty│ ├ Docker hub
>          └─────────────────────┘ │   (public)
>                  ubuntu:14.04     ┘
>
>          ┌─────────────────────────────┐
>          │ my.private.image:5000/hello-app:123    │ ┐
>  Private │ my.private.image:5000/hello-app:124    │ ├ Distribution
>  host url│ my.private.image:5000/hello-app:latest │ │   (private)
>          └─────────────────────────────┘ ┘
>                           Build ID ←
> ```

사용법

docker search [OPTIONS] TERM

주요 옵션

옵션	설명
--limit n	검색 결과를 n개 표시한다. 참고로 기본값은 25개이다. (--limit=n)
--no-trunc	검색 결과의 내용을 간략하게 출력하지 말고 모든 내용을 출력한다.
-f	검색 결과를 조건에 따라 필터링할 때 사용한다. 보통 stars=100과 같이 별표시 일정 개수 이상을 검색할 때 사용한다. (--filter=)

docker search 결과 항목

항목	설명
NAME	이미지 이름
DESCRIPTION	이미지 설명
STARS	즐겨찾기 수
OFFICIAL	공식 이미지 여부
AUTOMATED	Dockfile을 바탕으로 자동 생성된 이미지 여부

사용 예

docker search httpd
- ➡ httpd 문자열이 포함된 도커 이미지를 검색한다. 참고로 기본 25개의 이미지를 출력한다.

docker search nginx --filter stars=1000
- ➡ 별표시 1000개 이상의 nginx 이미지를 검색한다.

docker search --limit 5 mysql --no-trunc
- ➡ mysql 이미지를 5개만 출력하는데, 이미지 관련 설명의 모든 내용을 출력한다.

docker search quay.io/nginx
- ➡ quay.io 저장소에서 nginx 이미지를 검색한다.

[실습] docker 명령에 대한 간단한 사용법

docker CMD 사용하는 방법을 간단하게 익혀보자.

docker [TAB][TAB]
docker --help
docker image [TAB][TAB]
docker image --help
docker image pull [TAB][TAB]
docker image pull --help

▶ 도커 이미지 다운로드(docker pull)

도커 허브(Docker Hub)에서 저장된 이미지를 다운로드 받을 때는 docker pull 명령을 사용한다.

> **참고 | 저장소별 사용법 비교**
>
> | 저장소 | 사용 예 |
> | --- | --- |
> | Public Registry | docker pull nginx |
> | Private Registry | docker pull myregistry.com/nginx |

| 사용법 |

docker pull [OPTIONS] NAME[:TAG:@DIGEST]
docker image pull [OPTIONS] NAME[:TAG:@DIGEST]

| 주요 옵션 |

옵션	설명
-q	다운로드 과정에서 나타나는 설명을 화면에 표시하지 않는다. (--quiet)

| 사용 예 |

docker image pull centos
➡ centos의 최신 버전 이미지를 다운로드 받는다. 참고로 태그가 생략되면 최신 버전을 다운로드하는데 결과적으로 'centos:latest'로 지정한 것과 동일하다.

docker image pull centos:7
➡ centos에 7이라는 태그명을 지정하는 방법으로 centos 7의 버전 이미지를 다운로드 한다.

docker image pull gcr.io.tensorflow/tensorflow
➡ https://gcr.io.tensorflow/tensorflow 사이트에서 tensorflow 이미지를 다운로드한다. URL 사용 시에 'https://' 는 제외하고 입력한다.

docker image pull quay.io/uvelyster/demo:latest
➡ (항목 설명)

항목	설명
quay.io	URL
uvelyster	사용자 이름
demo	이미지 이름
latest	태그 이름

> **참고 | 이미지 서명 검증 작업 후 다운로드**
>
> | 검증 여부 | 사용 예 |
> |---|---|
> | 서명 검증 작업 후 진행 | # export DOCKER_CONTENT_TRUST=1
docker Image pull ubuntu:latest |
> | 서명 미검증 후 작업 | # export DOCKER_CONTENT_TRUST=0
docker Image pull ubuntu:latest |

[실습] docker image 다운로드

도커 허브 웹사이트에서 검색한 내용과 docker search 명령을 통해 검색한 내용을 비교해 본다. 검색된 내용의 출력 내용도 해석해 본다.

① https://hub.docker.com 사이트에 접속하여 ubuntu 검색

다음과 같은 내용을 Docker Hub(https://hub.docker.com) 검색해 본다.

분류	검색 예
운영체제	centos, ubuntu, debian, fedora, rockylinux
데이터베이스	mysql, mariadb, postgres, mongo, redis

② docker search 명령어의 출력 결과와 비교

hub.docker.com 사이트의 'ubuntu' 검색 결과와 docker search ubuntu 검색 결과를 비교한다.

docker search ubuntu

docker image pull ubuntu

docker image ls

③ 다음과 같은 공식 이미지(Official Image) 이미지를 검색하고 다운로드

도커 허브에서 fedora, ubuntu, centos, debian, rockylinux 이미지를 다운로드 해본다.

④ 다운로드한 이미지를 확인하고 삭제

다운로드한 이미지는 'docker image ls' 명령으로 확인할 수 있고, 삭제는 'docker image rm 〈IMAGE ID〉' 명령을 사용한다.

docker image ls
　　➡ 다운로드한 이미지 목록 정보를 출력한다.

docker image rm eeb6ee3f44bd
　　➡ 이미지 아이디(IMAGE ID)가 eeb6ee3f44bd인 이미지를 삭제한다.

▶ 도커 이미지 표시(docker images)

로컬 저장소에 다운로드 받은 이미지 목록을 확인할 때는 'docker image ls', 'docker image list', 'docker images' 명령을 사용한다.

▍사용법 ▍
docker image ls [OPTIONS] [REPOSITORY[:TAG]]
docker image list [OPTIONS] [REPOSITORY[:TAG]]
docker images [OPTIONS] [REPOSITORY[:TAG]]

▍주요 옵션 ▍

옵션	설명
-a	모든 이미지 목록을 출력한다. (--all)
--no-trunc	IMAGE ID 정보를 전부 출력한다.

▍사용 예 ▍
docker image ls
　　➡ 활성화된 도커 이미지 목록 정보를 출력한다. 'docker images' 명령과 동일하다.

[실습] docker image ls 명령 사용 실습

① 도커 이미지 확인 및 출력 내용 분석

docker image ls

➡ (항목 설명)

항목	설명
REPOSITORY	이미지 이름
TAG	이미지 태그명
IMAGE ID	이미지 ID
CREATED	이미지 작성 후 경과시간
SIZE	이미지 크기

② docker images 명령어 주요 사용법 확인

docker image --help

▶ 도커 이미지 자세한 내용 확인(docker inspect)

docker image inspect 명령은 하나 이상의 이미지에 대한 정보를 자세히 출력한다. 참고로 docker image ls 명령은 이미지의 목록과 이미지에 대한 간략한 정보를 출력한다.

┃사용법┃

docker image inspect [OPTIONS] IMAGE [IMAGE...]
docker inspect [OPTIONS] IMAGE [IMAGE...]

┃주요 옵션┃

옵션	설명
-f	Go template를 사용해서 출력 형식을 지정한다. 보통 특정 내용 일부를 출력할 때 사용한다. (--format=string)

┃사용 예┃

docker image inspect rockylinux:8

➡ rockylinux:8 이미지에 대한 자세한 정보를 출력한다. 참고로 'rockylinux:latest'는 의도적으로 지원하지 않으므로 8 또는 9 태그를 지정해야 한다.

docker image inspect -f "{{.Size}} {{.OS}}" rockylinux:8

➡ rockylinux:8 이미지에서 Size 및 OS 항목 정보만 출력한다.

> **참고** | Go template String
>
> docker image inspect로 출력되는 결과의 일부 항목 정보를 출력할 때 사용한다. 만약 Os 항목이라면 '.Os'로 지정하면 된다. 대소문자를 구분하므로 주의해야 하고, -f(또는 --format=) 옵션과 사용할 때는 큰따옴표로 묶고 그 안에 2개의 중괄호 다시 묶으면 된다.
> 예 --format="{{.Os}}"

[실습] 도커 이미지에 대한 상세 정보 확인

docker image inspect 명령을 사용하여 지정된 이미지에 대한 자세한 정보를 확인한다.

① 다운로드 받은 ubuntu 이미지에 대한 상세 정보 확인

docker image ls
docker image inspect ubuntu

② 도커 이미지에 대한 상세 정보에서 특정 항목 정보만 확인

docker image inspect --format="{{ .Os }}" ubuntu
docker image inspect --format="{{ .ContainerConfig.Image }}" ubuntu
docker image inspect --format="{{ .ContainerConfig.Cmd }}" ubuntu

③ 도커 이미지 아이디(IMAGE ID) 정보만 출력

docker image ls -q

④ 응용 예

```
[root@www ~]# docker image inspect -f "{{.ContainerConfig.Cmd}}" $(docker image ls -a -q)
[/bin/sh -c #(nop)  CMD ["/hello"]]
[/bin/sh -c #(nop)  CMD ["nginx" "-g" "daemon off;"]]
[/bin/sh -c #(nop)  CMD ["/bin/bash"]]
[/bin/sh -c #(nop)  CMD ["/bin/bash"]]
[/bin/sh -c #(nop)  CMD ["/bin/bash"]]
[/bin/sh -c #(nop)  CMD ["/bin/bash"]]
[/bin/sh -c #(nop)  CMD ["/bin/bash"]]
[root@www ~]#
```

▶ 도커 이미지 태그 설정(docker tag)

Docker Hub에 작성한 이미지를 등록하기 위해서는 다음과 같은 규칙으로 이미지에 사용자명을 설정해야 한다. 주의할 점으로 〈사용자명〉은 hub.docker.com 사이트에 등록된 사용자명이어야 한다.

| 도커 이미지 태그 형식 및 예 |

항목	사용 예
형식	〈Docker Hub 사용자명〉/이미지명[:태그명]
태그 예	posein/webserver:1.0

SOURCE_IMAGE를 참고하여 TARGET_IMAGE 태그를 생성할 때 docker image tag 명령을 사용한다. 일반적으로 이미지 태그를 변경하는 경우는 로컬 저장소에 존재하는 이미지를 이미지 저장소에 올리기 위해서 변경하는 경우가 대부분이다.

▮ 사용법 ▮

docker tag SOURCE_IMAGE[:TAG] TARGET_IMAGE[:TAG]
docker image tag SOURCE_IMAGE[:TAG] TARGET_IMAGE[:TAG]

▮ 사용 예 ▮

docker image tag nginx posein/webserver:1.0
➡ ID 입력은 소문자로만 가능한데, Docker Hub 사이트에서 로그인 ID의 대문자를 지원하지 않고 있기 때문이다.

[실습] 도커 이미지 태그 실습 예

도커 이미지를 도커 허브에서 받고, 이 받은 이미지의 태그를 바탕으로 새로운 이미지의 태그를 생성해 본다.

① nginx 이미지 받기

   # docker image pull nginx

   # docker image ls

② 도커 허브 사이트에 접속

   # firefox https://hub.docker.com &
     ➡ 자신의 계정(예: posein)을 생성하고, 생성한 ID로 실습한다.

③ 기존 이미지의 태그를 가지고 새로운 이미지 태그를 생성하기

   # docker image tag nginx posein/webserver:1.0

④ 생성된 이미지의 태그 확인 예

```
[root@www ~]# docker image ls
REPOSITORY          TAG       IMAGE ID       CREATED         SIZE
hello-world         latest    9c7a54a9a43c   10 days ago     13.3kB
nginx               latest    448a08f1d2f9   11 days ago     142MB
posein/webserver    1.0       448a08f1d2f9   11 days ago     142MB
ubuntu              latest    3b418d7b466a   2 weeks ago     77.8MB
rockylinux          8         bbdb8639d015   2 months ago    197MB
centos              7         eeb6ee3f44bd   20 months ago   204MB
centos              8         5d0da3dc9764   20 months ago   231MB
centos              latest    5d0da3dc9764   20 months ago   231MB
[root@www ~]#
```

     ➡ 이미지 ID가 같다는 것은 같은 이미지임을 나타낸다.

도커 이미지 삭제(docker rmi)

도커 이미지를 삭제할 때에는 docker image rm 명령을 사용한다. 로컬 저장소에서 필요 없는 이미지가 있는 경우에 사용한다.

| 사용법 |

docker rmi [OPTIONS] IMAGE [IMAGE...]
docker image rm [OPTIONS] IMAGE [IMAGE...]
docker image remove [OPTIONS] IMAGE [IMAGE...]

| 주요 옵션 |

옵션	설명
-f	강제로 이미지를 삭제할 때 사용한다. (--force)

> **참고** | 'docker rm'과 'docker rmi' 비교 설명
>
> | 명령 | 설명 |
> |---|---|
> | docker rm | 하나 이상의 도커 컨테이너를 삭제 |
> | docker rmi | 하나 이상의 도커 이미지를 삭제 |

| 사용 예 |

docker image rm posein/webserver:1.0
  ➡ posein/weberser:1.0 이미지를 삭제한다.

[실습] 도커 이미지 삭제하기

로컬 저장소에서 있는 도커 이미지를 선택하여 삭제해 본다.

① 도커 이미지 확인

  # docker image ls

② 도커 이미지 삭제

  # docker image rm ubuntu

▶ 도커 허브에 로그인(docker login) 및 로그아웃(docker logout)

도커 저장소(Docker registry)에 로그인할 때 docker login 명령을 사용한다. 만약 특별한 도커 저장소를 지정하지 않으면 기본적으로 도커 데몬에 의해 정의된 도커 허브(hub.docker.com)을 사용한다. 도커 허브에 로그인이 성공하면 로그인 시 사용되었던 정보(아이디 및 패스워드)는 기본적으로 사용자 홈 디렉터리의 .docker/config.json 파일에 Base 64 방식으로 인코딩되어 저장된다. 이 정보가 존재하는 상태에서 다시 로그인할 때 재사용이 되며, 이런 경우 아이디 및 패스워드를 다시 입력할 필요는 없다.

> **참고 | Base 64 방식**
>
> Baase 64란 8비트 이진 데이터(예를 들면 실행 파일이나 ZIP 파일 등)를 문자 코드에 영향을 받지 않는 공통 ASCII 영역의 문자들로만 이루어진 일련의 문자열로 바꾸는 인코딩 방식을 말한다.

| 사용법 |

docker login [OPTIONS] [SERVER]

docker logout [SERVER]

| 주요 옵션 |

옵션	설명
-u	사용자명인 아이디를 지정할 때 사용한다. (--username)
-p	패스워드를 지정할 때 사용한다. (--password)

| 사용 예 |

```
[root@www ~]# docker login
Login with your Docker ID to push and pull images from Docker Hub. If you don't
have a Docker ID, head over to https://hub.docker.com to create one.
Username: posein
Password:
WARNING! Your password will be stored unencrypted in /root/.docker/config.json.
Configure a credential helper to remove this warning. See
https://docs.docker.com/engine/reference/commandline/login/#credentials-store

Login Succeeded
[root@www ~]#
```

➡ 'docker login' 명령을 실행하면 도커 허브로 연결이 되고, 아이디 및 패스워드를 입력해야 로그인할 수 있다.

docker logout

➡ 도커 허브에서 로그아웃한다.

docker login myregistry.com

➡ myresistry.com 저장소에 로그인을 한다.

docker logout myregistry.com
　　➡ myresistry.com 저장소에 로그아웃을 한다.
docker login -u posein -p password
　　➡ 도커 허브에 사용자명과 패스워드를 지정해서 로그인한다. 직접 패스워드를 입력하는 경우에는 보안상의 경고 메시지가 나타난다.
echo '패스워드' | docker login -u posein --password-stdin
　　➡ echo 명령으로 입력한 값을 패스워드로 받아서 로그인할 수 있다. 참고로 패스워드에 특수기호를 사용하는 경우에는 반드시 작은 따옴표로 묶어야 한다.

▎로그인 저장 정보 확인 예 ▎

```
[root@www ~]# cat ~/.docker/config.json
{
        "auths": {
                "https://index.docker.io/v1/": {
                        "auth": "cG9zZWluOiFsaW5qb29uMjNk"
                }
        }
}
[root@www ~]#
```

> **참고 | authentication 정보 확인 URL**
>
> | 항목과 관련 URL |
> | --- |
> | • Base 64 방식
https://www.base64decode.org/ |
> | • Docker 사이트
https://docs.docker.com/engine/reference/commandline/login/#credentials-store |

[실습]　도커 허브(Docker Hub)에 로그인 하기

① 도커 허브 웹사이트에 접속하여 아이디/패스워드 생성하기

　# firefox https://hub.docker.com &

　　➡ Docker Hub의 아이디에 해당하는 Username, Email, Password를 입력하고, [Sign Up] 버튼을 클릭해서 생성한다.

② 생성한 아이디 및 패스워드를 사용해서 도커 허브 사이트에 로그인하기

　# docker login

③ 로그인 정보 저장 정보 확인

　# cat /root/.docker/config.json

④ 도커 허브 사이트에서 로그아웃하기
docker logout
⑤ 로그아웃 이후에 저장 정보 삭제 확인
cat /root/.docker/config.json

▶ 도커 이미지 업로드(docker push)

도커 이미지를 저장소에 업로드(push)할 때는 docker image push 명령을 사용한다. 도커 저장소는 기본적으로 도커 허브가 되고 필요에 따라서 로컬 저장소(개인적으로 구축한 저장소)일 수도 있다. 보통 도커 이미지를 업로드하기 전에 이미지 태그를 생성한 후 푸시(push)하게 된다.

▌사용법 ▌
docker push [OPTIONS] NAME[:TAG]
docker image push [OPTIONS] NAME[:TAG]

▌주요 옵션 ▌

옵션	설명
-q	진행 과정에서 나타나는 설명을 화면에 표시하지 않는다. (--quiet)

▌사용 예 ▌
docker image push posein/webserver:1.0
  ➡ posein/webserver:1.0 이미지를 도커 허브에 업로드한다.
docker image push myregistry.com:8888/webserver:1.0
  ➡ 로컬 저장소에 지정한 이미지를 업로드한다.

> **참고 | 도커 이미지 업로드 순서**
>
> ① 업로드할 이미지를 "아이디/이름:태그" 형식으로 만들기
>   # docker tag local-image:tagname new-repo/image-name:tagname
> ② 도커 허브에 로그인
>   # docker login [myregistry.com]
> ③ 도커 이미지 업로드
>   # docker push new-repo/image-name:tagname

[실습] 도커 이미지 업로드

로컬 저장소에 존재하는 도커 이미지에 이미지 태그를 설정하고, 도커 허브에 로그인하여 도커 이미지를 업로드해 본다.

① 도커 이미지 확인

　　# docker image ls

　　　➡ 참고로 실습 과정은 nginx 이미지를 예시로 진행한다.

② 도커 이미지에 "아이디/이름:태그" 형식으로 설정

　　# docker image tag nginx posein/webserver:1.0

　　　➡ 참고로 posein 부분은 본인이 사용하는 아이디로 대체해서 실습을 진행한다.

③ 태그가 설성된 도커 이미지 확인

　　# docker image ls

④ 도커 허브에 로그인

　　# docker login

⑤ 이미지 도커 허브 사이트에 올리기

　　# docker image push posein/webserver:1.0

⑥ 업로드된 이미지 확인

　　도커 허브 사이트에 업로드된 이미지를 웹 사이트 및 명령어로 확인한다. 참고로 이미지가 공개되는데 약간의 시간이 소요될 수 있다.

　　# firefox https://hub.docker.com &

　　# docker serach posein

⑦ 도커 허브에서 로그아웃

　　# docker logout

Q&A 다음 질문에 답을 해본다.

1. 도커 이미지(Docker Image)란 무엇인가?
2. 도커 이미지는 기본적으로 어디서 받아지는가?
3. 도커 이미지는 어디에 받아지는가?
4. 도커 이미지를 push 하기 전에, tag 설정을 해야 하는 이유는 무엇인가?
5. 도커 이미지를 저장소에 업로드하는 일반적인 절차는 어떻게 되나요?
6. 도커 이미지를 개인 저장소(Private Registry)에서 받기 위해서는 어떻게 하는가?

정리 | 도커 이미지 관리

- 도커 이미지 검색(docker serach)
  ```
  # docker search nginx
  # docker search myregistry.com:5000/nginx
  ```
- 도커 이미지 다운로드(docker pull)
  ```
  # docker pull nginx
  ```
- 도커 이미지 목록 확인(docker ps)
  ```
  # docker images
  ```
- 도커 이미지 자세한 내용 확인(docker inspect)
  ```
  # docker image inspect nginx
  # docker image inspect -f "{{ GO template }}" nginx
  ```
- 도커 이미지 태그 설정(docker image tag)
  ```
  # docker tag nginx posein/myweb:1.0
  ```
- 도커 이미지 삭제(docker rmi)
  ```
  # docker rmi nginx
  ```
- 도커 허브에 로그인/로그아웃(docker login/logout)
  ```
  # docker login
  # docker login myregistry.com
  # docker logout
  # docker logout myregistry.com
  ```
- 도커 이미지 업로드(docker push)
  ```
  # docker push posein/myweb:1.0
  # docker push myreg.example.com/myweb:1.0
  ```

3.2 Docker 컨테이너 관리

3.2.1 Docker 컨테이너 라이프 사이클(Life Cycle)

▷ 컨테이너의 개념

컨테이너(Container)는 Docker 이미지 인스턴스 실행(실제 응용 프로그램 실행)한 깃으로 응용 프로그램과 모든 종속성을 포함한다. 커널을 다른 컨테이너와 공유하고 호스트 OS의 사용자 공간에서 격리된 프로세스로 실행한다.

▷ Docker 컨테이너 라이프 사이클

| 주요 단계 |

단계	설명
컨테이너 생성 (docker container create)	• 이미지에 포함된 Linux 디렉터리 및 파일 집합의 스냅샷을 만들어서 컨테이너를 생성 • 컨테이너를 생성하는 것뿐이며, 컨테이너를 구동하지는 않음 • 컨테이너를 구동할 수 있는 준비상태를 만드는 단계
컨테이너 생성 및 구동 (docker container run)	• 이미지에서 컨테이너를 생성하여 컨테이너상에서 프로세스를 구동 • 서버 프로세스를 백그라운드에서 실행하거나 경우에 따라 강제 종료 가능 • 포트 번호 등 네트워크 설정을 통해 외부에서 컨테이너 프로세스에 접근 가능
컨테이너 시작 (docker container start)	• 중지 상태인 컨테이너를 구동할 때 사용 • 컨테이너에 할당된 컨테이너명 또는 ID를 입력하여 구동
컨테이너 종료 (docker container stop)	• 구동 중인 컨테이너를 중지할 때 사용 • 컨테이너에 할당된 컨테이너명 또는 ID를 입력하여 종료
컨테이너 삭제 (docker container rm)	• 중지되어 있는 컨테이너를 삭제할 때 사용 • 컨테이너를 삭제하기 전에 반드시 컨테이너를 중지시켜야 함

| Docker 컨테이너 라이프 사이클 |

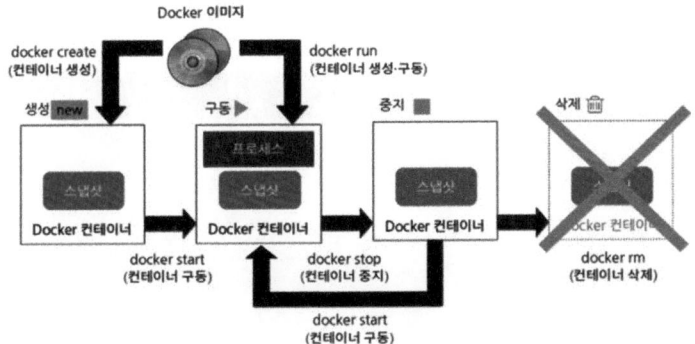

3.2.2 Docker 컨테이너 관리 명령어

▶ 컨테이너 생성(docker create)

이미지로부터 컨테이너를 생성한다. 이미지의 실체는 'Docker에서 서버 기능을 작동시키기 위해 필요한 디렉터리 및 파일들'이다. 구체적으로는 Linux의 작동에 필요한 /etc나 /bin 등과 같은 디렉터리 및 파일들이다.

docker container create 명령을 실행하면 이미지에 포함될 Linux의 디렉터리와 파일들의 스냅샷을 취한다. 스냅샷이란 스토리지 안에 존재하는 파일과 디렉터리를 특정 타이밍에서 추출한 것이다. 참고로 docker container create 명령은 컨테이너를 시작하지는 않는다. docker container create 명령으로 생성된 컨테이너 이미지의 상태는 'Created'이다.

| 사용법 |

\# docker create [OPTIONS] IMAGE [COMMAND] [ARG...]
\# docker container create [OPTIONS] IMAGE [COMMAND] [ARG...]

| 주요 옵션 |

옵션	설명
--name	컨테이너에 이름을 지정할 때 사용한다. 이 옵션을 사용하지 않으면 이름은 자동 지정된다.
-p	호스트의 포트 번호와 컨테이너 포트를 매핑시키면서 공개한다. 이 옵션이 없으면 외부에 공개되지 않는다.

| 사용 예 |

\# docker container create nginx
　➡ nginx라는 컨테이너를 생성한다.
\# docker container create -d --name webserver -p 80:80 nginx
　➡ nginx 컨테이너의 이름은 webserver, 포트 번호는 80번을 매핑시키면서 백그라운드 프로세스로 동작시킨다.

[실습] 컨테이너 생성하기

nginx 도커 이미지를 가지고 컨테이너를 생성해 본다.

① nginx 이미지 다운로드하기

　　\# docker pull nginx

② nginx 이미지 확인

　　# docker image ls

③ 컨테이너 생성하기

　　# docker container create --name webserver nginx

④ 생성된 컨테이너 확인

　　# docker container ps

　　　➡ 활성화된(running) 컨테이너의 목록을 확인한다.

　　# docker container ps -a

　　　➡ 모든 컨테이너(활성화 및 비활성화)의 목록을 확인한다.

> **참고** | 'docker container ps' 명령의 출력 항목 설명

항목	설명
CONTAINER ID	16진수, 64자리 중 12자리까지 보임
IMAGE	컨테이너 이미지
COMMAND	컨테이너 내부에 실행 중인 프로세스의 명령 출력
CREATED	생성된 시간
STATUS	현재 컨테이너 상태(created, up, exited, restarting)
PORTS	컨테이너에 할당된 포트 정보
NAMES	컨테이너 이름(지정하지 않으면 자동 생성)

[실습] 컨테이너 이름에 대해서 - 컨테이너 이름을 주지 않으면 자동으로 생성된다

컨테이너 이름을 지정하지 않고 컨테이너를 생성하면 컨테이너 이름이 자동으로 생성이 된다.

① 컨테이너 이름을 주지 않고 컨테이너 10개 생성하기

　　# vi con.sh

　　for i in $(seq 1 10)

　　do

　　docker container create nginx

　　done

　　# sh con.sh

② 생성된 컨테이너 이름(NAMES) 확인

　　# docker container ps -a

③ 컨테이너 아이디 정보만 출력

　　# docker container ls -a -q

④ 모든 컨테이너 삭제

　　# docker container rm -f $(docker container ls -a -q)

[실습]　컨테이너 정보 확인

이미지와 컨테이너 정보가 어디에 저장되는지 확인한다.

① 컨테이너 실행하기

　　# docker run -d --name web -p 8080:80 nginx

② 이미지 저장 디렉터리 및 이미지 정보 확인

　　# ls /var/lib/docker/image

　　# cat /var/lib/docker/image/overlay2/repositories.json

③ 컨테이너 디렉터리 및 컨테이너 정보 확인

　　# ls /var/lib/docker/containers

　　　➡ 컨테이너 아이디(CONTAINER ID) 확인

　　# ls /var/lib/docker/containers/〈CONTAINER ID〉/

　　　➡ 컨테이너 ID로 존재하는 디렉터리 안에 있는 파일이나 디렉터리를 확인한다.

④ 컨테이너 중지

　　# docker stop web

⑤ 컨테이너 삭제

　　# docker rm web

▶ 컨테이너 생성 및 시작(docker run)

도커 컨테이너의 생성 및 시작은 'docker container run' 명령으로 실행한다. 이 명령이 실행될 때 지정된 이미지가 로컬 저장소에 존재하면 사용하고, 존재하지 않으면 도커 허브에서 다운로드(pull)하여 로컬 저장소에 저장한 후 진행된다.

참고 | 'docker container create' vs 'docker container run' 비교 설명

명령	설명
docker container create	"pull + create" or "create"
docker container run	"pull + create + start" or "create + start"

컨테이너 프로세스가 종료되면 컨테이너의 상태는 "Exit" 상태가 된다. 따라서, 일반적으로 컨테이너 프로세스는 계속 동작하도록 실행하는데, 'docker container run' 명령 수행 시 -d 옵션을 사용한다.

사용법
docker run [OPTIONS] IMAGE [COMMAND] [ARG...]
docker container run [OPTIONS] IMAGE [COMMAND] [ARG...]

주요 옵션

옵션	설명
-d	컨테이너를 백그라운드 프로세스로 실행하고, 컨테이너 아이디를 출력한다. (--detach)
-a	표준 입력(STDIN), 표준 출력(STDOUT), 표준 오류(STDERR)를 덧붙인다. (--attach list)
-i	컨테이너의 표준 입력을 연다.(--interactive)
-t	단말기 디바이스(pseudo-TTY)를 사용한다. (--tty)
--rm	컨테이너가 종료될 때 컨테이너를 자동으로 삭제한다.

 참고 | 'docker run' 명령어 사용법 확인

man docker run
man docker-run
docker run --help

사용 예
docker container run nginx
  ➡ nginx라는 컨테이너를 실행(생성 및 실행)한다. 단 Foreground로 프로세스로 실행되므로 터미널로 빠져 나오려면 [Ctrl]+[c]를 눌러야 하고, 누르면 관련 프로세스를 종료된다.
docker container run --name web nginx
  ➡ nginx 컨테이너의 이름을 web으로 지정하고 Foreground 프로세스로 실행한다.

\# docker container run -it --name myos1 centos
- ➡ centos 컨테이너의 이름을 myos1로 지정하고, 터미널을 표준 입력으로 연다. 해당 컨테이너에서 나올 때는 exit 명령을 입력한다.

\# docker container run --name myos2 centos df -h
- ➡ centos 컨테이너의 이름을 myos2로 지정하고, 'df -h' 명령을 실행한다.

\# docker container run -it --rm --name myos3 centos /bin/bash
- ➡ centos 컨테이너의 이름을 myos3로 지정하고, bash 셸을 실행한다. exit 명령으로 종료하면 해당 컨테이너는 삭제한다.

\# docker container run -d -it --rm --name myos4 centos
- ➡ centos 컨테이너의 이름을 myos4로 지정하고, Background 프로세스로 실행한다.

\# docker container run -d --rm --name myos5 centos /bin/ping localhost
- ➡ centos 컨테이너의 이름을 myos5로 지정하고, Background 프로세스로 실행한다. 추가로 '/bin/ping localhost' 명령을 실행한다.

\# docker container run -d --name web2 -p 80:80 nginx
- ➡ nginx 컨테이너의 이름을 web2로 지정하고 외부 포트 번호 80번과 컨테이너의 포트 번호 80번을 매핑시킨다.

> **참고 | 컨테이너 내부 프로세스 실행 유형 확인**
>
> 컨테이너 내부의 프로세스는 foreground 프로세스(nginx -g daemon off)로 실행하고, 컨테이너를 실행할 때는 'docker run -d ...' 명령으로 지정하여 background 프로세스로 실행한다.
>
> [확인 예]
> ```
> [root@www ~]# docker image inspect -f "{{.Config.Cmd}}" nginx
> [nginx -g daemon off;]
> [root@www ~]#
> ```

[실습] 컨테이너 생성 및 시작 실습

컨테이너 이미지를 다운로드한 후에 컨테이너를 생성하고 기동시켜 본다.

① Rocky Linux 8 도커 이미지 다운로드

\# docker image pull rockylinux:8

② Rocky Linux 8 도커 이미지 확인

\# docker image ls

③ 컨테이너 기동하여 /bin/cal 실행

   # docker container run --name "test1" rockylinux:8 /bin/cal

   ➡ 컨테이너 기동하고, /bin/cal 프로그램을 실행한다. 참고로 해당 컨테이너는 Forground 프로세스로 실행해서 stop(Exit) 상태이다.

④ 컨테이너 상태 확인

   # docker container ps -a

   ➡ test1 컨테이너의 상태를 확인한다.

④ 컨테이너를 기동하면서 /bin/bash를 대화형 셸로 실행

   # docker container run -it --name test2 rockylinux:8

   ➡ hostname, id 등의 명령을 실행해본다. 종료할 때는 exit 명령을 입력한다.

⑤ 컨테이너 stop 상태 확인 및 삭제

   # docker container ps -a

   ➡ 삭제하려는 컨테이너의 컨테이너 ID를 확인한다.

   # docker container rm 〈CONTAINER ID〉

   ➡ 지정된 〈CONTAINER ID〉를 사용하는 컨테이너를 삭제한다. 아울러, 여러 개를 한 번에 지정할 수 있다.

⑥ 컨테이너 실행할 때 --rm 옵션 사용하기

   # docker container run --rm --name "test3" rockylinux:8 /bin/cal

   ➡ rockylinux:8 컨테이너를 test3 이름으로 실행하고 /bin/cal 명령을 수행한다.

   # docker container ps -a

   ➡ rockylinux:8 컨테이너를 test3 이름으로 실행하고 /bin/cal 명령을 수행한다.

⑦ 컨테이너를 백그라운드 프로세스로 실행 및 확인

   # docker container run --rm -d rockylinux:8 /bin/ping localhost

   ➡ rockylinux:8 컨테이너를 실행하고 '/bin/ping localhost' 명령을 수행한다.

   # docker ps -a

   ➡ 실행 중인 rockylinux:8 컨테이너를 확인할 수 있다.

   # docker container logs 〈CONTAINER ID〉

   ➡ 'docker container logs' 명령을 통해 컨테이너 로그를 확인할 수 있다.

   # docker container logs -t 〈CONTAINER ID〉

   ➡ 'docker container logs' 명령어의 -t 옵션을 사용하면 시간 정보를 함께 확인할 수 있다.

⑧ 컨테이너 중지

   # docker container ps

   ➡ 중지시킬 컨테이너의 〈CONTAINER ID〉를 확인한다.

```
# docker container stop <CONTAINER ID>
```
➡ 약간의 시간이 소요될 수 있으며, 정상적으로 중지되면 컨테이너 아이디가 표시된다.
```
# docker container ps -a
```
➡ 컨테이너 실행 시 --rm 옵션을 사용한 관계로 중지를 시키면 컨테이너가 삭제된다.

⑨ 모든 컨테이너 삭제
```
# docker container rm -f $(docker container ls -a -q)
```

> **참고 | 컨테이너 삭제 명령 alias 설정**
>
> ```
> $ vi ~/.bashrc
> alias crm='docker rm -f $(docker ps -aq)'
> alias crmi='docker rmi -f $(docker images -aq)'
> $ source ~/.bashrc
> ```

▶ 컨테이너 시작/종료/재기동(docker start/stop/restart)

docker container start 명령은 생성(Created) 및 정지(Stop) 중인 컨테이너를 시작(Start)할 때 사용한다. 컨테이너에 할당된 컨테이너 식별자를 지정하여 컨테이너를 시작한다. 이 명령은 실행할 컨테이너를 프로세스를 항상 백그라운드로 실행하게 된다.

docker container stop 명령은 실행 중인 컨테이너를 정지시킬 때 사용한다. 컨테이너에 할당된 컨테이너 식별자를 지정하여 컨테이너를 정지한다. 참고로 컨테이너를 삭제할 때 docker container stop 명령을 사용하여 실행 중인 컨테이너를 정지시켜야만 한다.

docker container restart 명령은 컨테이너를 재시작할 때 사용한다.

▮사용법▮

```
# docker start [OPTIONS] CONTAINER [CONTAINER...]
# docker container start [OPTIONS] CONTAINER [CONTAINER...]

# docker stop [OPTIONS] CONTAINER [CONTAINER...]
# docker container stop [OPTIONS] CONTAINER [CONTAINER...]

# docker restart [OPTIONS] CONTAINER [CONTAINER...]
# docker container restart [OPTIONS] CONTAINER [CONTAINER...]
```

[실습] 컨테이너 start, stop, restart, kill 실습

아래와 같이 실습을 진행한다. 명령어 실행 과정에서 자세한 정보를 확인할 수 있는 명령어를 추가로 사용해서 컨테이너 상태 정보(STATUS 필드)를 유심히 관찰한다.

① 컨테이너 생성

   # docker create --name demoweb nginx

② 컨테이너 start

   # docker start demoweb

   ➡ demoweb 컨테이너를 시작한다. start 동작은 background로 도커 컨테이너를 실행한다.

   # docker ps

   # docker top demoweb

③ 컨테이너 restart

   # docker restart demoweb

   # docker ps

   # docker top demoweb

   ➡ nginx daemon의 PID 번호 확인하면 기존의 PID와 다른 것을 확인할 수 있다.

④ 동작중인 컨테이너 stop

   # docker stop demoweb

   # docker ps -a

   ➡ 상태정보(STATUS) 필드에서 'Exited (0)'이라고 출력됨을 확인할 수 있다.

⑤ 중지중인 컨테이너 start

   # docker start demoweb

   # docker ps

⑥ 동작중인 컨테이너에 kill 수행

   # docker kill demoweb

   ➡ docker kill 명령의 기본 시그널은 9번(SIGKILL)이다.

   # docker ps -a

   ➡ 상태정보(STATUS) 필드에서 'Exited (137)'이라고 출력됨을 확인할 수 있다.

⑤ 동작중인 컨테이너 프로세스에 임의의 시그널 보내기

   # docker start demoweb

   # docker ps

   # docker kill -s 15 demoweb

   ➡ demoweb 컨테이너에 15번(SIGTERM) 시그널을 보낸다. 이 명령은 'docker stop demoweb' 명

령과 동일하다.

docker ps -a
- ➡ 상태정보(STATUS) 필드에서 'Exited (0)'이라고 출력됨을 확인할 수 있다.

▶ 컨테이너 삭제(docker rm)

docker container rm 명령은 컨테이너를 삭제할 때 사용한다. docker container stop 명령을 사용하여 정지 중인 컨테이너 프로세스를 삭제할 수 있다.

▌사용법▐
docker rm [OPTIONS] CONTAINER [CONTAINER...]
docker container rm [OPTIONS] CONTAINER [CONTAINER...]
docker container remove [OPTIONS] CONTAINER [CONTAINER...]

▌주요 옵션▐

옵션	설명
-f	동작 중인 컨테이너를 삭제할 때 사용한다. 삭제 전에 SIGKILL 시그널을 전송하여 중지시킨 후에 삭제 작업이 진행된다. (--force)

▌사용 예▐

docker container rm demoweb
- ➡ demoweb이라는 컨테이너를 삭제한다. 다만 동작 중이면 삭제할 수 없고, 중지(stop) 명령을 먼저 사용해야 한다.

docker container rm -f demoweb
- ➡ demoweb이라는 컨테이너를 동작중이라고 하더라도 강제로 삭제한다.

> 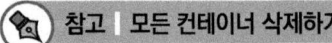 참고 | 모든 컨테이너 삭제하기
>
> # docker container rm -f $(docker container ls -aq)

▶ 컨테이너 관련 기타 명령어

| 주요 명령어 |

명령	설명
docker container ps	컨테이너의 상태를 확인할 때 사용한다.
docker container pause	컨테이너를 일시 정지할 때 사용한다.

3.3 Docker 볼륨 관리

3.3.1 Docker 데이터 관리 개요

컨테이너가 실행 중에 생성되거나 수정된 파일은 모두 임시로 사용된다. 즉 컨테이너 layer의 모든 데이터는 임시로 저장되어 컨테이너 삭제 시 모든 데이터가 없어지게 된다. 이런 성질 때문에 컨테이너는 독립적으로 데이터를 사용할 수 있고, 확장성과 재사용성 등을 높은 수준으로 끌어올릴 수 있다. 그러나, 데이터의 지속성이 필요한 경우 즉, 비즈니스의 연속성이 필요하며 컨테이너의 복원력과 신뢰성 보장을 위해 사용자는 데이터 볼륨이라고 부르는 공간을 구현할 수 있다. 도커는 호스트와 컨테이너 사이의 디렉터리 공유 및 재사용 기능을 제공한다. 한 컨테이너에서 사용한 데이터는 다른 컨테이너와 공유할 수 있으며 수정이나 새로운 파일이 추가되면 모두 동일하게 반영된다.

▶ 도커에서 데이터 관리

기본적으로 컨테이너 내부에서 생성된 모든 파일은 쓰기 가능한 컨테이너 레이어에 저장된다. 해당 컨테이너가 존재하지 않으면 데이터가 지속되지 않으며, 다른 프로세스에서 필요로 한 경우 컨테이너에서 데이터를 가져오는 것이 어려울 수 있다. 컨테이너의 쓰기 가능 계층은 컨테이너가 실행 중인 호스트 시스템과 밀접하게 연결되어 있어서 데이터를 다른 곳으로 쉽게 이동할 수 없다. 컨테이너의 쓰기 가능 계층에 쓰기 위해서는 파일 시스템을 관리하기 위한 스토리지 드라이버가 필요하다. 스토리지 드라이버는 리눅스 커널을 사용하여 통합 파일 시스템을 제공한다. 이 추가 추상화는 호스트 파일 시스템에 직접 쓰는 데이터 볼륨을 사용하는 것과 비교하여 성능을 감소시킨다.

| 참고 | 도커 데이터 관리 URL |

도커 데이터 관리 관련 URL
• Docker 사이트   https://docs.docker.com/storage/

3.3.2 Docker 볼륨 관리 방식

도커에서 컨테이너가 호스트 시스템에 파일을 저장할 수 있는 여러 가지 방법이 있으며, 컨테이너가 중지된 후에도 파일이 유지할 수 있다. 대표적인 방식에는 volume, bind mounts, tmpfs mount가 있다. 본 교재에서는 volume과 bind mounts 기능에 대해서만 다룬다.

┃도커 볼륨 관리 방식의 종류┃

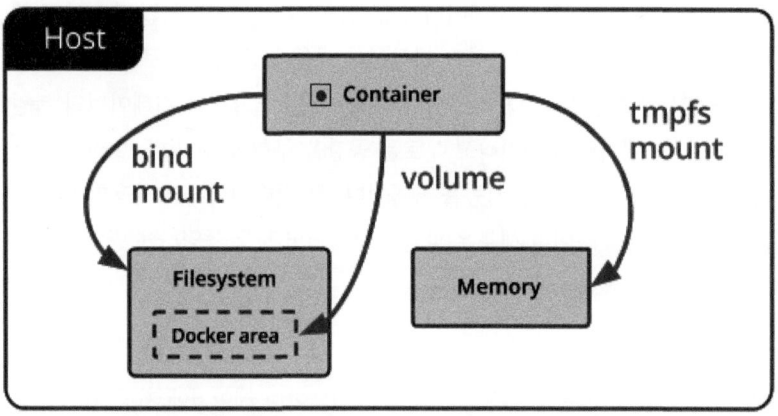

| 참고 | Volume 및 Bind Mount 방식의 명령어 형식 예 |

명령어 형식 비교
• Volume 방식   # docker run -d --name myweb -v demovo1:/usr/share/nginx/html -p 80:80 nginx
• Bind Mount 방식   # docker run -d --name myweb -v /www:/usr/share/nginx/html -p 80:80 nginx

▶ 볼륨(Volume) 방식

볼륨(volume)은 호스트 파일 시스템 일부로 컨테이너에 마운트된다. 추가 기능을 활용하면 볼륨 드라이버 플러그인을 구성하여 GlusterFS 혹은 NFS 등의 네트워크 파일 시스템을 볼륨으로 사용할 수 있다. 볼륨은 컨테이너와 독립적인 객체이므로 서로 다른 수명 주기(life cycle)를 가지고 있다. 이 때문에 관리자는 볼륨을 적절히 관리하여 디스크 여유 공간(disk-pressure)에 대한 계획을 잘 세워야 한다. 볼륨은 docker volume 명령이로 관리할 수 있다.

도커 볼륨 관련 URL
• Docker 사이트 https://docs.docker.com/storage/volumes

▌볼륨 구성 확인 명령 예▐

docker volume ls

▌도커 볼륨 방식▐

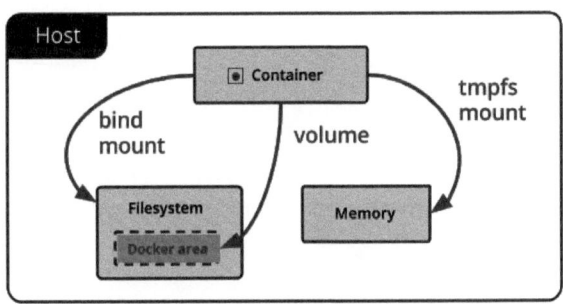

볼륨은 수동 및 자동 방식으로 구성할 수 있다. 컨테이너를 실행하는 시점에 자동으로 만들어 전달하기도 하고 미리 생성한 볼륨을 전달할 수 있다. docker volume create 명령어는 수동으로 볼륨을 만들 때 사용한다. 이때 볼륨의 기본 경로는 호스트의 /var/lib/docker/volumes/ 하위에 볼륨 이름으로 만들어진 디렉터리가 생성되어 지정된다. 만약 컨테이너 볼륨 디렉터리가 없다면 자동으로 만들어지고, 미리 만들어져 있다면 사용하게 된다.

▌볼륨 생성 및 확인 예▐

docker volume create demovol

```
# docker volume ls
# docker volume inspect demovol
# ls /var/lib/docker/volumes
```
➡ demovol이라는 디렉터리가 생성된 것을 확인할 수 있다.

생성한 볼륨은 docker run 명령어를 사용해 컨테이너를 생성할 시점에 직접 이름을 입력하여 컨테이너에서 사용하는 경로로 연결한다. 미리 만들어 놓은 볼륨을 마운트할 수도 있고 새로운 볼륨을 자동으로 만들어 마운트할 수도 있다. -v 옵션에 콜론(:)을 기준으로 첫 번째 필드에는 호스트의 볼륨 정보, 두 번째 필드에는 컨테이너의 경로 정보를 입력한다.

┃볼륨과 컨테이너 연결 예┃

```
# docker run -d --name demodb1 -v demovol:/var/lib/mysql ₩
-e MYSQL_ROOT_PASSWORD=password mysql:5.7
# docker run -d --name demodb2 -v newvol:/var/lib/mysql ₩
-e MYSQL_ROOT_PASSWORD=password mysql:5.7
# docker ps -a
# docker volume ls
```
➡ MYSQL_ROOT_PASSWORD는 MySQL의 root 사용자 패스워드를 지정하는 환경 변수로 mysql 이미지에서 필수 요구(requirement)하는 환경 변수이어서 반드시 지정해야 컨테이너가 실행된다. 컨테이너에서 프로세스가 사용하는 경로의 데이터는 실제로 호스트의 볼륨에 저장되므로 컨테이너가 삭제되더라도 영구적으로 데이터를 보존할 수 있다.

┃볼륨 생성 및 확인 예┃

```
[root@www ~]# docker pull mysql:5.7
5.7: Pulling from library/mysql
Digest: sha256:f57eef421000aaf8332a91ab0b6c96b3c83ed2a981c29e6528b21ce10197cd16
Status: Image is up to date for mysql:5.7
docker.io/library/mysql:5.7
[root@www ~]# docker image inspect mysql:5.7 |grep '"Volumes"' -A 3
            "Volumes": {
                "/var/lib/mysql": {}
            },
            "WorkingDir": "",
--
            "Volumes": {
                "/var/lib/mysql": {}
            },
            "WorkingDir": "",
[root@www ~]#
```
➡ Volumes의 경로인 /var/lib/mysql는 컨테이너 생성 시 자동으로 볼륨을 전달받아 마운트를 수행하는 mountpoint 정보이다. 즉, 호스트 디렉터리인 /var/lib/docker/volumes 하위에 볼륨이 구성되고 컨테

이너의 /var/lib/mysql로 마운트가 된다. 볼륨에 대한 지정이 없어도 mysql:5.7 도커 이미지처럼 만들어질 때 volume을 사용하도록 지정이 되어 있다면 도커가 생성되고 실행될 때 자동으로 볼륨 마운트를 사용하게 된다. 이때 볼륨 이름은 자동으로 생성된다.

▌볼륨 이름 자동 생성 예▐

\# docker volume ls
\# docker image inspect --format="{{ .Config.Volumes }}" mysql:5.7
\# docker run -d --name demodb3 -e MYSQL_ROOT_PASSWORD=password mysql:5.7
\# docker volume ls
\# docker volume inspect 〈VOLUME NAME〉
\# docker inspect --format="{{ .Mounts }}" demodb3

▌컨테이너 삭제와 동시에 볼륨 삭제 예▐

\# docker rm -v -f demodb3
\# docker volume ls

➡ 컨테이너를 삭제할 때 생성된 볼륨도 함께 삭제할 수 있다. docker rm 명령어에 -v(--volumes) 옵션을 사용하면 생성된 볼륨을 자동으로 삭제한다.

▌볼륨 수동 삭제 예▐

\# docker container rm -f demodb1 demodb2
\# docker volume rm demovol newvol
\# docker volume ls

➡ docker volume rm 명령어를 사용해서 볼륨을 수동으로 삭제한다.

▶ 바인드 마운트(bind mounts) 방식

바인드 마운트 호스트 시스템의 아무 곳에나 저장할 수 있다. 중요한 시스템 파일이나 디렉터리일 수도 있다. 도커 호스트 또는 도커 컨테이너의 비도커 프로세스는 언제든지 수정할 수 있다. 바인드 마운트는 Docker 초기부터 사용되었는데, 볼륨(volume)에 비해 기능이 제한적이다. 바인드 마운트를 사용하면 호스트 시스템의 파일 또는 디렉터리가 컨테이너에 마운트된다. 파일 또는 디렉터리는 호스트 시스템의 절대 경로를 참조한다.

파일 또는 디렉터리가 도커 호스트에 미리 존재할 필요는 없다. 마운트 포인터가 아직 존재하지 않는 경우 요청 시 생성된다. 바인드 마운트는 성능이 매우 우수하지만 특정 디렉터리 구조를 사용할 수 있는 호스트 시스템의 파일 시스템에 의존적이다. 새 도커 애플리케이션을 개발하는 경우, 명명된 볼륨(이름을 지정하여 사용)을 사용하는 것이 좋다.

| 참고 | 도커 바인드 마운트 관련 URL |

도커 바인드 마운트 관련 URL
• Docker 사이트 https://docs.docker.com/storage/bind-mounts/

┃도커 바인드 마운트 방식┃

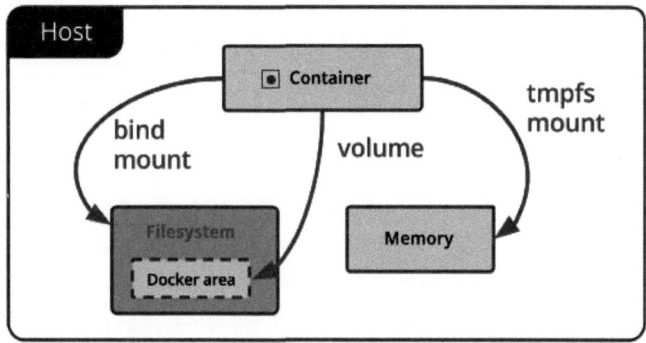

┃명령어 형식 예┃

docker run -d --name w1 -v /web:/usr/share/nginx/html:ro ngix

┃볼륨 방식과 바인드 마운트 방식 명령어 차이점 확인 예┃

docker volume create vol

docker run -d --name w1 -v /usr/share/nginx/html nginx

➡ /var/lib/docker/volumes/UUID/_data 디렉터리가 /usr/share/nginx/html 디렉터리이다.

docker run -d --name w2 -v vol:/usr/share/nginx/html nginx

➡ /var/lib/docker/volumes/vol/_data 디렉터리가 /usr/share/nginx/html 디렉터리이다.

docker run -d --name w3 -v /web:/usr/share/nginx/html nginx

➡ /web 디렉터리가 /usr/share/nginx/html 디렉터리이다.

 참고 | 생성한 Container 및 Volume 삭제하기

docker rm -f $(docker ps -aq)
docker volume rm -f $(docker volume ls -q)

참고 | volume 방식 Vs bind-mount 방식 비교

영구적인 볼륨을 구성할 때는 volume 방식을 선택해야 한다.
volume 방식은 bind-mount 방식에 비교해 다음과 같은 장점이 있다.
- 볼륨(volume)은 바인드 마운트보다 백업 또는 마이그레이션이 더 쉽다.
- Docker CLI 명령 또는 Docker API를 사용하여 볼륨을 관리할 수 있다.
- 볼륨(volume)은 Linux 및 Windows 컨테이너 모두에서 작동한다.
- 여러 컨테이너 간에 볼륨을 더 안전하게 공유할 수 있다.
- 볼륨 드라이버를 사용하면 원격 호스트 또는 클라우드 공급자에 볼륨을 저장하고, 볼륨의 내용을 암호화하거나 다른 기능을 추가할 수 있다.
- 새 볼륨의 콘텐츠는 컨테이너에 의해 미리 채워질 수 있다.
- Docker Desktop의 볼륨은 Mac 및 Windows 호스트의 바인드 마운트보다 성능이 좋다.

 참고 | 읽기 전용 볼륨 생성(예 마운트 옵션 선택)

명령어 형식 비교

- Volume 방식
  # docker run -d --name myweb -v nginx-vol:/usr/share/nginx/html:ro nginx
- Bind Mount 방식
  # docker run -d --name myweb -v /www:/usr/share/nginx/html:ro nginx

▶ 모범 사례(Best Practice)

(1) 볼륨의 좋은 사용 사례(Good use cases for volumes)

Volume은 도커 컨테이너 및 서비스에서 데이터를 유지하는데 선호되는 방법이다.

┃좋은 사례 예┃

① 원격 스토리지 사용
컨테이너의 데이터를 로컬이 아닌 원격 호스트 또는 클라우드 공급자에 저장하려는 경우에 유용하다.
② 다른 호스트로 백업/복구/마이그레이션하는 경우
도커 호스트에서 다른 호스트로 데이터를 백업, 복원 또는 마이그레이션하는 경우에는 볼륨이 더 나은 선택이다. 볼륨을 사용하는 컨테이너를 중지한 후 볼륨의 디렉터리를 백업할 수 있다.

(2) 바인드 마운트의 좋은 사용 사례(Good use cases for bind-mount)

일반적인 volume 사용을 권장한다. 다만 다음의 사례는 바인드 마운트 방식이 적합하다.

▎좋은 사례 예 ▎

① 호스트의 설정 파일을 여러 컨테이너에서 공유해야 하는 경우

같은 서비스를 제공하기 위해서 하나의 호스트에 여러 개의 웹 컨테이너가 존재하는 경우, 즉 WEB Server 부하 분산의 경우에는 유용하다.

docker run -d --name web -p 8080:80 -v /www:/usr/share/nginx/html nginx

② 개발자 활용

개발자가 임시로 자신의 PC에서 App 소스 코드 개발하는 경우에 유용하다.

docker run -d --name web -p 8080:80 -v $(pwd):/usr/share/nginx/html nginx

> **참고 ▎ 도커 데이터 관리 모범 사례 관련 URL**
>
> | 도커 데이터 관리 모범 사례 관련 URL |
> | --- |
> | • Docker 사이트
https://docs.docker.com/storage/#good-use-cases-for-volumes |

[실습] 도커 컨테이너 볼륨 관리

● 실습 시스템

- 서버와 클라이언트 역할을 수행하는 2대의 시스템을 준비한다.

▎구성 예 ▎

시스템	설명	IP 주소 예
docker1	도커 컨테이너가 운영되는 서버 역할을 수행	192.168.56.129
docker2	클라이언트 역할을 수행	192.168.56.130

● 실습 시나리오

도커 컨테이너 볼륨 관리에 대해서 실습해 본다. volume 방식과 bind-mount 방식을 사용한 예제를 실습해 보고, 각각의 차이점(장점 및 단점)에 관해 확인한다.

● 실습 목록

실습 예	구성 서버
볼륨(Volume) 방식 실습	nginx 웹 서버
볼륨(Volume) 방식 실습 2	mysql DB 서버
바인드-마운트(Bind-Mounts)방식 실습	nginx 웹 서버

◆ 볼륨(volume) 방식 실습

docker1 시스템에 nginx 웹 서버를 구성한다. nginx 컨테이너의 웹 소스 디렉터리를 호스트 디렉터리로 마운트하여 사용한다. 구성된 웹 서버를 docker2 시스템에서 접속해본다.

① (docker1) 컨테이너를 위한 볼륨 생성 - volume 방식

    # docker volume create myvol

    # docker volume ls

```
[root@www ~]# docker volume inspect myvol
[
    {
        "CreatedAt": "2023-05-28T14:49:52+09:00",
        "Driver": "local",
        "Labels": null,
        "Mountpoint": "/var/lib/docker/volumes/myvol/_data",
        "Name": "myvol",
        "Options": null,
        "Scope": "local"
    }
]
[root@www ~]#
```

```
[root@www volumes]# ls -l
합계 24
brw--------. 1 root root  8,  1  5월 28 14:05 backingFsBlockDev
-rw--------. 1 root root 32768  5월 28 14:49 metadata.db
drwx-----x. 3 root root    19  5월 28 14:49 myvol
[root@www volumes]#
[root@www volumes]#
[root@www volumes]#
[root@www volumes]# tree
.
├── backingFsBlockDev
├── metadata.db
└── myvol
    └── _data

2 directories, 2 files
[root@www volumes]#
```

② (docker1) 컨테이너 시작 시 호스트 디렉터리를 웹 서비스 디렉터리로 마운트하기

> **참고** | httpd 및 nginx 패키지 웹 디렉터리 비교
>
> | 패키지명 | 웹 디렉터리 |
> | --- | --- |
> | httpd | /var/www/html |
> | nginx | /usr/share/nginx/html |

    # docker container run -d --name mynginx -p 8080:80 ₩

    -v myvol:/usr/share/nginx/html nginx

```
[root@www ~]# docker container inspect mynginx |grep Mounts -A 10
        "Mounts": [
            {
                "Type": "volume",
                "Name": "myvol",
                "Source": "/var/lib/docker/volumes/myvol/_data",
                "Destination": "/usr/share/nginx/html",
                "Driver": "local",
                "Mode": "z",
                "RW": true,
                "Propagation": ""
            }
[root@www ~]#
```

③ (docker1) 웹 서비스 소스 코드 수정

cd /var/lib/docker/volumes/myvol/_data

```
[root@www _data]# pwd
/var/lib/docker/volumes/myvol/_data
[root@www _data]# ls
50x.html  index.html
[root@www _data]#
```

mv index.html index.html.OLD

echo 'hello world' > index.html

④ (docker2) 웹 서비스 요청

curl http://192.168.56.129:8080

➡ 'hello world'라는 메시지를 확인한다.

참고 | (docker1) 추가 실습

/usr/share/nginx/html 디렉터리로 이동해서 파일을 생성한 후에 docker1 시스템에서는 /var/lib/docker/volumes/myvol/_data 디렉터리를 확인하고, docker2 시스템에서는 해당 웹페이지에 대한 서비스를 요청해서 확인한다.

(docker1) 웹 파일 생성
docker exec -it mynginx /bin/bash
(mynginx) # cd /usr/share/nginx/html && ls
(mynginx) # echo "test page" > test.html
(mynginx) # exit

(docker1) 디렉터리 확인
ls /var/lib/docker/volumes/myvol/_data

(docker2) 웹페이지 요청
curl http://192.168.56.129:8080/test.html

⑤ (docker1) 컨테이너 중지/삭제 및 볼륨 삭제

cd /var/lib/docker/volumes

docker container stop mynginx

참고 | volume 방식 Vs bind-mount 방식 비교

영구적인 볼륨을 구성할 때는 volume 방식을 선택해야 한다.
volume 방식은 bind-mount 방식에 비교해 다음과 같은 장점이 있다.
- 볼륨(volume)은 바인드 마운트보다 백업 또는 마이그레이션이 더 쉽다.
- Docker CLI 명령 또는 Docker API를 사용하여 볼륨을 관리할 수 있다.
- 볼륨(volume)은 Linux 및 Windows 컨테이너 모두에서 작동한다.
- 여러 컨테이너 간에 볼륨을 더 안전하게 공유할 수 있다.
- 볼륨 드라이버를 사용하면 원격 호스트 또는 클라우드 공급자에 볼륨을 저장하고, 볼륨의 내용을 암호화하거나 다른 기능을 추가할 수 있다.
- 새 볼륨의 콘텐츠는 컨테이너에 의해 미리 채워질 수 있다.
- Docker Desktop의 볼륨은 Mac 및 Windows 호스트의 바인드 마운트보다 성능이 좋다.

 참고 | 읽기 전용 볼륨 생성(예 마운트 옵션 선택)

명령어 형식 비교
• Volume 방식 # docker run -d --name myweb -v nginx-vol:/usr/share/nginx/html:ro nginx
• Bind Mount 방식 # docker run -d --name myweb -v /www:/usr/share/nginx/html:ro nginx

▶ 모범 사례(Best Practice)

(1) 볼륨의 좋은 사용 사례(Good use cases for volumes)

Volume은 도커 컨테이너 및 서비스에서 데이터를 유지하는데 선호되는 방법이다.

┃좋은 사례 예┃

① 원격 스토리지 사용

컨테이너의 데이터를 로컬이 아닌 원격 호스트 또는 클라우드 공급자에 저장하려는 경우에 유용하다.

② 다른 호스트로 백업/복구/마이그레이션하는 경우

도커 호스트에서 다른 호스트로 데이터를 백업, 복원 또는 마이그레이션하는 경우에는 볼륨이 더 나은 선택이다. 볼륨을 사용하는 컨테이너를 중지한 후 볼륨의 디렉터리를 백업할 수 있다.

(2) 바인드 마운트의 좋은 사용 사례(Good use cases for bind-mount)

일반적인 volume 사용을 권장한다. 다만 다음의 사례는 바인드 마운트 방식이 적합하다.

┃좋은 사례 예┃

① 호스트의 설정 파일을 여러 컨테이너에서 공유해야 하는 경우

같은 서비스를 제공하기 위해서 하나의 호스트에 여러 개의 웹 컨테이너가 존재하는 경우, 즉 WEB Server 부하 분산의 경우에는 유용하다.

docker run -d --name web -p 8080:80 -v /www:/usr/share/nginx/html nginx

② 개발자 활용

개발자가 임시로 자신의 PC에서 App 소스 코드 개발하는 경우에 유용하다.

docker run -d --name web -p 8080:80 -v $(pwd):/usr/share/nginx/html nginx

> **참고 ┃ 도커 데이터 관리 모범 사례 관련 URL**
>
> | 도커 데이터 관리 모범 사례 관련 URL |
> | --- |
> | • Docker 사이트
https://docs.docker.com/storage/#good-use-cases-for-volumes |

[실습] 도커 컨테이너 볼륨 관리

◆ **실습 시스템**

• 서버와 클라이언트 역할을 수행하는 2대의 시스템을 준비한다.

┃구성 예┃

시스템	설명	IP 주소 예
docker1	도커 컨테이너가 운영되는 서버 역할을 수행	192.168.56.129
docker2	클라이언트 역할을 수행	192.168.56.130

◆ **실습 시나리오**

도커 컨테이너 볼륨 관리에 대해서 실습해 본다. volume 방식과 bind-mount 방식을 사용한 예제를 실습해 보고, 각각의 차이점(장점 및 단점)에 관해 확인한다.

◆ **실습 목록**

실습 예	구성 서버
볼륨(Volume) 방식 실습	nginx 웹 서버
볼륨(Volume) 방식 실습 2	mysql DB 서버
바인드-마운트(Bind-Mounts)방식 실습	nginx 웹 서버

◆ **볼륨(volume) 방식 실습**

docker1 시스템에 nginx 웹 서버를 구성한다. nginx 컨테이너의 웹 소스 디렉터리를 호스트 디렉터리로 마운트하여 사용한다. 구성된 웹 서버를 docker2 시스템에서 접속해본다.

① (docker1) 컨테이너를 위한 볼륨 생성 - volume 방식

    # docker volume create myvol

    # docker volume ls

```
[root@www ~]# docker volume inspect myvol
[
    {
        "CreatedAt": "2023-05-28T14:49:52+09:00",
        "Driver": "local",
        "Labels": null,
        "Mountpoint": "/var/lib/docker/volumes/myvol/_data",
        "Name": "myvol",
        "Options": null,
        "Scope": "local"
    }
]
[root@www ~]#
```

```
[root@www volumes]# ls -l
합계 24
brw-------. 1 root root    8,  1  5월 28 14:05 backingFsBlockDev
-rw-------. 1 root root 32768     5월 28 14:49 metadata.db
drwx-----x. 3 root root    19     5월 28 14:49 myvol
[root@www volumes]#
[root@www volumes]#
[root@www volumes]#
[root@www volumes]# tree
.
├── backingFsBlockDev
├── metadata.db
└── myvol
    └── _data

2 directories, 2 files
[root@www volumes]#
```

② (docker1) 컨테이너 시작 시 호스트 디렉터리를 웹 서비스 디렉터리로 마운트하기

 참고 | httpd 및 nginx 패키지 웹 디렉터리 비교

패키지명	웹 디렉터리
httpd	/var/www/html
nginx	/usr/share/nginx/html

    # docker container run -d --name mynginx -p 8080:80 ₩

    -v myvol:/usr/share/nginx/html nginx

```
[root@www ~]# docker container inspect mynginx |grep Mounts -A 10
        "Mounts": [
            {
                "Type": "volume",
                "Name": "myvol",
                "Source": "/var/lib/docker/volumes/myvol/_data",
                "Destination": "/usr/share/nginx/html",
                "Driver": "local",
                "Mode": "z",
                "RW": true,
                "Propagation": ""
            }
[root@www ~]#
```

③ (docker1) 웹 서비스 소스 코드 수정

cd /var/lib/docker/volumes/myvol/_data

```
[root@www _data]# pwd
/var/lib/docker/volumes/myvol/_data
[root@www _data]# ls
50x.html  index.html
[root@www _data]#
```

mv index.html index.html.OLD

echo 'hello world' > index.html

④ (docker2) 웹 서비스 요청

curl http://192.168.56.129:8080

➡ 'hello world'라는 메시지를 확인한다.

> **참고 | (docker1) 추가 실습**
>
> /usr/share/nginx/html 디렉터리로 이동해서 파일을 생성한 후에 docker1 시스템에서는 /var/lib/docker/volumes/myvol/_data 디렉터리를 확인하고, docker2 시스템에서는 해당 웹페이지에 대한 서비스를 요청해서 확인한다.
>
> (docker1) 웹 파일 생성
> # docker exec -it mynginx /bin/bash
> (mynginx) # cd /usr/share/nginx/html && ls
> (mynginx) # echo "test page" > test.html
> (mynginx) # exit
>
> (docker1) 디렉터리 확인
> # ls /var/lib/docker/volumes/myvol/_data
>
> (docker2) 웹페이지 요청
> # curl http://192.168.56.129:8080/test.html

⑤ (docker1) 컨테이너 중지/삭제 및 볼륨 삭제

cd /var/lib/docker/volumes

docker container stop mynginx

docker container rm mynginx

tree /var/lib/docker/volumes

ls /var/lib/docker/volumes/myvol/_data

➡ 컨테이너가 삭제되어도 관련 데이터 파일은 존재함을 확인할 수 있다.

⑥ (docker1) 컨테이너 다시 시작

docker container run -d --name mynginx -p 8080:80 ₩
-v myvol:/usr/share/nginx/html nginx

➡ 참고로 외부 포트를 가져오지 못하는 경우가 있는데, 이 경우에는 docker를 재시작한다.

⑦ (docker2) 웹 서비스 요청

curl http://192.168.10.129:8080

➡ 기존 정보인 'hello world'를 확인할 수 있다.

⑧ (docker1) 정리 작업

docker container ps

docker container stop mynginx

docker container ps -a

docker container rm mynginx

docker volume ls

docker volume rm myvol

● **볼륨(volume) 방식 실습 2**

docker1 시스템에 mysql DB 서버를 구성한다. mysql 컨테이너의 데이터 저장 공간은 호스트 디렉터리로 마운트하여 사용한다. 구성된 DB 서버를 docker2 시스템에서 접속해본다.

① (docker1) 컨테이너를 위한 볼륨 생성 - volume 방식

docker volume create dbvol

docker volume ls

```
[root@www volumes]# docker volume inspect dbvol
[
    {
        "CreatedAt": "2023-05-28T17:00:11+09:00",
        "Driver": "local",
        "Labels": null,
        "Mountpoint": "/var/lib/docker/volumes/dbvol/_data",
        "Name": "dbvol",
        "Options": null,
        "Scope": "local"
    }
]
[root@www volumes]#
```

tree /var/lib/docker/volumes
  ➡ dbvol 디렉터리 정보를 확인할 수 있다.

② (docker1) 컨테이너 시작 시 호스트 디렉터리를 MySQL 5.7 디렉터리로 마운트하기
docker container run --name db1 -d -p 3306:3306 -v dbvol:/var/lib/mysql ₩
  -e MYSQL_ROOT_PASSWORD=password mysql:5.7

```
[root@www volumes]# docker inspect db1 |grep Mounts -A 10
        "Mounts": [
            {
                "Type": "volume",
                "Name": "dbvol",
                "Source": "/var/lib/docker/volumes/dbvol/_data",
                "Destination": "/var/lib/mysql",
                "Driver": "local",
                "Mode": "z",
                "RW": true,
                "Propagation": ""
            }
[root@www volumes]#
```

ls /var/lib/docker/volumes

tree /var/lib/docker/volumes

③ (docker2) MySQL 5.7 DB 서버에 원격으로 접속하여 작업하기
dnf -y install nmap mysql
  ➡ 포트 스캐너 프로그램인 nmap과 MySQL 클라이언트 패키지인 mysql을 설치한다.
nmap -p 3306 192.168.56.129
  ➡ MySQL 데몬의 포트인 3306번의 활성화 여부를 확인한다.
mysql -h 192.168.56.129 -u root -p
  ➡ 패스워드를 입력한 후 MySQL 서버에 접속해본다.

> **참고 | SQL 실습**
>
> MySQL 서버에 접속한 후에 아래의 SQL 명령어 실습을 진행한다.
>
> mysql> show databases;
> mysql> create database demodb;
> mysql> use demodb;
> mysql> show tables;
> mysql> create table demotable (id int, name varchar(20), pass varchar(20));
> mysql> insert into demotable (id, name, pass) values (1, 'kim', 'pass1');
> mysql> insert into demotable (id, name, pass) values (2, 'lee', 'pass2');
> mysql> select * from demotable;
> mysql> quit

④ (docker1) 새로운 DB 및 테이블의 생성 확인

```
[root@www ~]# ls /var/lib/docker/volumes/dbvol/_data/demodb
db.opt   demotable.frm   demotable.ibd
[root@www ~]#
```

➡ 볼륨의 저장 디렉터리인 /var/lib/docker/volumes/dbvol/_data 에 DB명으로 디렉터리가 생성되고, 테이블은 이 디렉터리 안에 파일로 저장된다.

⑤ (docker1) 컨테이너 중지/삭제 및 볼륨 확인

docker container stop db1

docker container rm db1

ls /var/lib/docker/volumes/dbvol/_data
➡ 생성한 DB 및 테이블은 그대로 보전된 상태를 확인할 수 있다.

⑥ (docker1) db1 컨테이너 다시 기동 및 볼륨 DB 테이블 정보

docker container run -d -p 3306:3306 -v dbvol:/var/lib/mysql ₩
-e MYSQL_ROOT_PASSWORD=password --name db1 mysql:5.7

dnf -y install mysql
➡ MySQL 클라이언트 프로그램을 설치한다.

mysql -h 192.168.56.129 -u root -p
➡ 패스워드를 입력한 후 MySQL 서버에 접속해본다.

⑦ (docker1) 작업 정리

docker container stop db1

docker container rm db1

docker volume rm dbvol
➡ dbvol 볼륨을 삭제한다.

tree /var/lib/docker/volumes
➡ 삭제된 볼륨 정보를 확인한다.

● 바인드 마운트(bind mount) 방식 실습

nginx 컨테이너 웹 소스 디렉터리로 호스트 디렉터리를 마운트한다.

① nginx 컨테이너 생성 및 실행

docker container run -d --name mynginx2 -p 80:80 ₩
-v /www:/usr/share/nginx/html nginx
➡ 참고로 /www 디렉터리는 존재하지 않는 경우에 자동으로 생성되고, 'docker volume ls' 명령을 실행하면 볼륨은 생성되지 않음을 확인할 수 있다.

```
[root@www ~]# docker container ls -a
CONTAINER ID   IMAGE     COMMAND                  CREATED          STATUS
               PORTS                              NAMES
a5269404e00e   nginx     "/docker-entrypoint.…"   About a minute ago   Up About
a minute    0.0.0.0:80->80/tcp, :::80->80/tcp    mynginx2
[root@www ~]#
```

```
[root@www ~]# docker container inspect mynginx2 |grep Mounts -A 10
        "Mounts": [
            {
                "Type": "bind",
                "Source": "/www",
                "Destination": "/usr/share/nginx/html",
                "Mode": "",
                "RW": true,
                "Propagation": "rprivate"
            }
        ],
        "Config": {
[root@www ~]#
```

② 웹페이지 생성

cd /www

ls

echo 'BIND MOUNT' >> /www/index.html

③ 웹페이지 확인

curl http://192.168.10.10:80

> **참고** | mynginx2 컨테이너 접속해서 확인 및 변경하기
>
> # docker exec -it mynginx2 /bin/bash
> # ls /usr/share/nginx/html
> # echo 'Bind Mount2' >> /usr/share/nginx/html/index.html

> **참고** | Overlay FS vs Over Mount
>
> | 방식 | 관련 기술 |
> |---|---|
> | volume 방식 | Overlay FS 기술 |
> | bind mount 방식 | Over Mount 기술 |

④ 웹 서버 컨테이너 정지 및 삭제 후 관련 파일 확인

docker container stop mynginx2

docker container rm mynginx2

ls /www

➡ 컨테이너 삭제 후에도 관련 파일은 그대로 보전됨을 확인할 수 있다.

▶ 볼륨 방식과 바인드 마운트 방식 비교

볼륨(volume)과 바인드 마운트(bind mount)의 가장 큰 차이점은 도커가 해당 마운트 포인트를 관리하는가에 있다. 볼륨(volume)을 사용할 때는 볼륨을 생성하거나 삭제해야 하는 불편함은 존재하지만, 해당 볼륨은 도커에서 이미지, 컨테이너, 네트워크 관리 방식과 비슷한 방식으로 관리가 되는 이점이 있다. 따라서 대부분의 일반적인 상황에서는 볼륨을 사용할 것을 권장하고 있다.

개발자인 경우 로컬 개발 환경을 구성할 때는 바인드 마운트가 유리할 때가 있다. 로컬에서 개발할 때는 현재 작업 디렉터리에 프로젝트 저장소를 git clone 명령으로 받아 놓고 코드를 변경한다. 따라서, 바인드 마운트를 이용해서 해당 디렉터리를 컨테이너의 특정 경로에 마운트해 주면 코드를 변경할 때마다 변경사항을 실시간으로 컨테이너를 통해 확인할 수 있다. 반대로, 컨테이너를 통해 변경된 부분도 현재 작업 디렉터리에도 반영이 되기 때문에 편리하다.

┃사용 예┃

```
# git clone 〈Git Repository〉
# docker run -d --name web2 -p 8888:80 -v $PWD:/usr/share/nginx/html nginx
# docker run -d --name web2 -p 8888:80 -v $(pwd):/usr/share/nginx/html nginx
# docker run -d --name web2 -p 8888:80 -v `pwd`:/usr/share/nginx/html nginx
# docker run -d --name web2 -p 8888:80 -v .:/usr/share/nginx/html nginx
```

┃구성 방식 비교┃

항목	VOLUME 방식	Bind Mount 방식
구성 과정 예시	# docker volume create myvol (자동 생성) # docker run -d -p 80:80 --name myweb -v myvol:/usr/share/nginx/html nginx # docker volume ls # docker inspect -f "{{ .Mounts }}" myweb # docker stop myweb # docker rm myweb # docker volume rm myvol	# mkdir -p /www (없으면 자동 생성) # docker run -d -p 80:80 --name myweb -v /www:/usr/share/nginx/html nginx # ls -ld /www # docker inspect -f "{{ .Mounts }}" myweb # docker stop myweb # docker rm myweb # rm -rf /www
설명	• volume 방식은 파일 시스템이 overlay 된다. • 추가적인 많이 기능이 제공되며, 유연하고 속도가 좋다. • docs.docker.com/storage/volumes/	• bind mount 방식은 over mount 된다. • 기능은 제한적이지만 docker 초기부터 사용된 기능이므로 널리 사용될 수 있다. • docs.docker.com/storage/bind-mounts/

|실무 예| 컨테이너 서버의 용도에 따른 영구 스토리지 설정

예	관련 디렉터리
웹 서버	• Source directory: /web/* • Log directory: /weblogs/*
DB 서버	• 데이터베이스 저장 공간: /dbdata/*

|실무 예| 개발 서버(devweb)와 서비스 서버(preodweb)의 볼륨 마운트 옵션

예	관련 명령 예
개발 서버 (devweb)	# docker run --name devweb -d -p 88:80 -v myvol:/usr/share/nginx/html nginx
서비스 서버 (prodweb)	# docker run --name prodweb -d -p 80:80 -v myvol:/usr/share/nginx/html:ro nginx

|실무 예| 다중 웹 서버 볼륨 마운트

웹 서버가 web1, web2, web3로 운영하는 경우

```
# docker run --name web1 -d -p 80:80 -v myvol:/usr/share/nginx/html nginx
# docker run --name web2 -d -p 81:80 -v myvol:/usr/share/nginx/html nginx
# docker run --name web3 -d -p 82:80 -v myvol:/usr/share/nginx/html nginx
```

> **참고 | 다중 웹 서버 참고 URL**
>
> | 다중 웹 서버 URL |
> |---|
> | https://velog.io/@suhongkim98/Docker-HAProxy-이용해-로드밸런싱-하기
https://github.com/meniem/nginx-haproxy-docker |

3.3.3 이미지 및 컨테이너와 레이어

▶ 이미지(Image)와 레이어(Layer)

도커 이미지는 일련의 레이어(Layer)로 구성된다. 각 계층은 이미지의 Dockerfile에 있는 명령을 나타낸다. 맨 마지막 레이어(Container Layer)를 제외한 각 레이어는 읽기 전용이다. 이미지에 대한 레이어 실습은 "이미지 빌드" 부분에서 자세히 다룬다.

┃ 이미지 레이어 구성 예 ┃

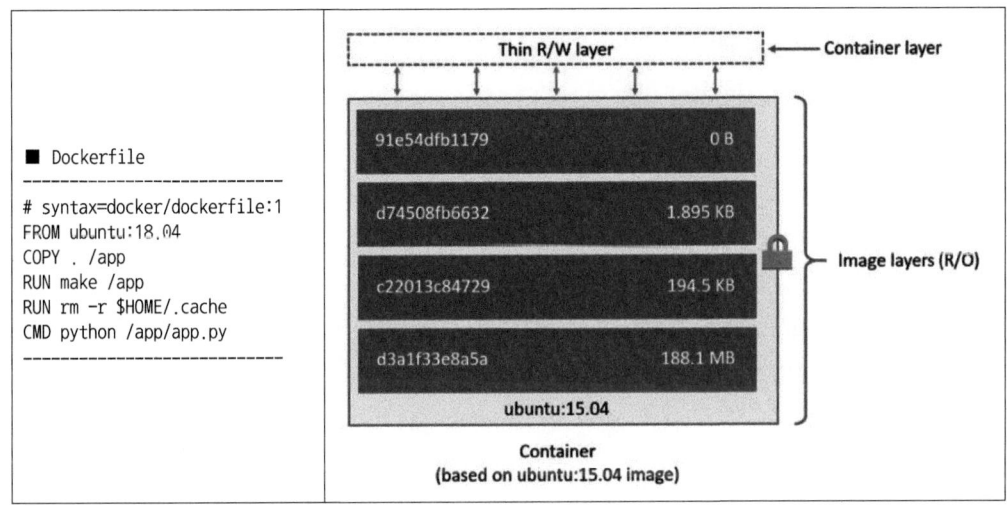

▶ 도커 컨테이너(Container)와 레이어(Layer)

컨테이너와 이미지의 주요 차이점은 쓰기 가능한 최상위 레이어이다. 새 데이터를 추가하거나 기존 데이터를 수정하는 컨테이너에 대한 모든 쓰기는 최상위 레이어에 저장된다. 컨테이너가 삭제되면 쓰기 가능한 레이어도 삭제되고, 기본 이미지는 변경되지 않은 상태로 유지된다.

각 컨테이너에는 쓰기 가능한 자체 컨테이너 레이어가 있고, 변경사항이 이 컨테이너 레이어에 저장되기 때문에 여러 컨테이너가 동일한 기본 이미지에 대한 액세스를 공유하면서도 고유한 데이터 상태를 가질 수 있다.

┃ 기본 이미지와 최상위 쓰기 가능 레이어 ┃

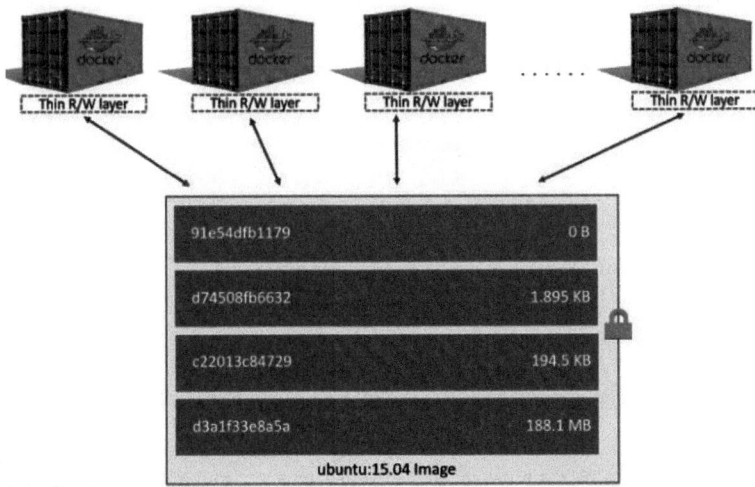

📚 이미지 및 컨테이너의 디스크 사용량

(1) 컨테이너의 디스크 사용량

실행 중인 컨테이너의 대략적인 디스크 사용량을 확인하기 위해서는 'docker ps' 명령에서 -s(--size) 옵션을 사용한다. 명령의 결과 중에서 SIZE 항목에서 관련 정보를 확인할 수 있는데, 기본으로 표시된 값이 컨테이너의 쓰기 가능한 계층에서 사용되는 데이터의 양이다. virtual 사이즈는 컨테이너에서 사용하는 읽기 전용 이미지 데이터와 쓰기 가능한 레이어에 사용된 데이터의 양이다. 가상 사이즈(virtual size)는 여러 컨테이너가 일부 또는 전체 읽기 전용 이미지 데이터를 공유할 수 있다. 동일한 이미지에서 시작된 2개의 컨테이너는 읽기 전용 데이터의 100%를 공유하는 반면, 공통 레이어를 포함하고 있는 서로 다른 이미지 기반의 2개의 컨테이너는 해당 공통 레이어만 공유한다.

｜사용법｜

```
# docker ps -s
```

｜사용 예｜

```
[root@www www]# docker ps -s
CONTAINER ID   IMAGE     COMMAND                  CREATED          STATUS
     PORTS                                        NAMES     SIZE
31eaf8a1fa4d   nginx     "/docker-entrypoint.…"   41 seconds ago   Up 41 secon
ds    0.0.0.0:8080->80/tcp, :::8080->80/tcp       mynginx   1.09kB (virtual 143MB)
[root@www www]#
```

(2) 도커 이미지의 디스크 사용량

도커 이미지의 크기를 확인하기 위해서는 docker images 명령을 사용한다.

｜사용법｜

```
# docker images
# docker image ls
```

｜사용 예｜

```
[root@www ~]# docker image ls
REPOSITORY      TAG       IMAGE ID       CREATED         SIZE
nginx           latest    f9c14fe76d50   4 days ago      143MB
hello-world     latest    9c7a54a9a43c   3 weeks ago     13.3kB
nginx           <none>    448a08f1d2f9   3 weeks ago     142MB
ubuntu          latest    3b418d7b466a   4 weeks ago     77.8MB
mysql           5.7       dd6675b5cfea   5 weeks ago     569MB
rockylinux      8         bbdb8639d015   3 months ago    197MB
centos          7         eeb6ee3f44bd   20 months ago   204MB
centos          latest    5d0da3dc9764   20 months ago   231MB
[root@www ~]#
```

▶ 스토리지 드라이버(Storage Driver)

(1) 개요

도커는 스토리지 드라이버를 사용하여 이미지 계층을 저장하고 데이터를 컨테이너의 쓰기 가능한 계층에 저장한다. 컨테이너의 쓰기 가능 계층은 컨테이너가 삭제된 후에는 지속되지 않지만, 런타임에 생성되는 임시 데이터를 저장하는 데 유용하다.

일반적으로 권장하는 방법은 컨테이너의 쓰기 가능 계층에 기록되는 데이터가 거의 없고, 도커 볼륨을 사용하여 데이터를 저장하는 것이 좋다. 그러나, 일부 워크로드(Workload)는 컨테이너의 쓰기 가능 계층에 쓸 수 있어야 하는 경우도 있는데, 이때 스토리지 드라이버가 필요하다.

도커는 플러그형 아키텍처를 사용하여 여러 스토리지 드라이버를 지원한다. 스토리지 드라이버는 호스트에서 이미지와 컨테이너를 저장하고 관리하는 방법을 제어한다. 권장하는 방법은 일반적인 시나리오에서 전체 성능과 안정성이 가장 우수한 저장소 드라이브를 사용하는 것이다.

도커 엔진이 지원하는 리눅스 기반의 스토리지 드라이버는 overlay/overlay2, fuse-overlayfs, btrfs, zfs, vfs, aufs, device mapper 등이 있다.

| 주요 스토리지 드라이버 |

드라이버 종류	설명
overlay2	overlay2는 현재 지원되는 모든 Linux 배포판에 대해 선호되는 스토리지 드라이버이다. 기본으로 지원하여 추가적인 구성이 필요하지는 않다.
btrfs, zfs	btrfs 및 zfs 스토리지 드라이버는 "스냅샷" 생성과 같은 고급 옵션을 허용하지만, 더 많은 유지 관리 및 설정이 필요하다. 별도로 구성되는 백업 파일 시스템에 의존한다.
device mapper	device mapper 스토리지 드라이버는 direct-lvm 프로덕션 환경에 필요한데, loopback-lvm 구성이 전혀 되어 있지 않으면 성능이 낮다. device mapper는 overlay2를 미지원하는 커널 버전의 CentOS 및 RHEL에서 권장하는 스토리지 드라이버이다. 그러나 현재 버전의 CentOS 및 RHEL은 권장 드라이버인 overlay2를 지원한다.

> **참고 | 주요 스토리지 드라이버 관련 도커 사이트 URL**
>
> **주요 스토리지 드라이버 관련 도커 사이트 URL**
>
> - AUFS storage driver
>   - https://docs.docker.com/storage/storagedriver/aufs-driver/
> - Btrfs storage driver
>   - https://docs.docker.com/storage/storagedriver/btrfs-driver/
> - Device Mapper storage driver
>   - https://docs.docker.com/storage/storagedriver/device-mapper-driver/
> - OverlayFS storage driver
>   - https://docs.docker.com/storage/storagedriver/overlayfs-driver/
> - ZFS storage driver
>   - https://docs.docker.com/storage/storagedriver/zfs-driver/
> - VFS storage driver
>   - https://docs.docker.com/storage/storagedriver/vfs-driver/

(2) OverlayFS 및 Overlay2 드라이버

OverlayFS는 단일 리눅스 호스트에서 2개의 디렉터리를 계층(이미지 레이어, 컨테이너 레이어)화하여 단일 디렉터리로 표시한다. 이러한 디렉터리를 레이어(Layer)라고 하며, 통합 프로세스를 유니온 마운트(Union Mount)라고 한다. OverlayFS는 하위 디렉터리를 lowerdir(Image Layer), 상위 디렉터리를 upperdir(Container Layer)이라 한다. 통합 뷰(unified view)는 merged(Container Mount)라고 불리는 자신의 디렉터리를 통해 노출된다.

Overlay2 드라이버는 기본적으로 최대 128개의 하위 OverlayFS Layer를 지원한다. 레이어와 관련 있는 도커 명령안 docker build와 docker commit은 더 나은 성능을 제공하고 백킹 파일시스템(backing filesystem)에서 더 적은 inode가 사용되도록 한다.

| OverlayFS의 구조 |

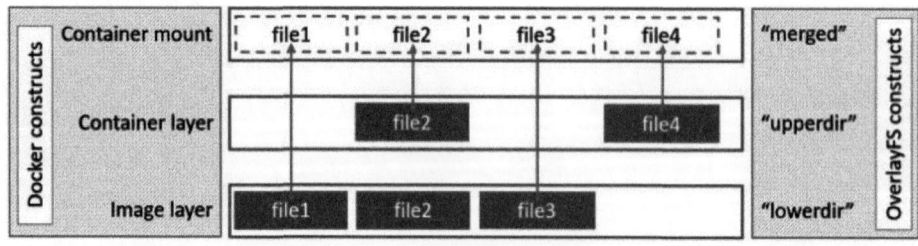

참고 | 백킹 파일 시스템(Backing Filesystem)

Backing filesysystem은 docker 호스트의 로컬 저장 영역인 '/var/lib/docker'를 생성하는 데 사용되는 파일 시스템을 참조한다. docker 호스트의 로컬 스토리지 영역에 사용할 backing file system에 따라서 스토리지 드라이버를 결정한다. 예를 들면 로컬에서 xfs 파일 시스템을 사용하려면, 이용 가능한 storage driver는 overlay, overlay2, aufs가 된다.

일부 스토리지 드라이버는 다른 backing filesystem에 상단에서 작동할 수 있다. 그러나, 나머지 스토리지 드라이버는 스토리지 드라이버와 동일한 backing filesystem을 요구한다. 예를 들면 overlay는 ext4, xfs에서 작동할 수 있지만, btrfs는 btrfs에서만 작동한다. 그리고 일부 스토리지 드라이버는 특정 backing filesystem에서 실행될 수 없다. 예를 들어, aufs는 brtfs, aufs, eCryptfs 상단에서는 사용할 수 없다.

┃스토리지 드라이버와 Backing Filesystem┃

드라이버 종류	주로 사용되는 Backing Filesystem	사용 불가능한 Backing Filesystem
overlay	ext4, xfs	btrfs, aufs, overlay, zfs, eCryptfs
overlay2	ext4, xfs	btrfs, aufs, overlay, zfs, eCryptfs
aufs	ext4, xfs	btrfs, aufs, eCryptfs
btrfs	btrfs 전용	해당사항 없음
device mapper	direct-lvm	해당사항 없음
vfs	debugging 전용	해당사항 없음
zfs	zfs 전용	해당사항 없음

(3) 스토리지 드라이버 확인

현재 사용 중인 스토리지 드라이버를 확인하기 위해서는 docker info 명령을 사용한다.

┃사용법┃

\# docker info
\# docker system info

┃사용 예┃

\# docker info
➡ 도커 클라이언트 및 서버 관련한 전체적인 정보를 확인할 수 있다.

```
[root@www ~]# docker info |grep "Storage Driver" -A 6
 Storage Driver: overlay2
  Backing Filesystem: xfs
  Supports d_type: true
  Using metacopy: false
  Native Overlay Diff: true
  userxattr: false
 Logging Driver: json-file
[root@www ~]#
```

➡ Rocky Linux8에 설치되는 도커는 기본으로 overlay2 스토리지 드라이브를 사용하고, Backing File system은 xfs을 사용한다.

[실습] 도커 이미지 레이어, 컨테이너 레이어 구조 분석

◆ **실습 시스템**
- docker1 시스템

◆ **실습 시나리오**
- 도커 이미지 레이어에 대한 자세한 분석 작업을 진행한다.

◆ **이미지 레이어, 컨테이너 레이어 확인하기**
- nginx 도커 이미지를 사용하여 이미지 레이어, 컨테이너 레이어에 대한 내용을 확인한다.

① 모든 컨테이너와 이미지 삭제

효과적인 구조 분석을 위해서 기존의 컨테이너와 이미지 전체를 삭제한다.

\# docker container rm -f $(docker container ps -a -q)

\# docker image rm -f $(docker image ls -q)

```
[root@www ~]# cd /var/lib/docker/overlay2 && tree
.
└── backingFsBlockDev

1 directory, 1 file
[root@www overlay2]#
```

➡ /var/lib/docker/overlay2 디렉터리에 특별한 내용이 존재하지 않음을 확인할 수 있다.

② nginx 이미지 다운로드 및 확인

\# docker pull nginx

```
[root@www overlay2]# docker images
REPOSITORY   TAG      IMAGE ID       CREATED      SIZE
nginx        latest   f9c14fe76d50   4 days ago   143MB
[root@www overlay2]#
```

③ /var/lib/docker/overlay2 디렉터리 구조 확인

```
[root@www overlay2]# cd /var/lib/docker/overlay2
[root@www overlay2]# ls -l
total 4
drwx--x---. 3 root root   47 May 29 16:31 0be0a5c3e3f40de381fdb1cf1d0706db06e237e03fe862a3b9c1caa6b7ceca33
drwx--x---. 4 root root   72 May 29 16:31 1e098248e4d2232602ab91918ef43345b4aaa5814ca2e0646d806b031f4ae368
drwx--x---. 4 root root   72 May 29 16:31 3cb6270e90987053d2e091a59a68fedac0fc4dd5eb3dc4f057bc1878d7b37053
drwx--x---. 4 root root   72 May 29 16:31 43274de6a1fbd4a16e208859b5da7d1fd1384168dcafa7e844e412416e2e304c
drwx--x---. 4 root root   72 May 29 16:31 b17f610fe7edc07b103120c17b23ec178cd91211f92bfb1944469f87cc276833
brw-------. 1 root root 8, 1 May 29 11:25 backingFsBlockDev
drwx--x---. 4 root root   55 May 29 16:31 e09f7ead8181fe494c4cf94f391a3a007125e19c021b1e7ee58899d9f0e90160
drwx------. 2 root root 4096 May 29 16:31 l
[root@www overlay2]#
```

➡ 레이어별로 디렉터리가 생성됨을 확인할 수 있다.

> **참고** | /var/lib/docker/overaly2 디렉터리 확인 추가 실습
>
> 기본으로 생성되어 있는 'l' 디렉터리를 비롯하여 레이어 관련 디렉터리 안의 내용도 분석한다.
>
> # cd /var/lib/docker/overlay2
> # ls -l l
> # ls -l 1e098248e....
> # tree -C -L 3 | more

```
[root@www overlay2]# docker image inspect nginx |grep "Data" -A 8
            "Data": {
                "LowerDir": "/var/lib/docker/overlay2/1e098248e4d2232602ab9191
8ef43345b4aaa5814ca2e0646d806b031f4ae368/diff:/var/lib/docker/overlay2/b17f610
fe7edc07b103120c17b23ec178cd91211f92bfb1944469f87cc276833/diff:/var/lib/docker
/overlay2/3cb6270e90987053d2e091a59a68fedac0fc4dd5eb3dc4f057bc1878d7b37053/dif
f:/var/lib/docker/overlay2/43274de6a1fbd4a16e208859b5da7d1fd1384168dcafa7e844e
412416e2e304c/diff:/var/lib/docker/overlay2/0be0a5c3e3f40de381fdb1cf1d0706db06
e237e03fe862a3b9c1caa6b7ceca33/diff",
                "MergedDir": "/var/lib/docker/overlay2/e09f7ead8181fe494c4cf94
f391a3a007125e19c021b1e7ee58899d9f0e90160/merged",
                "UpperDir": "/var/lib/docker/overlay2/e09f7ead8181fe494c4cf94f
391a3a007125e19c021b1e7ee58899d9f0e90160/diff",
                "WorkDir": "/var/lib/docker/overlay2/e09f7ead8181fe494c4cf94f3
91a3a007125e19c021b1e7ee58899d9f0e90160/work"
            },
            "Name": "overlay2"
        },
        "RootFS": {
[root@www overlay2]#
```

④ 컨테이너를 기동하고 컨테이너 레이어 분석

docker run -d --name web -p 80:80 nginx

➡ tree 명령어를 이용해서 박스로 표시된 2개의 디렉터리 내용을 확인한다.

```
[root@www overlay2]# ls -l /var/lib/docker/overlay2/
0be0a5c3e3f40de381fdb1cf1d0706db06e237e03fe862a3b9c1caa6b7ceca33
1e098248e4d2232602ab91918ef43345b4aaa5a14ca2e0046d806b031f4ae388
3cb6270e9998f053d2e091a59a68fedac0fc4dd5eb3dc4f057bc1878d7b37053
43274de6a1fbd4a1e6208859b5da7d1fd1384168dcafa7e844e412416e2e304c
6156decb07be0ab5a914cd750ad15c382343122972da66685d2f71c12112e723
6156decb07be0ab5a914cd750ad15c382343122972da66685d2f71c12112e723-init
b17f610fe7edc07b103120c17b23ec178cd91211f92bfb1944469f87cc276833
backingFsBlockDev
e09f7ead8181fe494c4cf94f391a3a007125e19c021b1e7ee53899d9f0e90160
[root@www overlay2]#
```

⑤ 이미지 레이어, 컨테이너 레이어에 대한 분석 결과 토의
⑥ 정리작업

docker rm -f $(docker ps -aq)

[실습] WEB과 NFS 연동

● 실습 시스템

각각 서버와 클라이언트 역할을 수행하는 2대의 시스템을 준비한다.

│구성 예│

시스템	설명	IP 주소 예
docker1	• 도커 기반의 Nginx 웹 서버 역할을 수행 • NFS Client 역할 수행	192.168.56.129
docker2	• NFS Server 역할 수행 • Web Client 역할 수행	192.168.56.130

● 실습 시나리오

docker2(NFS Server) 서버에서 자원을 공유하고 docker1(NFS Client) 서버에서 공유된 자원을 마운트하고, 이 공간을 nginx 컨테이너 기동 시 bind mount 사용하여 웹 소스 디렉터리로 사용한다. 다음 구성도는 실무에서 바로 사용할 수 있는 구조는 아니고, NFS 서버의 공유 자원을 원격에서 마운트하여 컨테이너의 볼륨으로 사용할 수 있다는 정도의 검증 실습이다. 또한, 부하 분산 과정과 원격자원의 멀티패스를 사용하여 자원을 제공하는 방법 등에 대해서는 언급하지 않는다.

구성도

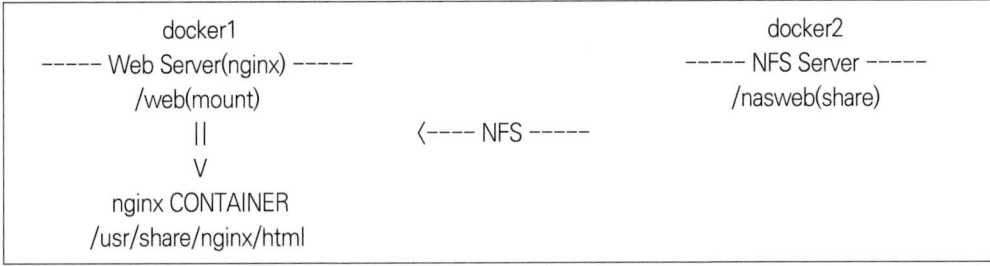

● NFS 서버 자원을 마운트하여 컨테이너 볼륨으로 사용하기

> **참고 | NFS 서버 구성과 관련된 설정 생략**
>
> NFS 서버 운영과 관련된 패키지 설치, NFS 서버 설정, NFS 서비스 기동, 방화벽 등록, SELinux에 대한 자세한 설명은 생략하고 진행한다.

① (docker2) NFS 공유 설정: 자원 공유하기

    가. 패키지 설치

        # dnf install nfs-utils -y

    나. 공유할 디렉터리 자원 생성

        # mkdir -m 777 /nasweb && cd /nasweb

        # echo "NAS web directory" > index.html

    다. 공유 설정

        # vi /etc/exports   (# vi /etc/exports.d/nasweb.exports)

        /nasweb   192.168.56.129(rw)

    라. 서비스 기동

        # systemctl enable --now nfs-server

    마. 공유 설정 확인

        # exportfs -v

    바. 방화벽 해제

        # systemctl stop firewalld

    사. SELinux 해제

        # setenforce 0

② (docker1) 공유된 자원을 마운트하기

　가. 공유 자원 확인

　　# showmount -e 192.168.56.130

　나. 마운트 작업

　　# mkdir /web

　　# mount -t nfs 192.168.56.130:/nasweb /web

　다. 마운트 확인

　　# mount -t nfs4

　　# df -hT

　　# ls /web

③ (docker1) 컨테이너 기동시 bind mount 사용하여 볼륨 마운트하기

　# docker run -d --name web -p 80:80 -v /web:/usr/share/nginx/html nginx

　# docker ps -a

④ (docker2) 웹 서비스 요청

　# curl http://192.168.56.129

　NAS web directory

 참고 | 추가 실습

docker1 시스템에 하나의 nginx 컨테이너를 추가로 기동하고, docker2 시스템에서 웹 서비스를 요청해서 메시지를 확인한다.

docker1# docker run -d --name web2 -p 81:80 -v /web:/usr/share/nginx/html nginx
docker1# docker ps -a
➡ PORTS 필드에서 81번 포트에 대한 설정을 확인한다.

docker2# curl http://192.168.56.129:81
➡ "NAS web directory" 메시지를 확인한다.

참고 | docker1 복원: 정리 작업

docker container rm -f $(docker container ls -a -q)
umount /web

Q/A 다음 질문에 답을 해본다.

1. 컨테이너 볼륨(volume)이 무엇인가?
   - 답 Union File System(Overlay2): read only layer + read/write layer
2. 컨테이너 데이터를 보존하고 싶은데 어떻게 해야 하나?
   - 답 volume, bind mount
3. 컨테이너간 데이터 공유 가능한가?
   - 답 volume, bind mount
     ```
     # docker run -v /webdata:/webdata -d --name mycontentgen nginx
     # docker run -v /webdata:/usr/share/nginx/html:ro -d --name mywebserver ubuntu
     ```

정리 | 도커 볼륨 관리

① 볼륨 생성(docker volume create)
```
# docker volume create myvol
```
② 볼륨 마운트(docker run -v)
```
# docker run --name myweb -d -p 80:80 -v myvol:/usr/share/nginx/html nginx
# docker run --name myweb -d -p 80:80 -v /www:/usr/share/nginx/html nginx
```
③ 볼륨 확인(docker volume ls)
```
# docker volume ls
```
④ 볼륨 삭제(docker volume rm)
```
# docker volume rm myvol
# docker volume prune
```

3.4 Docker 컨테이너의 네트워크 관리

3.4.1 도커 네트워크의 개요

Docker는 가상 네트워크(SDN, Software Define Network)를 사용하여 컨테이너의 통신을 관리한다. 도커의 네트워크 하위 시스템은 드라이버를 사용한 플러그(plug)가 가능하다. 기본적으로 여러 가지 드라이버가 존재하며 핵심 네트워크 기능을 제공한다. 도커 네트워크 드라이버는 none, bridge, host, overlay, ipvlan, macvlan 또는 타사 네트워크 플러그인 등이 있다.

 참고 | 도커 네트워크 드라이버(Docker Network Driver)

도커 네트워크 드라이버 사이트 URL
https://docs.docker.com/network/ https://docs.docker.com/network/#network-drivers

본 장에서는 여러 가지 네트워크 드라이버 중에서 none, bridge, host에 대한 내용만을 다루고, overlay 네트워크 드라이버는 스웜 관리 부분에서 자세하게 다루도록 한다.

주요 네트워크 드라이버

드라이버 종류	설명
none(null)	• https://docs.docker.com/network/none/ • 컨테이너의 모든 네트워킹을 비활성화한다. 일반적으로 사용자 지정 네트워크 드라이버와 함께 사용된다. none은 스웜 서비스에는 사용할 수 없다.
bridge	• https://docs.docker.com/network/bridge/ • 기본 네트워크 드라이버이다. 드라이버를 지정하지 않으면 생성 중인 네트워크 유형이 된다. 브리지 네트워크는 일반적으로 애플리케이션이 통신이 필요한 독립형 컨테이너에서 실행될 때 사용된다.
host	• https://docs.docker.com/network/host/ • 독립형 컨테이너의 경우 컨테이너와 도커 호스트 간의 네트워크 격리를 제거하고, 호스트의 네트워킹을 직접 사용한다.
overlay	• https://docs.docker.com/network/overlay/ • 오버레이 네트워크는 여러 도커 데몬을 함께 연결하고 스웜 서비스가 서로 통신할 수 있도록 한다. 또한, 오버레이 네트워크를 사용하여 스웜 서비스와 독립 실행형 컨테이너 간 또는 서로 다른 도커 데몬에 있는 2개의 독립 실행형 컨테이너 간의 통신을 용이하게 한다. 이 전략을 사용하면, 컨테이너 간에 OS 수준 라우팅을 수행할 필요가 없다.

▶ 도커 네트워크 관련 확인 명령

도커 네트워크는 docker network 명령을 사용해서 관리한다. docker network ls 명령으로 관련 정보를 확인할 수 있는데, 출력 결과에서 DRIVER의 이름은 bridge, host, none 3가지로 구성된다. 특별한 네트워크를 지정하지 않으면 기본적으로 bridge를 사용하여 컨테이너를 구성한다.

∥ 확인 예 ∥

```
[root@www ~]# docker network ls
NETWORK ID      NAME       DRIVER    SCOPE
42d1d151c64f    bridge     bridge    local
29a978ca929d    host       host      local
48b8421f4187    none       null      local
[root@www ~]#
```

▶ 컨테이너의 네트워크 인터페이스

컨테이너 내부에서 ip addr 명령을 실행하면 lo 인터페이스와 eth0 인터페이스가 생성된다. 컨테이너를 실행할 때 --network 옵션을 사용해서 네트워크 이름을 지정하고 네트워크를 변경할 수 있다. host 네트워크인 경우에는 컨테이너를 실행하는 호스트의 네트워크를 공유할 수 있고, none 네트워크는 lo 인터페이스만 생성하여 통신할 수 없도록 구성한다.

∥ 실행 예 ∥

\# docker run --rm busybox ip addr
    ➡ 컨테이너가 실행될 때 네트워크 스택을 생성하고 이를 기본 네트워크인 bridge 네트워크에 연결한다.
      'docker run --rm --network bridge busybox ip addr' 명령과 동일하다.

\# docker run --rm --network host busybox ip addr
    ➡ 컨테이너를 실행할 때 --network 옵션을 host로 설정한다.

\# docker run --rm --network none busybox ip addr
    ➡ 컨테이너를 실행할 때 --network 옵션을 none으로 설정한다.

컨테이너 실행할 때 --network 플래그가 없는 경우에는 기본 네트워크는 bridge를 사용한다. 이 때 컨테이너는 bridge SDN에 의해 IP 주소를 할당받는데, network inspect 명령으로 상세한 정보를 확인할 수 있다.

∥ 확인 예 ∥

\# docker run -d --name myserver nginx
\# docker network inspect bridge

리눅스 호스트에서 ip addr 명령을 실행하면 bridge 네트워크 이름은 docker0임을 확인할 수 있다. 컨테이너는 docker0 인터페이스에 직접 연결되는 것이 아니라 veth# 인터페이스에 bridge 드라이버로 연결된다.

▌구성 예 ▌

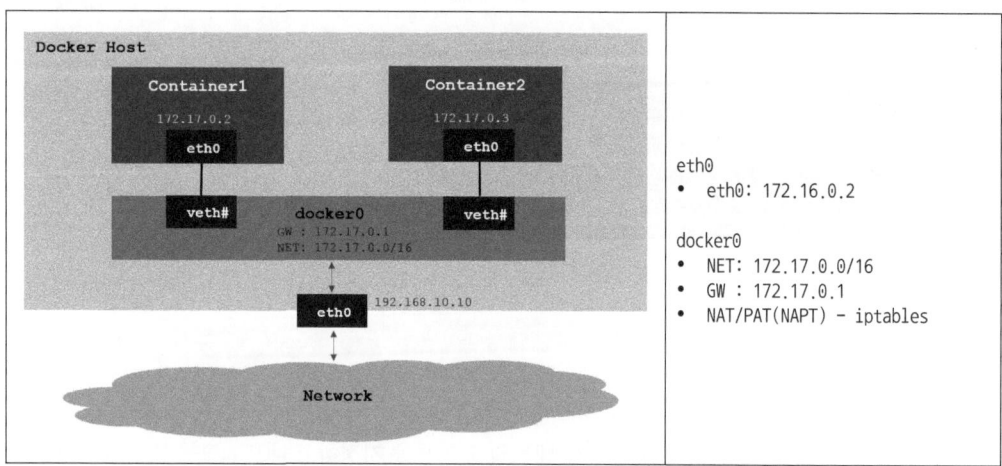

컨테이너 eth0 인터페이스는 호스트의 veth 인터페이스와 통신하며, 이를 docker0 인터페이스가 바인딩하고 있다. 이렇게 연결된 흐름에서 컨테이너는 호스트 상의 다른 컨테이너들과 통신 할 수 있으며 호스트의 IP 주소와도 통신할 수 있다. 다만 다른 호스트의 컨테이너와는 통신할 수 없다. 로컬에서 동작하는 컨테이너는 inspect 명령어를 통해 확인한 IP 주소로 통신할 수 있다.

▶ 컨테이너 서비스 포트 연결

컨테이너는 docker0을 통해 eth0과 통신한다. 따라서 호스트가 외부와 연결되어 있다면 외부로 통신을 할 수 있다. 하지만 반대로 외부에서는 컨테이너로 접근할 수 없다. 내부에서 사용하는 SDN으로 접근하는 것이 허용되지 않기 때문이다. 이때는 호스트의 네트워크 eth0으로 서비스 request를 받아 컨테이너로 요청을 전달하는 방법을 사용할 수 있다. 즉 호스트의 IP로 요청을 받아 컨테이너 IP로 전달한다. 호스트에는 여러 컨테이너가 동작할 수 있으므로 특정 컨테이너를 지정하기 위해서 포트를 지정하여 요청을 전달하는 port forwarding 기능을 활용한다.

컨테이너를 실행하는 docker run 명령의 -p 플래그는 호스트 포트와 컨테이너 포트를 각각 지정하여 포트 포워딩 구성을 수행한다. 다음은 호스트의 80번 포트를 컨테이너의 80번 포트로 전달하는 mywebserver 컨테이너를 실행하는 내용이다.

┃사용 예┃

docker run --name mywebserver -d -p 80:80 nginx
docker ps
firefox http://localhost:80 &

3.4.2 도커 컨테이너 네트워크 관리

도커 컨테이너가 구동될 때 네트워크 설정이 가능한데, 이런 경우에 docker container run 명령에 여러 가지 네트워크 관련 옵션을 사용한다. 자세한 사용법은 'man docker-run' 명령으로 확인할 수 있다.

┃사용법┃

docker run [OPTIONS] IMAGE [COMMAND] [ARG...]
docker container run [OPTIONS] IMAGE [COMMAND] [ARG...]

┃주요 옵션┃

옵션	설명
-p	'호스트포트:컨테이너포트' 형식으로 컨테이너 포트를 호스트 포트에 매핑시킨다.(--publish)
--add-host	컨테이너에 host:ip 형식으로 호스트명과 IP 주소를 매핑시켜서 저장한다. 관련 정보는 /etc/hosts 파일에 저장된다.
--dns	컨테이너의 DNS 서버를 지정한다. 관련 정보는 /etc/resolv.conf 파일에 저장된다.
--mac-address	컨테이너의 MAC 주소를 지정한다.
--hostname, -h	컨테이너의 호스트명을 지정한다. 관련 정보는 /etc/hostname 파일에 저장된다.
--network	컨테이너의 네트워크 드라이버 형식을 지정한다.
--ip	컨테이너의 이더넷 카드에 IPv4 주소를 설정한다.
--ip6	컨테이너의 이더넷 카드에 IPv6 주소를 설정한다.

┃사용 예┃

docker container run -d -p 8080:80 nginx
　　➡ 호스트의 8080번 포트를 컨테이너의 80번 포트를 매핑시킨다.
docker container run -d --dns 192.168.10.2 nginx
　　➡ 컨테이너의 DNS 서버를 192.168.10.2로 지정한다. 관련 정보는 /etc/resolv.conf 파일에 저장된다.
docker container run -it --mac-address="92:d0:c6:0a:29:33" centos
　　➡ 컨테이너의 MAC 주소를 지정한다.

```
# docker container run -it --add-host www.test.com:192.168.10.10 centos
```
➡ 컨테이너에 호스트명과 IP 주소를 매핑시켜서 저장한다. 관련 정보는 /etc/hosts 파일에 저장된다.

```
# docker container run -it --hostname www.test.com --add-host node1.test.com:192.168.10.10 centos
```
➡ 컨테이너의 호스트명을 지정하고, 호스트명과 IP 주소를 매핑시켜서 관련 파일에 저장한다.

[실습] 도커 컨테이너 네트워크 관리

● 실습 시스템
docker1 및 docker2와 같이 2대의 시스템을 준비한다. 로컬 호스트에서만 테스트하는 경우에는 docker2는 준비하지 않아도 된다.

● 실습 시나리오
도커 컨테이너 구동 후에 네트워크 설정에 대한 부분을 확인한다.
- 컨테이너 구동할 때 외부에 포트를 노출하는 방법
- 컨테이너 구동할 때 hostname, /etc/hosts, /etc/resolv.conf 파일 설정법
- 컨테이너 구동할 때 MAC address 직접 설정하는 방법
- 컨테이너 구동할 때 새로운 Network를 추가하고 그 네트워크에 속해서 구동하는 방법

● 실습 예
도커 구동 시 네트워크 설정이 어떻게 되는지 확인한다.

① (docker1) 컨테이너 포트 매핑

(전제조건) 이전에 생성된 컨테이너는 모두 삭제된 상태이다.

```
# docker container run --rm -d -p 8080:80 nginx
```
➡ (실행 관련 설명)

옵션	설명
--rm	컨테이너 종료시 삭제한다.
-d	컨테이너를 백그라운드 프로세스로 동작한다.
--name	이 옵션을 지정하지 않은 관계로 컨테이너 이름은 자동 생성된다.
-p 8080:80	호스트의 8080번 포트를 컨테이너의 80번 포트로 매핑시킨다.
nginx	nginx 이미지를 사용한다.

```
# docker container ls -a
```
➡ 생성된 컨테이너를 확인한다.

```
# firefox http://localhost:8080 &
# curl http://localhost:8080
```
➡ 호스트 시스템에서 확인한다.

```
(docker2) # curl http://192.168.56.129:8080
```
➡ 다른 시스템에서 확인한다. 참고로 IP 주소는 사용 환경에 따라 다르다.

```
# docker container ls -a
```
➡ 'CONTAINER ID'를 확인한다.

```
# docker container stop 919dcc885854
```
➡ 확인된 컨테이너 ID인 919dcc885854를 이용해서 중지시킨다. 참고로 CONTAINER ID는 직접 확인한 값을 기재한다.

② 도커 컨테이너 호스트 이름 설정, /etc/resolv.conf, /etc/hosts 파일에 내용 추가

```
# ip addr show docker0
```
➡ 보통 172.17.0.1/16으로 나타난다.

```
# docker container run --rm -it --hostname www.test.com --add-host node1.test.com:172.17.0.10 --dns 192.168.10.2 centos
```
➡ centos라는 컨테이너를 생성하고 접속된다. hostname, ip addr, ip route, cat /etc/hosts, cat /etc/hostname, df -hT, cat /etc/resolv.conf 등의 명령을 실행해서 확인한 후에 exit로 컨테이너에서 빠져나오도록 한다.

③ MAC 주소 변경

```
# docker container run --rm -it --mac-address="92:d0:c6:0a:29:33" centos
```
➡ centos라는 컨테이너를 생성하고 접속된다. hostname, ip addr, ip route, cat /etc/hosts, cat /etc/resolv.conf 등의 명령을 실행해서 확인한 후에 exit로 컨테이너에서 빠져나오도록 한다.

④ 사용자 정의 네트워크를 컨테이너에 연결

```
# docker network ls
```
➡ 기본적인 docker network은 bridge로 docker0이 사용된다.

```
# docker network create -d bridge mynet
```
➡ create 명령의 -d(--driver) 옵션을 이용해서 mynet이라는 네트워크를 생성한다. 참고로 기본 드라이버는 bridge이므로 '-d bridge'는 생략할 수 있다.

```
# docker network ls
```
➡ 새롭게 생성된 mynet을 확인한다.

```
# ip addr
```
➡ ip addr 명령을 이용해서 추가된 네트워크 주소를 확인한다. 보통 172.18.0.1/16 형식의 주소를 확인할 수 있다.

```
# docker container run --rm -it --network=mynet centos
```

➡ centos라는 컨테이너를 mynet 네트워크 주소 대역으로 묶어서 접속된다. 'ip addr' 명령을 실행하면 172.18.0.2/16 형식의 주소를 확인할 수 있다. 확인 후에 exit 명령을 실행해서 빠져나온다.

⑤ 생성된 네트워크 제거

docker network ls

➡ mynet 네트워크를 확인한다.

docker network rm mynet

➡ mynet 네트워크를 제거한다.

3.4.3 도커 네트워크 관리

▶ 도커 네트워크 목록 표시: docker network ls

도커 네트워크의 목록을 확인하기 위해서는 docker network ls 명령을 사용한다. 자세한 사용법은 'man docker-network-ls' 명령으로 확인할 수 있다.

| 사용법 |

docker network ls [OPTIONS]

docker network list [OPTIONS]

| 주요 옵션 |

옵션	설명
-f	id, driver 등의 항목값을 지정해서 필터링을 통한 출력을 지정한다. (--filter)
--format	Go template를 사용해서 출력 형식을 지정한다. 보통 특정 내용 일부를 출력할 때 사용한다.
--no-trunc	Network ID 정보를 간략하게 출력하지 말고 모든 내용을 출력한다.
-q	네트워크 ID 정보만 출력한다. (--quiet)

| 결과 항목 설명 |

항목	설명
Network ID	네트워크 ID를 나타낸다.
NAME	네트워크 이름을 나타낸다.
DRIVER	드라이버 이름을 나타낸다.
SCOPE	영역을 나타낸다.

필터링 key 설명

항목	설명
driver	드라이버를 지정한다.
id	Network ID를 지정한다.
label	네트워크에 설정된 라벨(label=⟨key⟩ 또는 label=⟨key⟩=⟨value⟩ 형식)을 지정한다.
name	네트워크 이름을 지정한다.
scope	네트워크의 범위(swarm/global/local)를 지정한다.
type	네트워크 종류(custom/builtin)를 지정한다. custom은 사용자 정의 네트워크를 의미하고 bulitin은 미리 정의된 네트워크로 bridge, none, host가 있다.

➡ -f 옵션 다음에 key=value 형식으로 지정한다.

사용 예

docker network ls
　➡ 도커 네트워크 목록 정보를 출력한다.
docker network ls --filter driver=bridge
　➡ driver가 bridge인 정보만 출력한다.
docker network ls --filter id=e6
　➡ Network ID 항목에서 문자열에 e6이 포함된 정보만 출력한다.

[실습] 네트워크 목록 확인

① 네트워크 목록 확인
　# docker network ls
② 네트워크 목록 표시할 때 NETWORK ID를 길게 출력한다.
　# docker network ls --no-trunc
③ 필터링할 때 사용되는 -f 옵션을 이용해서 관련 정보만 출력한다.
　# docker network ls -f driver=bridge
　　➡ DRIVER 항목이 bridge인 경우에만 출력한다.
　# docker network ls -q --filter driver=bridge
　　➡ DRIVER 항목이 bridge인 결과의 네트워크 ID만 출력한다.

▶ 도커 네트워크 생성: docker network create

새로운 도커 네트워크를 생성할 때 docker network create 명령을 사용한다. 자세한 사용법은 'man docker-network-create' 명령으로 확인할 수 있다.

┃사용법┃

docker network create [OPTIONS] NETWORK

┃주요 옵션┃

옵션	설명
-d	네트워크 생성 시 네트워크 드라이버를 지정할 때 사용한다. 참고로 기본값은 bridge이다. (--driver)
--ip-range	컨테이너 IP를 지정한다.
--subnet	CIDR 형태의 서브넷 마스크를 지정한다.
--ipv6	IPv6 주소를 사용한다.
--label	네트워크에 추가 정보(metadata)를 지정한다.
--gateway	IPv4 또는 IPv6 형식의 게이트웨이 주소값을 지정한다.

┃사용 예┃

docker network create br0
➡ br0이라는 네트워크를 기본값은 bridge로 생성한다. 참고로 -d bridge가 기본 적용된다.

docker network create -d bridge --subnet 192.168.100.0/24 br0
➡ 브리지 네트워크 생성 시 사용할 네트워크 대역을 설정한다.

docker network create -d bridge --subnet 192.168.100.0/24 --gateway 192.168.100.254 br0
➡ 브리지 네트워크 생성시 네트워크 대역 및 게이트웨이 주소값을 설정한다.

[실습]　도커 네트워크 생성

① bridge driver 사용한 br0 브리지를 생성
　# docker network create br0
② 도커 네트워크 및 IP 주소 확인
　# docker network ls
　# ip addr
　　➡ 'br-네트워크ID' 형식의 장치 정보를 확인할 수 있다.

③ bridge driver 사용한 br1 브리지를 생성

docker network create -d bridge --subnet 172.20.0.0/16 --gateway 172.20.0.1 br1

④ 도커 네트워크 및 IP 주소 확인

docker network ls

ip addr

➡ 'br-네트워크ID' 형식의 장치 정보에서 부여된 IP 주소 정보를 확인할 수 있다.

▶ 도커 네트워크 상세 정보 확인: docker network inspect

도커 네트워크에 대한 상세 정보를 확인할 때 docker network inspect 사용한다. 자세한 사용법은 'man docker-network-inspect' 명령으로 확인할 수 있다.

┃사용법┃

docker network inspect [OPTIONS] NETWORK [NETWORK...]

┃주요 옵션┃

옵션	설명
-f	Go template를 사용해서 출력 형식을 지정한다. (--format)
-v	진단된 정보를 더욱 상세히 출력한다. (--verbose)

┃사용 예┃

docker network inspect web-net

➡ web-net 네트워크에 대한 상세 정보를 출력한다.

docker network inspect --format="{{ GO template }}" web-net

➡ web-net 네트워크에 대한 Go template 형식을 지정해서 상세 정보를 출력한다.

> **참고 ┃ 컨테이너 기동 시 고정 IP 주소 설정**
>
> 만약 컨테이너의 IP 주소를 고정으로 설정하려면 새로 만들어진 network에서만 설정할 수 있다. network를 하나 만들고 컨테이너를 기동할 때(docker container run) --ip 옵션을 사용하여 IP 주소를 적용한다.
>
> **┃사용 예┃**
>
> # docker network create --driver bridge --subnet 172.16.20.0/16 mynet
> # docker container run -itd --rm --net mynet --ip 172.16.20.100 mycontainer

[실습] 도커 네트워크 상세 정보 확인

① 도커 네트워크 목록 확인

    # docker network ls

        ➡ 도커 네트워크 목록을 확인한다. 참고로 br0과 br1이 존재한다고 가정한다.

② 도커 네트워크 목록 확인

    # docker network inspect br0

    # docker network inspect br1

        ➡ br0과 br1의 상세 정보를 확인한다.

③ 특정 컨테이너를 br1 네트워크에 붙여서 실행하기

    # docker container run --name myserver --rm -it --network=br1 centos

        ➡ centos container를 br1 네트워크에 붙여서 실행한다.

④ ip 명령어를 이용해서 IP 주소 확인

| 확인 예 |

```
[root@www ~]# docker container run --name myserver --rm -it --network=br1 centos
[root@5972b46e414f /]# ip addr
1: lo: <LOOPBACK,UP,LOWER_UP> mtu 65536 qdisc noqueue state UNKNOWN group defaul
t qlen 1000
    link/loopback 00:00:00:00:00:00 brd 00:00:00:00:00:00
    inet 127.0.0.1/8 scope host lo
       valid_lft forever preferred_lft forever
8: eth0@if9: <BROADCAST,MULTICAST,UP,LOWER_UP> mtu 1500 qdisc noqueue state UP g
roup default
    link/ether 02:42:ac:14:00:02 brd ff:ff:ff:ff:ff:ff link-netnsid 0
    inet 172.20.0.2/16 brd 172.20.255.255 scope global eth0
       valid_lft forever preferred_lft forever
[root@5972b46e414f /]#
```

⑤ 다른 터미널을 띄워서 br1 네트워크 상세 정보 확인

    [TERM_2]# docker network inspect br1

        ➡ br1 네트워크에 속해 있는 컨테이너 정보를 확인할 수 있다.

| 확인 예 |

```
        },
        "Internal": false,
        "Attachable": false,
        "Ingress": false,
        "ConfigFrom": {
            "Network": ""
        },
        "ConfigOnly": false,
        "Containers": {
            "5972b46e414fe657cfe563a1439901c9019d8df9228ba0d45804a52a735ebae6": {
                "Name": "myserver",
                "EndpointID": "b0ae21c62fa39c626a8537919c2a7389ffce5d865b05d811e
c267349626c709d",
                "MacAddress": "02:42:ac:14:00:02",
                "IPv4Address": "172.20.0.2/16",
                "IPv6Address": ""
            }
        },
        "Options": {},
        "Labels": {}
    }
]
[root@www ~]#
```

⑥ 첫 번째 터미널에서 컨테이너 종료

   [TERM_1]# exit

⑦ 고정 IP 주소로 설정하여 컨테이너 실행하기

   # docker run --rm -it --network=br1 --ip 172.20.0.100 --name myserver centos

   ➡ 고정 IP 주소로 172.20.0.100번을 설정해서 컨테이너를 실행한다.

⑧ ip 명령어를 이용해서 IP 주소 확인

   ❙ 확인 예 ❙

   ```
   [root@www ~]# docker run --rm -it --network=br1 --ip 172.20.0.100 --name myserver centos
   [root@8648007271dc /]# ip addr
   1: lo: <LOOPBACK,UP,LOWER_UP> mtu 65536 qdisc noqueue state UNKNOWN group default qlen 1000
       link/loopback 00:00:00:00:00:00 brd 00:00:00:00:00:00
       inet 127.0.0.1/8 scope host lo
          valid_lft forever preferred_lft forever
   10: eth0@if11: <BROADCAST,MULTICAST,UP,LOWER_UP> mtu 1500 qdisc noqueue state UP group default
       link/ether 02:42:ac:14:00:64 brd ff:ff:ff:ff:ff:ff link-netnsid 0
       inet 172.20.0.100/16 brd 172.20.255.255 scope global eth0
          valid_lft forever preferred_lft forever
   [root@8648007271dc /]#
   ```

⑨ 컨테이너를 종료한다.

   # exit

▶ 도커 네트워크 연결 및 해제: docker network connect/disconnect

도커 컨테이너를 Docker 네트워크에 연결할 때는 docker network connect/disconnect 명령을 사용한다. 자세한 사용법은 'man docker-network-connect' 및 'man docker-network-disconnect' 명령으로 확인할 수 있다.

❙ 사용법 ❙

docker network connect [OPTIONS] NETWORK CONTAINER
docker network disconnect [OPTIONS] NETWORK CONTAINER

❙ 주요 옵션 ❙

옵션	설명
--ip	IPv4 주소를 지정할 때 사용한다.
--ip6	IPv6 주소를 지정할 때 사용한다.
--alias	앨리어스명을 지정할 때 사용한다.
--link	다른 컨테이너에 대한 링크를 지정할 때 사용한다.

사용 예

docker network connect web-network webfront
 ➡ webfront 컨테이너를 web-network 네트워크에 연결한다.

docker container run -itd --name=webap --net=web-network nginx
 ➡ nginx 컨테이너 시작 시 web-network 네트워크에 연결한다.

docker network disconnect web-network webfront
 ➡ web-network 네트워크에 연결된 webfront 컨테이너를 해제한다.

[실습] 컨테이너를 특정 네트워크에 연결하고 해제하기

① 현재 상태 확인

확인 예

```
[root@www ~]# docker image ls
REPOSITORY      TAG        IMAGE ID         CREATED         SIZE
busybox         latest     5242710cbd55     4 weeks ago     4.26MB
nginx           latest     f9c14fe76d50     2 months ago    143MB
centos          latest     5d0da3dc9764     22 months ago   231MB
[root@www ~]# docker container ls -a
CONTAINER ID    IMAGE      COMMAND          CREATED         STATUS      PORTS       NAMES
[root@www ~]# docker network ls
NETWORK ID      NAME       DRIVER           SCOPE
3e69358f6a7f    br0        bridge           local
fb401d50d7d4    br1        bridge           local
e6f0466c906c    bridge     bridge           local
29a978ca929d    host       host             local
48b8421f4187    none       null             local
[root@www ~]#
```

 ➡ docker image ls, docker container ls -a, docker network ls 명령을 순서대로 실행한다. 본 실습에서는 br0 및 br1 네트워크가 존재한다고 가정한다.

② nginx 컨테이너 실행 및 IP 주소 정보 확인

docker container run -d --name=myweb --net=br0 nginx
 ➡ nginx 컨테이너 실행 시 myweb이라는 이름으로 br0 네트워크를 사용한다.

docker container inspect myweb
 ➡ Gateway 및 IPAddress 항목에서 IP 주소 대역 여부를 확인한다.

③ myweb 컨테이너를 br0 네트워크에서 disconnect

docker network disconnect br0 myweb

④ myweb 컨테이너를 다른 br1 network 연결

docker network connect br1 myweb

docker container inspect myweb
 ➡ Gateway 및 IPAddress 항목에서 IP 주소 대역 여부를 확인한다.

docker network inspect br1

➡ "Containers" 항목에 연결된 myweb의 Gateway 및 IPAddress 항목에서 IP 주소 대역 여부를 확인한다.

▶ 도커 네트워크 제거: docker network rm

도커 네트워크를 제거할 때는 docker network rm 명령을 사용한다. 기본으로 지정되는 bridge, host, none 이름의 network는 제거할 수 없고, 자세한 사용법은 'man docker-network-rm' 명령으로 확인할 수 있다.

｜사용법｜

\# docker network rm [OPTIONS] NETWORK [NETWORK...]
\# docker network remove [OPTIONS] NETWORK [NETWORK...]

｜주요 옵션｜

옵션	설명
-f	존재하지 않는 네트워크라도 에러로 표시하지 않는다. (--force)
-h	도움말 정보를 확인한다. (--help)

｜사용 예｜

\# docker network rm web-net
　➡ web-net 네트워크를 제거한다.

\# docker network rm da4026896eb3
　➡ 해당 네트워크 ID를 갖는 네트워크를 제거한다.

[실습] 생성한 도커 네트워크 삭제

① 도커 네트워크 확인

```
[root@www ~]# docker network ls
NETWORK ID      NAME     DRIVER    SCOPE
3e69358f6a7f    br0      bridge    local
fb401d50d7d4    br1      bridge    local
e6f0466c906c    bridge   bridge    local
29a978ca929d    host     host      local
48b8421f4187    none     null      local
[root@www ~]#
```

➡ docker network ls 명령으로 도커 네트워크 목록 정보를 확인한다.

② br0 네트워크 제거

```
[root@www ~]# docker network rm br0
br0
[root@www ~]#
```

➡ docker network rm br0 명령으로 제거한다.

③ br1 네트워크 제거

```
[root@www ~]# docker network rm br1
Error response from daemon: error while removing network: network br1 id fb401d5
0d7d4b8496fc7b0015eac73bc7cdfcf4aaad6b633086c806ef588f51f has active endpoints
[root@www ~]#
```

➡ br1 네트워크가 활성화되어 있는 경우에는 제거할 수 없다.

④ 사용 중인 컨테이너 확인

```
[root@www ~]# docker container ls -a
CONTAINER ID   IMAGE     COMMAND                  CREATED       STATUS         PO
RTS       NAMES
72c5c6ce0231   nginx     "/docker-entrypoint.…"   2 hours ago   Up 2 hours     80/
tcp       myweb
[root@www ~]#
```

➡ 'docker container ls -a' 명령으로 활성화된 컨테이너 정보를 확인한다.

⑤ br1 네트워크 상세 정보 확인

docker network inspect br1

docker network inspect --format='{{ .Containers }}' br1

⑥ 동작중인 컨테이너를 stop하고 br 네트워크 삭제

docker container stop myweb

docker network rm br1

⑦ 컨테이너 정보 확인

```
[root@www ~]# docker container ls -a
CONTAINER ID   IMAGE     COMMAND                  CREATED       STATUS
    PORTS     NAMES
72c5c6ce0231   nginx     "/docker-entrypoint.…"   2 hours ago   Exited (0) 3 min
utes ago             myweb
[root@www ~]#
```

➡ 'docker container ls -a' 명령을 실행하면 중단된 myweb 컨테이너를 확인할 수 있다.

⑧ 컨테이너 실행

```
[root@www ~]# docker container start myweb
Error response from daemon: network fb401d50d7d4b8496fc7b0015eac73bc7cdfcf4aaad6
b633086c806ef588f51f not found
Error: failed to start containers: myweb
[root@www ~]#
```

➡ 'docker container start myweb' 명령을 실행하면 사용하던 네트워크가 제거된 관계로 실행되지 않는 것을 확인할 수 있다. myweb 컨테이너가 필요 없다면 'docker container rm -f myweb' 명령을 사용하여 지우면 된다. 만약 지울 수 없는 컨테이너라면 기존에 설정과 동일한 br1을 만들고 컨테이너를 connect 시키거나 다른 네트워크에 연결한 후에 실행해야 한다.

⑨ myweb 컨테이너 분석

docker container inspect myweb

➡ Networks 항목을 살펴보면 br1을 사용한다고 나오지만, Gateway 및 IPAddress 항목의 값은 비어 있는 것을 확인할 수 있다.

⑩ br1 네트워크 생성 및 컨테이너 실행

　　# docker network create --subnet 172.16.20.0/16 br1
　　# docker network connect br1 myweb
　　# docker container start myweb
　　# docker container inspect myweb

> **참고 | 도커 네트워크 정상적인 절차 예**
>
> br1 네트워크 제거를 예시로 정상적인 절차는 다음과 같다.
> ① br1 네트워크 상세 정보를 확인한다.
> 　　# docker network inspect br1
> 　　➡ .Containers 부분에서 사용 중인 컨테이너 유무를 확인한다.
> ② 사용 중인 컨테이너가 없다면 해당 네트워크 제거
> 　　# docker network rm br1
> ③ 사용 중인 컨테이너가 존재한다면 다른 네트워크로 연결 후 진행
> 　　# docker network disconnect br1 myweb
> 　　# docker network connect bridge myweb
> 　　# docker container inspect myweb
> 　　# docker network rm br1

[실습] 도커 호스트(host) 네트워크 실습

● **실습 시스템**

- docker1 시스템

● **실습 시나리오**

- https://docs.docker.com/network/network-tutorial-host/
- 도커 호스트에서 도커를 기동할 때 host network, bridge network에 붙여서 실습을 진행한다.
- 사용자 정의 네트워크(bridge network)를 생성하고, 도커 기동 시 사용하는 실습을 진행한다.
- 워드프레스와 MYSQL을 사용하여 frontend(WEB), backend(DB) 서버를 구축한다.

● **실습 목록**

- host network 실습 - Host OS 포트로 도커 서비스하기

- bridge network 실습
- user defined bridge network 실습
- (Wordpress-MySQL) 컨테이너를 이용한 서버 & 클라이언트 서비스 운영

◆ **작업 시나리오 1**

도커 호스트의 포트 80에 직접 바인딩하는 컨테이너를 시작한다. 이때 host network 사용한다. 네트워크 관점에서 nginx 프로세스는 컨테이너가 아닌 도커 호스트에서 직접 실행되는 것과 동일한 수준으로 격리한다. 그러나 스토리지, 프로세스 네임스페이스 및 사용자 네임스페이스와 같은 다른 모든 방법에 대해 nginx 프로세스는 호스트와 격리된다. 또한, 한 개의 도커 호스트에서 같은 포트를 사용하는 여러 개의 컨테이너가 기동될 수 있는지도 확인한다.

① mynginx 컨테이너 시작

   # docker container run -d --name mynginx --network host nginx

   ➡ 참고로 지금까지는 '-p 8080:80' 형태로 지정하여 포트 포워딩을 진행하였다.

② 컨테이너 프로세스 확인

   # docker container ps -a

   ➡ 명령의 결과를 살펴보면, PORTS 필드가 공백임을 알 수 있다.

③ nginx 서비스 확인

   # firefox http://localhost:80

   # curl localhost

④ 추가 정보 확인

   # ip addr

   ➡ 새 인터페이스(ex: vth#)가 생성되지 않았는지 확인한다.

   # docker container inspect mynginx

   ➡ mynginx 컨테이너 정보를 확인한다.

   # netstat -antulp | grep :80

   ➡ 80번 포트를 사용하고 있는 프로세스 정보를 확인한다.

⑤ 아파치 웹 서버 컨테이너 실습을 통한 추가 정보 확인

   # docker container run -d --name myapache --network host httpd

   ➡ 동일한 포트(예: 80/tcp) 및 host network driver 사용하는 아파치 웹 서버 컨테이너가 추가로 기동할 수 있는지 실행해본다.

⑥ 도커 컨테이너 상태 확인

```
[root@www ~]# docker ps -a
CONTAINER ID   IMAGE     COMMAND                  CREATED          STATUS
               PORTS     NAMES
c09eecfff242   httpd     "httpd-foreground"       2 minutes ago    Exited (1) Ab
out a minute ago         myapache
04ec35fed3a5   nginx     "/docker-entrypoint.…"   14 minutes ago   Up 14 minutes
                         mynginx
[root@www ~]#
```

➡ 'docker ps -a' 명령으로 확인하면 실행되지 않은 것을 볼 수 있다. 또한 'curl http://localhost' 명령으로 확인하면 nginx 페이지가 나타나는 것을 알 수 있다.

⑦ 아파치 웹 서버 컨테이너의 로그 확인

```
[root@www ~]# docker container logs myapache
AH00557: httpd: apr_sockaddr_info_get() failed for www
AH00558: httpd: Could not reliably determine the server's fully qualified domain
name, using 127.0.0.1. Set the 'ServerName' directive globally to suppress this m
essage
(98)Address already in use: AH00072: make_sock: could not bind to address [::]:80
(98)Address already in use: AH00072: make_sock: could not bind to address 0.0.0.0
:80
no listening sockets available, shutting down
AH00015: Unable to open logs
[root@www ~]#
```

➡ 'docker container logs myapache' 명령을 실행하면 80번 포트가 이미 사용중이라는 메시지를 확인할 수 있다.

⑧ 모든 컨테이너 종료하고 삭제

docker ps -a

docker container rm -f $(docker container ps -a -q)

● 작업 시나리오 2

- bridge network 실습
- https://docs.docker.com/network/network-tutorial-standalone/
- 동일한 도커 호스트에 2개의 alpine 컨테이너를 시작하고 몇 가지 통신 테스트를 진행한다.

> **참고** Alpine image(CoreOS)
>
> Alpine Linux는 musl libc와 Busybox 중심으로 구축된 리눅스 배포판으로 이미지 크기가 5MB에 불과하지만, 다른 Busybox 기반 이미지보다 완전하다는 평이 있다.
> - https://hub.docker.com/_/alpine

① 현재 network 목록 확인

```
[root@www ~]# docker network ls
NETWORK ID     NAME      DRIVER    SCOPE
e6f0466c906c   bridge    bridge    local
29a978ca929d   host      host      local
48b8421f4187   none      null      local
[root@www ~]#
```

➡ docker network ls 명령으로 현재 네트워크 목록을 확인한다.

② 2개의 컨테이너 시작

docker container run --name alpine1 -it -d alpine ash
docker container run --name alpine2 -it -d alpine ash
➡ Alpine Linux를 ash 셸로 실행되는 컨테이너를 기동한다.

③ 컨테이너 목록 확인

```
[root@www ~]# docker container ls -a
CONTAINER ID   IMAGE     COMMAND   CREATED         STATUS         PORTS     NAMES
5a214331c908   alpine    "ash"     3 minutes ago   Up 3 minutes             alpine2
347fe36a680d   alpine    "ash"     3 minutes ago   Up 3 minutes             alpine1
[root@www ~]#
```

➡ 'docker container ls -a' 명령으로 컨테이너 목록 확인

④ bridge 네트워크로 연결된 것을 확인

docker network inspect bridge
➡ bridge 네트워크에 2개의 컨테이너가 포함된 것을 확인할 수 있다.

⑤ alpine1 컨테이너에 접근(attach)

docker attach alpine1
➡ alpine1 컨테이너에 접근되면서 '/ # ' 형식으로 프롬프트가 나타난다.

> **참고 | 컨테이너에 접근하는 2가지 방법**
>
> # docker attach alpine1
> # docker exec -it alpine1 /bin/ash

⑥ alpine1 컨테이너의 네트워크 설정 확인

/ # ip addr show
/ # ip route show
/ # cat /etc/resolv.conf

⑦ 외부 통신 테스트

/ # ping -c 3 google.com

⑧ alpine2 컨테이너와 통신 테스트

/ # ping -c 3 172.17.0.3
➡ alpine2 컨테이너의 IP 주소는 172.17.0.3이라고 가정한다.

> **참고 | alpine2 호스트명으로 통신하기**
>
> ▌사용 예 ▌
> / # ping -c 3 alpine2
> ➡ 이 명령을 실행하면 잘못된 주소라고 해서 실행되지 않는다. 이 경우에는 /etc/hosts 파일에 '172.17.0.3 alpine2'로 등록해주면 가능하다. 다만 /etc/hosts 파일을 수정해서 등록하는 작업은 권장하지는 않고, docker run 명령의 --link 옵션의 사용을 권장한다. (추후 실습 진행)

⑨ 탈출 문자(escape character)를 사용하여 컨테이너에서 접근 해제(detach)하기
/ # [CTRL] + [p] + [q]
➡ CTRL 키를 누른 상태에서 p, q 입력한다. 참고로 exit 명령을 사용하면 컨테이너가 종료되므로 주의해야 한다.

> **참고 | exit 명령 vs [CTRL] + [p] + [q]**
>
> 컨테이너에 접근 후 빠져나올 때 exit 명령을 실행하면 컨테이너 프로세스가 종료되면서 컨테이너 중지된다. [CTRL] + [p] + [q]를 이용하면 연결(attach)된 stdin, stdout, stdout만 해제(detach)하기 때문에 컨테이너는 종료되지 않는다.

⑩ alpine2 컨테이너에서도 반복 실습

alpine2 컨테이너에서 ⑤ ~ ⑨ 과정을 반복해본다.

⑪ 정리 작업: 2개의 컨테이너 삭제

docker container stop alpine1 alpine2
➡ 2개의 컨테이너는 작동을 중지한다.

docker container rm alpine1 alpine2
➡ 2개의 컨테이너를 삭제한다. 같은 명령으로 'docker container rm -f $(docker container ls -a -q)' 을 실행해도 된다.

● 작업 시나리오 3

- 사용자 정의 브리지 네트워크 실습(User defined bridge network)
- https://docs.docker.com/network/network-tutorial-standalone/
- 새로운 사용자 정의 alpine-net 추가하고 이전에 사용한 alpine1, alpine2 컨테이너를 연결하고, alpine3 컨테이너는 bridge network 연결하고, alpine4 컨테이너는 alpine-net, bridge 네트워크에 연결하도록 한 이후에 네트워크 점검 작업을 진행한다.

┃구성도 예시┃

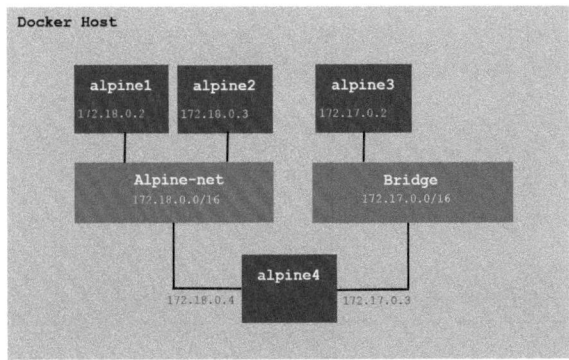

① 사용자 정의 bridge network로 alpine-net 생성

 # docker network --driver bridge alpine-net

  ➡ 'docker network create alpine-net' 명령과 동일하다.

② 생성된 alpine-net 네트워크 정보 확인

 # docker network ls

 # docker network inspect alpine-net

  ➡ Subnet 및 Gateway 항목값을 확인해서 네트워크 대역 정보를 확인한다.

③ 4개의 컨테이너 생성

 # docker run --name alpine1 -it -d --network alpine-net alpine ash

 # docker run --name alpine2 -it -d --network alpine-net alpine ash

 # docker run --name alpine3 -it -d alpine ash

 # docker run --name alpine4 -it -d --network alpine-net alpine ash

④ alpine4 컨테이너는 기본 네트워크인 bridge에도 연결

 # docker network connect bridge alpine4

⑤ 컨테이너 목록 확인

 # docker container ls -a

⑥ bridge, alpine-net network 네트워크 설정 확인

 # docker network inspect bridge

  ➡ alpine3 및 alpine4 컨테이너가 연결된 정보를 확인할 수 있다.

 # docker network inspect alpine-net

  ➡ alpine1 및 alpine2 컨테이너가 연결된 정보를 확인할 수 있다.

> **참고 | 분석표 정리 예시**
>
> alpine1부터 alpine4까지 연결된 네트워크 및 할당된 IP 주소를 분석해본다. 참고로 IP 주소는 실습 환경에 따라 다를 수 있다.
>
> **| 예시 |**
>
> | | 연결된 네트워크 목록 | 할당된 IP 주소 |
> |---|---|---|
> | alpine1 | alpine-net | 172.19.0.2/16 |
> | alpine2 | alpine-net | 172.19.0.3/16 |
> | alpine3 | bridge | 172.17.0.2/16 |
> | alpine4 | alpine-net
bridge | 172.19.0.4/16
172.17.0.3/16 |

⑦ alpine1 컨테이너에서 네트워크 점검 1 (예 alpine1 → alpine1, alpine2, alpine4)

사용자 정의 네트워크 alpine-net에 연결된 컨테이너들은 IP 주소로 통신할 수 있을 뿐만아니라 이름으로도 통신이 가능한데, 이 기능을 자동 서비스 검색(automatic service discovery)이라고 한다. 일반적인 컨테이너를 생성할 때 되도록 네트워크를 별도로 만든 후, 컨테이너를 생성된 네트워크에 붙여서 기동할 것을 권장한다.

docker container attach alpine1

/ # ping -c 2 alpine1

/ # ping -c 2 alpine2

/ # ping -c 2 alpine4

⑧ alpine1 컨테이너에서 네트워크 점검 2 (예 alpine1 → alpine3)

/ # ping -c 2 alpine3

➡ 같은 네트워크 대역이 아닌 관계로 컨테이너 이름으로는 통신이 불가하다.

/ # ping -c 2 172.17.0.2

➡ 이름으로 ping 테스트가 되지 않지만, IP로는 ping 테스트가 되는 것을 확인할 수 있다.

⑨ alpine1 컨테이너 연결 해제(detach)

/ # [CTRL] + [p] + [q]

⑩ alpine4 컨테이너에서 네트워크 점검 (예 alpine4 → (all))

docker container attach alpine4

/ # ping -c 2 alpine1

/ # ping -c 2 alpine2

/ # ping -c 2 alpine3

➡ 이름으로는 접근되지 않는다.

/ # ping -c 2 172.17.0.2

➡ alpine3의 IP 주소인 172.17.0.2를 사용하면 ping 명령에 응답을 받을 수 있다.

/ # ping -c 2 alpine4

/ # [CTRL] + [p] + [q]

➡ alpine4 컨테이너 연결 해제

⑪ 모든 컨테이너에서 외부와의 네트워크 점검 (예 ALL → google.com)

docker container attach alpine1

/ # ping -c 2 google.com

/ # [CTRL] + [p] + [q]

docker container attach alpine2

/ # ping -c 2 google.com

```
/ # [CTRL] + [p] + [q]

# docker container attach alpine3
/ # ping -c 2 google.com
/ # [CTRL] + [p] + [q]

# docker container attach alpine4
/ # ping -c 2 google.com
/ # [CTRL] + [p] + [q]
```
⑫ alpine-net 네트워크 및 모든 컨테이너 중지/제거
```
# docker container stop $(docker container ls -q)
# docker container rm $(docker container ls -aq)
# docker network rm alpine-net
```

◆ 작업 시나리오 4
- WordPress-MySQL 컨테이너를 이용한 서버 & 클라이언트 서비스 운영
- WordPress는 웹페이지 제작 및 관리를 위한 콘텐츠 관리 시스템(CMS: Contents Management System)의 하나로 2003년에 매트 뮬렌웨그(Matt Mullenweg)가 창립하였다. PHP로 작성되었으며, 데이터베이스로는 MySQL 또는 MariaDB가 주로 사용된다.
- MySQL은 세계에서 가장 인기 있는 오픈 소스 기반의 관계형 데이터베이스 시스템(RDBMS: Relational Database Management System)이다.
- 실습 구성 내역: WordPress/MySQL 컨테이너를 다음과 같이 구성한다.

  가. Container1, Container2는 bridge 네트워크(172.17.0.0/16)를 사용

  나. Container1은 mysql:5.7(172.17.0.1)로 운영

  다. Container2는 wordpress:4(172.17.0.3:80)로 운영

① MySQL 컨테이너 실행
```
# docker run -d --name mysql -v /dbdata:/var/lib/mysql ₩
-e MYSQL_ROOT_PASSWORD=wordpress -e MYSQL_PASSWORD=wordpress ₩
mysql:5.7
```
② Wordpress 컨테이너 실행
```
# docker run -d --name wordpress --link mysql:mysql ₩
-e WORDPRESS_DB_PASSWORD=wordpress -p 80:80 wordpress:4
```
➡ docker run 명령에서 --link 옵션은 〈컨테이너 이름〉:〈별칭〉 형식으로 다른 컨테이너의 링크를 설정할 때 사용한다.

> **참고 | Legacy container links (--link 옵션)**
>
> bridge 네트워크에 존재하는 2개의 컨테이너가 이름으로 통신하기 위해서는 2가지 방법이 있다. 첫 번째 방식은 직접 컨테이너의 /etc/hosts 파일에 내용을 등록하는 방법이 있고, 두 번째 방식은 --link 옵션을 사용하는 방식이다. 직접 /etc/hosts 파일에 등록하는 방법은 대신에 --link 옵션을 쓰는 것을 권장한다. 더 좋은 방법은 사용자 정의 네트워크를 만들고, 그 안에 2개의 컨테이너를 기동하는 것이다. 이 경우에는 자동 이름 검색 서비스로 인해 이름 기반의 통신이 가능하다.
> 관련 정보는 https://docs.docker.com/network/links/ 에서 확인할 수 있다.

③ Wordpress 설정

   # firefox http://172.17.0.3 &

   ➡ 웹 브라우저에서 다음의 순서대로 설정을 진행한다.

   ```
   언어: 한국어
   필요한 정보:
            사이트 제목: test
            사용자명: test
            암호: Gvt6qxMUXMq35@EP*A  // 이 암호는 반드시 복사해서 기록해둔다.
            이메일 주소: test@example.com
   '워드프레스 설치' 선택
   로그인 페이지
            사용자명 또는 이메일 주소: test
            암호: Gvt6qxMUXMq35@EP*A
   왼쪽 목록의 '외모' 에서 마음에 드는 테마를 선택한다.
   ```

④ 컨테이너 프로세스 확인

   # docker container top wordpress

   # docker container top mysql

⑤ 실습 종료 후 완료 작업

   가. firefox 종료

      실행한 firefox를 종료한다.

   나. 컨테이너 삭제

      # docker rm -f $(docker ps -aq)

Q/A 다음 질문에 답을 해본다.

1. 컨테이너는 어떻게 통신하나요?
   - 답 docker0(NAT/PAT)

2. 컨테이너 포트를 외부로 노출할 수 있나요?
   - 답 Port Forwarding
     ```
     # docker run --name myweb -d -p 80:80 nginx
     ```

3. 컨테이너 네트워크를 추가할 수 있나요?
   - 답 User defined bridge network
     ```
     # docker network create --subnet 192.168.10.0/24 --gateway 192.168.10.1 mynet
     # docker run --name myweb -d --net mynet --ip 192.168.10.5 -p 80:80 nginx
     ```

4. 컨테이너끼리 통신을 어떻게 하나요?
   - 답 2개의 컨테이너를 연결하는 역할 --link (컨테이너이름):(앨리어스이름)
     ```
     # docker run -d --name mysql -v /dbdata:/var/lib/mysql \
     -e MYSQL_ROOT_PASSWORD=wordpress -e MYSQL_PASSWORD=wordpress \
     mysql:5.7
     # docker run -d --name wordpress --link mysql:mysql \
     -e WORDPRESS_DB_PASSWORD=wordpress \
     -p 80:80 wordpress:4
     ```

정리 | 도커 컨테이너 네트워크 관리

(1) 도커 컨테이너 네트워크 관리
```
# docker run --name myweb -p 80:80 -d nginx
# docker run --name myweb -p 80:80 --network mybr0 --ip 172.20.0.2 nginx
```

(2) 도커 네트워크 관리

① 도커 네트워크 목록 표시(docker network ls)
```
# docker network ls
```
② 도커 네트워크 생성(docker network create)
```
# docker network create -d bridge --subnet 172.20.0.0/16 mybr0
```
③ 도커 네트워크 연결 및 해제(docker network connect|disconnect)
```
# docker network connect|disconnect mybr0 myweb
```
④ 도커 네트워크 삭제(docker network rm)
```
# docker network rm mybr0
```
⑤ 도커 네트워크 상세 정보 확인(docker network inspect)
```
# docker network inspect mybr0
# docker inspect myweb
```

3.5 Docker 컨테이너 운용하기

3.5.1 기동 중인 컨테이너 연결

기동 중인 컨테이너에 연결할 때는 'docker container attach' 명령을 사용한다. 컨테이너가 기동 중이 아닐 때는 "You cannot attach to a stopped container, start it first" 메시지를 받을 수 있다. 여기서 기동 중이라는 것은 컨테이너의 상태가 running 중인 경우이다. 만약 컨테이너의 상태가 Exit 또는 Created 라면 attach 할 수 없다. 자세한 사용법은 'man docker-container-attach' 명령으로 확인할 수 있다.

┃사용법┃

\# docker attach [OPTIONS] CONTAINER
\# docker container attach [OPTIONS] CONTAINER

┃사용 예┃

\# docker container attach ubuntu
➡ ubuntu 컨테이너에 연결한다.

\# docker container exec -it ubuntu /bin/bash
➡ ubuntu 컨테이너에 연결해서 /bin/bash 셸을 실행한다. 결과적으로 'docker container attach ubuntu' 명령과 동일하다.

[실습] 도커 컨테이너 연결하기

① 컨테이너 목록 확인

\# docker container ls -a
➡ 어떠한 컨테이너도 없는 상태로 실습을 진행한다.

② 컨테이너 시작 및 확인

\# docker container run --name mylinux -it -d ubuntu

③ 컨테이너 목록 확인

```
[root@www ~]# docker container ls -a
CONTAINER ID   IMAGE    COMMAND       CREATED         STATUS        PORTS     NAMES
9ecc832ce3a3   ubuntu   "/bin/bash"   9 seconds ago   Up 9 seconds            mylinux
[root@www ~]#
```

④ 실행 중인 컨테이너에 연결하여 기본 정보 확인

```
[root@www ~]# docker container attach mylinux
root@9ecc832ce3a3:/# id
uid=0(root) gid=0(root) groups=0(root)
root@9ecc832ce3a3:/# pwd
/
root@9ecc832ce3a3:/# exit
exit
[root@www ~]#
```

➡ 'docker container attach mylinux' 명령을 실행해서 연결한 후에 id, pwd, exit 명령을 순서대로 실행한다.

⑤ 컨테이너 상태 확인

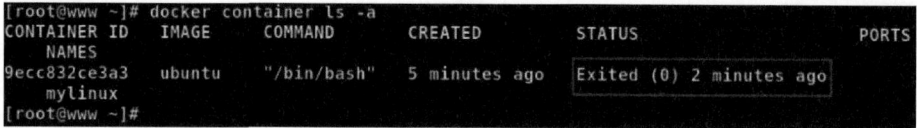

➡ 컨테이너의 프로세스가 종료되면 컨테이너는 "Exited(0)" 상태가 된다.

⑥ 컨테이너가 기동되지 않은 상태에서 attach 하기

```
[root@www ~]# docker container attach mylinux
You cannot attach to a stopped container, start it first
[root@www ~]#
```

➡ 컨테이너가 기동되지 않은 상태이면 먼저 시작하라는 오류 메시지를 확인할 수 있다.

⑦ 컨테이너를 기동하고 attach 하기

docker container start mylinux

docker container attach mylinux

➡ 컨테이너에 연결한 후에 [CTRL] + [p] + [q]를 눌러서 컨테이너에서 빠져나온다.

⑧ 컨테이너 삭제

docker container rm -f mylinux

or

docker container stop mylinux

docker container rm mylinux

3.5.2 기동 컨테이너 프로세스 실행

기동 중인 컨테이너에 새로운 프로세스를 실행할 때는 'docker container exec' 명령을 사용한다. 예를 들어, 웹 서버와 같은 백그라운드에서 실행되고 있는 컨테이너에 액세스하고 싶을 때 'docker container attach' 명령으로 연결해도 셸이 실행되지 않는 경우에 'docker container exec' 명령을 사용해서 셸을 실행해야 한다. 자세한 사용법은 'man docker-container-exec' 명령으로 확인할 수 있다.

사용법

\# docker exec [OPTIONS] CONTAINER COMMAND [ARG...]

\# docker container exec [OPTIONS] CONTAINER COMMAND [ARG...]

사용 예

\# docker container run -it --rm --name mylover ubuntu

\# docker container exec -d mylover touch /tmp/execWorks

➡ mylover라는 이름으로 ubuntu 컨테이너를 실행한 후에 빈 파일을 생성한다.

\# docker container exec -it mylover /bin/bash

➡ mylover 컨테이너에 bash 셸을 실행해서 접근한다.

\# docker container exec -it -e VAR=1 mylover bash

➡ mylover 컨테이너에 bash 셸로 접근하면서 변수값도 설정한다.

[실습] 기동 중인 컨테이너에 명령(새로운 프로세스) 수행하기

① 현재 상태 확인

   \# docker container ls -a

   ➡ 어떠한 컨테이너도 없는 상태로 실습을 진행한다.

② 새로운 컨테이너 기동

   \# docker container run --name mylover -it -d nginx

   ➡ mylover 컨테이너를 nginx 이미지를 가지고 기동한다.

③ 기동된 컨테이너 확인

```
[root@www ~]# docker container ls -a
CONTAINER ID   IMAGE     COMMAND                  CREATED          STATUS          PORTS
     NAMES
e63a6b68c665   nginx     "/docker-entrypoint.…"   11 seconds ago   Up 10 seconds   80/tcp
     mylover
[root@www ~]#
```

   ➡ 'docker container ls -a' 명령으로 확인한다. 자세한 정보를 확인하려면 'docker container ls -a --no-trunc' 명령을 실행한다.

④ 생성된 컨테이너에 연결하기(attach)

```
[root@www ~]# docker container attach mylover
2023/07/31 08:45:00 [notice] 1#1: signal 28 (SIGWINCH) received
2023/07/31 08:45:00 [notice] 28#28: signal 28 (SIGWINCH) received
2023/07/31 08:45:00 [notice] 1#1: signal 28 (SIGWINCH) received
2023/07/31 08:45:00 [notice] 28#28: signal 28 (SIGWINCH) received
read escape sequence
[root@www ~]#
```

   ➡ 컨테이너에 연결한 후에 [CTRL] + [p] + [q]를 눌러서 컨테이너에서 빠져나온다.

⑤ 컨테이너에 /bin/bash 프로세스 실행

docker container exec -it mylover /bin/bash

➡ 컨테이너의 셸을 실행한 상태에서 hostname, id, pwd, ls 등의 명령어를 실행한 후에 exit 명령으로 컨테이너를 종료한다.

⑥ 컨테이너 정보 확인

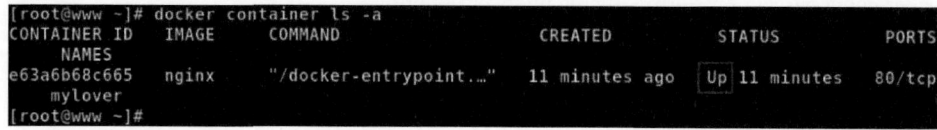

➡ 'docker container ls -a' 명령을 실행하면 계속 실행 중인 것을 확인할 수 있다.

⑦ 컨테이너 삭제

docker container rm -f $(docker container ps -aq)

3.5.3 기동 컨테이너의 프로세스 확인

실행 중인 컨테이너의 프로세스를 확인할 때는 docker container top 명령을 사용한다. 이 명령은 리눅스의 기본 명령어 "ps -ef" 포맷으로 컨테이너의 프로세스를 출력한다. 만약, 리눅스의 기본 명령어 "ps aux" 포맷으로 컨테이너의 프로세스를 출력하고 싶다면 명령어 뒤에 aux 인자를 주면 된다. 자세한 사용법은 'man docker-container-top' 명령으로 확인할 수 있다.

| 사용법 |

docker top CONTAINER [ps OPTIONS]

docker container top CONTAINER [ps OPTIONS]

| 사용 예 |

docker container top mylover

watch docker container top mylover

➡ mylover 컨테이너에 실행 중인 프로세스 정보를 'ps -ef' 형식으로 출력한다.

$ docker container top mylover aux

➡ mylover 컨테이너에 실행 중인 프로세스 정보를 'ps aux' 형식으로 출력한다.

[실습] 기동 중인 컨테이너의 프로세스 확인

① 컨테이너 기동

docker container run --name mydarling -d -p 80:80 nginx

② 컨테이너 안에 동작 중인 프로세스 확인 1

```
[root@www ~]# docker container top mydarling
UID                 PID                 PPID                C                   STIME
            TTY                     TIME                    CMD
root                22798               22779               0                   18:26
            ?                       00:00:00                nginx: master process nginx -g daemon off;
101                 22848               22798               0                   18:26
            ?                       00:00:00                nginx: worker process
[root@www ~]#
```

➡ 'docker container top mydarling' 명령을 실행하면 'ps -ef' 형식으로 관련 정보를 확인할 수 있다.

③ 컨테이너 안에 동작 중인 프로세스 확인 2

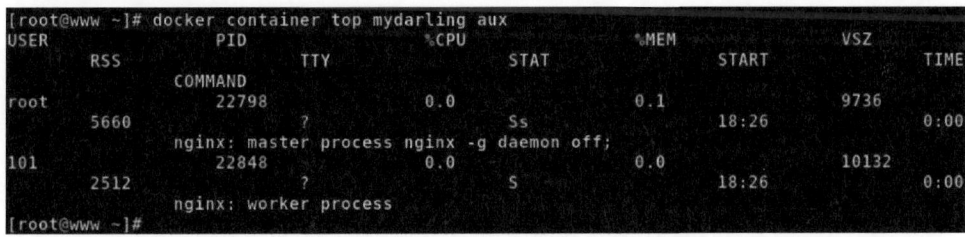

➡ 'docker container top mydarling aux' 명령을 실행하면 'ps aux' 형식으로 관련 정보를 확인할 수 있다.

④ 컨테이너 삭제

docker container stop mydarling

docker container rm mydarling

3.5.4 기동 컨테이너의 포트 정보 확인

실행 중인 컨테이너의 외부에 매핑된 포트(port) 정보를 확인할 때는 'docker container port' 명령을 사용한다. 자세한 사용법은 'man docker-container-port' 명령으로 확인할 수 있다.

｜사용법｜

docker port CONTAINER [PRIVATE_PORT[/PROTO]]

docker container port CONTAINER [PRIVATE_PORT[/PROTO]]

｜사용 예｜

docker container port myweb

docker container inspect -f "{{ .NetworkSettings.Ports }}" myweb

➡ myweb 컨테이너의 포트 정보를 확인한다.

[실습] 기동 중인 컨테이너의 매핑된 포트 확인하기

① 실습을 위한 컨테이너 기동

docker container run -d --name mylover nginx

docker container run -d --name mydarling -p 8080:80 nginx

➡ 2개의 컨테이너를 기동한다. 첫 번째 컨테이너는 외부에 포트를 노출하지 않도록 하고, 두 번째 컨테이너는 외부에 포트를 노출하여 기동한다. 참고로 이 컨테이너들은 컨테이너 이름 변경에도 사용될 예정이므로 제거하지 않도록 한다.

② 컨테이너 정보 확인 비교

```
[root@www ~]# docker ps -a
CONTAINER ID   IMAGE     COMMAND                  CREATED          STATUS          PORTS
                                   NAMES
ff0d538cd1ec   nginx     "/docker-entrypoint.…"   6 seconds ago    Up 5 seconds    0.0.0.0:8
080->80/tcp, :::8080->80/tcp   mydarling
0a712bf49106   nginx     "/docker-entrypoint.…"   20 seconds ago   Up 19 seconds   80/tcp
                                   mylover
[root@www ~]#
```

➡ 'docker ps -a' 명령을 실행하면 PORTS 항목에서 차이점을 확인할 수 있다.

③ docker container port 명령을 통한 확인

```
[root@www ~]# docker container port mylover
[root@www ~]# docker container port mydarling
80/tcp -> 0.0.0.0:8080
80/tcp -> [::]:8080
[root@www ~]#
```

➡ 'docker container port mylover' 및 'docker container port mydarling' 명령을 실행하면 외부에 포트를 노출한 두 번째 컨테이너에 대한 정보만 출력된다.

④ 'docker container inspect' 명령을 통한 확인

docker container inspect -f "{{ .NetworkSettings.Ports }}" mylover

docker container inspect -f "{{ .NetworkSettings.Ports }}" mydarling

3.5.5 컨테이너 이름 변경

컨테이너 이름을 변경하기 위해서는 'docker container rename' 명령을 사용한다. 이 명령을 사용하면 동작중인 컨테이너 또는 중지된 컨테이너의 이름을 바로 바꿀 수 있다. 자세한 사용법은 'man docker-container-rename' 명령으로 확인할 수 있다.

▌사용법 ▌

\# docker rename OLD_NAME NEW_NAME

\# docker container rename OLD_NAME NEW_NAME

▌사용 예 ▌

\# docker container rename myweb yourweb

➡ myweb이라는 컨테이너의 이름을 yourweb으로 변경한다.

[실습] 컨테이너 이름 변경하기

① 기동 중인 컨테이너 이름 확인

```
[root@www ~]# docker container ls -a
CONTAINER ID   IMAGE     COMMAND                  CREATED          STATUS          PORTS
                                                  NAMES
ff0d538cd1ec   nginx     "/docker-entrypoint.…"   49 minutes ago   Up 49 minutes   0.0.0.0:8
080->80/tcp, :::8080->80/tcp   mydarling
0a712bf49106   nginx     "/docker-entrypoint.…"   49 minutes ago   Up 49 minutes   80/tcp
                                                  mylover
[root@www ~]#
```

➡ 'docker container ls -a' 명령으로 동작중인 컨테이너 목록을 확인한다. mydarling 및 mylover 컨테이너가 동작중인 것을 확인할 수 있다.

② mylover 컨테이너의 동작 중지

\# docker container stop mylover

③ 컨테이너 정보 확인

```
[root@www ~]# docker container ls -a
CONTAINER ID   IMAGE     COMMAND                  CREATED          STATUS
    PORTS                                         NAMES
ff0d538cd1ec   nginx     "/docker-entrypoint.…"   58 minutes ago   Up 58 minutes
    0.0.0.0:8080->80/tcp, :::8080->80/tcp   mydarling
0a712bf49106   nginx     "/docker-entrypoint.…"   58 minutes ago   Exited (0) 6 seconds ago
                                                  mylover
[root@www ~]#
```

➡ 'docker container ls -a' 명령을 확인하면 mylover 컨테이너의 상태는 Exited이고, mydarling 컨테이너는 Up임을 알 수 있다.

④ 2개의 컨테이너 모두 이름 변경하기

\# docker container rename mydarling myhoney

\# docker container rename mylover mywife

⑤ 컨테이너 정보 확인

```
[root@www ~]# docker container ls -a
CONTAINER ID   IMAGE     COMMAND                  CREATED             STATUS
    PORTS                                         NAMES
ff0d538cd1ec   nginx     "/docker-entrypoint.…"   About an hour ago   Up About an hour
    0.0.0.0:8080->80/tcp, :::8080->80/tcp   myhoney
0a712bf49106   nginx     "/docker-entrypoint.…"   About an hour ago   Exited (0) 6 minutes a
go                                                mywife
[root@www ~]#
```

➡ 'docker container ls -a' 명령으로 확인하면 2개의 컨테이너 모두 이름이 변경된 것을 확인할 수 있다.

3.5.6 컨테이너 안의 파일 복사

컨테이너 안의 파일을 호스트에 복사할 때는 'docker container cp' 명령을 사용한다. 또한, 호스트에 파일을 컨테이너에 복사할 때 사용할 수도 있다. 이런 경우 소스 파일과 목적 파일의 위치만 바꾸면 된다. 파일 복사는 동작중인 컨테이너뿐만 아니라 중지된 컨테이너에 대해서도 가능하다. 자세한 사용법은 'man docker-container-cp' 명령으로 확인할 수 있다.

│사용법│

\# docker container cp [OPTIONS] SRC_PATH CONTAINER:DEST_PATH
\# docker container cp [OPTIONS] CONTAINER:SRC_PATH DEST_PATH

\# docker cp [OPTIONS] SRC_PATH CONTAINER:DEST_PATH
\# docker cp [OPTIONS] CONTAINER:SRC_PATH DEST_PATH

│사용 예│

\# docker container cp index.html myweb:/src/index.html

➡ HOST OS의 index.html 파일을 myweb 컨테이너의 /src/index.html 파일로 복사한다.

\# docker container cp myweb:/src/index.html index.html

➡ myweb 컨테이너의 /src/index.html 파일을 HostOS의 index.html 파일로 복사한다.

[실습] (컨테이너) 파일 → (Host OS)로 복사

① 컨테이너 정보 확인

```
[root@www ~]# docker container ls -a
CONTAINER ID   IMAGE     COMMAND                  CREATED       STATUS
  PORTS                                     NAMES
ff0d538cd1ec   nginx     "/docker-entrypoint.…"   2 hours ago   Up 2 hours
0.0.0.0:8080->80/tcp, :::8080->80/tcp       myhoney
0a712bf49106   nginx     "/docker-entrypoint.…"   2 hours ago   Exited (0) 36 minutes ago
                                            mywife
[root@www ~]#
```

➡ 'docker container ls -a' 명령으로 컨테이너 정보를 확인한다.

② 동작중인 컨테이너의 파일을 도커 호스트로 복사

\# docker container cp myhoney:/etc/nginx/nginx.conf /tmp/nginx.conf

➡ myhoney 컨테이너의 /etc/nginx/nginx.conf 파일을 호스트 운영체제의 /tmp/nginx.conf 파일

로 복사한다.
③ 중지된 컨테이너의 파일을 호스트 도커 호스트로 복사

    # docker container cp mywife:/etc/nginx/nginx.conf /tmp/nginx2.conf
        ➡ mywife 컨테이너의 /etc/nginx/nginx.conf 파일을 호스트 운영체제의 /tmp/nginx2.conf 파일로 복사한다.

[실습] (Host OS) 파일 -> (컨테이너)로 복사

① 테스트 웹페이지 파일 생성

    # echo "Test Page" > index.html

② 도커 호스트의 파일을 동작 중인 컨테이너로 복사하기

    # docker container cp index.html myhoney:/usr/share/nginx/html/index.html
        ➡ index.html 파일을 myhoney 컨테이너의 /usr/share/nginx/html/index.html 파일로 복사한다.

③ 웹페이지 확인

    # curl http://localhost:8080
        ➡ "Test Page"라는 내용을 확인할 수 있다. 컨테이너 안에 생성된 /usr/share/nignx/html/index.html 파일은 컨테이너가 삭제되면 없어진다.

④ 도커 호스트의 파일을 중지된 컨테이너로 복사하기

    # docker container cp index.html mywife:/usr/share/nginx/html/test.html
        ➡ index.html 파일을 mywife 컨테이너의 /usr/share/nginx/html/index.html 파일로 복사한다.

3.5.7 컨테이너 변경의 차이점 확인

컨테이너가 이미지로부터 생성되었을 때와 비교해서 변경된 차이점을 확인하려면 'docker container diff' 명령을 사용한다. 기동중인 컨테이너와 중지된 컨테이너 모두 확인할 수 있다. 자세한 사용법은 'man docker-container-diff' 명령으로 확인할 수 있다.

| 사용법 |

docker container diff CONTAINER

결과 표시

심볼	설명
A	파일이나 디렉터리가 추가된 경우(Add)
D	파일이나 디렉터리가 삭제된 경우(Delete)
C	파일이나 디렉터리가 수정된 경우(Change)

사용 예

\# docker container diff mynginx

➡ mynginx 컨테이너의 차이점 정보를 출력한다.

[실습] 이미지와 컨테이너의 파일과 디렉터리 차이점 확인

① 컨테이너 기동

\# docker container run --name myhoney -d -p 8080:80 nginx

➡ 컨테이너가 동작중인 상태가 아니면 실행한다.

② 컨테이너 이미지와 동작중인 컨테이너의 차이점 확인

```
[root@www ~]# docker container diff myhoney
C /etc
C /etc/nginx
C /etc/nginx/conf.d
C /etc/nginx/conf.d/default.conf
C /usr
C /usr/share
C /usr/share/nginx
C /usr/share/nginx/html
C /usr/share/nginx/html/index.html
C /var
C /var/cache
C /var/cache/nginx
A /var/cache/nginx/uwsgi_temp
A /var/cache/nginx/client_temp
A /var/cache/nginx/fastcgi_temp
A /var/cache/nginx/proxy_temp
A /var/cache/nginx/scgi_temp
C /run
A /run/nginx.pid
[root@www ~]#
```

➡ 'docker container diff myhoney' 명령을 실행해보면 변경된 정보를 확인할 수 있다.

③ 동작이 중지된 컨테이너의 차이점 확인

\# docker container diff mywife

➡ 동작이 중지된 컨테이너의 변경된 정보도 확인할 수 있다.

④ 새로운 컨테이너를 실행하고 변경 상태를 확인

\# docker container run --name myos -it -d ubuntu

\# docker container diff myos

➡ 어떠한 결과도 출력되지 않는다. 이 얘기는 특별한 변화가 없다는 것을 의미한다.

⑤ 컨테이너에 사용자를 추가하고 변경 상태를 확인

```
[root@www ~]# docker container attach myos
root@878b4fd11f14:/# useradd posein
root@878b4fd11f14:/# passwd posein
New password:
Retype new password:
passwd: password updated successfully
root@878b4fd11f14:/# read escape sequence
[root@www ~]#
```

➡ 'docker container attach myos' 명령을 실행해서 컨테이너에 접근 후 계정 하나를 생성한다. 작업 완료 후에는 [Ctrl]+[p]+[q] 키 조합으로 컨테이너에서 빠져나온다.

⑥ 컨테이너를 실행하고 변화 상태를 확인

docker container diff myos

➡ 사용자 생성과 관련해서 변경된 파일 및 디렉터리 목록 정보가 출력된다.

3.5.8 기동 중인 컨테이너 로그 확인

컨테이너 로그 확인하기 위해서는 'docker container logs' 명령을 사용한다. 로그 파일의 위치에 대해서는 docker container inspect -f "{{ .LogPath }}" CONTAINER 형식으로 확인한다. 기본적으로 물리적인 로그 파일의 위치는 /var/lib/docker/containers 디렉터리에 〈CONTAINER ID〉-json.log 파일이다. 자세한 사용법은 'man docker-container-logs' 명령으로 확인할 수 있다.

▌사용법 ▌

docker container logs [OPTIONS] CONTAINER

▌주요 옵션 ▌

옵션	설명
-f	tail 명령어의 -f 옵션처럼 파일의 출력을 계속 확인할 수 있도록 해준다. (--follow)
-n 정수값	로그 기록 중 입력한 정수값만큼의 내용만 출력한다. (--tail)
-t	타임스탬프 정보를 출력한다. (--timestamps)

▌사용 예 ▌

docker container logs mywebserver

➡ mywebserver 컨테이너의 로그 기록을 출력한다.

docker container inspect -f "{{ .LogPath }}" mywebserver

➡ mywebserver 컨테이너의 로그 파일 위치 정보를 확인한다.

docker container logs -f mywebserver

➡ 모니터링이 가능하도록 로그 파일을 계속해서 확인할 수 있도록 한다. 종료할 때는 [Ctrl]+[c] 키를 누른다.

docker container logs -n 5 mywebserver
➡ 로그 파일에서 마지막 5줄만 출력한다.
docker container logs -t mywebserver
➡ 로그의 타임스탬프 정보를 함께 출력한다.

[실습] 웹 요청 확인 및 컨테이너 로그 확인

① 첫 번째 터미널에서 컨테이너 로그 확인

docker container logs -f myhoney
➡ tail 명령어의 -f 옵션처럼 로그 파일을 모니터링하게 된다. -f 옵션을 사용한 경우라면 [ENTER]키를 몇 번 입력해서 기존의 출력 결과와 구분하여 주는 것이 좋다.

② 두 번째 터미널에서 웹 요청

[TERM2] # curl http://172.17.0.3.:80
➡ 터미널을 추가로 실행한 후에 myhoney 컨테이너에 웹 서비스를 요청한다. 참고로 myhoney의 IP 주소는 172.17.0.3으로 가정한다.

③ 첫 번째 터미널에서 추가된 로그 확인

```
172.17.0.1 - - [31/Jul/2023:13:19:17 +0000] "GET / HTTP/1.1" 200 10 "-" "curl/7.61.1" "-"
```

➡ 이와 같은 형태의 웹 서비스 로그를 확인할 수 있다. 로그 확인을 종료하려면 [Ctrl]+[c]키를 수행한다.

④ 로그 파일 확인

docker container inspect --format="{{ .LogPath }}" myhoney
➡ 로그 파일을 확인한다.

⑤ 로그 파일의 내용 확인

cat /var/lib/docker/containers/f463e513f2*/f463e513f2*-json.log
➡ ④번 명령의 결과로 나온 파일명을 토대로 cat 명령어를 이용해서 파일의 내용을 확인한다.

⑥ 정리 작업

가. 실행된 컨테이너 확인 및 제거
docker container ls -a -q
docker container rm -f $(docker container ls -aq)

나. 컨테이너 이미지 확인 및 제거
docker image ls -a -q
docker image rm -f $(docker image ls -aq)

3.6 리소스 제한 및 모니터링하기

3.6.1 리소스 제한의 개요

도커에서 리소스(Resource) 즉 자원 관리의 대상에는 CPU, Memory, Block I/O 등이 있다. 일반적으로 도커 명령을 통해 리소스를 제한하는 것보다 컨테이너 오케스트레이션 도구인 Docker Swarm 이나 Kubernetes 등과 연동하여 제어하는 것을 권장한다. 리소스 모니터링과 관련된 명령으로는 'docker stats', 'cadvisor' 등이 있다.

▶ 리소스 제한

기본적으로 컨테이너는 호스트 하드웨어 리소스에 대한 사용 제한을 받지 않는다. 따라서 필요에 따라 하드웨어 리소스 사용을 제한해야 한다. 'docker run' 명령어로 제한할 수 있는 종류에는 CPU, MEM, BLOCK I/O(또는 DISK I/O)가 있다. 관련 옵션 정보는 'man docker-run' 또는 'docker run --help' 명령으로 확인할 수 있다.

(1) Memory 리소스 제한

| 주요 옵션 |

옵션	설명
-m, --memory	컨테이너가 사용할 최대 메모리 양을 지정한다.
--memory-swap	컨테이너가 사용할 스왑 메모리 영역을 지정하는데, --memory 옵션과 함께만 사용할 수 있고, --memory 옵션의 값보다 커야 한다. 이 옵션을 사용하지 않으면 메모리의 2배가 설정되고, -1로 설정하면 제한이 없게 된다.
--memory-reservation	--memory 값보다 적은 값으로 구성하는 소프트 제한값을 설정한다.
--oom-kill-disable	OOM(Out Of Memory) Killer가 메모리 사용량을 초과해도 프로세스를 종료하지 못하도록 보호한다. 설정값은 true 또는 false를 사용한다.

➡ 용량 단위로는 b, k, m, g를 사용할 수 있다.

| 사용 예 |

$ docker run -d -m 512m nginx

➡ 최대 메모리 사용량을 512MB로 설정한다. 해당 사용량을 초과하면 kill 된다.

$ docker run -d -m 1g --memory-reservation 500m nginx

➡ 소프트 메모리 사용량은 500MB으로 제한하면서 최대 1GB까지는 사용할 수 있다.

$ docker run -d -m 200m --memory-swap 300m nginx

➡ 메모리 사용량은 200MB로 제한하고, 스왑 메모리는 100MB로 제한한다.

$ docker run -d -m 200m --oom-kill-disable=true nginx

➡ 메모리 사용량을 200MB로 제한하지만 초과해도 프로세스를 종료하지는 않는다.

(2) CPU 리소스 제한

| 주요 옵션 |

옵션	설명
--cpus	컨테이너에 할당할 CPU Core 수를 지정한다. 참고로 0.0으로 설정하면 제한이 없게 된다. 예) --cpus="1.5"
--cpuset-cpus	컨테이너가 사용할 수 있는 CPU나 코어를 할당한다. CPU index는 0부터 시작한다. 예) --cpuset-cpus=0-3, --cpuset-cpus=0,1
--cpu-shares	컨테이너가 사용하는 CPU 비중을 설정하는데, 기본값은 1024이다. 예) --cpu-shares=2048

| 사용 예 |

$ docker run -d --cpu="0.5" ubuntu

➡ ubuntu 컨테이너는 0.5개의 CPU를 사용한다.

$ docker run -d --cpu-shares=2048 ubuntu

➡ ubuntu 컨테이너를 다른 컨테이너와 비교해서 2배의 CPU 자원을 할당한다.

$ docker run -d --cpu-shares=512 ubuntu

➡ ubuntu 컨테이너를 다른 컨테이너와 비교해서 0.5배의 CPU 자원을 할당한다.

$ docker run -d --cpuset-cpus=0-3 ubuntu

➡ ubuntu 컨테이너에 CPU 0번부터 3번까지 할당한다.

(3) BLOCK I/O 리소스 제한

| 주요 옵션 |

옵션	설명
--blkio-weight	Block IO의 Quota를 설정할 수 있는데, 값은 10~1000 범위에서 설정한다.
--blkio-weight-device	특정 장치에 대한 Block IO Quota를 지정할 때 사용한다. 값은 10~1000 범위에서 설정하고, "장치명:값" 형태로 지정한다. 예) "/dev/sda:200"
--device-read-bps --device-write-bps	특정 디바이스에 대한 읽기와 쓰기 작업의 초당 제한을 kb, mb, gb 단위로 설정한다.
--device-read-iops --device-write-iops	컨테이너의 read/write 읽기 및 쓰기 작업을 초당 쿼터로 설정한다. 0 이상의 정수로 표시로 설정한다.

┃사용 예┃

$ docker run -it --rm --blkio-weight 100 ubuntu /bin/bash
- ➡ 블록 IO는 보통 500으로 설정되는데, 다른 컨테이너와 비교해서 1/5 정도의 낮춰지게 된다.

$ docker run -it --rm --device-write-bps /dev/sda:1mb ubuntu /bin/bash
- ➡ 블록 write I/O를 초당 1MB 속도로 제한한다.

$ docker run -it --rm --device-write-iops /dev/sda:10 ubuntu /bin/bash
- ➡ 초당 데이터 전송개수는 10개로 제한한다. 초당 데이터 전송량은 iops*블록크기(단위 데이디 용량)로 게산한다.

▶ 리소스 모니터링

도커 리소스를 모니터링하는 명령어에는 'docker stats'와 'docker events'가 존재한다. 마지막으로 cAdvisor라는 도구가 있는데, 관련 정보는 https://github.com/google/cadvisor에서 확인할 수 있다.

(1) docker stats

'docker stats' 명령어는 실행 중인 컨테이너의 CPU, MEM, DISK, NET 등에 대한 런타임 통계를 확인할 수 있다. 자세한 사용법은 'man docker-stats' 명령으로 확인할 수 있다.

┃사용법┃

docker stats [OPTIONS] [CONTAINER...]

(2) docker events

docker events' 명령어는 도커 호스트의 실시간 event 정보를 수집해서 출력한다. 자세한 사용법은 'man docker-events' 명령으로 확인할 수 있다.

┃사용법┃

docker events -f container=〈NAME〉

3.6.2 리소스 제한 실습

[실습] 컨테이너 리소스 제한하기

● 실습 시스템
- docker1

● 실습 시나리오
- 실습을 진행하기 위해 확장 패키지 저장소인 epel과 stress, htop 등의 패키지를 설치한다.
- MEM 리소스 제한, CPU 리소스 제한, 블록 I/O 제한에 대한 실습을 진행한다.
- cAdvisor container를 설치하여 컨테이너의 통계 정보들을 모니터링하는 방법에 대해서도 실습한다.

● 실습 목록
- 실습을 위한 준비
- 컨테이너 리소스 제한 - MEM 리소스 제한
- 컨테이너 리소스 제한 - OOM-killer disable 하기
- 컨테이너 리소스 제한 - CPU 리소스 제한하기
- 컨테이너 리소스 제한 - Block I/O 제한하기
- cAdvisor 설치 및 실행하기

● 작업 시나리오 1: 실습을 위한 준비
실습 진행을 위해서 확장 패키지 저장소인 epel과 stress, htop 프로그램을 설치한다.

① EPEL(Extra Packages for Enterprise Linux) 저장소 설치
   # dnf -y install epel-release
   ➡ epel-release 패키지가 설치되면 /etc/yum.repos.d/epel*.repo 파일이 생성된다.
② stress 및 htop 패키지 설치
   # dnf -y install stress htop
   ➡ stress는 서버에 부하량을 발생시켜 주는 프로그램이고, htop는 부하량을 확인할 때 사용하는 프로그램이다.

● 작업 시나리오 2: 컨테이너의 MEM 리소스 제한
- 실습을 위한 stress 컨테이너를 빌드하고 메모리 및 스왑 공간의 제한에 대해서 실습한다.
- 주의점: Host OS가 반드시 다음 조건을 만족하는지 확인 후에 실습한다.

가. 컨테이너 CPU(또는 core) 개수가 2개 이상

 # lscpu -e

나. 컨테이너 MEM는 2G 이상

 # lsmem ; free ; top

- 참고: VirtualBox와 같은 가상 머신을 사용하는 경우에는 가상 머신의 전원을 끄고, [설정]의 [시스템] 항목에서 CPU 개수를 증가시킬 수 있으니 해당 작업을 진행한 후에 실습한다.

① 이미지 빌드

편하게 실습하기 위한 stress container를 빌드(build)한다.

cd

mkdir -p build && cd build

cat << EOF > Dockerfile

FROM debian

RUN apt-get update && apt-get install stress -y

CMD ["/bin/sh", "-c", "stress -c 2"]

EOF

 ➡ build라는 디렉터리 생성 후에 Dockerfile을 만드는 과정이다.

docker build -t stress .

 ➡ Dockerfile 파일을 빌드하는 과정이다. 맨 마지막에 현재 디렉터리는 뜻하는 '.'을 반드시 기재해야 한다.

② 메모리 테스트 1

```
[root@www build]# time docker run -m 100m --memory-swap 100m stress:latest \
> stress --vm 1 --vm-bytes 90m -t 5s
stress: info: [1] dispatching hogs: 0 cpu, 0 io, 1 vm, 0 hdd
stress: info: [1] successful run completed in 5s

real    0m5.535s
user    0m0.014s
sys     0m0.013s
[root@www build]#
```

 ➡ 메모리를 100MB, 스왑을 100MB 할당한 상태에서 90MB에 해당하는 메모리만 사용한 관계로 정상적으로 실행된 것을 확인할 수 있다.

③ 메모리 테스트 2

```
[root@www build]# docker run -m 100m --memory-swap 100m stress:latest \
> stress --vm 1 --vm-bytes 150m -t 5s
stress: info: [1] dispatching hogs: 0 cpu, 0 io, 1 vm, 0 hdd
stress: FAIL: [1] (425) <-- worker 6 got signal 9
stress: WARN: [1] (427) now reaping child worker processes
stress: FAIL: [1] (431) kill error: No such process
stress: FAIL: [1] (461) failed run completed in 0s
[root@www build]#
```

 ➡ 메모리를 100MB 할당된 상태에서 150MB를 사용하면 메모리 부족으로 인해 컨테이너가 종료된다.

> 참고 | stress 메모리 관련 주요 옵션 설명

옵션	설명
-m, --vm N	메모리를 할당/회수(malloc/free)하는 N 개의 worker를 생성한다. 프로세스 수를 지정하는 옵션이다.
-t, --timeout N	N 초 후에 종료한다.
--vm-bytes B	vm worker 당 B bytes 만큼 메모리를 할당(malloc) 받는다. 사용할 메모리 크기를 지정하는 옵션이다.

④ 메모리 테스트 3

```
[root@www build]# time docker run -m 100m stress:latest \
> stress --vm 1 --vm-bytes 150M -t 5s
stress: info: [1] dispatching hogs: 0 cpu, 0 io, 1 vm, 0 hdd
stress: info: [1] successful run completed in 5s

real    0m5.462s
user    0m0.008s
sys     0m0.010s
[root@www build]#
```

➡ 스왑 메모리의 크기를 지정하지 않으면 Mem의 2배인 200MB로 자동 설정된다. 스왑 메모리가 2배가 된 상태에서는 150MB를 사용하면 정상적으로 실행되는 것을 알 수 있다.

⑤ 컨테이너를 모두 삭제

docker rm -f $(docker ps -aq)

● 작업 시나리오 3: 컨테이너의 리소스 제한-OOM killer disable 하기

- 리눅스 커널 기능 중 OOM killer의 기능을 확인하고, 이 기능을 off 시킨 상태에서 작업을 진행해 본다.

① 컨테이너 실행 시 OOM-killer disable 설정

docker run -d -m 100M --name web --oom-kill-disable=true nginx

➡ OOM 관련 정보는 /sys/fs/cgroup/memory/docker/〈컨테이너_ID〉/memory.oom_control 파일에 저장된다.

② 설정된 값 확인

docker inspect web | egrep 'Memory|MemorySwap|OomKillDisable'

➡ 메모리 용량, 스왑 메모리 용량, OomkillDisable 설정을 확인할 수 있다.

③ 컨테이너 ID 확인

docker ps -a

➡ 컨테이너 ID 정보를 확인한다.

④ 컨테이너 ID의 OOM 관련 정보 확인

```
[root@www ~]# cat /sys/fs/cgroup/memory/docker/3421de300ba4d514acf9682942452961d
501d8b8b7638afe765a4481fd9a1c5f/memory.oom_control
oom_kill_disable 1
under_oom 0
oom_kill 0
[root@www ~]#
```

● **작업 시나리오 4: 컨테이너의 CPU 리소스 제한**
- 현재 시스템의 CPU 개수를 확인하고 각 컨테이너가 사용할 수 있는 CPU 리소스를 제한을 하여 제한된 상태에 따라 부하량을 주었을 때, 컨테이너가 어떻게 동작하는지 관찰한다.

① 현재 CPU 개수 확인

  # lscpu | grep CPU

  ➡ CPU의 개수가 2개 이상 인지를 확인한다.

② CPU 개수를 제한하여 컨테이너를 실행

  # docker run -d --name c1 --cpuset-cpus 1 stress stress --cpu 1

  ➡ 두 번째 인덱스에 해당하는 CPU 1번을 c1에 할당한다.

  # htop

  ➡ CPU 1번의 사용량이 100%임을 확인할 수 있다. 확인 후에는 [Ctrl]+[c]키를 눌러서 종료한다.

> **참고 | stress CPU 관련 주요 옵션 설명**
>
> | 옵션 | 설명 |
> | --- | --- |
> | -c, --cpu N | N 개의 코어 수를 지정하면 해당 코어에 100% 부하가 발생한다. |

  # docker rm -f c1

  ➡ 컨테이너 c1을 제거한다.

③ 컨테이너별 CPU 상대적 가중치를 할당하여 실행되도록 구성

  # docker run -d --name cload1 -c 2048 stress

  ➡ 일반적인 컨테이너에 비해 높은 CPU 사용 가중치를 설정한다. 참고로 기본적인 CPU 가중치는 1024이다.

  # docker run -d --name cload2 stress

  ➡ 일반적인 컨테이너 CPU 가중치인 1024가 설정된다.

  # docker run -d --name cload3 -c 512 stress

  ➡ 일반 컨테이너에 비해 낮은 CPU 가중치인 512를 설정한다.

  # docker run -d --name cload4 -c 512 stress

➡ 일반 컨테이너에 비해 낮은 CPU 가중치인 512를 설정한다.

```
[root@www ~]# docker ps
CONTAINER ID   IMAGE     COMMAND                CREATED              STATUS
PORTS     NAMES
425c5916bf31   stress    "/bin/sh -c 'stress …" 24 seconds ago       Up 22 seconds
          cload4
97ae0a53e6f5   stress    "/bin/sh -c 'stress …" 34 seconds ago       Up 32 seconds
          cload3
d2d3341f0b1e   stress    "/bin/sh -c 'stress …" 48 seconds ago       Up 45 seconds
          cload2
21b0e5ba8af2   stress    "/bin/sh -c 'stress …" About a minute ago   Up About a minute
          cload1
[root@www ~]#
```

➡ 'docker ps' 명령으로 동작중인 컨테이너 정보를 확인한다.

docker stats

```
CONTAINER ID   NAME    CPU %    MEM USAGE / LIMIT    MEM %   NET I/O        BLOCK I/O
 PIDS
425c5916bf31   cload4  71.13%   804KiB / 3.832GiB    0.02%   2.28kB / 0B    0B / 0B
 4
97ae0a53e6f5   cload3  62.24%   824KiB / 3.832GiB    0.02%   2.28kB / 0B    0B / 0B
 4
d2d3341f0b1e   cload2  153.49%  844KiB / 3.832GiB    0.02%   2.28kB / 0B    0B / 0B
 4
21b0e5ba8af2   cload1  272.98%  828KiB / 3.832GiB    0.02%   2.61kB / 0B    8.19kB / 0B
 4
```

➡ 'docker stats' 명령으로 확인하면 컨테이너별로 CPU, MEM 등의 사용 정보를 확인할 수 있다. 종료할 때는 [Ctrl]+[c]키를 누른다.

docker stats cload1

➡ 'docker stats' 명령으로 특정 컨테이너의 CPU, MEM 등의 사용 정보를 확인할 수 있다. 종료할 때는 [Ctrl]+[c]키를 누른다.

docker rm -f $(docker ps -aq)

➡ 모든 컨테이너를 제거한다.

● 작업 시나리오 5: 컨테이너의 Block I/O 제한

- 컨테이너에 --device-write-iops를 적용해서 wirte 속도의 초당 quota를 이용하여 제한하고 I/O write를 발생시키면서 컨테이너의 상태를 관찰한다.

① 디스크 장치 파일명 확인

lsblk

➡ 보통 첫 번째 디스크인 경우에는 /dev/sda로 나타난다. lsblk 명령 이외에도 'fdisk -l' 등으로 확인할 수 있다.

② Write IOPS 값을 10으로 설정 후 컨테이너에 기동

docker run -it --rm --device-write-iops /dev/sda:10 ubuntu /bin/bash

➡ 초당 데이터 전송개수는 10개로 제한한다. 초당 데이터 전송량은 iops*블록크기(단위 데이터 용량)로 계산한다.

③ DISK I/O 발생 및 테스트 1

```
root@4d06fe762b06:/# dd if=/dev/zero of=file1 bs=1M count=10 oflag=direct
10+0 records in
10+0 records out
10485760 bytes (10 MB, 10 MiB) copied, 0.910569 s, 11.5 MB/s
root@4d06fe762b06:/# dd if=/dev/zero of=file1 bs=1M count=10 oflag=direct
10+0 records in
10+0 records out
10485760 bytes (10 MB, 10 MiB) copied, 0.903924 s, 11.6 MB/s
root@4d06fe762b06:/#
```

➡ dd 명령어를 이용해서 DISK I/O를 발생시켜서 결과를 확인한다. 테스트 후에는 exit 명령으로 종료한다.

④ Write IOPS 값을 100으로 설정 후 컨테이너에 기동

docker run -it --rm --device-write-iops /dev/sda:100 ubuntu /bin/bash

➡ 초당 데이터 전송개수를 100으로 지정한다.

⑤ DISK I/O 발생 및 테스트 2

```
root@2ff66768e7b4:/# dd if=/dev/zero of=file1 bs=1M count=10 oflag=direct
10+0 records in
10+0 records out
10485760 bytes (10 MB, 10 MiB) copied, 0.0166384 s, 630 MB/s
root@2ff66768e7b4:/# dd if=/dev/zero of=file1 bs=1M count=10 oflag=direct
10+0 records in
10+0 records out
10485760 bytes (10 MB, 10 MiB) copied, 0.0205647 s, 510 MB/s
root@2ff66768e7b4:/#
```

➡ dd 명령어를 이용해서 DISK I/O를 발생시켜서 결과를 확인한다. 테스트 후에는 exit 명령으로 종료한다.

● **작업 시나리오 6: cAdvisor 설치 및 실행**

- cAdvisor 컨테이너를 다운로드 설치하여 기동하고 이전에 실행이 되었던 다른 컨테이너들에 대한 모니터링 작업을 진행한다.

> **참고 | cAdvisor(컨테이너 어드바이저)**
>
> 관련 사이트: https://hub.docker.com/r/google/cadvisor/
>
> | 로고 | 설명 |
> |---|---|
> | cAdvisor | cAdvisor는 컨테이너 사용자에게 실행 중인 컨테이너의 리소스 사용량 및 성능 특성에 대한 정보를 제공한다. 실행 중인 컨테이너에 대한 정보를 수집, 집계, 처리 및 내보내는 실행 중인 데몬이다. 특히 각 컨테이너에 대해 리소스 격리 매개변수, 과거 리소스 사용량 및 전체 리소스 사용량 히스토그램을 유지한다. 이 데이터는 컨테이너 및 머신 전체에서 내보낸다. |

① cAdvisor 실습을 위한 컨테이너 실행 및 확인

docker run -itd --rm --name myapp --device-write-iops /dev/sda:100 -m 500m ubuntu

➡ 임의의 컨테이너 하나를 실행한다. 모니터링 실습을 하는 것이므로 기존의 동작중인 컨테이너가 존재해도 무방하다.

docker ps
- ➡ 동작 중인 컨테이너 확인을 확인한다.

② 구글 검색을 통해 cadvisor 다운로드 및 설치

firefox http://www.google.com &
- ➡ 구글 사이트에서 "cadvisor" 검색을 통해 관련 사이트인 https://github.com/google/cadvisor에 접속한다. 페이지 하단의 내용 중 "Quick Start: Running cAdvisor in a Docker Container" 부분을 찾는다. 다음의 내용을 복사해서 붙이면 컨테이너가 실행된다. 참고로 kubernetes에는 cadvisor가 기본 설치되어 있다.

> **참고 | 설치 실행 소스**
>
> ```
> VERSION=v0.36.0
> sudo docker run \
>   --volume=/:/rootfs:ro \
>   --volume=/var/run:/var/run:ro \
>   --volume=/sys:/sys:ro \
>   --volume=/var/lib/docker/:/var/lib/docker:ro \
>   --volume=/dev/disk/:/dev/disk:ro \
>   --publish=8080:8080 \
>   --detach=true \
>   --name=cadvisor \
>   --privileged \
>   --device=/dev/kmsg \
>   gcr.io/cadvisor/cadvisor:$VERSION
> ```

③ 웹 기반 관리 페이지에 접속하여 다양한 정보를 확인한다.

firefox http://localhost:8080 &
- ➡ 기본 제공하는 정보를 확인한 후에 상단의 "Docker Container" 부분을 클릭하여 추가적인 정보를 확인한다. 정보 확인 후에 firefox를 종료한다.

④ 모든 컨테이너 삭제

docker rm -f $(docker ps -aq)

> **Q/A 다음 질문에 답을 해본다.**
>
> 1 컨테이너 하드웨어 리소스 제한을 어떻게 할 수 있을까요?
>   **답** cgroups
>
> 2 컨테이너 하드웨어 사용량을 모니터링 하는 방법이 있을까요?
>   **답** docker stats, docker events, cadvisor

3.7 도커 이미지 생성

도커 이미지 생성하는 방법에는 docker 명령어를 사용하는 방법과 Dockerfile을 사용하는 방법으로 나눌 수 있다. 도커 컨테이너는 도커 이미지를 바탕으로 작성하지만, 반대로 도커 컨테이너를 바탕으로 도커 이미지를 작성할 수도 있다. 예를 들어 공식 이미지를 바탕으로 컨테이너를 만들고 환경에 맞도록 설정을 변경하여 컨테이너 이미지를 만들 수 있다.

3.7.1 도커 컨테이너로부터 이미지 작성

생성된 컨테이너로부터 이미지를 작성하려면 'docker container commit' 명령을 사용한다. 생성된 컨테이너의 상태는 Created(Exit(0)) 또는 Up 모두 가능하다. 자세한 사용법은 'man docker-container-commit' 명령으로 확인한다.

❙ 사용법 ❙

docker commit [OPTIONS] CONTAINER [REPOSITORY[:TAG]]
docker container commit [OPTIONS] CONTAINER [REPOSITORY[:TAG]]

❙ 주요 옵션 ❙

옵션	설명
-a, --author	작성자 정보를 기재한다.
-m, --message	Commit 메시지를 기재한다.
-c, --change	이미지 생성할 때 Dockerfile 구조에 반영한다.
-p, --pause	Commit 하는 동안에 컨테이너를 일시 정지한다.

❙ 사용 예 ❙

docker container commit -a "posein's web" webserver posein/webfront:1.0
  ➡ webserver를 "posein's web"이라는 이름으로 생성한다.
docker image inspect --format="{{ .Author }}" posein/webfront:1.0
  ➡ 생성된 이미지 정보를 확인한다.

[실습] 도커 허브 사이트에서 받은 이미지를 가지고 컨테이너 이미지 제작

◆ 실습 시나리오

도커 허브 사이트에서 apache 웹 서버 이미지를 다운로드하고, 이 이미지를 실행한 후 2개의 다른 이미지를 만든다.

```
도커허브 --- pull --> apache
              |
              +--- 기동 --> heybro# --- 이미지 제작 --> mybro#
```

① 도커 이미지 검색 및 다운로드

    # docker search apache

        ➡ apache 웹 서버 이미지를 검색한다.

    # docker pull httpd

        ➡ httpd 이미지를 다운로드한다.

② 다운로드받은 이미지 확인

```
[root@www ~]# docker image ls -a
REPOSITORY    TAG       IMAGE ID       CREATED      SIZE
httpd         latest    96a2d0570deb   6 days ago   168MB
[root@www ~]#
```

        ➡ 'docker image ls -a' 명령으로 확인한다.

③ 컨테이너 생성과 기동

    # docker container create --name heybro1 -p 80:80 httpd

        ➡ httpd 이미지를 heybro1이라는 이름의 컨테이너를 생성한다.

    # docker container run --name heybro2 -d -p 80:80 httpd

        ➡ httpd 이미지를 heybro2라는 컨테이너를 생성하고 기동한다.

④ 생성된 컨테이너 확인

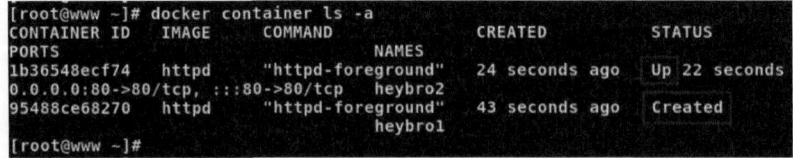

        ➡ 'docker container ls -a' 명령으로 확인한다.

⑤ 생성된 컨테이너 및 기동된 컨테이너를 가지고 자신의 이미지 생성

    # docker container commit -a "kim" heybro1 posein/mybro1:1.0

        ➡ 'posein' 부분은 자신의 docker hub 사이트의 ID로 변경해서 실행한다.

    # docker container commit -a "lee" heybro2 posein/mybro2:1.0

        ➡ 컨테이너는 생성만 되어 있으면 기동 유무에 상관없이 commit이 실행된다.

⑥ 생성된 이미지 확인

```
[root@www ~]# docker image ls -a
REPOSITORY        TAG        IMAGE ID       CREATED          SIZE
posein/mybro2     1.0        76da85a96c68   7 seconds ago    168MB
posein/mybro1     1.0        6d46b5b68813   18 seconds ago   168MB
httpd             latest     96a2d0570deb   6 days ago       168MB
[root@www ~]#
```

➡ 'docker image ls -a' 명령으로 확인한다.

⑦ 이미지의 저작자 확인

```
[root@www ~]# docker image inspect --format="{{ .Author }}" \
> $(docker image ls -q)
lee
kim

[root@www ~]#
```

➡ 이미지의 저작자 정보를 확인할 수 있다. 참고로 마지막의 httpd는 공식 이미지이기 때문에 Author 부분이 나타나지 않는다.

[실습] BASE 이미지를 가지고 컨테이너를 직접 생성 - 간단한 실습

● 실습 시나리오

도커 허브에서 ubuntu 이미지를 다운로드한 후, 이 이미지를 변경한 후 새로운 이미지를 생성한다.

```
도커허브 --- pull --> ubuntu
                       |
                       +--- 기동 --> mylinux-first
                                        |
                                        +--- 변경 --- 이미지 제작 --> mylinux-image
```

① ubuntu BASE 이미지 검색 및 다운로드

docker search ubuntu

docker pull ubuntu

② 이미지 확인

docker images ls

③ 컨테이너에 생성 후 실행

```
[root@www ~]# docker run -it --name mylinux-first ubuntu
root@47d87d68f0c2:/# echo "my first image" > firstimage.txt
root@47d87d68f0c2:/# ls
bin   dev   firstimage.txt   lib      lib64   media   opt    root   sbin   sys    usr
boot  etc   home             lib32    libx32  mnt     proc   run    srv    tmp    var
root@47d87d68f0c2:/# exit
exit
[root@www ~]#
```

➡ 'docker run -it --name mylinux-first ubuntu' 명령으로 컨테이너 실행한다. 연결된 상태에서 echo 명령을 이용해 파일을 생성하고, ls 명령으로 확인 후에 exit 명령으로 빠져나온다.

④ docker image commit 수행

docker container commit -a "posein" -m "image 1" mylinux-first mylinux-image

➡ mylinux-image라는 이름으로 이미지를 생성한다.

⑤ 생성된 이미지 확인

docker images ls

⑥ 이미지의 상세한 정보 비교 확인

docker inspect ubuntu

➡ "Layers" 항목에서 1개의 목록을 확인할 수 있다.

docker inspect mylinux-image

➡ "Layers" 항목에서 2개의 목록을 확인할 수 있다.

⑦ 컨테이너 삭제

docker container stop mylinux-first

docker container rm mylinux-first

[실습] GitHub와 연동하기

● 사용 시스템
- docker1: 이미지 생성 및 컨테이너를 실행할 시스템이다.
- docker2: 외부 접근용 시스템으로 반드시 요구되지는 않는다.

● 실습 시나리오
- 이전 실습으로 생성한 이미지(예 mylinux-image)를 가지고, 컨테이너를 기동시킨 이후 개발에 필요한 패키지를 설치하고, 소스 코드를 다운로드(github) 받아서 빌드를 진행한다. 빌드가 완료되면 컨테이너를 종료한다.
- 생성한 컨테이너를 기반으로 docker commit 명령을 사용하여 새로운 이미지를 만든다.
- 생성한 컨테이너를 기동하고 접속하여, 빌드된 파일(예 login-service.jar)을 실행하여 웹 서비스를 시작한다.
- 웹으로 접속하여 설정된 코드의 동작을 확인한다.

① (docker1) 새로운 컨테이너 기동

docker run -it --name mylinux-second mylinux-image

➡ ubuntu 기반으로 만든 mylinux-image를 이용해서 mylinux-second 컨테이너를 실행한다.

② (docker1) 컨테이너에 실습할 때 필요한 패키지 설치

root@080578d47e44:/# cd home

root@080578d47e44:/home# apt-get update

 ➡ 패키지 정보 업데이트를 실시한다.

root@080578d47e44:/# apt-get install -y default-jdk

 ➡ jdk 패키지를 설치한다. 설치되는 시스템 상황에 따라 시간이 약간 소요될 수 있다.

root@080578d47e44:/# apt-get install -y git

 ➡ git 명령을 설치한다.

③ (docker1) Github에서 소스 코드 다운로드 및 빌드

root@080578d47e44:/home# git clone ₩

https://github.com/Livenow14/docker-swarm-lab.git

 ➡ 아이디 및 패스워드를 요청하는 경우에는 Github 사이트의 아이디 또는 패스워드를 입력하거나 Github 사이트에 로그인한 후 URL 경로로 접근해야 한다.

> **참고 | Github 경로 URL 접근**
>
> Github에 접근할 때 아이디 및 패스워드를 요청하는 경우 관련 사이트에 로그인한 후에 접근이 필요하다. 웹 브라우저를 이용하는 방법을 설명하면 먼저 Github 사이트 로그인한다. 로그인된 상태에서 검색창을 이용해서 검색하거나 위의 URL을 입력하면 해당 사용자의 저장소로 접근된다. 우측 상단에 나타나는 [Code]를 클릭해서 HTTPS 부분의 경로를 터미널에 '복사해서 붙여넣기' 하면 다운로드가 가능하다.
>
> **│사용 예│**

root@080578d47e44:/home# ls

 ➡ 'docker-swarm-lab' 디렉터리를 확인할 수 있다.

root@080578d47e44:/home# cd docker-swarm-lab/swarm-login-service

root@080578d47e44:/home# ./gradlew build

 ➡ 설치를 진행한다.

root@080578d47e44:/home# exit

참고 | gradlew(Gradle Wrapper)

관련 패키지 소개
• gradle 　– https://docs.gradle.org/current/userguide/what_is_gradle.html 　– 대부분 유형의 소프트웨어를 빌드하도록 유연하게 설계된 오픈 소스 빌드 자동화 도구이다. • gradlew(gradle wrapper) 　– https://docs.gradle.org/current/userguide/gradle_wrapper.htm 　– 새로운 환경에서 프로젝트를 설정할 때 java 또는 gradle을 설치하지 않고 바로 빌드할 수 있게 해주는 역할을 한다.

④ (docker1) 컨테이너를 가지고 이미지 commit

docker container commit -a "posein" -m "web test" mylinux-second mylinux-image

➡ 파일 용량이 큰 관계로 시간이 몇 분 소요될 수 있다.

```
[root@www ~]# docker image ls
REPOSITORY      TAG       IMAGE ID       CREATED          SIZE
mylinux-image   latest    9fd7d9119551   36 seconds ago   1.14GB
```

➡ 'docker images ls' 명령으로 확인하면 이미지 파일의 크기를 확인할 수 있다.

docker inspect mylinux-image

➡ "RootFS" 부분의 "Layers"를 확인하면 3개의 정보를 확인할 수 있다.

⑤ (docker1) 컨테이너 기동

docker run -d -it --name test -p 8080:8080 mylinux-image

➡ test라는 이름으로 컨테이너를 기동한다.

➡ 'docker ps -a' 명령으로 확인한다.

⑥ (docker1) 컨테이너에 접속

docker exec -it test /bin/bash

⑦ (docker1) 소스 코드 실행

root@57387350e538:/# cd home/docker-swarm-lab/swarm-login-service

root@57387350e538:/# java -jar build/libs/login-service.jar

⑧ (docker2) 다른 서버(ex: docker2)에서 웹페이지 확인

firefox http://172.17.0.3:8080 &

➡ docker2 시스템에서 docker1 시스템으로 접근하면 웹페이지를 확인할 수 있다. 만약 docker2 시스템이 없다면 docker1에서 IP 주소 대신에 localhost로 테스트한다. 확인 후 firefox를 종료한다.

⑨ (docker1) 컨테이너 기동시 자동으로 실행되도록 설정

   가. 서비스 종료

      # [Ctrl]+[c]

      ➡ 이미 실행된 "java -jar build/libs/login-service.jar" 종료하기 위해서 [Ctrl]+[c] 키를 입력한다. 자동 실행을 위해 /startup.sh 스크립트를 생성하고 실행권한을 부여한다.

   나. 스크립트 작성

      root@57387350e538:/# cd /

      root@57387350e538:/# cat << EOF > startup.sh

      #!/bin/bash

      java -jar ₩

      /home/docker-swarm-lab/swarm-login-service/build/libs/login-service.jar

      EOF

      root@57387350e538:/# chmod 755 startup.sh

      root@57387350e538:/# exit

⑩ (docker1) 컨테이너 실행

   # docker commit -a "posein" -m "web test 2" test mylinux-image

      ➡ 변경된 컨테이너(예 test)를 가지고 이미지(예 mylinux-image)를 다시 생성한다.

   # docker images ls

      ➡ 이미지 목록 정보를 확인한다.

⑪ 현재 동작중인 컨테이너 삭제

   # docker stop test && docker rm test

⑫ 새로 생성한 이미지 가지고 컨테이너 기동 및 확인

   # docker run -d --name test2 -p 8080:8080 myweb-image /startup.sh

   # firefox http://localhost:8080

Q/A 다음 질문에 답을 해본다.

1. 이런 방식의 문제점은 무엇일까?

   답 [용량 문제] 만들어진 이미지가 너무 크다.
      [작업 명령 많음] 직접 컨테이너에 접속해서 실행해야 하고 명령어를 많이 사용한다.

2. 이런 문제점을 해결할 방법은 없을까?

   답 Dockerfile + Multi-stage Build
      (설명) Multi-stage Build로 용량 문제를 해결하고, 직접 컨테이너 접속 및 다수 명령어 실행은 Dockerfile로 해결한다.

⑬ (docker1) 정리 작업

   # docker rm -f $(docker ps -aq)
      ➡ 서비스를 중지하고 모든 컨테이너와 컨테이너 이미지를 삭제한다.

3.7.2 컨테이너를 tar 파일로 출력

컨테이너 파일시스템(File System 구조)을 tar 파일로 만들기 위해서는 'docker container export' 명령을 사용한다. 컨테이너는 Exit/Created 또는 Up 상태 모두 가능하다. 자세한 사용법은 'man docker-container-export' 명령으로 확인할 수 있다.

┃사용법┃

\# docker export [OPTIONS] CONTAINER
\# docker container export [OPTIONS] CONTAINER

┃사용 예┃

\# docker container export myweb > myweb.tar
   ➡ 출력 전환 리다이렉션 기호인 '>'를 사용할 수 있다.

\# docker container export myweb -o myweb.tar
   ➡ -o 옵션을 사용할 수 있다.

\# docker container export myweb | tar xf - -C /app
   ➡ myweb 컨테이너를 tar 파일 형식으로 출력한 뒤에 /app 디렉터리에 관련 파일을 생성한다. 이 명령은 '# docker container export myweb -o myweb.tar' 후에 '# tar xf myweb.tar -C /app'를 실행한 결과와 동일하다.

> **[실습]** 간단한 docker container export 명령 사용해 보기

① 2개의 컨테이너 기동 및 확인

   # docker container create --name heybro1 -p 80:80 httpd
   # docker container run --name heybro2 -d -p 80:80 httpd
      ➡ 2개를 컨테이너를 하나는 Created 상태로 하나는 동작중인 Up 상태로 생성한다.

② 컨테이너 상태 확인

```
[root@www ~]# docker container ls -a
CONTAINER ID   IMAGE     COMMAND              CREATED          STATUS
PORTS                                NAMES
5b6ed1fa43c8   httpd     "httpd-foreground"   11 seconds ago   Up 10 seconds
0.0.0.0:80->80/tcp, :::80->80/tcp    heybro2
1ebdf75603f1   httpd     "httpd-foreground"   33 seconds ago   Created
                                     heybro1
[root@www ~]#
```

➡ 'docker container ls -a' 명령으로 컨테이너 상태를 확인한다.

③ 에러 확인

```
[root@www ~]# docker container export heybro1
cowardly refusing to save to a terminal. Use the -o flag or redirect
[root@www ~]#
```

➡ 'docker container export heybro1' 명령을 실행하면 -o 옵션이나 리다이렉션 기호를 사용하라는 메시지를 확인할 수 있다. 참고로 redirection(〉) 기호보다는 -o 옵션으로 생성할 것을 권장한다. redirection 기호를 통해서 만들면 파일이 생성될 때 umask 값에 의해 생성되는 파일의 퍼미션이 부여되고, -o 옵션을 사용하면 docker 명령어에 의해 최소 권한으로 퍼미션이 부여된다.

③ 현재 컨테이너를 tar 파일로 생성

mkdir -p /test && cd /test

➡ /test 디렉터리를 생성한 후에 이동한다.

docker container export heybro1 〉 heybro1.tar

docker container export heybro2 -o heybro2.tar

➡ 컨테이너를 2가지 방법을 이용해서 tar 파일로 생성한다.

④ 생성된 tar 파일 정보 확인

```
[root@www test]# file hey*.tar
heybro1.tar: POSIX tar archive
heybro2.tar: POSIX tar archive
[root@www test]# ls -l hey*.tar
-rw-r--r--. 1 root root 170665984  8월  4 13:30 heybro1.tar
-rw-------. 1 root root 170667008  8월  4 13:30 heybro2.tar
[root@www test]#
```

➡ file 및 'ls -l' 명령으로 파일 정보를 확인한다.

⑤ 생성된 tar 파일의 내용 확인

tar tvf heybro1.tar

tar tvf heybro2.tar

➡ tar의 tvf 명령으로 내용을 확인한다.

⑥ 생성된 tar 파일을 풀어서 확인

mkdir -p /app/httpd1 /app/httpd2

tar xvf heybro1.tar -C /app/httpd1

tree /app/httpd1 -L 2

⑦ tar 파일 형식으로 전환한 후에 한 번에 풀어서 확인

　　# docker container export heybro2 | tar xvf - -C /app/httpd2
　　　　➡ 이 명령은 기존에 생성한 heybro2.tar 파일과 무관하게 진행된다.
　　# tree /app/httpd2 -L 1
⑧ 컨테이너 및 이미지 전체 삭제하기

　　# docker container rm -f $(docker container ls -aq)
　　# docker image rm -f $(docker image ls -q)
　　　　➡ 참고로 /test 디렉터리에 존재하는 heybro1.tar 및 heybro2.tar는 다음 실습을 위해서 제거하지 않도록 한다.

3.7.3 tar 파일로부터 이미지 작성

tar 파일로부터 컨테이너 파일시스템 이미지를 생성하기 위해서는 'docker image import' 명령을 사용한다. 이 명령을 사용하면 리눅스 운영체제 이미지의 파일 및 디렉터리로부터 도커 이미지를 만들 수 있다. 자세한 사용법은 'man docker-image-import' 명령으로 확인할 수 있다.
　아울러, 압축된 디렉터리나 파일도 다룰 수 있다. 하지만 'docker image import' 명령에서 지정할 수 있는 파일은 하나뿐이므로 tar 명령을 통해 한 개의 파일로 만들어야 한다. 하나의 파일을 만드는 경우 root 사용자로 명령을 실행하지 않으면 액세스 권한이 없는 파일이 포함되지 않는 경우가 발생하므로 주의해야 한다.
docker image import 명령으로 지정할 수 있는 아카이브 파일은 .tar, .tar.gz, .tgz, .bzip, .tar.xz, .txz 등이다.

┃사용법┃

docker import [OPTIONS] file|URL|- [REPOSITORY[:TAG]]
docker image import [OPTIONS] file|URL|- [REPOSITORY[:TAG]]

┃사용 예┃

로컬 아카이브에서 도커로 가져오기
docker image import /test/myimage.tgz myimage:new
　　➡ 로컬 시스템의 아카이브 파일에서 도커로 가져온다.
docker import https://source.example.com/exampleimage.tgz myimage:new
　　➡ 원격의 이미지 파일을 직접 도커로 가져온다. 태그가 지정되지 않으므로 권장하지 않는다.
cat source.tgz | docker image import - myimage:new
　　➡ 로컬 아카이브 파일을 파이프 및 표준입력을 사용해서 도커로 가져온다.

참고 | 로컬 디렉터리에서 가져올 때 2가지 주의점

① 파일의 소유권이 보존되어야 하는데 root 권한이 없으면 소유권이 유지되지 않을 수 있다. 따라서, root 사용자로 전환해서 작업하거나 sudo 명령을 붙여서 실행한다.
② tar 명령 수행 시 -c 옵션 외에 다른 옵션은 지정하지 않는다. 특히 화면에 작업 내용을 출력하는 -v 옵션 같은 경우를 지정하지 않는다.

| 실행 예 |

$ sudo tar -c . | docker image import - myimagedir

[실습] CONTAINER.tar(FS 구조) 파일을 가지고 이미지(Image) 만들기

 참고 | 컨테이너와 tar 파일 전환 명령어 사용법 정리

- 컨테이너(Container) → CONTAINER.tar(FS 구조)
  \# docker export CONTAINER -o CONTAINER.tar
- CONTAINER.tar(FS 구조) → 이미지(Image)
  \# docker image import CONTAINER.tar CONTAINER:new

① docker container import 명령 사용법 확인

    \# docker container import --help

        ➡ 명령어의 사용법을 확인한다.

② tar 파일로 이미지 생성 후 확인

```
[root@www ~]# cd /test
[root@www test]# ls
heybro1.tar  heybro2.tar
[root@www test]#
```

        ➡ 이전 실습으로 생성한 tar 파일이 위치한 디렉터리로 이동한다.

    \# docker image import heybro1.tar

        ➡ 새로 생성되는 이미지의 이름을 지정하지 않고 실행한다.

```
[root@www test]# docker image ls
REPOSITORY    TAG        IMAGE ID       CREATED          SIZE
<none>        <none>     1337fbe685d7   4 seconds ago    165MB
[root@www test]#
```

        ➡ 'docker image ls' 명령으로 확인하면 2개의 항목에서 〈none〉으로 나타난다. 이러한 이미지를 댕글링 이미지라고 한다.

③ 댕글링 이미지 확인 및 제거

> **참고 | 댕글링 이미지(Dangling Image)**
>
> 댕글링 이미지란 태그 이름이 없는 이미지로 컨테이너가 참고하지 않는 이미지이다. 그래서 관련 정보 부분이 〈none〉으로 표시된다. 이런 이미지들은 'docker image prune' 명령을 이용하여 제거할 수 있다.
>
> ▌사용 예 1 ▌
> \# docker image prune
>
> ▌사용 예 2 ▌
> \# docker images -f dangling=true
> \# docker rmi $(docker images -f dangling=true -q)
>
> ▌참고 사이트 ▌
> https://sarc.io/index.php/aws/1921-docker
> https://docs.docker.com/config/pruning/

   \# docker image ls -f dangling=true
   ➡ 댕글링 이미지를 출력한다.

   \# docker image prune
   ➡ 'y/N'를 선택하는 메시지가 나타나고, y를 누르면 댕글링 이미지가 제거된다.

   \# docker image ls
   ➡ 댕글링 이미지 제거 여부를 확인한다.

④ CONTAINER.tar(FS 구조) 파일을 가지고 이미지 생성

   \# cd /test

   \# docker image import heybro1.tar mybro1:1.0

   \# cat heybro2.tar | docker image import - mybro2:1.0
   ➡ 2가지 방법으로 이미지를 생성한다.

⑤ 생성된 이미지 확인

```
[root@www test]# docker image ls
REPOSITORY     TAG      IMAGE ID        CREATED          SIZE
mybro2         1.0      6796c209c485    4 seconds ago    165MB
mybro1         1.0      40384ec018a9    2 minutes ago    165MB
[root@www test]#
```

   ➡ 'docker image ls' 명령으로 이미지 정보를 확인한다.

[실습] 원격 웹 서버에서 파일을 받아서 이미지 만들기

● 사용 시스템
- docker1: 컨테이너 이미지를 heybro1.tar로 변환한 파일이 존재하는 시스템(가상 머신)
  IP 주소는 192.168.56.129번으로 가정.
- docker2: 컨테이너 이미지 파일이 위치하는 웹 서버 역할을 하는 시스템(가상 머신)
  IP 주소는 192.168.56.130번으로 가정.

● 실습 시나리오
- 기본적인 실습 내용은 docker1 시스템에서 웹 서버로 운영 중인 docker2 시스템의 heybro3.tar 파일을 이용해서 도커 이미지를 만든다.
- docker2 시스템에는 도커 이미지 기반의 heybro3.tar 파일이 존재하지 않으므로 docker1 시스템에 생성된 heybro1.tar를 복사해서 이 파일로 이미지를 생성한다.

① (docker2) 웹 서버 구축
```
# netstat -antup | grep :80
```
➡ 로컬 시스템의 80번 포트의 사용 여부를 확인한다. 80번 포트를 사용해서는 안된다.
```
# yum install httpd mod_ssl -y
```
➡ 웹 서버 패키지를 설치한다.
```
# systemctl start httpd
# systemctl status httpd
```
➡ 웹 서비스 시작하고 동작 여부를 확인한다.
```
# systemctl stop firewalld
```
➡ 방화벽 사용 시에는 방화벽을 중지시킨다.

② (docker1) 원격 웹 서버로 파일 전송
```
# scp /test/heybro1.tar 192.168.56.130:/var/www/html/heybro3.tar
```
➡ 웹 서버의 웹 디렉터리에 tar 파일을 복사한다.

③ (docker1) 원격 서버의 파일을 가지고 도커 이미지 만들기
```
# docker image import http://192.168.56.130/heybro3.tar mybro3:1.0
# docker image ls
```

3.7.4 도커 이미지 저장

'docker image save' 명령을 사용하면 도커 이미지를 tar 이미지 파일(Image Layer 구조)로 만들 수 있다. 이런 경우 이미지 레이어에 대한 tar 파일이 생성된다. 하나 이상의 이미지를 tar 아카이브에 저장한다. 기본적으로 표준 출력(STDOUT)으로 스트리밍된다. 자세한 사용법은 'man docker-image-save' 명령으로 확인할 수 있다.

▌사용법 ▌

\# docker save [OPTIONS] IMAGE [IMAGE...]
\# docker image save [OPTIONS] IMAGE [IMAGE...]

▌사용 예 ▌

\# docker pull tensorflow/tensorflow
➡ tensorflow/tensorflow 이미지를 가져온다. 'docker image ls' 명령으로 확인할 수 있다.

\# docker image save -o export.tar tensorflow/tensorflow
➡ tensorflow 이미지를 export.tar 파일로 저장한다.

[실습] docker image save 명령 실습

① 도커 이미지 다운로드 및 확인

\# cd /test

\# docker pull ubuntu
➡ ubuntu 이미지를 다운로드한다.

```
[root@www test]# docker image ls
REPOSITORY      TAG        IMAGE ID        CREATED        SIZE
ubuntu          latest     5a81c4b8502e    5 weeks ago    77.8MB
[root@www test]#
```

➡ 'docker image ls' 명령으로 확인한다.

② 도커 이미지를 image.tar(Image Layer 구조) 파일로 생성

\# docker image save -o image.tar ubuntu
➡ ubuntu 이미지를 image.tar 파일로 저장한다.

③ 생성된 image.tar 파일에 대한 정보 확인

```
[root@www test]# file image.tar
image.tar: POSIX tar archive
[root@www test]# tar tf image.tar
5a81c4b8502e4979e75bd8f91343b95b0d695ab67f241dbed0d1530a35bdeleb.json
b701bbbca6edd958ee06241892b6f4ad7775b6a122d157248638c0ffce8b567a/
b701bbbca6edd958ee06241892b6f4ad7775b6a122d157248638c0ffce8b567a/VERSION
b701bbbca6edd958ee06241892b6f4ad7775b6a122d157248638c0ffce8b567a/json
b701bbbca6edd958ee06241892b6f4ad7775b6a122d157248638c0ffce8b567a/layer.tar
manifest.json
repositories
[root@www test]#
```

➡ 'file image.tar' 및 'tar tf image.tar' 명령으로 관련 정보를 확인한다.

④ 생성된 image.tar 풀기

mkdir image

➡ image 디렉터리를 생성한다.

tar xf image.tar -C image

➡ 생성한 image 디렉터리에 image.tar 파일을 푼다. 참고로 image.tar 파일은 다음 실습에서도 사용할 예정이니 지우지 않도록 한다.

⑤ image 디렉터리 내용 분석

```
[root@www test]# tree image
image
├── 5a81c4b8502e4979e75bd8f91343b95b0d695ab67f241dbed0d1530a35bdeleb.json
├── b701bbbca6edd958ee06241892b6f4ad7775b6a122d157248638c0ffce8b567a
│   ├── VERSION
│   ├── json
│   └── layer.tar
├── manifest.json
└── repositories

1 directory, 6 files
[root@www test]#
```

➡ 'tree image' 명령으로 디렉터리 구조를 확인한다.

cd image/b701*

➡ image 디렉터리 안에 생성된 디렉터리로 이동한다. 참고로 디렉터리명은 변동되는 관계로 잘 확인해야 한다.

tar tf layer.tar

➡ layer.tar 파일의 내용을 분석해보면 이미지를 구성하는 실제 디렉터리 및 파일 정보를 확인할 수 있다.

3.7.5 도커 이미지 읽어들이기

'docker image load' 명령을 사용하면 tar 파일(Image Layer 구조)로부터 컨테이너 이미지를 읽어 들일 수 있다. 'docker image load' 명령은 archive 또는 표준 입력(STDIN)으로부터 이미지를 로드(load)하는 역할을 갖는다. 자세한 사용법은 'man docker-image-load' 명령으로 확인할 수 있다.

사용법

\# docker load [OPTIONS]

\# docker image load [OPTIONS]

주요 옵션

옵션	설명
-i, --input	표준 입력(STDIN) 대신에 tar 파일로부터 이미지를 읽어들인다.

사용 예

\# docker image load -i /test/image.tar

➡ image.tar(Image Layer 구조) 파일로부터 도커 이미지를 생성한다.

[실습] docker image load 명령 실습

> **참고** | 이미지와 tar 파일 전환 명령어 사용법 정리
>
> - 이미지 ➡ image.tar(Image Layer 구조)
>   \# docker image save IMAGE -o IMAGE.tar
> - image.tar(Image Layer 구조) ➡ 이미지
>   \# docker image load -i IMAGE.tar

① image.tar 파일 확인

　\# cd /test

　\# ls

　　➡ image.tar 파일이 존재하는지 확인한다. 존재하지 않는다면 이전 실습을 통해 생성하도록 한다.

② 기존에 존재하는 ubuntu 이미지 확인 및 삭제

　\# docker images

　　➡ image.tar 파일에 해당하는 ubuntu 이미지가 존재하는지 확인한다.

　\# docker image rm -f ubuntu

　　➡ ubuntu 이미지가 존재한다면 삭제한다.

③ image.tar 파일을 가지고 도커 이미지 생성

　\# docker image load -i /test/image.tar

　　➡ image.tar 파일을 읽어들여서 도커 이미지를 생성한다.

```
[root@www test]# docker image ls
REPOSITORY      TAG         IMAGE ID         CREATED         SIZE
ubuntu          latest      5a81c4b8502e     5 weeks ago     77.8MB
[root@www test]#
```

➡ 'docker images' 명령으로 생성된 ubuntu 이미지를 확인한다.

> **참고 | 명령어 비교**
>
> ① docker image save, docker image load 명령 비교
> ② docker image import, docker container export 명령 비교
>
> **| 명령어 비교 그림 |**
>
>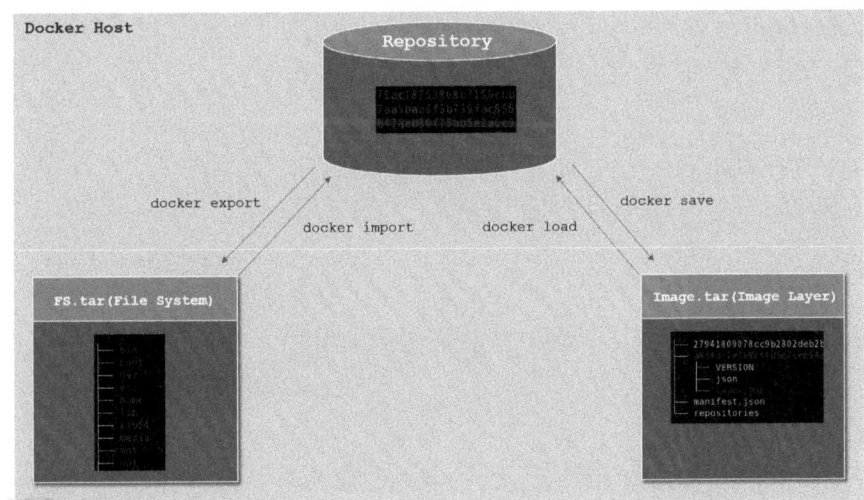
>
> **| 명령어 실습 예 |**
>
> - (tar 파일 → 이미지) File System 구조
>   # docker import FS.tar IMAGE
> - (컨테이너 → tar 파일) File System 구조
>   # docker export CONTAINER -o FS.tar
> - (이미지 → tar 파일) Image Layer 구조
>   # docker image save IMAGE -o IMAGE.tar
> - (tar 이미지 → 이미지) Image Layer 구조
>   # docker image load -i IMAGE.tar
>
> ➡ docker container export 명령으로 생성한 tar 파일은 docker image import 명령을 사용하여 읽어들이고, docker image save 명령으로 생성한 것은 docker image load 명령을 사용한다.
>
> **| 명령어 절차 안내 |**
>
> ① docker container export → file system tar 파일 → docker image import
> ② docker image save → image tar 파일 → docker image load

[실습] 모든 컨테이너와 이미지 제거

● 실습 시나리오
- 다음 과정을 위해 모든 컨테이너와 이미지를 제거한다.

① 이미지 전부 제거

  # docker image prune -a

  ➡ 컨테이너가 연결되지 않은 모든 이미지를 제거한다.

② 컨테이너 전부 제거

  # docker container prune

  ➡ 정지된 모든 컨테이너를 제거한다.

③ 볼륨 제거

  # docker volume prune

  ➡ 컨테이너에서 사용되지 않는 모든 볼륨을 제거한다.

④ 사용자 지정 네트워크 제거

  # docker network prune

  ➡ 컨테이너에서 사용하지 않는 모든 사용자 지정 네트워크를 제거한다.

⑤ 전체 제거

  # docker system prune -a

  ➡ 정지된 컨테이너, 컨테이너가 사용하지 않는 사용자 지정 네트워크, 컨테이너가 연결되지 않은 이미지, 빌드할 때 사용한 캐시까지 전부 제거한다.

Chapter 04

Dockerfile과 이미지 빌드

4.1 Dockerfile을 사용한 구성 관리

4.2 Dockerfile을 사용한 이미지 빌드와 이미지 레이어

4.3 멀티 스테이지 빌드를 사용한 애플리케이션 개발

4.4 Dockerfile 명령 및 데몬 실행

4.5 미니 프로젝트

Chapter 04 Dockerfile과 이미지 빌드

4.1 Dockerfile을 사용한 구성 관리

4.1.1 Dockerfile 소개

도커 이미지 빌드를 위해서 인프라 구성과 관련된 내용을 'Dockerfile'로 기술한다. 도커 파일(dockerfile)에는 베이스가 되는 이미지에 각종 미들웨어를 설치 및 설정하고, 개발한 애플리케이션의 실행 모듈을 전개하기 위한 관련 구성 정보를 기술한다.

▌Dockerfile에 기재되는 주요 내용 예 ▌

① 베이스가 될 Docker 이미지 (예 FROM 명령)
② Docker 컨테이너 안에서 수행할 명령 (예 RUN 명령)
③ 환경변수 등의 설정 (예 ENV 명령)
④ Docker 컨테이너 안에서 작동시킬 데몬 실행 (예 CMD 명령)

▌빌드 과정 예 ▌

```
    Dockerfile                                              Docker Image
   ------------------                                      ------------------
   FROM Ubuntu             docker build 명령
   RUN apt-get instal         (이미지 생성)
   ....                    ----------------->
   ------------------                                      ------------------
```

[실습] 도커 파일(Dockerfile) 맛보기

● **실습 시스템**

docker1

● **실습 시나리오**

- 도커 허브 사이트(hub.docker.com)에서는 많은 도커 이미지를 제공하고 있다. 이러한 이미지는 누군가 만들어 놓은 것이다. 보통 이미지를 제작할 때 Dockerfile을 사용하여 이미지 빌드 과정을

거친다. 이런 이미지 제작에 사용된 Dockerfile의 내용을 검색하고 공부한다. 또한, 도커 허브 사이트에서 검색된 내용을 바탕으로 이미지를 제작한다.

◆ 실습 목록
- 도커 허브 사이트에서 Dockerfile 예제 확인하기
- 도커 허브 사이트에서 검색된 내용을 바탕으로 간단하게 실습하기

◆ 작업 시나리오 1
- 도커 허브 사이트에서 Dockerfile 예제 확인하기
  도커 허브 사이트에 접속하여 각종 이미지 빌드에 사용된 Dockerfile을 검색한다.

① 도커 허브에 접속

https://hub.docker.com 사이트에 접속한다.

② httpd 이미지에 대한 검색

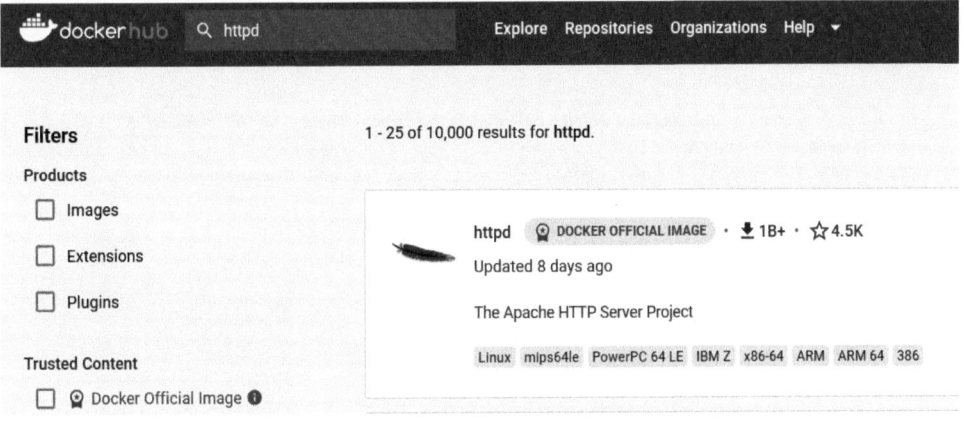

➡ 검색창에 'httpd'를 입력하고 [httpd Official Image]를 선택한다.

③ Dockerfile의 내용 확인

Supported tags and respective `Dockerfile` links

- `2.4.57`, `2.4`, `2`, `latest`, `2.4.57-bookworm`, `2.4-bookworm`, `2-bookworm`, `bookworm`
- `2.4.57-alpine`, `2.4-alpine`, `2-alpine`, `alpine`, `2.4.57-alpine3.18`, `2.4-alpine3.18`, `2-alpine3.18`, `alpine3.18`

➡ 출력된 웹페이지의 "Supported tags and respective Dockerfile links" 부분에서 하나를 선택하여 Dockerfile의 내용을 대략적으로 확인한다. 참고로 이 파일을 만드는 방법은 다음 실습에서 설명한다.

④ 다른 이미지의 Dockerfile을 검색

│이미지 검색 예│

패키지명	설명
ubuntu	데비안 기반의 대표적인 리눅스 운영체제이다.
haproxy	고성능 TCP 및 HTTP 로드 밸런서이다.
elasticsearch	데이터를 쉽게 탐색할 수 있는 오픈 소스 검색 및 분석 엔진이다.

● 작업 시나리오 2

• 도커 허브 사이트에서 검색된 내용을 바탕으로 간단하게 실습하기

도커 허브 사이트에서 httpd로 검색된 결과인 "https://hub.docker.com/_/httpd" 내용을 분석하고, 분석된 내용을 바탕으로 실습을 진행한다.

① 'How to use this image.' 부분 확인

How to use this image.

This image only contains Apache httpd with the defaults from upstream. There is no PHP installed, but it should not be hard to extend. On the other hand, if you just want PHP with Apache httpd see the PHP image and look at the `-apache` tags. If you want to run a simple HTML server, add a simple Dockerfile to your project where `public-html/` is the directory containing all your HTML.

Create a `Dockerfile` in your project

```
FROM httpd:2.4
COPY ./public-html/ /usr/local/apache2/htdocs/
```

➡ 'FROM httpd:2.4'은 'docker pull httpd:2.4'에 해당하고, 'COPY ./public-html/ /usr/local/apach2/ htdocs'은 'docker cp ./public-html /usr/local/apache2/htdocs/'에 해당한다.

② Dockerfile 작성

　# cd

　# mkdir -p Dockerfile

　# cd Dockerfile

　# vi Dockerfile

```
FROM httpd:2.4
COPY ./public-html/ /usr/local/apache2/htdocs/
```

➡ 파일명은 Dockerfile 또는 dockerfile를 사용해야 한다. Base Image는 httpd:2.4 사용하고, 도커 호스트의 public-html 디렉터리 내용을 도커 이미지의 /usr/local/apache2/htdocs 디렉터리로 소스 코드를 모두 복사한다.

③ 'docker Image build and run' 방법 확인

Then, run the commands to build and run the Docker image:

```
$ docker build -t my-apache2 .
$ docker run -dit --name my-running-app -p 8080:80 my-apache2
```

Visit http://localhost:8080 and you will see It works!

④ 테스트용 소스 코드 만들기

mkdir -p ./public-html/

echo "posein's docker test" > ./public-html/index.html

➡ 디렉터리 및 index.html 파일을 생성한다.

docker build -t my-apache2 .

➡ 명령행 마지막에 dot(.)를 반드시 기재해야 한다.

docker images

➡ 생성된 이미지를 확인한다.

⑤ 도커 컨테이너 실행 및 확인

docker run -dit --name my-running-app -p 8080:80 my-apache2

docker ps -a

docker top my-running-app

⑥ 웹 서비스 요청을 통한 확인

curl http://localhost:8080

⑦ 컨테이너 삭제

docker rm -f $(docker ps -aq)

⑧ 'Without a Dockerfile' 방법 확인

Without a `Dockerfile`

If you don't want to include a `Dockerfile` in your project, it is sufficient to do the following:

```
$ docker run -dit --name my-apache-app -p 8080:80 -v "$PWD":/usr/local/apache2/htdocs/ httpd:2.4
```

➡ Dockerfile을 이용하지 않고 실행하는 방법에 대해 확인한다.

⑨ 컨테이너 실행 및 확인

docker run -dit --name my-apache-app -p 8080:80 \
-v "$PWD":/usr/local/apache2/htdocs/ httpd:2.4

➡ 현재 디렉터리 위치를 웹 문서 디렉터리인 /usr/local/apache2/htdocs로 매핑시킨다.

```
# docker ps -a
```
➡ 컨테이너 동작 여부를 확인한다.

⑩ 웹페이지 문서 생성

```
# echo 'posein's test 2' > index.html
```
➡ 현재 디렉터리에 index.html 파일을 생성한다.

⑪ 웹 서비스 요청을 통한 확인

```
# curl http://localhost:8080
```
➡ 현재 디렉터리에 생성된 웹페이지 내용을 확인할 수 있다.

```
# curl http://localhost:8080/public-html/
```
➡ 이전 실습에서 생성한 웹페이지 내용을 확인할 수 있다.

⑫ 컨테이너 삭제

```
# docker rm -f $(docker ps -aq)
```

⑬ 'Configuration' 내용 확인

Configuration

To customize the configuration of the httpd server, first obtain the upstream default configuration from the container:

```
$ docker run --rm httpd:2.4 cat /usr/local/apache2/conf/httpd.conf > my-httpd.conf
```

You can then `COPY` your custom configuration in as `/usr/local/apache2/conf/httpd.conf` :

```
FROM httpd:2.4
COPY ./my-httpd.conf /usr/local/apache2/conf/httpd.conf
```

➡ 수정된 httpd.conf 파일을 이용한 웹 서버 가동을 위한 방법이다. httpd.conf 파일이 없으므로 기존 컨테이너의 httpd.conf 파일을 my-httpd.conf 파일을 복사하고, 수정된 my-httpd.conf 파일을 httpd.conf 파일로 복사하는 과정이다.

⑭ 수정할 httpd.conf 파일을 확보를 위한 임시 컨테이너 실행

```
# docker run --rm httpd:2.4 cat /usr/local/apache2/conf/httpd.conf > my-httpd.conf
# vi my-httpd.conf
```
➡ 해당 파일을 수정한다. 예를 들면 서버 관리자 이메일 주소를 나타내는 'ServerAdmin posein@example.com' 형식으로 수정한다.

⑮ Dockerfile 생성 및 이미지 빌드

```
# vi Dockerfile2
```

```
FROM httpd:2.4
COPY ./my-httpd.conf /usr/local/apache2/conf/httpd.conf
```

➡ Dockerfile2로 파일을 생성한다.

```
# docker build -t my-apache2 -f Dockerfile2 .
# docker images
```
➡ 이미지 빌드를 실행하고 생성 여부를 확인한다.

⑯ 도커 컨테이너 실행 및 확인
```
# docker run -dit --name my-running-app -p 8080:80 my-apache2
# docker ps -a
# docker top my-running-app
```
⑰ 컨테이너에서 설정 확인

```
[root@www Dockerfile]# docker exec -it my-running-app /bin/bash
root@119686b01252:/usr/local/apache2# grep ^ServerAdmin conf/httpd.conf
ServerAdmin posein@example.com
root@119686b01252:/usr/local/apache2#
```

➡ 'docker exec -it my-running-app /bin/bash' 명령을 실행해서 컨테이너에 접속한 후 grep 명령으로 변경된 정보를 확인할 수 있다. 확인 후에는 exit 명령으로 빠져나온다.

⑱ 도커 컨테이너 삭제
```
# docker rm -f $(docker ps -aq)
```

4.1.2 Dockerfile의 기본 구문

▶ 개요

Dockerfile의 버전은 일반적으로 v2, v3 버전이 사용되며, 하위 버전도 존재하는 관계로 매뉴얼 사이트에서 버전에 맞는 설정을 진행해야 한다. Dockerfile은 텍스트 형식의 파일로서 에디터 등을 사용하여 작성한다. 확장자는 필요 없으며, 'Dockerfile'이라는 이름의 파일에 인프라의 구성 정보를 기술한다. 또한 Dockerfile 이외의 파일명을 사용할 때는 이미지를 빌드할 때 -f 옵션을 이용해서 파일명을 명시적으로 지정해야 한다.

> **참고 | Dockerfile 관련 URL**
>
> - Dockerfile 가이드
>   - https://docs.docker.com/engine/reference/builder/
> - Dockerfile에 대한 모범 사례(Best Practices)
>   - https://docs.docker.com/develop/develop-images/dockerfile_best-practices/

▶ Dockerfile의 기본 구문

(1) Dockerfile 기본 구조

```
명령 인수
```

➡ 명령과 인수 부분으로 나뉜다.

(2) Dockerfile에서 사용되는 주요 명령

Dockerfile 파일에서 사용되는 주요 명령을 정리하면 다음의 표와 같다. 명령은 대소문자를 구분하지 않지만 관례상 대문자를 사용한다.

│ 주요 명령과 사용 예 │

명령	설명	사용 예
FROM	베이스 이미지 지정	FROM node:12-alpine
RUN	명령 실행	RUN apk add --no-cache python2 g++ make
CMD	컨테이너 실행 명령	CMD ["node", "src/index.js"]
LABEL	라벨 설정	LABEL label="value1"
EXPOSE	포트 익스포트	EXPOSE 3000
ENV	환경 변수	ENV TOMCAT_BASE=/opt/tomcat
ADD	파일/디렉터리 추가	ADD source.tar /usr/share/html/nginx
COPY	파일 복사	COPY index.html /usr/share/html/nginx
ENTRYPOINT	컨테이너 실행 명령	ENTRYPOINT ["executable", "param1", "param2"] ENTRYPOINT command param1 param2
VOLUME	볼륨 마운트	VOLUME ["/var/log/"] VOLUME /var/log
USER	사용자 지정	USER dockeruser
WORKDIR	작업 디렉터리	WORKDIR /app
ARG	Dockerfile 안의 변수	FROM busybox ARG user1 ARG buildno
ONBUILD	빌드 완료 후 실행되는 명령	ONBUILD ADD . /app/src ONBUILD RUN /usr/local/bin/python-build --dir /app/src
STOPSIGNAL	시스템 콜 시그널 설정	STOPSIGNAL 9
HEALTHCHECK	컨테이너의 헬스 체크	HEALTHCHECK --interval=5m --timeout=3s \\ CMD curl -f http://localhost/ || exit 1
SHELL	기본 셸 설정	SHELL ["powershell", "-command"] SHELL ["cmd", "/S", "/C"]

(3) Dockerfile 주석

Dockerfile에 주석을 사용하는 경우 줄의 맨 앞에 #을 붙인다.

| 사용법 |

```
# 주석입니다.
명령 인수 # 주석입니다.
```

| 사용 예 |

```
# Comment
RUN echo 'hello world' # Comment

RUN echo 'hello \
# Comment
world'
```

(4) Dockerfile 작성

Dockerfile에는 'Docker 컨테이너를 어떤 Docker 이미지로부터 생성할 것이다.'라는 정보를 반드시 기술해야 한다. 이 이미지를 베이스 이미지라고 하는데, 다음과 같은 형식으로 정의한다.

① FROM 명령 항목

```
FROM 명령

FROM [이미지명]
FROM [이미지명]:[태그명]
FROM [이미지명]@[다이제스트]
```

➡ FROM 명령은 필수적으로 지정하는 항목이다.

| 사용 예 |

```
# 베이스 이미지 설정
FROM centos:centos7
```

➡ CentOS 버전 7을 베이스 이미지로 지정하여 Dockerfile을 작성하는 경우이다. 태그명을 생략하면 베이스 이미지의 최신 버전(latest)이 적용된다. 이미지명이나 태그명은 작성자가 임의로 설정할 수 있으므로 Dockerfile을 수정해도 똑같은 이름으로 몇 번이든 이미지를 만들 수 있다. 이미지를 고유하게 특정할 때는 다이제스트를 이용한다. 다이제스트는 Docker Hub에 업로드하면 자동으로 부여되는 식별자를 말한다. 이 다이제스트는 고유한 식별자이기 때문에 이미지를 고유하게 지정할 수 있다. 예를 들어 Docker Hub에서 취득한 tensorflow/tensorflow라는 이미지의 다이제스트를 확인하려면 docker image ls 명

령에 --digests 옵션을 지정한다.

▮ 이미지 DIGEST 확인 예 ▮

\# docker search tensorflow

\# docker image pull tensorflow/tensorflow

```
[root@www ~]# docker image ls --digests tensorflow/tensorflow
REPOSITORY            TAG       DIGEST
                                IMAGE ID       CREATED      SIZE
tensorflow/tensorflow latest    sha256:f133c99eba6e59b921ea7543c81417cd831c998
3f5d6ce65dff7adb0ec79d830       f9de31709f1f   4 weeks ago  1.64GB
[root@www ~]#
```

➡ 'docker image ls --digests tensorflow/tensorflow' 명령을 실행하면 DIGEST 항목에서 sha256으로 시작하는 값을 확인할 수 있다.

▮ 베이스 이미지 DIGEST 설정 예 ▮

\# 베이스 이미지 설정
FROM tensorflow/tensorflow@sha256:7c01f.....794d1c4db

➡ Dockerfile에서 이미지를 고유하게 지정할 때는 이미지명 다음에 @ 마크를 붙이고 다이제스트 값을 지정한다.

② RUN 명령

명령을 실행할 때 사용한다.

▮ 사용 예 ▮

RUN apt-get update && apt-get install stress -y

③ CMD 명령

컨테이너 내부에 명령을 실행할 때 사용한다.

▮ 사용 예 ▮

CMD ["/bin/sh", "-c", "stress -c 2"]

4.2 Dockerfile을 사용한 이미지 빌드와 이미지 레이어

4.2.1 Dockerfile로부터 Docker 이미지 생성

Dockerfile로부터 이미지를 생성하려면 'docker build' 명령을 사용한다. 도커 파일의 이름은 일반적으로 'Dockerfile' 또는 'dockerfile'로 설정한나. 관련 징보는 'man dockcr-build' 명령으로 확인할 수 있다.

┃사용법┃
\# docker build [OPTIONS] PATH | URL | -
\# docker image build [OPTIONS] PATH | URL | -

┃일반적인 사용법┃
\# docker build -t [생성할_이미지명]:[태그명] [이미지빌드경로]
➡ [이미지빌드경로]는 상대경로 또는 절대경로 모두 사용 가능하다. 일반적으로 작업 디렉터리에 들어가서 Dockerfile을 만드는 것을 권장한다. Dockerfile 이름을 지정하지 않으면 Dockerfile이다. 이름은 소문자로 시작하는 'dockerfile'로 지정해도 된다. Dockerfile 이름이 다른 경우 -f 옵션을 사용하여 직접 해당 파일 이름을 지정하면 된다.

┃사용 예┃
\# docker build -t buildtest .
➡ 현재 디렉터리에 있는 Dockerfile 파일을 가지고 빌드하여 buildtest라는 이미지를 생성한다.
\# docker build -t buildtest /home/user01/build
➡ /home/user01/build/dockerfile 파일을 가지고 빌드하여 buildtest라는 이미지를 생성한다.
\# docker build -t buildtest -f Dockerfile.txt .
➡ 현재 디렉터리에 있는 Dockerfile.txt 파일을 가지고 빌드하여 buildtest라는 이미지를 생성한다.

[실습] Dockerfile로 부터 Docker 첫번째 이미지 만들기

◆ 실습 시나리오
- centos:centos7를 베이스로 하는 Dockerfile을 생성하고, 도커 이미지 빌드를 진행한다.

① Dockerfile 작성
   \# cd

```
# mkdir -p ~/docker/05_sample && cd ~/docker/05_sample
# cat << EOF > Dockerfile
# 베이스 이미지 설정
FROM centos:centos7
EOF
```

② 도커 이미지 빌드(docker image build)

> 참고 | **docker build 명령 사용법(root 사용자 기준)**
>
> ```
> # docker build -t sample:1.0 .
> # docker build -t sample:1.0 ~/docker/sample
> # docker build -t sample:1.0 /root/docker/sample
> ```

```
# docker build -t sample:1.0 ~/docker/05_sample
```
  ➡ 'docker build -t sample:1.0 .' 명령과 같다.

③ 생성된 도커 이미지 확인

```
[root@www 05_sample]# docker image ls
REPOSITORY    TAG     IMAGE ID       CREATED         SIZE
sample        1.0     655276ba0ccc   22 months ago   204MB
[root@www 05_sample]#
```
  ➡ 'docker image ls' 명령으로 확인한다.

④ docker image 새로운 버전으로 다시 빌드

```
# docker build -t sample:2.0 ~/docker/05_sample
```
  ➡ 베이스 이미지인 centos:centos7가 이미 로컬 환경에 다운로드된 상태에서 sample이라는 이름에 태그명을 2.0이라는 새로운 버전으로 한 새로운 이미지를 작성할 수 있다. 두 번째 이후는 베이스 이미지를 Docker 레지스트리에서 다운로드하지 않으므로 이미지를 바로 작성할 수 있다.

⑤ 생성된 도커 이미지 확인

```
[root@www 05_sample]# docker image ls
REPOSITORY    TAG     IMAGE ID       CREATED         SIZE
sample        1.0     655276ba0ccc   22 months ago   204MB
sample        2.0     655276ba0ccc   22 months ago   204MB
[root@www 05_sample]#
```
  ➡ 태그는 다르지만 이미지 ID가 같다는 것을 확인할 수 있다.

⑥ 표준 입력으로 빌드하기

ADD 명령으로 이미지 안에 파일을 추가할 수가 없다. 따라서, Dockerfile과 빌드에 필요한 파일을 tar로 묶어(Archive)두고 표준 입력에서 지정할 수 있다.

가. 관련 파일 생성

```
# touch dummyfile
```

```
# tar zcvf docker.tar.gz Dockerfile dummyfile
# tar ztf docker.tar.gz
```

나. 파일 목록 확인

```
[root@www 05_sample]# tree
|-- Dockerfile
|-- docker.tar.gz
`-- dummyfile

0 directories, 3 files
[root@www 05_sample]# tar ztvf docker.tar.gz
-rw-r--r-- root/root        20 2023-08-06 15:09 Dockerfile
-rw-r--r-- root/root         0 2023-08-06 15:22 dummyfile
[root@www 05_sample]#
```

➡ tree 및 tar 명령으로 파일 정보를 확인한다.

다. 빌드 실행

```
# docker build -t sample - < docker.tar.gz
```

➡ 'cat docker.tar.gz | docker build -t sample -' 명령과 동일하다.

라. 이미지 생성 확인

```
[root@www 05_sample]# docker image ls
REPOSITORY   TAG      IMAGE ID       CREATED        SIZE
sample       1.0      655276ba0ccc   22 months ago  204MB
sample       2.0      655276ba0ccc   22 months ago  204MB
sample       latest   2c494afc425d   22 months ago  204MB
[root@www 05_sample]#
```

4.2.2 Docker 이미지의 레이어 구조

Dockerfile 빌드하여 Docker 이미지를 작성하면 Dockerfile 명령별로 이미지를 작성한다. 작성된 이미지는 여러 개의 레이어 구조를 형성한다.

[실습] 도커 이미지와 레이어 구조 파악하기

① Dockerfile 생성

```
# cd
# mkdir -p ~/docker/05_ImageLayer && cd ~/docker/05_ImageLayer
# vi Dockerfile
```

```
# 베이스 이미지
FROM ubuntu:latest

# nginx 설치
RUN apt-get update && apt-get install -y -q nginx
```

```
# 파일 복사
COPY index.html /usr/share/nginx/html
# nginx 시작
CMD ["nginx", "-g", "daemon off;"]
```

➡ 4개의 명령으로 구성된 Dockerfile 작성 예이다.

② 웹페이지를 위한 문서 파일 생성

cat << EOF > index.html

\<h1>\<center> NGINX Web Server \</center>\</h1>

EOF

③ tar 파일 생성 및 확인

tar zcf docker.tar.gz index.html Dockerfile

tar ztf docker.tar.gz

④ 이미지 빌드 하기

docker build -t webapp - < docker.tar.gz

⑤ 생성된 이미지 확인

```
[root@www 05_ImageLayer]# docker image ls
REPOSITORY      TAG         IMAGE ID        CREATED             SIZE
webapp          latest      31daf474211c    About a minute ago  176MB
```

➡ 'docker image ls' 명령으로 확인한다.

docker inspect webapp

➡ "LowerDir" 항목과 "Layer" 항목 결과를 확인한다.

⑥ 추가 실습 진행

가. Dockerfile# 파일을 여러 개 만들고 각각의 내용을 아래 표와 같이 만든다.

예 Dockerfile1, Dockerfile2, Dockerfile3, Dockerfile4

나. docker build 명령을 사용하여 생성한 여러 개의 Dockerfile# 파일을 빌드한다.

예 docker build -t app1/2/3/4 -f Dockerfile1/2/3/4 .

다. 생성된 이미지의 docker inspect 명령을 사용하여 내용 중 RootFS 부분을 확인한다.

예 docker inspect app1/2/3/4

Dockerfile# 구성 예

번호	Dockfile#
1	FROM ubuntu
2	FROM ubuntu:latest RUN apt-get update && apt-get install -y -q nginx
3	FROM ubuntu:latest RUN apt-get update && apt-get install -y -q nginx COPY index.html /usr/share/nginx/html
4	FROM ubuntu:latest RUN apt-get update && apt-get install -y -q nginx COPY index.html /usr/share/nginx/html CMD ["nginx", "-g", "daemon off;"]

→ 'docker inspect app1'부터 'docker inspect app4' 결과의 RootFS 부분을 확인하면 Dockerfile 안에 FROM, RUN, COPY 등의 명령은 이미지 레이어를 하나씩 만든다는 것을 알 수 있다. CMD 명령은 이미지 레이어에는 영향을 주지 않는 것으로 판단이 된다. 이유는 CMD는 이미지를 가지고 컨테이너를 기동할 때 실행할 명령이기 때문에 이미지 레벨에서만 영향을 준다.

4.3 멀티 스테이지 빌드를 사용한 애플리케이션 개발

멀티 스테이지 빌드(Multi Stage Build)란 빌드 컨테이너와 실행 컨테이너 분리하는 것을 의미한다. 애플리케이션 개발 시 개발 환경에서 사용한 라이브러리나 개발 지원 도구가 제품 환경에서 반드시 사용되는 것은 아니다. 제품 환경에는 애플리케이션을 실행하기 위해 최소한으로 필요한 실행 모듈만 배치하는 것이 컴퓨팅 리소스를 효율적으로 활용할 수 있다는 점이다.

개발 단계

Single Stage	Multi Stage
Production Stage(a.c → gcc → a)	Development Stage(a.c → gcc → a) ⇩ Production Stage(a)

이미지 구축에서 가장 어려운 점 중 하나는 이미지 크기를 작게 유지하는 것이다. Dockerfile의 각 RUN, COPY, ADD 명령 등은 이미지에 레이어를 추가하므로 다음 레이어로 이동하기 전에 필요하지 않은 아티팩트(Artifact, 인공적인 부산물)를 정리해야 한다. 효율적인 Dockerfile을 작성하려면 가능한 레이어를 작게 유지하고, 각 레이어에 이전 레이어에서 필요한 아티팩트만 있는지 확인하기

위해 셸 트릭(Shell Tricks) 및 기타 로직(Logic)을 사용해야 했다.

개발에 사용할 하나의 Dockerfile(애플리케이션을 빌드하는데 필요한 모든 것이 포함)과 프로덕션에 사용할 슬림화된 파일 하나(애플리케이션과 이를 실행하는 데 꼭 필요한 항목만 포함)를 갖는 것은 실제로 매우 일반적이었다. 이를 "빌더 패턴(Builder Pattern)"이라고 한다. 하지만, 두 개의 Dockerfile을 유지하는 것은 이상적이지 않다.

4.3.1 빌더 패턴

빌더 패턴(Builder Pattern)은 보통 Single Stage라고 한다. 전형적인 방법은 Dockerfile을 만들고, 추가로 build.sh 스크립트를 만든다. build.sh 스크립트가 실행되면서 이미지 빌드 작업이 수행된다. 또한 같은 디렉터리에 build.Dockerfile 파일도 존재하는데, 이 파일에는 alexellis2/href-counter:build 이미지를 가지고 컨테이너 안에서 소스 코드를 빌드하여 /app 파일을 만드는 역할을 갖도록 구성된다.

┃Single Stage(Builder Pattern) 디렉터리의 파일 구성 예┃

① Dockerfile: 생성된 app 파일을 가지고 컨테이너 이미지를 만드는 것이 목적이다.
② build.Dockerfile: 빌드 과정을 통해 app 파일 생성이 목적이다.
③ build.sh: 빌드 과정을 자동화하는 스크립트이다.

┃실제 구성 예┃

① build.Dockerfile

```
FROM golang:1.16
WORKDIR /go/src/github.com/alexellis/href-counter/
COPY app.go ./
RUN go get -d -v golang.org/x/net/html \
  && CGO_ENABLED=0 go build -a -installsuffix cgo -o app .
```

② Dockerfile

```
FROM alpine:latest
RUN apk --no-cache add ca-certificates
WORKDIR /root/
COPY app ./
CMD ["./app"]
```

> **참고 | Alpine Linux와 apk 도구 관련 URL**
>
> - Alpine Linux
>   - https://alpinelinux.org/
> - apk tool
>   - https://namu.wiki/w/Alpine%20Linux
>   - apk update|search|add|del|stats|fix

③ build.sh

```
#!/bin/sh
echo 'Building alexellis2/href-counter:build'
# 새로운 이미지 빌드
docker build -t alexellis2/href-counter:build . -f Dockerfile.build

# 컨테이너 생성
docker create --name extract alexellis2/href-counter:build

# 컨테이너 파일을 현재 폴더로 복사하고 컨테이너 삭제
docker cp extract:/go/src/github.com/alexellis/href-counter/app ./app
docker rm -f extract
echo 'Building alexellis2/href-counter:latest'

# 새로운 이미지 빌드
docker build --no-cache -t alexellis2/href-counter:latest .
rm ./app
```

4.3.2 다단계 빌드(Multi Stage Build) 사용

다단계 빌드는 위의 열거된 빌드 패턴 내용(Dockerfile, build.sh)을 다음과 같은 형식으로 단순화할 수 있다.

Dockerfile

```
# ------------ Stage 1 --------------------------------
# BASE Image 선언(Stage 1)
FROM golang:1.16
# 작업 디렉터리 선언
WORKDIR /go/src/github.com/alexellis/href-counter/
# 지정된 사이트에서 소스 다운로드
RUN go get -d -v golang.org/x/net/html
```

```
# app.go 파일을 /go/src/github.com/alexellis/href-counter/ 디렉터리로 복사
COPY app.go ./
# go build 수행후 app 파일 생성
RUN CGO_ENABLED=0 GOOS=linux go build -a -installsuffix cgo -o app .

# ---------- Stage 2 ------------------------------
# BASE Image 선언
FROM alpine:latest
# Alpine 패키지 관리자를 사용하여 ca-certificates 패키지 설치
RUN apk --no-cache add ca-certificates
# 작업 디렉터리 선언
WORKDIR /root/
# app 파일을 현재 디렉터리 복사 후 실행
COPY --from=0 /go/src/github.com/alexellis/href-counter/app ./
CMD ["./app"]
```

➡ (설명)

① "go get" 명령은 패키지 및 종속성을 다운로드 및 설치하는 명령어이다.

│사용법│

go get 〈package〉

│주요 옵션│

옵션	설명
-d	설치는 하지 않고 소스 파일만 다운로드한다.

② "COPY --from=0" 해석

이전 빌드 단계를 지정하는데, '--from=0'은 0번 단계, 빌드 단계가 없는 경우를 의미한다. 참고로 FROM 단계에서 별칭을 지정했을 경우에는 별칭을 대신 사용할 수 있다.

│사용 예│

- FROM image   ⇨ COPY --from=0 ....
- FROM image AS alias   ⇨ COPY --from=alias ....

Chapter 04 Dockerfile과 이미지 빌드

 참고 | 멀티 스테이지 전략과 관련된 정보 URL 안내

https://docs.docker.com/develop/develop-images/multistage-build/
- Use multi-stage builds
- Name your build stages
- Stop at a specific build stage
- Use an external image as a "stage"
- Use a previous stage as a new stage

 참고 | 도커 개발 시 모범 사례 참고 URL

https://docs.docker.com/develop/dev-best-practices/
- How to keep your images small
- Where and how to persist application data
- Use CI/CD for testing and deployment
- Differences in development and production environments

[실습] 멀티 스테이지(Multi-stage) 빌드 전략

● 실습 시스템
- docker1

● 실습 시나리오
- 멀티 스테이지 빌드 전략에 대해서 작업을 진행한다.
- 멀티 스테이지 빌드를 통해 이미지 용량을 줄이는 방법을 실습한다.
- 주의사항: 모든 이미지와 컨테이너는 없는 상태에서 실습을 진행한다.

● 참고: golang 소개

wikipedia.org/wiki/Go_(programming_language)
Go (일명 Golang)은 구글에서 처음 개발한 프로그래밍 언어이다. C 언어에서 느슨하게 파생된 구문을 사용하는 정적 유형 언어이지만 Garbage 수집, 일부 동적 지정 기능, 추가 내장 유형 등과 같은 추가 기능을 지원한다.

● 작업 시나리오 1
- HTTP 서버 운영과 관련된 코드를 go 언어로 작성하는 소스 코드 개발을 예시로 진행한다.

① 소스 코드 개발

mkdir -p ~/docker/05_MultiStage && cd ~/docker/05_MultiStage

vi main.go

```
package main

import (
  "fmt"
  "log"
  "net/http"
)
func handler(w http.ResponseWriter, r *http.Request) {
  fmt.Fprintf(w, "Hello from the webserver")
}
func main() {
  http.HandleFunc("/", handler)
  log.Fatal(http.ListenAndServe("0.0.0.0:8080", nil))
}
```

② Dockerfile 작성

vi Dockerfile

```
FROM golang:1.8
WORKDIR /go/src/app
COPY main.go .
RUN go build -o webserver .
CMD ["./webserver"]
```

③ 컨테이너 이미지 빌드

docker build -t webserver .

④ 생성된 이미지 확인

```
[root@www 05_MultiStage]# docker images
REPOSITORY    TAG       IMAGE ID       CREATED         SIZE
webserver     latest    123e0432b416   2 minutes ago   719MB
```

➡ 'docker images' 명령으로 생성된 이미지를 확인한다. 이미지 파일의 크기가 719MB임을 확인할 수 있다.

⑤ 컨테이너 기동 및 확인

docker run -d --name web1 -p 8080:8080 webserver

➡ 8080번 포트로 기동한다.

```
# docker ps -a
```
➡ 컨테이너 기동 여부를 확인한다.

⑥ 웹 서버 정보 확인

```
# curl http://localhost:8080
```
➡ 'Hello from the Webserver' 라는 내용을 확인할 수 있다.

● 작업 시나리오 2

- 기존 이미지 파일이 크기가 719MB인데, 이 파일의 용량을 줄이는 과정에 대해 실습한다.
- Base image를 Busybox 기반의 경량형 리눅스인 Alpine Linux로 교체한다.

① 베이스 이미지를 변경

```
# vi Dockerfile
```

FROM golang:alpine	# 이 부분 수정
WORKDIR /go/src/app	
COPY main.go .	
RUN go mod init	# 이 라인 추가
RUN go build -o webserver .	
CMD ["./webserver"]	

➡ (변경 부분)

가. 'golang:1.8' 부분을 'golang:alpine'으로 수정
나. 'RUN go mod init' 라인 추가

② 빌드 실행

```
# docker build -t webserver .
```

③ 이미지 크기 확인

```
[root@www 05_MultiStage]# docker image ls -a
REPOSITORY    TAG       IMAGE ID       CREATED             SIZE
webserver     latest    6de56b191e64   About a minute ago  323MB
<none>        <none>    123e0432b416   15 hours ago        719MB
```

➡ 'docker images -a' 명령으로 확인하면 이미지 크기가 줄어든 것을 알 수 있다.

● 작업 시나리오 3

- 새롭게 생성한 이미지 파일이 크기가 323MB인데, 이 파일의 용량을 추가로 줄이는 과정에 대해 실습한다.
- Base image 선택 부분을 조정한다.
- Multi Stage Build 방법을 선택한다.

① Dockerfile 파일 수정

$ vi Dockerfile

```
FROM golang:alpine AS builder                # 이 부분 수정

WORKDIR /go/src/app
COPY main.go .

RUN go mod init
RUN go build -o webserver .

FROM alpine                                   # 이 부분 추가
WORKDIR /app                                  # 이 부분 추가
COPY --from=builder /go/src/app/ /app/        # 이 부분 추가

CMD ["./webserver"]
```

② 빌드 실행

docker build -t webserver .

③ 이미지 크기 확인

```
[root@www 05_MultiStage]# docker image ls -a
REPOSITORY    TAG        IMAGE ID        CREATED          SIZE
webserver     latest     b3a5ee647fab    11 seconds ago   14MB
<none>        <none>     6de56b191e64    12 minutes ago   323MB
<none>        <none>     123e0432b416    15 hours ago     719MB
```

➡ 'docker images -a' 명령으로 확인하면 이미지 크기가 줄어든 것을 알 수 있다.

④ 웹 컨테이너를 기동

docker run -d --name web2 -p 8090:8080 webserver

➡ 8090번 포트를 사용하도록 기동한다.

⑤ 웹 문서 확인

curl http://localhost:8090

➡ 'Hello from the Webserver' 라는 내용을 확인할 수 있다.

● 작업 시나리오 4

- 새롭게 생성한 이미지 파일이 크기가 14MB인데, 이 파일의 용량을 추가로 줄이는 과정에 대해 실습한다.
- Base image 선택 부분을 조정한다.
- Multi Stage Build 방법을 선택한다.
- 참고: 크기를 과도하게 줄여서 최적화할 필요는 없지만 줄일 수 있다는 점을 확인한다.

① Dockerfile 파일 변경

vi Dockerfile

```
FROM golang:alpine AS builder

WORKDIR /go/src/app
COPY main.go .

RUN go mod init
RUN go build -o webserver .

FROM scratch                              # 이 부분 수정
WORKDIR /app
COPY --from=builder /go/src/app/ /app/

CMD ["./webserver"]
```

➡ 'FROM alpine'을 'FROM scratch'로 수정한다.

② 빌드 실행

docker build -t webserver .

③ 이미지 크기 확인

```
[root@www 05_MultiStage]# docker image ls -a
REPOSITORY      TAG        IMAGE ID         CREATED            SIZE
webserver       latest     5e5a3bf24c1f     44 seconds ago     6.63MB
<none>          <none>     b3a5ee647fab     13 minutes ago     14MB
<none>          <none>     6de56b191e64     24 minutes ago     323MB
<none>          <none>     123e0432b416     15 hours ago       719MB
```

➡ 'docker images -a' 명령으로 확인하면 이미지 크기가 줄어든 것을 알 수 있다.

④ 웹 컨테이너를 기동

docker run -d --name web3 -p 8000:8080 webserver

➡ 8000번 포트를 사용하도록 기동한다.

⑤ 웹 문서 확인

curl http://localhost:8000

➡ 'Hello from the Webserver' 라는 내용을 확인할 수 있다.

⑥ 실습 환경 정리

docker container rm -f $(docker ps -aq)

➡ 컨테이너를 모두 제거한다.

docker image rm -f $(docker container ls -aq)

➡ 이미지를 모두 제거한다.

4.4 Dockerfile 명령 및 데몬 실행

Docker 이미지를 만들려면 필요한 미들웨어를 설치하고 사용자 계정이나 디렉터리를 작성하는 등의 명령을 실행할 필요가 있다. 또한 이미지로부터 컨테이너를 생성했을 때 서버 프로세스 등을 데몬으로 작동시킬 필요도 있다. 이러한 환경 구성을 위해 Dockerfile에서 명령이나 데몬을 실행하는 방법에 대해 알아본다. Dockerfile에 대한 정보는 'man dockerfile' 명령으로 확인할 수 있다.

 참고 | 도커 파일(Dockerfile) 작성에 대한 모범사례 참고 URL

- https://docs.docker.com/develop/develop-images/dockerfile_best-practices/

 참고 | 도커 파일에서 사용되는 전체 명령 확인 URL

- https://docs.docker.com/engine/reference/builder/

4.4.1 Dockerfile 명령 및 프로세스 실행

컨테이너에는 FROM 명령에서 지정한 베이스 이미지에 대해 '애플리케이션/미들웨어를 설치 및 설정', '환경 구축을 위한 명령을 실행' 등과 같은 명령을 실행할 때는 RUN 명령을 사용한다. Dockerfile을 작성할 때는 이 RUN 명령을 가장 많이 사용되는데, RUN 명령으로 지정한 명령은 도커 이미지를 생성할 때 실행된다.

RUN 명령은 도커 이미지를 실행할 때 컨테이너 안에서 실행할 명령을 정의한다. 인자로 도커 컨테이너 안에서 실행할 명령을 그대로 기술한다. 도커 빌드 과정에서 실행되며, 그 결과 새로운 이미지가 생성된다. RUN 명령은 Shell 형식(Shell Forms)으로 기술하는 방법과 Exec 형식(Exec Forms)으로 기술하는 방법과 같이 2가지로 나눈다.

| RUN 사용법 |

```
RUN [실행하려는_명령]
```

(1) Shell 형식으로 기술

명령 지정을 셸에서 실행하는 형식으로 기술하는 방법으로 서브 셸로 실행된다. 예를 들어 apt 명령을 사용하여 nginx를 설치할 때는 다음과 같이 사용한다.

▌직관적인 설치 표현 ▌

```
RUN apt-get install -y nginx                                    # nginx 패키지 설치
```

▌실제 적용 예 ▌

RUN ["apt-get", "install", "-y", "nginx"]

(2) Exec 형식으로 기술

Shell 형식으로 명령을 기술하면 /bin/sh에서 실행되지만, Exec 형식으로 기술하면 셸을 경유하지 않고 직접 실행한다. 따라서 명령 인수에 $HOME과 같은 환경 변수를 지정할 수 없다. Exec 형식에서는 실행하려는 명령이 JSON 배열이면 ({key:value}, {key:[v1, v2, v3]})로 지정한다. 참고로 JSON 배열로 지정할 때는 작은따옴표(' ')로 지정하지 않고, 큰따옴표(" ")로 지정하여야 한다.
다른 셸을 이용하고 싶을 때는 RUN 명령에 셸의 경로를 지정한 후에 실행하려는 명령을 지정한다. 예를 들어 /bin/bash에서 apt 명령을 사용하여 nginx를 설치하려면 다음과 같이 기술한다.

▌실제 적용 예 ▌

```
RUN ["/bin/bash", "-c", "apt-get install -y nginx"]             # nginx 패키지 설치
```

➡ 참고로 apt/yum/dnf 명령을 사용하는 경우 -y 옵션을 항상 사용하는 것을 권장한다.

```
FROM ubuntu:latest                                              # 베이스 이미지
RUN echo Shell 형식입니다.                                        # RUN 명령의 실행
RUN ["echo", "Shell 형식입니다."]
RUN ["/bin/bash", "-c", "echo 'Exec 형식에서 bash를 사용해 보았습니다.'"]
```

➡ 만약 문자열을 인수로 지정할 때는 작은따옴표(' ')를 사용한다. 또한, RUN 명령은 여러 개의 기술이 가능하다.

[실습] RUN 명령 실습

● 실습 시스템

docker1

● 실습 시나리오

- 도커 파일(Dockerfile)을 생성하고 이미지를 빌드한 후 수행된 내용을 확인한다.
- RUN 명령 실행 시 Shell 형식과 Exec 형식 방법을 사용하고 확인하는 실습을 진행한다.

① Dockerfile 생성

mkdir ~/docker/05_dockerfile && cd ~/docker/05_dockerfile
vi Dockerfile2.txt

FROM ubuntu:latest	# 베이스 이미지
RUN echo Hello. Shell Type. RUN ["echo", "Hello. Shell Type."] RUN ["/bin/bash", "-c", "echo 'Hello. Exec Type., Bash Test'"]	# RUN 명령의 실행

➡ Dockerfile2.txt 파일명으로 Dockerfile을 작성한다.

② 이미지 빌드

docker build -t run-sample -f Dockerfile2.txt .

➡ 이미지 빌드한다. 빌드 과정에서 RUN 관련 부분을 확인할 수 있다.

(확인 예)

```
=> [2/4] RUN echo Hello. Shell Type.                                    0.3س
=> [3/4] RUN ["echo", "Hello. Shell Type."]                             0.3س
=> [4/4] RUN ["/bin/bash", "-c", "echo 'Hello. Exec Type., Bash Test'"] 0.4س
```

③ 생성된 이미지 확인

```
[root@www 05_dockerfile]# docker images run-sample
REPOSITORY    TAG      IMAGE ID       CREATED          SIZE
run-sample    latest   87ccf36aec79   20 minutes ago   77.8MB
[root@www 05_dockerfile]#
```

➡ 'docker images run-sample' 명령으로 생성된 이미지 정보를 확인한다.

④ 이미지 빌드할 때 실행된 명령 확인

```
[root@www 05_dockerfile]# docker history run-sample
IMAGE          CREATED             CREATED BY
SIZE           COMMENT
73460525d68a   About a minute ago  RUN /bin/bash -c echo 'Hello. Exec Type., Ba
0B             buildkit.dockerfile.v0
<missing>      About a minute ago  RUN echo Hello. Shell Type. # buildkit
0B             buildkit.dockerfile.v0
<missing>      About a minute ago  RUN /bin/sh -c echo Hello. Shell Type. # bui
0B             buildkit.dockerfile.v0
```

➡ 'docker history run-sample' 명령을 실행하면 이미지 빌드할 때 수행된 명령 정보를 확인할 수 있다. 결과 설명은 다음과 같다.

(결과 설명)

가. Shell 형식으로 기재한 RUN 명령은 /bin/sh를 사용한다.

나. Exec 형식으로 기술한 RUN 명령은 셸을 통하지 않고 실행된다.

다. Exec 형식에서 명시적으로 /bin/bash를 지정하면 해당 셸을 기반으로 실행된다.

라. /bin/sh를 사용하여 명령을 실행하고 싶을 때는 Shell 형식으로 기술하고, 그 외에는 Exec 형식으로 기술한다. 일반적으로 많은 이미지 제작자들이 Exec 형식을 선호한다.

참고 | docker history

이미지 빌드할 때 수행된 명령을 확인하는 명령어이다. 자세한 사용법은 'man docker-history' 명령으로 확인할 수 있다.

| 사용법 |
docker history [OPTIONS] IMAGE

 참고 | "docker history" vs "docker logs"

이미지 빌드 시 출력 내용 확인
docker history IMAGE ($ docker image history IMAGE)

컨테이너 기동 시 로그 내용 확인
docker logs CONTAINER ($ docker container logs CONTAINER)

4.4.2 데몬 실행

RUN 명령은 이미지를 작성하기 위해 실행하는 명령을 기술하지만, 이미지를 바탕으로 생성된 컨테이너 안에서 명령을 실행하려면 CMD 명령을 사용한다. Dockerfile에는 하나의 CMD 명령을 기술할 수 있다. 만약 여러 개를 기술하면 마지막 명령만 유효하다.
CMD 명령은 Exec 형식으로 기술, Shell 형식으로 기술, ENTRYPOINT(ENTRYPOINT + CMD) 명령의 파라미터(parameter)로 기술과 같이 3가지 방법으로 사용할 수 있다.

 참고 | RUN 명령과 CMD 명령 비교

CMD 명령은 도커 컨테이너를 실행할 때 컨테이너 안에서 실행할 프로세스를 지정한다. RUN 명령은 이미지를 빌드할 때 실행되고, CMD 명령은 컨테이너를 시작할 때 1회 실행된다. RUN은 애플리케이션 업데이트 및 배치에 사용되고, CMD는 애플리케이션 자체를 실행하는 명령이라고 생각하면 된다.

| 정리 |
RUN → 이미지 빌드 시 사용
CMD → 컨테이너 시작 시 사용

| CMD 명령 형식 |

CMD [실행하려는_명령]

(1) Shell 형식으로 기술

RUN 명령의 구문과 같다. 예를 들어 nginx를 foreground 프로세스로 실행할 때는 다음과 같이 수행한다.

| 사용 예 |

```
CMD nginx -g 'daemon off;'
```

(2) Exec 형식으로 기술하기

RUN 명령의 구문과 같다. 예를 들어 nginx를 foreground 프로세스로 실행할 때는 다음과 같이 수행한다.

| 사용 예 |

```
CMD ["nginx", "-g", "daemon off;"]
```

➡ 참고 사항으로 RUN 명령과 동일하게 JSON 배열 형식으로 지정할 때 작은 따옴표(' ') 대신에 반드시 큰 따옴표(" ")를 사용해야 한다.

(3) ENTRYPOINT 명령의 파라미터로 기술 (ENTRYPOINT + CMD)

ENTRYPOINT 명령의 인수로 CMD 명령을 사용할 수 있다. ENTRYPOINT 명령도 shell 형식과 exec 형식으로 기술할 수 있다.

| 사용법 |

```
ENTRYPOINT [실행하려는_명령]
```

| 사용 예 |

```
# Shell 형식으로 기술하기
ENTRYPOINT nginx -g 'daemon off;'

# Exec 형식으로 기술하기
ENTRYPOINT ["nginx", "-g", "daemon off;"]
```

참고 | CMD 명령과 ENTRYPOINT 명령 비교

ENTRYPOINT 명령과 CMD 명령의 차이는 docker run 명령 실행 시 동작에 있다.
(명령 실행 예) docker run ubuntu /bin/bash

CMD 명령의 경우는 컨테이너 시작 시에 실행하고 싶은 명령을 정의해도 docker run 명령 실행 시에 인수로 새로운 명령을 지정한 경우에는 이것을 우선 실행한다. 따라서, 컨테이너 기동 시 사용자가 지정한 새로운 인수로서 CMD 명령의 항목값을 변경할 수 있다는 것이다.

ENTRYPOINT 명령에서 지정한 명령은 반드시 컨테이너에서 실행된다. 따라서, 컨테이너 기동 시 사용자가 지정한 새로운 인수로서 ENTRYPOINT 명령의 항목값을 변경할 수는 없다.

컨테이너 기동 시 명령 인수를 지정하고 싶을 때는 CMD 명령과 조합하여 사용할 수 있다. 이때는 ENTRYPOINT 명령으로서는 실행하려는 명령 자체를 지정하고 CMD 명령으로는 그 명령의 인수를 지정하면, 컨테이너를 실행했을 때 기본 작동(Default options)을 결정할 수 있다.

▌Dockerfile 작성 예 ▌

```
# 베이스 이미지
FROM ubuntu:latest

# top 실행
ENTRYPOINT ["top"]
CMD ["-d", "10"] # top -d 10
```

➡ ENTRYPOINT 명령으로 top 명령을 옵션 없이 실행하도록 지정하고, CMD 명령으로는 top 명령어의 -d 옵션을 사용해서 갱신 간격을 10초로 실행하도록 지정한다. 이 경우 이미지로부터 작성된 컨테이너 기동 시 top 명령은 반드시 실행되고, CMD 명령으로 지정한 값은 기본값 형식으로 추가 실행된다.

▌Dockerfile 빌드 진행 예 ▌

docker build -t ostop .

➡ 현재 디렉터리에 있는 Dockerfile을 이용해서 ostop라는 이미지로 빌드한다.

docker run -d -it --name myos1 ostop

➡ myos1 컨테이너는 CMD 명령으로 지정한 'top -d 10' 명령이 실행된다.

docker run -d -it --name myos2 ostop -d 5

➡ myos2 컨테이너는 'top -d 5' 명령이 실행된다.

```
[root@www ~]# docker ps -a
CONTAINER ID   IMAGE   COMMAND      CREATED          STATUS          PORTS   NAMES
41a13fea2dab   ostop   "top -d 5"   6 seconds ago    Up 5 seconds            myos2
5582208a9e73   ostop   "top -d 10"  5 minutes ago    Up 5 minutes            myos1
[root@www ~]#
```

➡ 'docker ps -a' 명령으로 COMMAND 항목을 확인하면 차이점을 알 수 있다.

▌PostgreSQL의 ENTRYPOINT 사용 예 ▌

ENTRYPOINT는 컨테이너가 기동할 때 특정 프로세스를 실행하는 스크립트를 지정하는 용도로 많이 사용된다. PostgreSQL 공식 이미지가 사용하는 docker-entrypoint.sh 스크립트와 ENTRYPOINT 명령이 포함된 Dockerfile을 이용한다.

① Dockerfile 작성 예

```
COPY ./docker-entrypoint.sh /
ENTRYPOINT ["/docker-entrypoint.sh"]
CMD ["postgres"]
```

(해석) /docker-enctrypoint.sh postgres

    postgres image에서 확인

      $ docker inspect -f "{{ .Config.Cmd }}" postgres

      $ docker inspect -f "{{ .Config.Entrypoint }}" postgres

② docker-entrypoint.sh

```
#!/bin/bash
set -e   # 명령이 0이 아닌 상태로 종료되면, 즉시 종료한다.

if [ "$1" = 'postgres' ] ; then   # 사용자 이름에 'postgres'이면
   chown -R postgres "$PGDATA"   # DB 데이터 공간의 소유자를 postgres 변경

   if [ -z "$(ls -A "PGDATA")" ] ; then # DB 데이터 공간의 내용이 없다면
      gosu postgres initdb         # 관리자로 초기 DB 생성
   fi
   exec gosu postgres "$@"       # gosu postgres "모든인자" 실행
fi

exec "$@"   # 특별한 지정이 없으면 지정된 인자값 실행
```

③ 도커 명령 실행

\# docker run --name db1 -e POSTGRES_PASSWORD=password postgres

    ➡ 'docker-entrypoint.sh postgres' 형식으로 실행된다.

\# docker run --name db2 -e POSTGRES_PASSWORD=password postgres --help

    ➡ 'docker-entrypoint.sh --help' 형식으로 실행된다.

\# docker run --name db3 -e POSTGRES_PASSWORD=password -it postgres bash

    ➡ 'docker-entrypoint.sh bash' 형식으로 실행된다.

④ 도커 프로세스 확인

```
[root@www ~]# docker ps -a --no-trunc
CONTAINER ID                                                                    IMAGE
COMMAND                               CREATED            STATUS
        PORTS       NAMES
9b659a459c4c405f0487e97edccd5aac0d173f76a5b06abe634ef4722bc20582   postgres
"docker-entrypoint.sh bash"         15 seconds ago     Exited (0) 14 seconds a
go                  db3
0771f42b8253ea9cd69f6d9fe5cb5d7d6e8539e247a98f76dcf3bf2adbc6549c   postgres
"docker-entrypoint.sh --help"       48 seconds ago     Exited (0) 48 seconds a
go                  db2
e8b1b16ebd3ff49259ee23b8eeb4f7166177c0d14a255589d9c39d982f2bc176   postgres
"docker-entrypoint.sh postgres"     About a minute ago Exited (0) About a minu
te ago              db1
[root@www ~]#
```

➡ 'docker ps -a --no-trunc' 명령의 결과 중에서 COMMAND 항목을 확인한다.

[실습] ENTRYPONIT 및 CMD 명령 실습

● 실습 시스템
- docker1

● 실습 시나리오
- Dockerfile에서 사용되는 RUN 명령어에 대한 실습을 진행한다.
- nginx web server를 기동한다.
- ENTRYPOINT와 CMD 명령의 조합으로 top 명령 실행한다.

● 작업 시나리오 1
- nginx web server 기동한다.
- ubuntu를 베이스 이미지로 하여 apt 명령으로 nginx를 설치한다.
- nginx 데몬을 실행하기 위해 도커 파일을 생성하고 이미지를 빌드한 후, 생성된 이미지를 가지고 nginx 웹 서버를 기동한다.
- 도커 파일 안에 웹 서버로서 액세스하기 위해 EXPOSE 명령을 사용하여 80번 포트를 지정한다.
- 컨테이너를 기동하여 정상적으로 nginx 웹 서버에 접속하는지 확인한다.

① Dockerfile 생성
   # mkdir -p ~/docker/05_RUN && cd ~/docker/05_RUN
   # vi Dockerfile

```
# 베이스 이미지
FROM ubuntu

# nginx 설치
RUN apt-get -y update && apt-get -y upgrade
RUN apt-get -y install nginx

# 포트 지정
EXPOSE 80

# 서버 실행(foreground 실행)
CMD ["nginx", "-g", "daemon off;"]
```

② 이미지 빌드

   \# docker build -t cmd-sample .

   ➡ 이미지를 생성한다.

③ 이미지 생성 확인

```
[root@www 05_RUN]# docker image ls
REPOSITORY      TAG       IMAGE ID       CREATED          SIZE
cmd-sample      latest    d12d495f0ecc   2 minutes ago    180MB
[root@www 05_RUN]#
```

   ➡ 'docker images' 생성된 이미지를 확인한다.

④ 생성된 이미지를 실행

   \# docker run -d --rm --name web1 -p 80:80 cmd-sample

   ➡ web1이라는 이름으로 컨테이너를 실행한다.

⑤ 서비스 요청하여 확인

   \# curl http://localhost

   ➡ 웹 문서가 나타나는지 확인한다. 다른 명령으로 'firefox http://localhost &' 실행해서 확인해도 된다.

④ 정리 작업

   \# docker stop web1

● 작업 시나리오 2

- ENTRYPOINT와 CMD 명령의 조합으로 top 명령을 실행한다.
- top 명령을 실행하는 도커 이미지를 제작하는데, top 명령어의 옵션을 조정할 수 있도록 설정한다.

① Dockerfile 생성

   \# cd ~/docker/05_RUN

   \# vi Dockerfile2.txt

```
# 베이스 이미지
FROM ubuntu

# top 실행
ENTRYPOINT ["top"]
CMD ["-d", "10"]
```

➡ ubuntu 이미지를 기반으로 'top -d 10' 명령이 실행되도록 작성한다.

② 이미지 빌드

docker build -t sample -f Dockerfile2.txt .

➡ sample이라는 이름으로 이미지를 생성한다.

③ 생성된 이미지 정보 확인

docker image ls

➡ 이미지 목록을 확인한다.

docker inspect -f "{{ .Config.Entrypoint }}" sample

➡ ENTRYPOINT 영역값을 확인한다.

docker inspect -f "{{ .Config.Cmd }}" sample

➡ CMD 영역값을 확인한다.

④ 인자값 없이 컨테이너 실행

docker run -it --name s1 sample

➡ top 명령의 결과 확인 후에 [Ctrl]+[c] 키를 눌러서 종료한다.

⑤ 도커 프로세스 정보 확인

```
[root@www 05_RUN]# docker ps -a
CONTAINER ID   IMAGE     COMMAND       CREATED            STATUS
               PORTS     NAMES
bddbfd9d07df   sample    "top -d 10"   About a minute ago Exited (0) 55 seco
nds ago                  s1
[root@www 05_RUN]#
```

➡ 'docker ps -a' 명령의 결과를 보면 'top -d 10' 명령이 실행된 것을 알 수 있다.

⑥ 인자 값(-d 2)을 주어서 컨테이너 실행

docker run -it --name s2 sample -d 2

➡ top 명령의 결과를 보면 2초 주기로 갱신되는 것을 볼 수 있다. 확인 후에는 [Ctrl]+[c] 키를 눌러서 종료한다.

⑦ 도커 프로세스 정보 확인

```
[root@www 05_RUN]# docker ps -a
CONTAINER ID   IMAGE     COMMAND       CREATED            STATUS
               PORTS     NAMES
fd09f8f371f5   sample    "top -d 2"    About a minute ago Exited (0) About a
 minute ago              s2
bddbfd9d07df   sample    "top -d 10"   7 minutes ago      Exited (0) 7 minut
es ago                   s1
[root@www 05_RUN]#
```

➡ 'docker ps -a' 명령의 결과를 보면 'top -d 10' 명령이 실행된 것을 확인할 수 있다.

⑧ 정리 작업

docker rm -f $(docker ps -aq)

➡ 실습에서 사용된 모든 컨테이너를 제거한다.

> **참고 | CMD의 여러 가지 예제**
>
> 일반적으로 도커 이미지의 CMD 부분은 foreground 프로세스로 실행하고, 도커 컨테이너를 실행할 때는 background 프로세스로 실행한다.
>
> | 패키지별 CMD 설정 예 |
> | --- |
> | • httpd
https://github.com/docker-library/httpd/blob/f3b7fd9c8ef59d1ad46c8b2a27df3e02d822834f/2.4/Dockerfile
CMD ["httpd-foreground"]

• nginx
https://github.com/nginxinc/docker-nginx/blob/fef51235521d1cdf8b05d8cb1378a526d2abf421/mainline/debian/Dockerfile
CMD ["nginx", "-g", "daemon off;"]

• Shell Script
CMD ["bash", "-c", "myscript.sh"]

• Python
CMD ["python", "mypython.py"] |

4.4.3 빌드 완료 후에 실행되는 명령

ONBUILD 명령은 다음 빌드에서 실행할 명령을 이미지 안에 설정하기 위한 명령이다. 예를 들어 Dockerfile에 ONBUILD 명령을 사용하여 어떤 명령을 실행하도록 설정하여 빌드하고 이미지를 작성한다. 그 이미지를 다른 Dockerfile에서 베이스 이미지로 설정하여 빌드하였을 때 ONBUILD 명령에서 지정한 명령을 실행시킬 수 있다.

┃관련 실습 ┃

Github 사이트에 등록된 nginx 기반 Dockerfile을 이용해서 ONBUILD 명령어를 실습을 진행한다.

① 베이스 이미지 다운로드

mkdir -p ~/docker/05_onbuild && cd ~/docker/05_onbuild

git clone https://github.com/asashiho/dockertext2

cd dockertext2/chap05/onbuild

```
# cp -r * ~/docker/05_onbuild && cd ~/docker/05_onbuild
```
➡ Github 사이트에 등록된 자료를 다운로드한다.

② Dockerfile 변경

```
# vi Dockerfile.base
```

```
# 베이스 이미지 설정
FROM ubuntu:18.04 # ubuntu:17.10 -> ubuntu:18.04

# nginx 설치
RUN apt-get -y update && apt-get -y upgrade
RUN apt-get -y install nginx

# 포트 지정
EXPOSE 80

# 웹 콘텐츠 배치 - 지금 바로 실행되지 않고 다음 빌드할 때 실행이 된다.
ONBUILD ADD website.tar /var/www/html

# nginx 실행
CMD ["nginx", "-g", "daemon off;"]
```

➡ 제공된 Dockerfile에서 ubuntu 버전을 올리는 태그 부분만 수정한다.

③ 빌드 과정을 통한 이미지 생성

```
# docker build -t web-base -f Dockerfile.base .
```
➡ web-base라는 이미지를 생성한다.

④ 웹 콘텐츠 개발 및 확인

```
[root@www 05_onbuild]# tree website
website
|-- css
|   `-- bootstrap.css
|-- images
|   |-- docker-machine-01.jpg
|   |-- docker-machine-02.jpg
|   |-- docker-machine-03.jpg
|   |-- docker-machine-04.jpg
|   `-- docker-machine-05.jpg
`-- index.html

2 directories, 7 files
[root@www 05_onbuild]#
```

➡ 웹 콘텐츠를 개발하는 과정을 진행하면 되는데, 본 실습에서는 다운로드받은 자료를 활용한다. 'tree website' 명령을 실행하면 관련 내용을 확인할 수 있다.

```
# tar tf website.tar
```
➡ ONBUILD 명령의 대상이 되는 website.tar 파일의 내용을 살펴보면 'tree website' 명령의 결과와 같다는 것을 알 수 있다.

⑤ 웹 서버용 이미지 작성

```
# cat Dockerfile
```

```
# Docker 이미지 취득
FROM web-base
```

➡ web-base 이미지를 사용하는 Dockerfile이 존재하므로 내용만 확인한다.

⑥ 웹 서버용 이미지 빌드

```
# docker build -t photoview-image .
```

➡ photoview-image라는 이미지를 생성한다.

⑦ 웹 서버용 컨테이너 시작

```
# docker run -d --rm --name w1 -p 80:80 photoview-image
```

➡ w1이라는 이름으로 컨테이너를 시작한다.

⑧ 컨테이너 동작 확인

```
[root@www 05_onbuild]# docker ps -a
CONTAINER ID   IMAGE             COMMAND                  CREATED          STA
TUS            PORTS                                      NAMES
85433cdc214c   photoview-image   "nginx -g 'daemon of…"   10 seconds ago   Up
9 seconds      0.0.0.0:80->80/tcp, :::80->80/tcp          w1
[root@www 05_onbuild]#
```

➡ 'docker ps -a' 명령으로 확인한다.

⑨ 웹페이지 확인

```
# firefox http://localhost &
```

➡ 이미지 기반의 웹페이지를 확인할 수 있다.

⑩ web-base 이미지의 상세 정보 확인

```
# docker image inspect web-base
```

➡ web-base 이미지에 대한 전반적인 정보를 출력한다.

```
# docker inspect -f "{{ .ContainerConfig.OnBuild }}" web-base
```

➡ ContainerConfig.Onbuild 항목값을 출력한다.

```
# docker inspect -f "{{ .Config.OnBuild }}" web-base
```

➡ Config.Onbuild 항목값을 출력한다.

⑪ 정리 작업

```
# docker rm -f $(docker ps -aq)
```

➡ 컨테이너를 제거한다.

> **참고** | docker image inspect 주요 출력 결과 설명
>
> 가. docker image inspect IMAGE 출력 결과 중 주요 내용
> ① .ContainerConfig: 이미지 최초 생성할 때 사용했던 설정이다.
> ② .Config: 가장 최근에 이미지 생성 시 사용했던 설정으로 실제로 적용되는 내용이다.
>
> 나. docker inspect IMAGE 출력 결과 중 중요한 부분
> ① .Config.Env
> ② .Config.Cmd
> ③ .Config.ExposePorts
> ④ .Config.WorkingDir
> ⑤ .Config.Volumes
> ⑥ .Config.Enrypoint

4.4.4 작업 디렉터리 지정

Dockerfle에서 정의한 명령을 실행하기 위한 작업용 디렉터리를 지정하려면 WORKDIR 명령으로 지정한다. 만약 특별하게 작업 디렉터리를 설정하지 않으면 기본적으로 / 이다. WORKDIR 명령은 Dockerfile에 기재된 RUN, CMD, ENTRYPOINT, COPY, ADD 명령을 실행하기 위한 작업용 디렉터리를 지정할 때 사용한다.

| WORKDIR 사용법 |

```
WORKDIR [작업_디렉터리_경로]
```

| 사용 예 |

```
WORKDIR /first                  # cd /first
WORKDIR second                  # cd second
WORKDIR third                   # cd third

RUN ["pwd"]
```

➡ WORKDIR은 절대 경로와 상대 경로 모두 사용할 수 있다. 만약 지정한 디렉터리가 존재하지 않으면 새로 작성된다. 또한 WORKDIR 명령은 Dockerfile안에서 여러 번 사용할 수 있다. 상대 경로를 지정한 경우는 이전 WORKDIR 명령의 경로에 대한 상대 경로가 된다. 이 명령의 출력 결과는 '/first/second/third'가 된다.

```
ENV DIRPATH /first
ENV DIRNAME second
WORKDIR $DIRPATH/$DIRNAME

RUN ["pwd"]
```

➡ WORKDIR 명령에는 ENV 명령에서 지정한 환경 변수를 사용할 수 있다. 일반적으로 변수(ENV/WORKDIR) 방식을 권장한다. 이 명령의 출력 결과는 '/first/second'가 된다.

[실습]　WORKDIR 명령 실습

◆ 실습 시스템
- docker1

◆ 실습 시나리오
- WORKDIR 명령을 테스트하기 위해서 Dockerfile을 만들고 이미지를 빌드하면서 관찰한다.
- 도커 파일(Dockerfile)에는 WORKDIR을 연속으로 사용하는 방법, ENV와 WORKDIR를 조합해서 사용하는 방법으로 만든다.
- 참고로 권장하는 방법은 ENV와 WORKDIR 조합해서 사용하는 방법이다.

① Dockerfile 생성

```
# mkdir -p ~/docker/05_workdir && cd ~/docker/05_workdir
# vi Dockerfile
```

```
FROM ubuntu

WORKDIR /first
WORKDIR second
WORKDIR third

RUN ["pwd"]

ENV DIRPATH /first
ENV DIRNAME second
WORKDIR $DIRPATH/$DIRNAME

RUN ["pwd"]
```

➡ Dockerfile을 생성한다.

② 이미지를 생성

    # docker build -t sample-workdir .

       ➡ sample-workdir라는 이미지를 생성한다. 진행 과정에서 관련 정보를 확인할 수 있다.

③ 히스토리 정보 확인

    # docker history sample-workdir

       ➡ 이미지 생성 및 진행 과정에 대해 확인할 수 있다.

4.4.5 사용자 지정 명령

이미지 실행이나 Dockerfile에서 RUN, CMD, ENTRYPOINT 명령을 실행하기 위한 사용자를 지정할 때는 USER 명령을 사용한다.

┃USER 사용법┃

```
USER <사용자명>

USER <사용자명>[:<그룹명>]
USER <UID>[:<GID>]
```

┃사용 예┃

```
RUN ["useradd", "user01"] # useradd user01
RUN ["whoami"]

USER user01
RUN ["whoami"]
```

    ➡ user01 사용자를 추가하고 추가된 사용자로 전환하도록 USER 명령을 사용한다.

[실습] USER 명령 실습

① Dockerfile 생성

    # mkdir -p ~/docker/05_user && cd ~/docker/05_user

    # vi Dockerfile

```
# 베이스 이미지
FROM centos

# 사용자 추가 및 사용자 확인
RUN ["useradd", "user01"]
RUN ["whoami"]
RUN ["id"]

# 사용자 확인
USER user01
RUN ["whoami"]
RUN ["id"]
```

② 이미지 빌드 및 빌드 과정 확인

docker build --no-cache -t user-sample .

➡ user-sample 이미지로 빌드하는데, cache 메모리는 사용하지 않는다.

③ 생성된 이미지 확인

```
[root@www 05_user]# docker image ls
REPOSITORY      TAG       IMAGE ID        CREATED          SIZE
user-sample     latest    5b6fb9768c8f    47 seconds ago   232MB
[root@www 05_user]#
```

➡ 'docker images user-sample' 명령으로 확인한다.

④ 빌드 과정 확인

docker history user-sample

➡ 이미지 빌드 과정을 확인할 수 있다.

4.4.6 파일 및 디렉터리 추가

이미지에 호스트 시스템의 파일이나 디렉터리를 추가할 때는 ADD 또는 COPY 명령을 사용한다. 즉 ADD 및 COPY 명령을 사용하여 호스트 운영체제의 파일 또는 디렉터리를 컨테이너 안의 지정된 경로로 복사할 수 있다.

┃ ADD/COPY 사용법 ┃

```
ADD <호스트의 파일 경로> <Docker 이미지의 파일 경로>
ADD ["<호스트의 파일 경로>", "<Docker 이미지의 파일 경로>"]

COPY <호스트의 파일 경로> <Docker 이미지의 파일 경로>
COPY ["<호스트의 파일 경로>", "<Docker 이미지의 파일 경로>"]
```

(1) ADD 명령

ADD 명령은 호스트의 파일이나 디렉터리를 도커 이미지 안으로 복사한다. 만약 〈src〉 부분에 디렉터리명을 기재하면 디렉터리 자체는 복사되지 않고, 디렉터리 안의 내용만 복사된다. 〈src〉 부분에 파일명을 기재하면 COPY 명령과 동일하게 동작하고, 〈src〉 부분에 '아카이브+압축 파일'이 지정된다면 해제된 내용을 이미지의 〈dst〉 디렉터리에 복사한다.

| 사용 예 |

```
ADD host.html /dockerdir/
```

➡ 도커 호스트의 위치한 host.html 파일을 컨테이너의 /dockerdir/host.html 파일로 복사한다.

(2) COPY 명령

COPY 명령은 호스트의 파일이나 디렉터리를 도커 이미지 안으로 복사한다. 윈도우 컨테이너에서는 작동하지 않는다. 사용자 및 그룹 소유권 개념은 리눅스와 윈도우 간에 변환되지 않으므로 리눅스 기반 컨테이너에서만 실행 가능하도록 제한된다.

(3) ADD와 COPY 비교

① ADD와 COPY의 차이점

ADD, COPY 명령은 모두 동일하게 호스트 OS의 파일 또는 디렉터리를 컨테이너 안의 지정된 경로로 복사하는 것이 가능하다. COPY 명령은 호스트 OS에서 컨테이너 안으로 복사만 가능하지만, ADD 명령은 원격 파일 다운로드 또는 압축 해제 등과 같은 기능도 갖는다. 따라서, 단순한 복사는 COPY를 사용하고, 원격 파일 다운로드 및 압축 해제 등을 사용할 때는 ADD 사용한다.

② ADD와 COPY의 같은 점

ADD와 COPY 모두 소유자와 그룹을 수정하면서 컨테이너 안에 지정된 위치에 파일 생성이 가능하다. 이런 경우 반드시 컨테이너의 /etc/passwd, /etc/group 파일에는 설정하려는 사용자나 그룹이 존재해야 한다. 만약 없는 경우라면, 빌드 시 ADD/COPY 명령에서 실패하게 된다.

| 사용법 |

```
ADD [--chown=〈user〉:〈group〉] 〈src〉... 〈dest〉
ADD [--chown=〈user〉:〈group〉] ["〈src〉",... "〈dest〉"]

COPY [--chown=〈user〉:〈group〉] 〈src〉... 〈dest〉
COPY [--chown=〈user〉:〈group〉] ["〈src〉",... "〈dest〉"]
```

ADD 및 COPY 사용 형식 비교 예

```
# COPY <호스트 OS 파일 경로> <Docker 컨테이너 파일 경로>
COPY test.sh /root/bin/test.sh

# ADD <호스트 OS 파일 경로> <Docker 컨테이너 파일 경로>
ADD test.sh /root/bin/test.sh

# ADD <다운받을 URL> <Docker 컨테이너 파일 경로>
ADD http://www.example.com/index.php /var/www/html/index.php
ADD http://www.example.com/docker.tar.gz /var/www/html/

# ADD <아카이브 파일> <Docker 컨테이너 파일 경로>
ADD docker.tar.gz /var/www/html/
```

> **참고** | "ADD"와 "COPY + WORKDIR + RUN" 사용법 비교
>
> ① ADD 명령 사용
>   ADD docker.tar.gz /var/www/html
> ② COPY 명령 사용
>   COPY docker.tar.gz /var/www/html
>   WORKDIR /var/www/html
>   RUN tar xf docker.tar.gz

(4) <src> 부분에 파일 매칭 사용

ADD/COPY 명령은 파일 매칭 문자로 asterisk(*), question mark(?) 등의 기호 사용이 가능하다. 이것은 리눅스 셸에서의 사용법과 동일하게 * 기호는 all(zero 포함)을 뜻하고, ? 기호는 one을 뜻한다.

사용 예

```
# home으로 시작하는 모든 파일을 이미지의 /mydir/ 디렉터리로 추가하기
# 예) home.tar.gz, home.tar, home1, home2, ....
ADD home* /mydir/

# 단일문자 전체와 매칭
# 예) home1.txt, home2.txt, home3.txt, ....
ADD home?.txt /mydir
```

➡ ADD 명령에 매칭 문자를 사용한 예이지만, COPY 명령도 동일하게 적용된다.

4.4.7 이미지 라벨 정보

LABEL 명령은 이미지의 버전 정보, 작성자, 설명(comment)과 같이 이미지 상세 정보를 작성할 때 사용하는 명령이다.

❙ LABEL 사용법 ❙

```
LABEL title="webapp"
LABEL author="posein"
LABEL version="2.0"
```

❙ LABEL 정보의 확인 ❙

$ docker image inspect --format="{{ .Config.Lables }}" [이미지명]
　➡ 이미지 라벨 정보는 'docker image inspect' 명령을 사용하여 빌드된 이미지에서 확인할 수 있다.

4.4.8 리스닝(Listening) 포트 지정

EXPOSE 명령은 해당 컨테이너가 런타임에 지정된 네트워크 포트가 대기중이라는 것을 알려준다. 일반적으로 Dockerfile을 작성하는 사람과 컨테이너를 직접 실행할 사람 사이에서 공개할 포트를 알려주기 위해 기재한다. 이 명령 자체가 작성된 포트를 실행하여 대기중(listening) 상태로 만들어 주는 것은 아니므로, 실제 포트를 열기 위해선 'docker run -p' 옵션을 사용해야 한다. 만약 EXPOSE 선언 시 프로토콜을 지정하지 않으면 기본값으로는 TCP를 사용한다.

❙ EXPOSE 사용법 ❙

```
EXPOSE 80                            # => EXPOSE 80/tcp
EXPOSE 80/tcp
EXPOSE 21 20
EXPOSE 53/udp
```

4.4.9 컨테이너 볼륨 영구 저장

▶ 개요

컨테이너 안에 있는 데이터는 컨테이너를 삭제하면 모든 데이터가 같이 삭제되는 휘발성 데이터이다. 따라서 이러한 데이터를 보존하기 위해 VOLUME 명령을 사용한다. VOLUME 명령은 설정한 컨테이너의 데이터를 호스트 운영체제에 저장하거나, 컨테이너 간의 데이터 공유가 가능하다.

▍VOLUME 사용법 ▍

```
VOLUME 컨테이너_디렉터리1 컨테이너_디렉터리2

VOLUME ["컨테이너_디렉터리1", "컨테이너_디렉터리2"]
```

➡ 참고로 JSON 배열 형식은 작은따옴표 대신 반드시 큰따옴표를 사용해야 한다.

▍사용 예 ▍

```
VOLUME ["/web"]                              # VOLUME /web
VOLUME ["/var/log/", "/data/"]               # VOLUME /var/log/ /data/
```

▶ VOLUME 명령 관련 디렉터리

도커 파일(Dockerfile)에서 VOLUME 명령을 사용하여 생성한 볼륨(volume)은 호스트 운영체제의 /var/lib/docker/volumes에 위치하며, Docker에서 자동 생성한 hash 값으로 디렉터리가 생성된다.

▍구성 예 ▍

```
     ---- Host OS ----                    ---- Container ----
  /var/lib/docker/volumes/HASH     ⇨        /var/log/, /data
  ----------------------                  --------------------
```

▍확인 예 ▍

```
# ls -l /var/lib/docker/volumes
# docker exec -it <IMAGE> /bin/bash
```

> **참고 ▍볼륨 지정하는 형식 예**
>
> ① Volume 방식
>   # docker run -d --name myweb -v /web nginx
>   # docker run -d --name myweb -v /var/log/ -v /data/ nginx
>   # docker run -d --name myweb -v myvol:/var/log nginx
>
> ② Bind-mount 방식
>   # docker run -d --name myweb -v /weblogs:/var/log nginx
>
> ③ Volume/Bind-mount 혼합 방식
>   # docker run -d --name myweb -v myvol:/var/log -v /weblogs:/var/log nginx

▍관련 정보 확인 ▍

```
# docker inspect -f "{{ .Mounts }}" [컨테이너명]
```

➡ 호스트 운영체제에서 'docker inspect' 명령으로 확인한다.

▌추가 활용 예 ▌

\# docker run -it -v /root/docker/log:/var/log centos /bin/bash
➡ 컨테이너를 기동할 때 호스트 운영체제의 경로를 변경할 수 있다.

▌VOLUME 명령을 사용한 Dockerfile 예 ▌

```
FROM ubuntu
RUN mkdir /myvol
RUN echo "hello world" > /myvol/greeting
VOLUME /myvol
```

[실습] 도커 파일(Dockerfile) 이용한 도커 이미지 빌드

● 실습 시스템
- docker1
- docker2

● 실습 시나리오
- Dockerfile을 작성하고, 이 파일을 바탕으로 이미지를 빌드한다.
- 빌드된 이미지를 가지고 컨테이너를 기동하여 서비스를 확인하는 실습을 진행한다.

● 작업 목록
- 정리 작업: 모든 컨테이너, 이미지 제거
- 셸 스크립트를 사용하여 간단한 Dockerfile 제작하기
- 간단한 애플리케이션과 도커 이미지 만들기

● 작업 시나리오 1: 정리 작업
- 이전 실습에서 생성한 모든 컨테이너와 이미지를 제거한다.

① 모든 컨테이너 삭제

\# docker rm -f $(docker ps -aq)

② 모든 이미지 삭제

\# docker rmi -f $(docker images -q)

③ 컨테이너와 이미지 외에 volume, network 등도 삭제

\# docker system prune -a

◆ **작업 시나리오 2: 셸 스크립트를 사용하여 간단한 Dockerfile 제작하기**
- 이미지를 제작하다 보면 컨테이너가 기동될 때 실행할 프로세스(프로그램)를 셸 스크립트로 작성되는 경우가 많다. 따라서, 셸 스크립트로 프로세스를 실행하는 도커 이미지를 빌드하고, 컨테이너를 기동시켜 본다.

① 셸 스크립트 작성

mkdir -p ~/docker/05_shellscript && cd ~/docker/05_shellscript

cat ≪ EOF > hello.sh

```
#!/bin/sh
echo "Hello, World!"
EOF
```

➡ hello.sh라는 간단한 셸 스크립트를 작성한다.

② Dockerfile 작성

cat ≪ EOF > Dockerfile

```
FROM ubuntu
COPY hello.sh /usr/local/bin
RUN chmod +x /usr/local/bin/hello.sh
CMD ["hello.sh"]
EOF
```

➡ Dockerfile을 작성한다.

③ 이미지 빌드

docker build -t hello .

➡ hello라는 이미지를 생성한다. 참고로 빌드 과정의 메시지를 확인한다.

④ 이미지 생성 확인

```
[root@www 05_shellscript]# docker image ls
REPOSITORY    TAG       IMAGE ID       CREATED         SIZE
hello         latest    cdb1c0803894   2 minutes ago   77.8MB
[root@www 05_shellscript]#
```

➡ 'docker images' 명령으로 hello 이미지 생성 여부를 확인한다.

⑤ 컨테이너 기동

docker run --name myhello hello

➡ 컨테이너가 실행되면서 'Hello, Wrold!'라는 메시지가 터미널에 출력된다.

⑥ 컨테이너 프로세스 상태 확인

```
[root@www 05_shellscript]# docker ps -a
CONTAINER ID   IMAGE    COMMAND     CREATED          STATUS
   PORTS       NAMES
5f8c6leeelbc   hello    "hello.sh"  10 seconds ago   Exited (0) 10 seconds ago
               myhello
[root@www 05_shellscript]#
```

➡ 'docker ps -a' 명령으로 STATUS 항목을 살펴보면 프로세스가 정상종료된 상태여서 Exited로 표시된다.

⑦ 컨테이너 제거

docker rm myhello

docker ps -a

➡ myhello 컨테이너를 제거하고 확인한다.

⑧ hello.sh 스크립트 수정

vi hello.sh

```
#!/bin/sh

while true
do
 echo "Hello, World!"
 sleep 5
done
```

➡ hello.sh 스크립트가 계속 동작할 수 있도록 스크립트를 수정한다.

⑨ 이미지 다시 빌드 및 확인

docker build -t hello .

➡ hello라는 이름으로 이미지를 생성한다.

```
[root@www 05_shellscript]# docker image ls
REPOSITORY   TAG      IMAGE ID       CREATED          SIZE
hello        latest   1e4769890f22   5 seconds ago    77.8MB
<none>       <none>   cdb1c0803894   22 minutes ago   77.8MB
[root@www 05_shellscript]#
```

➡ 'docker image ls' 명령을 실행하면 이전 이미지는 dangling image로 변경된 것을 확인할 수 있다.

⑩ 컨테이너 실행 및 확인

docker run -d --name myhello hello

➡ myhello라는 이름으로 컨테이너를 실행한다.

```
[root@www 05_shellscript]# docker ps -a
CONTAINER ID   IMAGE    COMMAND      CREATED          STATUS         PORTS
   NAMES
4446a3d5bb98   hello    "hello.sh"   14 seconds ago   Up 14 seconds
   myhello
[root@www 05_shellscript]#
```

➡ 'docker ps -a' 명령을 실행해서 STATUS 항목값을 살펴보면 UP 상태임을 알 수 있다.

⑪ 컨테이너 삭제

　　# docker stop myhello

　　# docker rm myhello

◆ 작업 시나리오 3: 간단한 애플리케이션과 도커 이미지 만들기

- python 기반으로 간단한 애플리케이션을 만드는데, Python Flask를 사용한다.
- python 이미지를 빌드하는데 필요한 지침이 포함된 Dockerfile을 만든다.
- 이미지를 빌드하고 새로 빌드된 이미지를 컨테이너로 실행한다.
- 볼륨 및 네트워크 설정도 진행한다.

(1) 1단계: 이미지 빌드

① BuildKit 활성화 및 docker 서비스 재시작

> **참고 | Docker BuildKit**
>
> Docker BuildKit는 기존 프로세스에 비해 상당히 개선된 옵트인 이미지 구축 엔진이다. BuildKit는 이미지 레이어를 병렬로 생성하여 전체 빌드 프로세스를 가속화 한다. 사용자는 성능, 스토리지 관리, 기능 및 보안 향상을 볼 수 있다.
> - https://docs.docker.com/develop/develop-images/build_enhancements/

　가. JSON 파일 생성을 통한 BuildKit 활성화

　　# vi /etc/docker/daemon.json

　　{

　　"features":{"buildkit": true}

　　}

　나. docker 서비스 재시작

　　# systemctl restart docker

② Flask 프레임워크를 사용한 간단한 응용 프로그램 개발 – app.py

> 참고 | Python Flask(파이썬 플라스크)과 Django(장고)
>
> ① Python Flask
>
> | | Python으로 작성된 마이크로 웹 프레임워크(Micro Web Framework)의 하나로서 Python으로 아주 간단한 웹 애플리케이션을 개발할 때 사용한다. Werkzeug 툴킷과 Jinja2 템플릿 엔진에 기반을 둔다. |
> |---|---|
>
> ② django(장고)
>
> | django | Python으로 작성된 오픈 소스 웹 프레임워크이자 풀 스택 프레임워크이다. 모델-뷰-컨트롤러 패턴을 따르는데, 고도의 데이터베이스 기반 웹 사이트를 작성하는 데 있어서 수고를 더는 것이 장고의 주된 목표이다. Python Flask와 비교하면 보다 복잡한 웹 개발에 사용된다. |
> |---|---|

mkdir -p ~/docker/05_python && cd ~/docker/05_python

➡ 실습을 위한 디렉터리를 생성한다.

pip3 install Flask

➡ pip3 명령을 이용해서 Flask를 설치한다.

> 참고 | pip(Pip Installs Packages)
>
> Python 패키지를 설치하고 관리하는 매니저로서 MacOS의 brew, node의 npm, Linux의 apt, yum, dnf와 유사하다. 명령어는 pip를 사용하는데, Python2 버전까지 사용되었고, Python3 버전부터는 pip3을 사용한다.

pip3 freeze | grep Flask >> requirements.txt

➡ pip3 freeze 명령은 설치된 패키지 목록을 출력할 때 사용한다. 이 명령은 결과적으로는 Flask 버전 정보를 requirements.txt 파일에 저장한다.

cat << EOF > app.py

```
from flask import Flask
app = Flask(__name__)

@app.route('/')                                          # curl http://localhost/
def hello_world():
 return 'Hello, Docker!'
EOF
```

➡ app.py라는 파일을 작성한다. 참고로 python은 들여쓰기(Indent)가 중요하다.

③ Flask 웹 서버 실행

python3 -m flask run

➡ flask 웹 서버를 기동한다.

④ 다른 터미널에서 확인

[TERM2] # firefox http://localhost:5000 &

➡ 추가로 터미널을 실행한 후에 명령을 입력한다. 'Hello, Docker!'라는 웹페이지를 확인할 수 있다. 웹 페이지를 확인했으면 첫 번째 터미널에서 실행한 flask 웹 서버를 [Ctrl]+[c] 키를 눌러서 종료한다.

⑤ Python용 Dockerfile 생성

cat << EOF > Dockerfile

```
# syntax=docker/dockerfile:1
FROM python:3.8-slim-buster
WORKDIR /app
COPY requirements.txt requirements.txt
RUN pip3 install -r requirements.txt
COPY . .
CMD ["python3", "-m", "flask", "run", "--host=0.0.0.0"]
EOF
```

➡ syntax 관련 정보는 'https://docs.docker.com/build/dockerfile/frontend/' 에서 확인할 수 있다.

⑥ 디렉터리 내용 확인

```
[root@www 05_python]# tree
|-- Dockerfile
|-- __pycache__
|   `-- app.cpython-36.pyc
|-- app.py
`-- requirements.txt

1 directory, 4 files
[root@www 05_python]#
```

➡ tree 명령을 이용해서 현재 디렉터리의 내용을 확인한다.

⑦ 이미지 빌드

docker build -t python-docker .

➡ python-docker라는 이미지를 생성한다.

⑧ 생성된 이미지 확인

```
[root@www 05_python]# docker images python-docker
REPOSITORY      TAG       IMAGE ID       CREATED         SIZE
python-docker   latest    0075b969e340   2 minutes ago   129MB
[root@www 05_python]#
```

➡ 'docker images python-docker' 명령을 사용해서 확인한다.

> **참고 | 이미지 태그 설정 관련 실습**
>
> 이미지에 태그 설정이 필요한 경우에는 다음과 같이 실행한다.
>
> **┃사용 예┃**
> # docker tag python-docker python-docker:v1.0.0
> ➡ v1.0.00이라는 태그를 설정한다.
> # docker images
> ➡ 이미지 목록을 확인한다.
> # docker rmi python-docker:v1.0.0
> ➡ v1.0.0 태그가 설정된 이미지를 제거한다.
> # docker images
> ➡ 이미지 목록을 확인한다.

(2) 2단계: 컨테이너 실행

① 분리 모드에서 컨테이너 실행

   # docker run -d -p 8000:5000 --name rest-server python-docker

      ➡ rest-server라는 이름으로 컨테이너를 실행한다.

② 컨테이너 동작 확인

```
[root@www 05_python]# docker ps -a
CONTAINER ID   IMAGE          COMMAND              CREATED         STATUS
     PORTS                                         NAMES
d5f289c8caf8   python-docker  "python3 -m flask ru…"  7 seconds ago   Up 6 s
econds   0.0.0.0:8080->5000/tcp, :::8080->5000/tcp  rest-server
[root@www 05_python]#
```

      ➡ 'docker ps -a' 명령으로 확인한다.

③ 포트 접근을 통한 확인

   # curl localhost:8000

      ➡ 'Hello, Docker!'라는 메시지를 확인할 수 있다.

(3) 3단계: 개발 컨테이너 사용

① 데이터베이스를 위한 볼륨 생성

   # docker volume create mysql

   # docker volume create mysql_config

      ➡ mysql 및 mysql_config라는 볼륨을 생성한다.

② 볼륨 정보 확인

```
[root@www 05_python]# docker volume ls
DRIVER      VOLUME NAME
local       mysql
local       mysql_config
[root@www 05_python]#
```

➡ 'docker volume ls' 명령으로 확인한다.

③ 데이터베이스를 위한 네트워크 생성

docker network create mysqlnet

➡ 새로 기동되는 컨테이너를 위해서 mysqlnet이라는 도커 네트워크를 생성한다.

④ 생성된 네트워크 확인

```
[root@www 05_python]# docker network ls
NETWORK ID     NAME       DRIVER    SCOPE
5b05b9a7a00d   bridge     bridge    local
29a978ca929d   host       host      local
2ef700e86ec4   mysqlnet   bridge    local
48b8421f4187   none       null      local
[root@www 05_python]#
```

➡ 'docker network ls' 명령으로 확인한다.

⑤ 데이터베이스 컨테이너 실행

docker run --rm -d -v mysql:/var/lib/mysql ₩

-v mysql_config:/etc/mysql -p 3306:3306 ₩

--network mysqlnet ₩

--name mysqldb ₩

-e MYSQL_ROOT_PASSWORD=password ₩

mysql

⑥ 컨테이너 확인

```
[root@www 05_python]# docker ps -a
CONTAINER ID   IMAGE           COMMAND                  CREATED          STATU
S              PORTS                                              NAMES
8b9a9059cf9c   mysql           "docker-entrypoint.s…"   12 seconds ago   Up 11
 seconds      0.0.0.0:3306->3306/tcp, :::3306->3306/tcp, 33060/tcp   mysqldb
d5f289c8caf8   python-docker   "python3 -m flask ru…"   17 minutes ago   Up 17
 minutes      0.0.0.0:8080->5000/tcp, :::8080->5000/tcp             rest-server
[root@www 05_python]#
```

➡ 'docker ps -a' 명령으로 확인한다.

⑦ 데이터베이스 컨테이너 접속 테스트

docker exec -it mysqldb mysql -u root -p

➡ 설정한 root 패스워드인 password를 입력하여 접속한다. 종료할 때는 mysql> 프롬프트에서 quit를 입력한다.

⑧ 애플리케이션을 데이터베이스에 연결하기

vi app.py

```
import mysql.connector
import json
```

```python
from flask import Flask
app = Flask(__name__)
# (1) 테스트용 기본 내용
# 외부에서 요청: http://server/
@app.route('/')
def hello_world():
  return 'Hello, Docker!'
# (2) 레코드 가져오기
# 외부에서 요청: http://server/widgets
@app.route('/widgets')
def get_widgets():
  mydb = mysql.connector.connect(
    host="mysqldb",
    user="root",
    password="password",
    database="inventory"
  )
  cursor = mydb.cursor()

  cursor.execute("DROP DATABASE IF EXISTS inventory")
  cursor.execute("CREATE DATABASE inventory")
  cursor.execute("use inventory")
  cursor.execute("CREATE TABLE widgets (name VARCHAR(255), description VARCHAR(255))")
  cursor.execute("INSERT INTO widgets (name, description) VALUES ('lee', 'test1')")
  cursor.execute("INSERT INTO widgets (name, description) VALUES ('kim', 'test2')")
  cursor.execute("INSERT INTO widgets (name, description) VALUES ('baik', 'test3')")

  cursor.execute("SELECT * FROM widgets")

  #this will extract row headers
  row_headers=[x[0] for x in cursor.description]

  results = cursor.fetchall()
  json_data=[]
  for result in results:
    json_data.append(dict(zip(row_headers,result)))

  cursor.close()

  return json.dumps(json_data)
# (3) 레코드 삽입
# 외부에서 요청: http://server/initdb
@app.route('/initdb')
def db_init():
```

```python
    mydb = mysql.connector.connect(
      host="mysqldb",
      user="root",
      password="password"
    )
    cursor = mydb.cursor()

    cursor.execute("DROP DATABASE IF EXISTS inventory")
    cursor.execute("CREATE DATABASE inventory")
    cursor.close()

    mydb = mysql.connector.connect(
      host="mysqldb",
      user="root",
      password="password",
      database="inventory"
    )
    cursor = mydb.cursor()

    cursor.execute("DROP TABLE IF EXISTS widgets")
    cursor.execute("CREATE TABLE widgets (name VARCHAR(255), description VARCHAR(255))")
    cursor.close()

    return 'init database'

if __name__ == "__main__":
    app.run(host ='0.0.0.0')
```

➡ 기존의 app.py 파일에 새로운 내용을 추가하였다. MYSQL 모듈을 추가하고 코드를 업데이트한다. 데이터베이스 서버에 연결하고 데이터베이스와 테이블을 생성한다. 또한 위젯을 저장하고 위젯을 가져오는 몇 가지 경로를 만들었다.

⑨ pip 명령을 사용하여 모듈을 추가

```
# pip3 install mysql-connector-python
# pip3 freeze | grep mysql-connector-python >> requirements.txt
```

⑩ 이미지 다시 빌드 및 컨테이너 기동

```
# docker rm -f rest-server
```
➡ 이전 실습으로 실행한 컨테이너인 rest-server가 존재한다면 제거한다.

```
# docker build --no-cache -t python-docker-dev .
```
➡ python-docker-dev라는 이름으로 이미지를 생성한다.

```
# docker run --rm -d --network mysqlnet --name rest-server -p 8000:5000 ₩
python-docker-dev
```
➡ rest-server라는 이름으로 컨테이너를 기동한다.

⑪ 컨테이너 동작 확인

```
[root@www 05_python]# docker ps -a
CONTAINER ID   IMAGE              COMMAND                  CREATED          ST
ATUS          PORTS                                                         NAMES
b5178505cb8b   python-docker-dev  "python3 -m flask ru…"   6 minutes ago    Up
 6 minutes    0.0.0.0:8000->5000/tcp, :::8000->5000/tcp                     rest-serve
r
7654e889ef6b   mysql              "docker-entrypoint.s…"   3 hours ago      Up
 3 hours      0.0.0.0:3306->3306/tcp, :::3306->3306/tcp, 33060/tcp          mysqldb
[root@www 05_python]#
```

➡ 'docker ps -a' 명령으로 확인한다.

⑫ 정보 확인

curl http://localhost:8000/initdb

➡ 'init database'라는 메시지를 확인할 수 있다.

curl -s http://localhost:8000/widgets

➡ (출력 결과)

[{"name": "lee", "description": "test1"}, {"name": "kim", "description": "test2"}, {"name": "baik", "description": "test3"}]

```
[root@www 05_python]# curl -s http://localhost:8000/widgets | jq
[
  {
    "name": "lee",
    "description": "test1"
  },
  {
    "name": "kim",
    "description": "test2"
  },
  {
    "name": "baik",
    "description": "test3"
  }
]
[root@www 05_python]#
```

➡ 'curl -s http://localhost:8000/widgets | jq' 명령으로 정렬된 결과를 확인할 수 있다.

> **참고 | jq 소개**
>
> jq는 명령행 기반의 가볍고 유연한 JSON 데이터 처리 명령어이다. JSON 데이터에 대한 sed 명령어라고 생각하면 된다. 보통 텍스트 데이터를 처리할 때 sed, awk, grep 등의 명령어를 사용하는데, jq는 JSON과 같은 구조화된 데이터를 필터링, 매핑, 변환하는 역할을 수행한다.
>
> **｜관련 URL｜**
> https://jqlang.github.io/jq/

⑬ 실습 환경 정리

docker container rm -f $(docker ps -aq)

➡ 모든 컨테이너를 제거한다.

```
# docker image rm -f $(docker image ls -aq)
```
➡ 모든 컨테이너 이미지를 제거한다.

4.5 미니 프로젝트

4.5.1 vsftpd 서버 이미지 만들기

▶ **프로젝트 개요**

vsftpd 기반의 FTP 서버 운영을 위한 Dockerfile을 생성하고 컨테이너 이미지를 생성한다. vsftpd는 익명(anonymous) 서버로 운영한다.

◆ **실습 시스템**
- 서버와 클라이언트 역할을 수행하는 2대의 시스템을 준비한다.

| 구성 예 |

시스템	설명	IP 주소 예
docker1	컨테이너 이미지를 생성하고 운영하는 시스템	192.168.56.129
docker2	클라이언트 역할을 수행하는 시스템	192.168.56.130

◆ **실습 시나리오**

(1) 작업 개요

다음과 같은 조건을 갖는 이미지를 제작한다.

| 작업 조건 |

조건	내역
작업 디렉터리	~/docker/05_minpro1
Base Image	centos:7
이미지 파일명	ftpimage
컨테이너명	myftp

| 서버 설정에 대한 정보 |

조건	내역
vsftpd 서버 기능	Anonymous FTP(다운로드 전용)
network	ftpnet
volume	ftpvol → /var/ftp/pub
port	Active Mode(21/tcp, 20/tcp)

* 참고: vsftpd.conf 파일은 별도로 작업 후 복사해서 배포하는 형식으로 작업한다.

(2) 작업 절차

① 최소 기능을 가진 도커 이미지 빌드 및 도커 컨테이너 기동
② 테스트를 진행하며 기능 추가:
③ 최종 테스트

▶ 컨테이너 이미지 제작 과정

> (주의) 호스트 시스템에서 21번 포트를 사용하고 있는지 반드시 확인해야 한다.
> 　　# systemctl disable --now vsftpd
> 　　# netstat -antup | grep :21

① 작업 디렉터리 생성
　# mkdir -p ~/docker/05_minpro1 && cd ~/docker/05_minpro1
② Base Image를 다운로드 및 확인
　# docker pull centos:7
　　➡ 조건으로 제시된 Base image를 pull 한다.
　# docker image ls
　　➡ 다운로드된 이미지를 확인한다.
③ Dockerfile 작성
　# vi Dockerfile
```
FROM centos:7
```
　　➡ centos 7 버전을 기본 운영체제로 지정하는 Dockerfile을 생성한다.
④ 컨테이너에 서버 패키지 설치 작업
　호스트 시스템의 프로그램과 상관없이 다운로드한 컨테이너 이미지의 서버 설정과 연관되어 있으므로 반드시 컨테이너 안으로 들어가서 설정 작업을 진행해야 한다.

가. 컨테이너 실행 및 접근

　　# docker run -it --name ftpserver centos:7 /bin/bash

　　　➡ ftpserver라는 이름으로 컨테이너를 실행하면서 접근한다.

나. 컨테이너에서 진행할 작업

　　docker# yum -y update

　　docker# yum -y install vsftpd

　　docker# yum clean all

　　　➡ 컨테이너는 CentOS 7 버전이므로 yum 명령어를 이용해서 업데이트 및 설치를 진행한다.

다. vsftpd 서버의 환경 설정 파일 편집 작업

　　docker# cat 《 EOF 》 /etc/vsftpd/vsftpd.conf

```
background=NO
port_enable=YES
ftp_data_port=20
EOF
```

　　　➡ vsftpd 서버 설정 조건에 따라 주요 설정만을 추가한다.

라. vsftpd.conf 파일 내용 확인

　　docker# cat /etc/vsftpd/vsftpd.conf

　　docker# exit

　　　➡ vsftpd.conf 파일의 내용을 확인한 후에 컨테이너에서 빠져나온다.

⑤ vsftpd.conf 파일을 견본(template) 파일로 복사

　　# docker cp ftpserver:/etc/vsftpd/vsftpd.conf vsftpd.conf.centos7.template

　　　➡ 호스트 운영체제에서 컨테이너의 vsftpd.conf 파일을 견본 파일로 복사한다.

⑥ Dockerfile에 관련 작업 내용을 추가

　　# vi Dockerfile

```
FROM centos:7
RUN yum -y update && yum -y install vsftpd && yum clean all
COPY vsftpd.conf.centos7.template /etc/vsftpd/vsftpd.conf
```

　　　➡ RUN 및 COPY 명령을 이용해서 추가해서 Dockerfile을 편집한다.

⑦ 컨테이너 기동 및 확인

　　# docker start ftpserver

　　# docker exec -it ftpserver /bin/bash

　　　➡ ftpserver 컨테이너를 기동하고 접속해서 셸을 실행한다.

　　docker# /usr/sbin/vsftpd

➡ vsftpd 데몬 파일을 직접 실행했을 때 마치 멈춘 것처럼 프롬프트가 나타나지 않으면 정상적으로 동작하는 것이다. [Ctrl]+[c] 키를 눌러서 종료한다.

docker# exit

➡ exit 명령을 입력해서 컨테이너에서 빠져나온다.

⑧ banner 패키지 설치를 통한 메시지 파일 생성

dnf -y install banner

➡ 배너를 생성하는 banner 패키시를 설치한다.

banner HELLO > WelcomeToMyFTPServer.txt

➡ 배너용 파일을 생성한다.

⑨ Dockerfile에 관련 작업 내용을 추가

vi Dockerfile

```
FROM centos:7

RUN yum -y update && yum -y install vsftpd && yum clean all
COPY vsftpd.conf.centos7.template /etc/vsftpd/vsftpd.conf

VOLUME /var/ftp/pub
COPY WelcomeToMyFTPServer.txt /var/ftp/pub/WelcomeToMyFTPServer.txt
EXPOSE 21 20

ENTRYPOINT /usr/sbin/vsftpd
```

➡ Dockerfile을 추가로 편집하여 최종적으로 완성한다.

▶ Dockerfile 확인 및 테스트

① 완성된 Dockerfile 확인

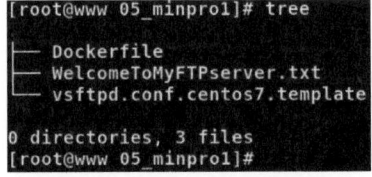

➡ tree 명령으로 파일 목록을 확인한다.

```
[root@www 05_minpro1]# cat Dockerfile
FROM centos:7

RUN yum -y update && yum -y install vsftpd && yum clean all
COPY vsftpd.conf.centos7.template /etc/vsftpd/vsftpd.conf

VOLUME /var/ftp/pub
COPY WelcomeToMyFTPServer.txt /var/ftp/pub/WelcomeToMyFTPServer.txt
EXPOSE 21 20

ENTRYPOINT /usr/sbin/vsftpd
[root@www 05_minpro1]#
```

➡ 'cat Dockerfile' 파일 명령으로 내용을 확인한다.

② 이미지 빌드 및 확인

　# docker build --no-cache -t ftpimage .

　　➡ ftpimage라는 이미지를 생성한다.

```
[root@www 05_minpro1]# docker image ls -a
REPOSITORY    TAG       IMAGE ID       CREATED          SIZE
ftpimage      latest    c6cc3613b34f   16 seconds ago   367MB
centos        7         eeb6ee3f44bd   23 months ago    204MB
[root@www 05_minpro1]#
```

　　➡ 'docker images -a' 명령으로 확인한다.

③ 컨테이너 기동 및 확인

　가. 기존에 기동 중인 컨테이너 삭제

　　# docker rm -f $(docker ps -aq)

　나. 생성된 ftpimage를 이용한 컨테이너 실행

　　# docker network create ftpnet

　　　➡ ftpnet이라는 네트워크를 생성한다.

　　# docker run -d --name myftp -p 21:21 -v ftpvol:/var/ftp/pub --net ftpnet ftpimage

　　　➡ ftpimage를 이용해서 myftp라는 이름의 컨테이너를 기동한다.

　다. 컨테이너 동작 확인

```
[root@www 05_minpro1]# docker ps -a
CONTAINER ID   IMAGE      COMMAND               CREATED          STATUS
    PORTS                                       NAMES
1400a483a173   ftpimage   "/bin/sh -c /usr/sbi…" 16 seconds ago   Up 15 second
s   20/tcp, 0.0.0.0:21->21/tcp, :::21->21/tcp   myftp
[root@www 05_minpro1]#
```

　　➡ 'docker ps -a' 명령으로 컨테이너 동작을 확인한다.

▶ 도커 컨테이너 테스트

컨테이너가 운영중인 서버의 외부에서 접속하기 위해서 별도의 시스템인 docker2에서 ftp 클라이언트 패키지를 설치하고 접속해본다.

① docker2 시스템에 ftp 클라이언트 패키지 설치

　# dnf -y install ftp

　　➡ ftp 클라이언트 패키지를 설치한다.

② docker1 시스템에 접속

　# ftp -A 192.168.56.129

　　➡ docker1에 Active Mode로 접속한다.

③ 접속 확인

```
[root@www ~]# ftp -A 192.168.56.129 21
Connected to 192.168.56.129 (192.168.56.129).
220 (vsFTPd 3.0.2)
Name (192.168.56.129:root): ftp
331 Please specify the password.
Password:
230 Login successful.
Remote system type is UNIX.
Using binary mode to transfer files.
ftp>
```

➡ 익명 서버인 경우에는 아이디 및 패스워드 부분에 anonymous 또는 ftp라고 기재하면 된다.
접속 종료시에는 exit 명령을 입력한다.
// 명령어는 테스트 필요함//

④ 실습 환경 정리 삭제

docker rm -f myftp

docker image rm ftpimage

docker network rm ftpnet

docker volume rm ftpvol

4.5.2 PHP 연동 웹 서버 이미지 만들기

▶ 프로젝트 개요

Apache HTTP 웹 서버와 PHP 웹 프로그래밍 언어가 연동하는 이미지를 제작한다.

● 실습 시스템

- 각각 서버와 클라이언트 역할을 수행하는 docker1 시스템과 docker2 시스템을 준비한다.
- 외부 접속 테스트를 진행하지 않는 경우에는 docker2 시스템은 준비할 필요는 없다.

┃구성 예┃

시스템	설명	IP 주소 예
docker1	컨테이너 이미지를 생성하고 운영하는 시스템	192.168.56.129
docker2	외부에서 접속 테스트하는 클라이언트 역할의 시스템	192.168.56.130

● 실습 시나리오

(1) 작업 개요

다음과 같은 조건을 갖는 이미지를 제작한다.

작업 조건

조건	내역
작업 디렉터리	~/docker/05_minpro2
Base Image	centos:7
이미지 파일명	phpimage
컨테이너명	myphp

서버 설정에 대한 정보

조건	내역
PHP 연동 웹 서버	/vara/www/html/index.html 파일로 서비스
network	phpnet
volume 1	phpvol → /var/www/html
volume 2	logvol → /var/log/httpd
port	80/tcp

PHP 연동 웹 서버 테스트 설정

① /var/www/html/index.html의 이미지 링크를 클릭하면 info.php가 실행되도록 작업한다.

② /var/www/html/info.php는 phpinfo() 함수가 실행되도록 작업한다.

예 info.php

```
<?php phpinfo(); ?>
```

(2) 작업 절차

① 도커 이미지 빌드

② 도커 컨테이너 기동

③ 테스트(기능 추가 후 테스트)

④ 완료 테스트

▶ 컨테이너 이미지 제작

① 작업 디렉터리 생성

mkdir -p ~/docker/05_minpro2 && cd ~/docker/05_minpro2

② Base Image를 다운로드 및 확인

docker pull centos:7

➡ 조건으로 제시된 Base image를 pull 한다.

docker image ls

➡ 다운로드된 이미지를 확인한다.

 참고 | Dockerfile 반영 예

vi Dockerfile

```
FROM centos:7
```

③ 컨테이너에 서버 패키지 설치 작업

호스트 시스템의 프로그램과 상관없이 다운로드한 컨테이너 이미지의 서버 설정과 연관되어 있으므로 반드시 컨테이너 안으로 들어가서 설정 작업을 진행해야 한다.

가. 컨테이너 실행 및 접근

docker run -it --name web centos:7 /bin/bash

➡ web이라는 이름으로 컨테이너를 실행하면서 접근한다.

나. 컨테이너에서 진행할 작업

docker# yum -y install httpd php

docker# yum clean all

docker# exit

➡ 컨테이너는 CentOS 7 버전이므로 yum 명령어를 이용해서 업데이트 및 설치를 진행한다. 작업 후에는 exit 명령으로 컨테이너를 빠져나온다.

④ 웹 서버에 사용할 파일 생성 및 아카이브 파일로 작업

vi index.html

```
<html>
<a href="./info.php" height="" width="" target="_blank">
<img   src="https://socradar.io/wp-content/uploads/2023/03/anonymous-sudan-1024x532.png" alt="Click the image above to connect.">
<a>
</html>
```

➡ index.html 파일을 작성한다.

vi info.php

```
<?php phpinfo(); ?>
```

➡ info.php 파일을 작성한다.

tar cf src.tar index.html info.php

➡ 2개의 파일을 src.tar 파일로 묶는다.

docker cp src.tar web:/var/www/html

➡ src.tar 파일을 컨테이너의 웹 디렉터리로 복사한다.

> **참고 | Dockerfile 반영 예**
>
> # vi Dockerfile
>
> ```
> FROM centos:7
> RUN yum -y install httpd php && yum clean all
> ADD src.tar /var/www/html
> ```

⑤ 컨테이너 기동 및 확인

docker start web

docker exec -it web /bin/bash

➡ web 컨테이너를 기동하고 접속해서 셸을 실행한다.

docker# /usr/sbin/httpd -D FOREGROUND

➡ 'ServerName'을 설정하지 않아서 경고 메시지가 출력되지만, 명령 프롬프트가 나타나지 않으면 정상적으로 동작중이다. [Ctrl]+[c] 키를 눌러서 종료한다.

docker# exit

➡ exit 명령을 입력해서 컨테이너에서 빠져나온다.

⑥ Dockerfile 작성

vi Dockerfile

```
FROM centos:7
RUN yum -y install httpd php && yum clean all
ADD src.tar /var/www/html
EXPOSE 80
VOLUME /var/www/html /var/log/httpd
ENTRYPOINT /usr/sbin/httpd -D FOREGROUND
```

➡ Dockerfile에 작업 내용을 기재하여 완성한다.

▶ Dockerfile 확인 및 테스트

① 완성된 Dockerfile 확인

```
[root@www 05_minpro2]# tree
.
├── Dockerfile
├── index.html
├── info.php
└── src.tar

0 directories, 4 files
[root@www 05_minpro2]#
```

➡ tree 명령으로 파일 목록을 확인한다.

```
[root@www 05_minpro2]# cat Dockerfile
FROM centos:7

RUN yum -y install httpd php && yum clean all

ADD src.tar /var/www/html

EXPOSE 80
VOLUME /var/www/html /var/log/httpd

ENTRYPOINT /usr/sbin/httpd -D FOREGROUND
[root@www 05_minpro2]#
```

➡ 'cat Dockerfile' 파일 명령으로 내용을 확인한다.

② 이미지 빌드 및 확인

　# docker build --no-cache -t phpimage .

➡ phpimage라는 이미지를 생성한다.

```
[root@www 05_minpro2]# docker image ls -a
REPOSITORY    TAG       IMAGE ID       CREATED          SIZE
phpimage      latest    eb4e215dd08c   27 seconds ago   278MB
centos        7         eeb6ee3f44bd   23 months ago    204MB
[root@www 05_minpro2]#
```

➡ 'docker images -a' 명령으로 확인한다.

③ 컨테이너 기동 및 확인

　가. 기존에 기동 중인 컨테이너 삭제

　　# docker rm -f $(docker ps -aq)

　나. 생성된 phpimage를 이용한 컨테이너 실행

　　# docker network create phpnet

　　　➡ phpnet이라는 네트워크를 생성한다.

　　# docker run -d --name myphp -p 80:80 -v phpvol:/var/www/html \
　　　-v logvol:/var/log/httpd --net phpnet phpimage

　　　➡ phpimage를 이용해서 myphp라는 이름의 컨테이너를 기동한다.

다. 컨테이너 동작 확인

```
[root@www 05_minpro2]# docker ps -a
CONTAINER ID   IMAGE      COMMAND                CREATED         STATUS
    PORTS                                NAMES
2258147eda2e   phpimage   "/bin/sh -c '/usr/sb…"  10 seconds ago  Up 8 seconds
    0.0.0.0:80->80/tcp, :::80->80/tcp    myphp
[root@www 05_minpro2]#
```

➡ 'docker ps -a' 명령으로 컨테이너 동작을 확인한다.

▶ 도커 컨테이너 테스트 및 정리

이미지를 활용한 웹페이지 테스트를 진행하는 관계로 firefox 웹 브라우저를 사용한다.

① docker1 시스템에서 테스트

firefox http://localhost &

➡ localhost를 호출해서 접속한다. 나타난 이미지를 클릭하면 PHP 관련 정보를 확인할 수 있다.

② docker2 시스템에 접속

firefox http://192.168.56.129 &

➡ docker1의 IP 주소인 192.168.56.129번을 호출에서 접속한다.

③ 실습 환경 정리 삭제

docker rm -f myphp

docker image rm phpimage

docker network rm phpnet

docker volume rm phpvol

docker volume rm logvol

4.5.3 Python 연동 웹 서버 이미지 만들기

▶ 프로젝트 개요

Apache HTTP 웹 서버와 Python 언어가 연동하는 이미지를 제작한다.

● 실습 시스템

- 각각 서버와 클라이언트 역할을 수행하는 docker1 시스템과 docker2 시스템을 준비한다.
- 외부 접속 테스트를 진행하지 않는 경우에는 docker2 시스템은 준비할 필요는 없다.

구성 예

시스템	설명	IP 주소 예
docker1	컨테이너 이미지를 생성하고 운영하는 시스템	192.168.56.129
docker2	외부에서 접속 테스트하는 클라이언트 역할의 시스템	192.168.56.130

● 실습 시나리오

(1) 작업 개요

다음과 같은 조건을 갖는 이미지를 제작한다.

작업 조건

조건	내역
작업 디렉터리	~/docker/05_minpro3
Base Image	centos:7
이미지 파일명	wsgiimage
컨테이너명	mywsgi

서버 설정에 대한 정보

조건	내역
PHP 연동 웹 서버	/vara/www/html/myapp.wsgi 파일로 서비스
network	wsginet
volume 1	wsgivol → /var/www/html
volume 2	wsgilogvol → /var/log/httpd
port	80/tcp

> **참고 | CGI와 WSGI**
>
> ① CGI(Common Gateway Interface)
>   웹 서버상에서 사용자 응용 프로그램을 동작시키기 위한 인터페이스를 의미한다.
> ② WSGI(Web Server Gateway Interface)
>   웹 서버 소프트웨어와 Python으로 작성된 웹 응용 프로그램 간의 표준 인터페이스를 의미한다.

(2) 작업 절차

① 최소 기능을 갖는 도커 이미지 빌드
② 도커 컨테이너 기동
③ 테스트를 진행하면서 기능 추가
④ 최종 테스트

▶ 컨테이너 이미지 제작

> (주의) 호스트 시스템에서 80번 포트를 사용하고 있는지 반드시 확인해야 한다.
>   # systemctl disable --now httpd
>   # netstat -antup | grep :80

① 작업 디렉터리 생성
   # mkdir -p ~/docker/05_minpro3 && cd ~/docker/05_minpro3
② Base Image를 다운로드 및 확인
   # docker pull centos:7
      ➡ 조건으로 제시된 Base image를 pull 한다.
   # docker image ls
      ➡ 다운로드된 이미지를 확인한다.

> **참고 | Dockerfile 반영 예**
>
> # vi Dockerfile
> ```
> FROM centos:7
> ```

③ 컨테이너에 서버 패키지 설치 작업
   호스트 시스템의 프로그램과 상관없이 다운로드한 컨테이너 이미지의 서버 설정과 연관되어 있으므로 반드시 컨테이너 안으로 들어가서 설정 작업을 진행해야 한다.
   가. 컨테이너 실행 및 접근
      # docker run -it --name wsgi centos:7 /bin/bash
         ➡ wsgi라는 이름으로 컨테이너를 실행하면서 접근한다.
   나. 컨테이너에서 진행할 작업
      docker# yum -y install httpd mod_wsgi
      docker# yum clean all

➡ 컨테이너는 CentOS 7 버전이므로 yum 명령어를 이용해서 업데이트 및 설치를 진행한다. 작업 후에는 exit 명령으로 컨테이너를 빠져나온다.

 참고 | Dockerfile 반영 예

```
# vi Dockerfile
```
```
FROM centos:7

RUN yum -y install httpd mod_wsgi && yum clean all
```

다. 컨테이너 내부의 주요 설정 파일 작업

docker# cat ⟨⟨EOF ⟩ /etc/httpd/conf.d/vhost.conf

```
⟨VirtualHost *:80⟩
   DocumentRoot "/var/www/html"
   ServerName mypy
   ServerAdmin webmaster@example.com
   WSGIScriptAlias /myapp /var/www/html/myapp.wsgi
   ⟨Directory /var/www/html⟩
      Require all granted
   ⟨/Directory⟩
⟨/VirtualHost⟩
EOF
```

➡ vhost.conf 파일을 작성한다.

docker# cat ⟨⟨EOF ⟩ /var/www/html/myapp.wsgi

```
def application(environ, start_response):
   status = '200 OK'
   output = b'Hello World!'

   response_headers = [('Content-type', 'text/plain'),
              ('Content-Length', str(len(output)))]
   start_response(status, response_headers)

   return [output]
EOF
```

➡ myapp.wsgi 파일을 작성한다.

docker# exit

➡ 작업이 완료되면 exit 명령으로 컨테이너를 빠져나온다.

④ 컨테이너에 작업한 파일을 견본(template) 파일로 복사

docker cp wsgi:/etc/httpd/conf.d/vhost.conf vhost.conf

docker cp wsgi:/var/www/html/myapp.wsgi myapp.wsgi

➡ 컨테이너에서 작업한 vhost.conf 및 myapp.wsgi 파일을 호스트 시스템에 견본 파일로 복사한다.

> **참고 | Dockerfile 반영 예**
>
> # vi Dockerfile
>
> ```
> FROM centos:7
>
> RUN yum -y install httpd mod_wsgi && yum clean all
> COPY vhost.conf /etc/httpd/conf.d
> COPY myapp.wsgi /var/www/html/myapp.wsgi
> ```

⑤ 컨테이너 기동 및 확인

docker start wsgi

docker exec -it wsgi /bin/bash

➡ web 컨테이너를 기동하고 접속해서 셸을 실행한다.

docker# /usr/sbin/httpd -D FOREGROUND

➡ 'ServerName'을 설정하지 않아서 경고 메시지가 출력되지만, 명령 프롬프트가 나타나지 않으면 정상적으로 동작중이다. [Ctrl]+[c] 키를 눌러서 종료한다.

docker# exit

➡ exit 명령을 입력해서 컨테이너에서 빠져나온다.

⑥ Dockerfile 작성

vi Dockerfile

```
FROM centos:7

RUN yum -y install httpd mod_wsgi && yum clean all
COPY vhost.conf /etc/httpd/conf.d
COPY myapp.wsgi /var/www/html/myapp.wsgi

VOLUME /var/www/html /var/log/httpd
EXPOSE 80

ENTRYPOINT /usr/sbin/httpd -D FOREGROUND
```

➡ Dockerfile에 작업 내용을 기재하여 완성한다.

▶ Dockerfile 확인 및 테스트

① 완성된 Dockerfile 확인

```
[root@www 05_minpro3]# tree
├── Dockerfile
├── myapp.wsgi
└── vhost.conf

0 directories, 3 files
[root@www 05_minpro3]#
```

➡ tree 명령으로 파일 목록을 확인한다.

```
[root@www 05_minpro3]# cat Dockerfile
FROM centos:7

RUN yum -y install httpd mod_wsgi && yum clean all
COPY vhost.conf /etc/httpd/conf.d
COPY myapp.wsgi /var/www/html/myapp.wsgi

VOLUME /var/www/html /var/log/httpd
EXPOSE 80

ENTRYPOINT /usr/sbin/httpd -D FOREGROUND
[root@www 05_minpro3]#
```

➡ 'cat Dockerfile' 파일 명령으로 내용을 확인한다.

② 이미지 빌드 및 확인

docker build --no-cache -t wsgiimage .

➡ wsgiimage라는 이미지를 생성한다.

```
[root@www 05_minpro3]# docker image ls -a
REPOSITORY    TAG       IMAGE ID       CREATED            SIZE
wsgiimage     latest    ef002948e69b   About a minute ago 261MB
centos        7         eeb6ee3f44bd   23 months ago      204MB
[root@www 05_minpro3]#
```

➡ 'docker images -a' 명령으로 확인한다.

③ 컨테이너 기동 및 확인

가. 기존에 기동 중인 컨테이너 삭제

docker rm -f $(docker ps -aq)

나. 생성된 wsgiimage를 이용한 컨테이너 실행

docker network create wsginet

➡ wsginet이라는 네트워크를 생성한다.

docker run -d --name mywsgi -p 80:80 -v wsgivol:/var/www/html \
-v wsgilogvol:/var/log/httpd --net wsginet wsgiimage

➡ wsgiimage를 이용해서 mywsgi라는 이름의 컨테이너를 기동한다.

다. 컨테이너 동작 확인

```
[root@www 05_minpro3]# docker ps -a
CONTAINER ID   IMAGE       COMMAND              CREATED              STATUS
               PORTS                            NAMES
bdb06228b522   wsgiimage   "/bin/sh -c '/usr/sb…"   About a minute ago   Up Abou
t a minute     0.0.0.0:80->80/tcp, :::80->80/tcp   mywsgi
[root@www 05_minpro3]#
```

➡ 'docker ps -a' 명령으로 컨테이너 동작을 확인한다.

▶ 도커 컨테이너 테스트

① docker1 시스템에서 테스트

　# firefox http://localhost &

　　➡ localhost를 호출해서 접속한다. 나타난 이미지를 클릭하면 PHP 관련 정보를 확인할 수 있다.

② docker2 시스템에 접속

　# firefox http://192.168.56.129 &

　　➡ docker1의 IP 주소인 192.168.56.129번을 호출에서 접속한다.

③ 실습 환경 정리 삭제

　# docker rm -f mywsgi

　# docker image rm wsgiimage

　# docker network rm wsginet

　# docker volume rm wsgivol wsgilogvol

Chapter 05

이미지 공개

5.1 도커 이미지의 자동 생성 및 공개

5.2 프라이빗 레지스트리 구축

5.3 구글 클라우드에 프라이빗 레지스트리 구성 작업

Chapter 05 이미지 공개

5.1 도커 이미지의 자동 생성 및 공개

5.1.1 도커 이미지 자동 빌드

▶ 개요

도커 파일(Dockerfile)을 깃허브(GitHub) 등에서 관리하고 도커 허브(Docker Hub)와 연결하면 도커 파일(Dockerfile)로부터 자동으로 도커 이미지를 생성하고 공개할 수 있다.

참고 │ 주요 버전 관리 서비스

명칭	설명
GitHub	깃허브(GitHub)는 분산 버전 컨트롤 소프트웨어인 깃(Git)을 기반으로 소스 코드를 호스팅하고, 협업 기능 등을 지원하는 마이크로소프트(Microsoft)의 웹 서비스이다. 깃(Git)은 2005년 리눅스를 만든 리누스 토발즈와 주니오 하마노가 개발한 분산형 버전 관리 시스템으로 현재 가장 인기 있는 소스 코드 호스팅 서비스이자 소프트웨어 개발 플랫폼이다.
Bitbucket	Atlassian이 제공하는 버전 관리를 위한 저장소 서비스이다. 유료 계정과 무료 계정으로 나뉘고, 무료 계정의 경우 사용자가 5명 이하면 비공개 리포지토리를 무제한으로 만들 수 있다.

▶ 자동화된 빌드(Automated Build)의 흐름

도커 허브(Docker Hub)에는 버전 관리 도구인 GitHub 및 Bitbucket과 연결하여 Dockerfile로부터 도커 이미지를 자동으로 생성하는 'Automated Build' 기능이 있다. 이 기능은 GitHub 또는 Bitbucket에서 관리되는 Dockerfile을 바탕으로 Docker 이미지를 자동으로 빌드하는 기능을 말한다. 다만 Automated Build 기능은 Pro 사용자로 업그레이드해야 메뉴 선택이 가능하다. 따라서, 교재에 있는 내용에 기반한 실습을 진행할 수는 없다.

일반적으로 가장 많이 사용되는 방법으로는 Jenkins + GitHub + Docker Hub의 조합이다. 만약 Google Cloud 사용한다면 Google Source Repositories API, Google Container Builder API, Google Container Registry API, Google Kubernetes Engine 등의 서비스를 사용할 수도 있다.

5.1.2 CI/CD

CI 및 CD는 교재 앞부분에 자세히 소개된 관계로 이 챕터에서는 용어 정도만 정리한다.

▌용어 의미 ▌
① CI(Continuous Integration): 지속적 통합, 연속적 통합
② CD(Continuous Delivery): 지속적 배포, 연속적 배포

▌CI/CD 파이프라인과 DevOps 개념 ▌

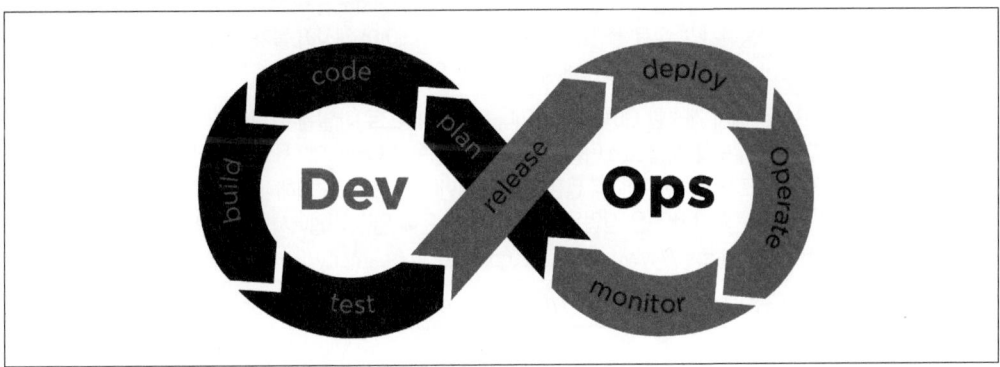

▶ CI/CD란?

(1) CI(Continuous Integration)

CI는 지속적으로 퀄리티 컨트롤(Quality Control)을 적용하는 프로세스를 실행하는 것이라고 정의되어 있다. 애플리케이션에 대한 새로운 코드 변경 사항이 정기적으로 빌드(build) 및 테스트(test)하여 하나의 리포지토리(repository)로 관리되는 것을 의미한다.

(2) CD(Continuous Delivery)

CD는 지속적 제공(Continuous Delivery)과 지속적 배포(Continuous Deployment)를 모두 의미한다.

① 지속적 제공(Continuous Delivery)
   CI 과정이 모두 끝난 뒤 유효성이 검증된 코드를 리포지토리에 올리는 것을 자동화한다. (프로덕션 레벨로 배포하는 것과는 별개이다.)
② 지속적 배포(Continuous Deployment)
   CI/CD 과정의 마지막 단계이다. 지속적 제공을 통해 배포 가능한 소스 코드를 프로덕션 레벨로 릴리즈하는 것을 의미한다.

▶ 대표적인 CI/CD 도구

명칭	설명
Jenkins	2004년 여름에 Sun Microsystems사에서는 허드슨(Hudson)이라는 아파치 톰캣과 같은 애플리케이션 서버와 서블릿 컨테이너에 실행되는 자바 기반의 CI 도구를 개발하는 프로젝트를 시작하였고, 썬 마이크로시스템즈가 오라클에 인수되면서 분기되었다. 젠킨스는 자동 설정과 같은 편리한 기능을 제공하고, 다양한 플러그인을 설치할 수 있어서 확장도 용이하다. 관련 정보는 https://www.jenkins.io/에서 확인할 수 있다.
CircleCI	CircleCI는 완성도가 높은 CI/CD 도구 중 하나로 무료 및 유료 플랜(plan)이 있다. Cloud와 Server 버전으로 제공하고 윈도우, 리눅스, MacOS에서도 구축할 수 있다. docker-compose 사용이 가능하지만, 무료 플랜(plans)에서는 도커 레이어 캐싱이 불가능하다는 단점이 있다. 관련 정보는 https://circleci.com/에서 확인할 수 있다.
TeamCity	JetBrains에서 개발한 CI/CD 도구이다. 자바 기반으로 개발된 관계로 자바가 설치되어 있어야 한다. 클라우드와 직접 호스팅을 위한 서버 버전으로 나뉘는데, 서버 버전인 경우에는 무료이다. 무제한 빌드가 가능하지만, 더 많은 기능을 원한다면 유료로 구매해야 한다. 직접 호스팅하는 경우에 사용하는 서버 버전은 상업용도 무료이기 때문에 일반 기업에서도 부담 없이 사용할 수 있다. 관련 정보는 https://www.jetbrains.com/ko-kr/teamcity/에서 확인할 수 있다.
기타	기타 도구로는 Buildkite(https://buildkite.com/), TravisCI, Github Actions 등이 존재한다.

5.2 프라이빗 레지스트리 구축

프라이빗 레지스트리(Private Registry)를 만드는 방법은 여러 가지가 존재하는데, 그 중에 도커 레지스트리를 사용한 프라이빗 레지스트리를 구축한다. 도커 레지스트리에 대한 자세한 정보는 https://docs.docker.com/registry/에서 확인할 수 있다. 도커 레지스트리(Docker Registry)는 도커 엔진(Docker Engine) 버전 1.6.0 이상이 필요하다.

| 관련 용어 정리 |

명칭	설명
로컬 레지스트리(Local Registry)	로컬에서만 접근이 가능한 registry
프라이빗 레지스트리(Private Registry)	회사 내에 구축된 registry
퍼블릭 레지스트리(Public Registry)	도커 허브(Docker Hub)

5.2.1 로컬 레지스트리 시작과 종료

도커 호스트에서만 접근이 가능한 레지스트리이다. 일반적으로 개발자가 개발하는 단계에서 테스트하기 위한 용도로 사용하면 좋다. SSL/TLS를 사용하고 있지 않으므로 외부에서 접근할 수 있도록 운영해서는 안 된다.

▶ 사용법 정리

(1) 레지스트리 이미지 다운로드

$ docker search registry
$ docker pull registry

(2) 로컬 레지스트리 시작

$ docker run -d -p 5000:5000 --restart=always --name myregistry registry
$ docker run -d -e REGISTRY_HTTP_ADDR=0.0.0.0:5001 ₩
-p 5001:5001 --name myregistry registry
$ docker run -d -p 5000:5000 --restart=always --name myregistry ₩
-v /mnt/registry:/var/lib/registry registry

(3) 로컬 레지스트리 중지 및 삭제

$ docker stop myregistry
$ docker rm -v myregistry

(4) 도커 허브에서 로컬 레지스트리로 이미지 복사

$ docker pull ubuntu
$ docker tag ubuntu localhost:5000/my-ubuntu
$ docker push localhost:5000/my-ubuntu

> **참고 | 도커 레지스트리 설정**
>
> 도커 레지스트리 자세한 설정에 대해서는 다음 사이트를 참고한다.
> https://docs.docker.com/registry/configuration/
> https://docs.docker.com/registry/configuration/#list-of-configuration-options
>
> - 도커 레지스트리 실행 예제
>   ```
>   $ docker run -d -p 5000:5000 --restart=always --name registry \
>   -v `pwd`/config.yml:/etc/docker/registry/config.yml \
>   registry:2
>   ```
>
> - config.yml 파일 예제
>   ```
>   $ vi config.yml
>   ```
>   ```
>   version: 0.1
>   log:
>     fields:
>       service: registry
>   storage:
>     cache:
>       blobdescriptor: inmemory
>     filesystem:
>       rootdirectory: /var/lib/registry
>   http:
>     addr: :5000
>     headers:
>       X-Content-Type-Options: [nosniff]
>   auth:
>     htpasswd:
>       realm: basic-realm
>       path: /etc/registry
>   health:
>     storagedriver:
>       enabled: true
>       interval: 10s
>       threshold: 3
>   ```

5.2.2 도커 레지스트리 구축 실습

[학습] 레지스트리 구축 시나리오

● 실습 시스템
- docker2 시스템에 프라이빗 레지스트리 체제를 구축한다.
- docker1 시스템은 원격지에서 테스트할 목적으로 사용된다.

구성 예

시스템	설명	IP 주소 예
docker1	프라이빗 레지스트리 클라이언트로 원격의 테스트 시스템으로 사용한다.	192.168.56.129
docker2	프라이빗 레지스트리를 구성하는 서버로서 myregistry.com 이라는 가상의 도메인을 부여해서 사용한다.	192.168.56.130

● 실습 시나리오
- 로컬 레지스트리 구축하기
- SSL/TLS 인증서로 암호화된 통신을 사용하는 레지스트리 구축하기
- SSL Termination과 Authentication 기능을 모두 제공하는 레지스트리 구축하기

● 실습 목록
① 로컬 레지스트리(Local Registry) 구축하기
② 프라이빗 레지스트리(Private Registry) 구축을 위한 준비작업
③ "HTTPS + 사용자 인증" 사용하는 프라이빗 레지스트리 구축
④ docker-compose 이용한 레지스트리 구축

[실습] 로컬 레지스트리(Local Registry) 구축하기

● 실습 시스템
- docker2 시스템을 사용한다.
- 이번 실습만 진행한다면 docker1 시스템에서 기존 내용을 제거하고 진행해도 된다.

● 실습 시나리오
- 로컬 레지스트리를 구축하고 docker.io/hello-world 이미지를 받는다. 로컬 레지스트리에 push 하여 로컬 레지스트리가 정상적으로 동작이 되는지 확인한다.
- 로컬 레지스트리를 구축하는 일반적인 경우는 개발자가 CI/CD 테스트를 위해서 로컬 시스템에

구축해서 테스트하는 경우에 사용한다. 따라서, 회사 내에 서비스하는 용도로 사용하면 안 된다.

● **선수 작업**
- docker2 시스템에서 docker-ce 설치하고, docker 서비스를 기동한다.

● **작업 진행**

① 레지스트리 이미지 검색

docker search registry

➡ 레지스트리 목록 정보를 확인한다.

② 레지스트리 이미지 다운로드 및 확인

docker pull registry

➡ registry 이미지를 다운로드한다.

```
[root@www ~]# docker image ls
REPOSITORY    TAG       IMAGE ID       CREATED        SIZE
registry      latest    0030ba3d620c   29 hours ago   24.1MB
```

➡ 'docker images' 명령으로 확인한다.

③ 컨테이너 실행 및 동작 확인

docker run -d -p 5000:5000 --name registry registry

➡ registry라는 이름으로 컨테이너를 실행한다.

```
[root@www ~]# docker ps -a
CONTAINER ID   IMAGE      COMMAND                  CREATED         STATUS         PORTS                                       NAMES
469d8d4e0589   registry   "/entrypoint.sh /etc…"   4 seconds ago   Up 3 seconds   0.0.0.0:5000->5000/tcp, :::5000->5000/tcp   registry
[root@www ~]#
```

➡ 'docker ps -a' 명령으로 확인한다.

④ 테스트 이미지 생성 및 이미지 업로드 테스트

가. 테스트용 컨테이너 이미지 다운로드 및 확인

docker pull docker.io/hello-world

➡ hello-world는 Local Registry에 push할 테스트용 이미지로 다운로드한다. 참고로 docker.io라는 URL은 생략할 수 있다.

```
[root@www ~]# docker image ls hello-world
REPOSITORY    TAG       IMAGE ID       CREATED        SIZE
hello-world   latest    9c7a54a9a43c   3 months ago   13.3kB
[root@www ~]#
```

나. 태그 설정

docker tag docker.io/hello-world localhost:5000/hello-world

➡ 'hello-world'가 설정된 이미지를 'localhost:5000/hello-world' 태그로 설정한다.

```
[root@www ~]# docker image ls
REPOSITORY                    TAG        IMAGE ID       CREATED         SIZE
registry                      latest     0030ba3d620c   29 hours ago    24.1MB
hello-world                   latest     9c7a54a9a43c   3 months ago    13.3kB
localhost:5000/hello-world    latest     9c7a54a9a43c   3 months ago    13.3kB
```

➡ 'docker images' 명령으로 확인한다. 지정한 태그가 설정된 이미지가 추가됨을 확인할 수 있다.

다. 이미지 업로드

docker push localhost:5000/hello-world

 참고 | 일반적인 이미지 push 형식

docker push myregistry.com:5000/hello-world

라. 기존 이미지 제거

docker rmi docker.io/hello-world localhost:5000/hello-world

➡ 2개의 이미지를 제거한다. 'docker image ls' 명령을 실행하면 존재하지 않는 것을 확인할 수 있다.

마. 로컬 레지스트리에서 이미지를 다운로드 및 컨테이너 실행

docker run --name demo1 localhost:5000/hello-world

➡ demo1이라는 컨테이너명으로 실행한다.

바. 이미지 및 컨테이너 확인

docker image ls

docker container ls -a

⑤ 정리 작업

가. demo# 컨테이너 종료 및 삭제

docker rm -f demo1

나. 이미지 삭제

docker rmi localhost:5000/hello-world

다. 레지스트리 컨테이너 종료 및 삭제

docker rm -v -f registry

[실습] 프라이빗 레지스트리(Private Registry) 구축을 위한 준비작업

◆ 실습 시스템
- docker2 시스템에 프라이빗 레지스트리 체제를 구축한다.
- docker1 시스템은 원격지에서 테스트할 목적으로 사용한다.

구성 예

시스템	설명	IP 주소 예
docker1	프라이빗 레지스트리 클라이언트로 원격의 테스트 시스템으로 사용한다.	192.168.56.129
docker2	프라이빗 레지스트리를 구성하는 서버로서 myregistry.com 이라는 가상의 도메인을 부여해서 사용한다.	192.168.56.130

◆ 실습 목적

- 인증서 만들기: /auth/{myregistry.com.key, myregistry.com.crt}
- 인증 파일 만들기: /auth/htpasswd

◆ 작업 시나리오

- 회사 내부에 공개되는 개인 레지스트리(Private Registry)는 HTTPS를 사용하여 안전하게 통신할 수 있도록 구성이 되어야 하며, HTTPS(TLS)를 사용하지 않으면 원격 클라이언트가 이미지를 넣을 수 없게 된다. docker push 명령 사용 시 myregistry:5000/myimage:tag 형식을 사용할 때 앞부분에 입력하는 'https://' 생략하기 때문이다.
- 회사 내부에 공개되는 개인 레지스트리를 구축하는 경우에는 DNS, 라우팅, 방화벽 설정 등을 확인하고 레지스트리 서버의 443번 포트에 접근 가능해야 한다.
- 안전한 통신을 위해 TLS(Transport Layer Security) 기능을 사용하기 위한 내부 인증서와 htpasswd로 구성한 사용자 및 암호를 설정한 파일을 생성한다. 사용자는 demouser 그리고 암호는 password로 설정한다.

① (docker1) (docker2) /etc/hosts 파일 작업

내부에 사용되는 DNS 서버가 없다면 호스트 resolving을 위해서 /etc/hosts 파일을 설정한다. 만약 DNS 서버가 존재하는 경우라면 DNS 서버에 레지스트리 서버의 이름과 IP 주소를 등록한다.

> **주의 | /etc/hosts 파일 등록**
>
> 이 설정은 반드시 docker1과 docker2 시스템 모두 설정한다.

```
# vi /etc/hosts
```

```
192.168.56.130 myregistry.com
```

➡ IP 주소 및 실습에 사용할 도메인을 지정한다.

② (docker2) 컨테이너 HTTPS(TLS) 통신을 위한 인증서 생성하기

> 명령을 실행하면 /auth 디렉터리에는 개인키와 인증서(공개키에 서명된 파일)가 생성된다.
> 가. myregistry.com.key(개인키)
> 나. myregistry.com.crt(인증서)

mkdir /auth && cd /auth
➡ 작업 디렉터리를 생성하고 이동한다.
docker run --rm -v /auth:/auth alpine/openssl ₩
req -newkey rsa:4096 ₩
-nodes -sha256 -x509 -days 365 ₩
-keyout /auth/myregistry.com.key ₩
-out /auth/myregistry.com.crt ₩
-subj '/CN=myregistry.com' ₩
-addext "subjectAltName = DNS:myregistry.com"
➡ (설명)

명령	설명
docker run --rm	컨테이너 종료 시 자동으로 삭제한다.
-v /auth:/auth	Bind-mount 방식을 사용하여 /auth 부분에 생성될 인증서를 컨테이너 서 /auth 디렉터리로 마운트한다.
alpine/openssl req -newkey rsa:4096	컨테이너 안에서 openssl req 명령으로 RSA 방식의 4096비트 키를 생성한다.
-nodes -sha256 -x509 -days 365	X.509 형식으로 365일 동안 사용할 수 있는 인증서를 생성한다.
-keyout /auth/myregistry.com.key	생성할 RSA 방식의 private key는 /auth 디렉터리 안에 myregistry.com.key 파일로 생성한다.
-out /auth/myregistry.com.crt	생성할 인증서는 /auth 디렉터리에 myregistry.com.crt 파일로 생성이 된다.
-subj '/CN=myregistry.com'	인증서 생성 시 사용되는 추가 정보를 입력한 내용이다.
-addext "subjectAltName = DNS:myregistry.com"	인증서 생성 시 사용되는 추가 정보를 입력한 내용이다.

cat /auth/myregistry.com.key
cat /auth/myregistry.com.crt
➡ 생성된 키 쌍의 내용을 확인한다.
③ (docker2) 사용자 인증을 위한 htpasswd 파일 생성 및 확인
docker run --rm --entrypoint htpasswd httpd:2.4 ₩

-Bbn demouser password > /auth/htpasswd
➡ Apache 웹 서버 사용자를 생성하는 htpasswd 명령을 이용해서 demonuser를 만들고 암호는 password로 지정한다. 사용자 정보는 /auth/password 파일에 저장된다. 아울러 이 명령은 /auth/password 파일을 생성하기 위해서 httpd:2.4를 잠시 사용한 것으로 컨테이너가 중지되면 자동으로 삭제된다.

> **참고 | htpasswd 명령 설명**
>
> # htpasswd -Bbn demouser password > /auth/htpasswd
> ➡ 아이디는 demonuser, 패스워드는 password로 지정해서 사용자를 생성하고 관련 정보는 /auth/htpaswd 파일에 저장한다.
>
> **| 옵션 설명 |**
>
> | 옵션 | 설명 |
> | --- | --- |
> | -B | Blowfish 기반의 bcrypt를 이용해서 패스워드를 암호화한다. |
> | -b | 암호를 묻는 명령줄 대신에 직접 지정한다. |
> | -n | 파일 업데이트와 관련된 내용을 표준 출력에 표시하지 않는다. |

```
[root@www auth]# cat /auth/htpasswd
demouser:$2y$05$/jfzH/alADKRZMXXT/RNbOGaXdHDpV3GfJWRv21mrg5kL/5mS54/G
[root@www auth]#
```

➡ 'cat /auth/htpasswd' 명령으로 파일 내용을 확인한다.

④ (docker2) 로컬에서 테스트하기 위한 클라이언트 인증서 설정하기

생성된 인증서를 적당한 위치(ex: /etc/docker/certs.d/myregistry.com/ca.crt)에 복사하여 놓는다. 이 파일은 클라이언트(ex: docker CMD)에서 명령을 수행하기 위한 설정이다.

가. 인증서 파일이 들어가 디렉터리 생성

mkdir -p /etc/docker/certs.d/myregistry.com

나. 인증서 파일을 자기 서버(docker2)에 복사하기

cp /auth/myregistry.com.crt /etc/docker/certs.d/myregistry.com/ca.crt

다. 인증서 파일(docker2)을 다른 서버(docker1)에 복사하기

scp -r /etc/docker/certs.d 192.168.56.129:/etc/docker

➡ docker1 시스템의 /etc/docker 디렉터리 안에 certs.d 디렉터리(하위 콘텐츠 포함)를 복사한다. 참고로 docker1 시스템의 root 패스워드를 입력해야 한다.

> **참고 | ca.crt 파일 복사 작업참고**
>
> ca.crt 파일은 모든 클라이언트에 존재해야 한다. 따라서, myregistry.com 접속하는 모든 클라이언트들은 다음과 같은 작업이 추가로 요구된다.
> 만약 docker1에서 myregistry.com(docker2)에 접속해서 작업한다면 아래의 두 작업 명령 중 하나를 실행해야 한다.
> ① docker2 시스템에서 docker1 시스템에 복사
>   (docker2) # scp -r /etc/docker/certs.d 192.168.56.129:/etc/docker
> ② docker1 시스템에서 docker2 시스템에 접근해서 복사
>   (docker1) # scp -r myregistry.com:/etc/docker/certs.d /etc/docker

[실습] HTTPS(SSL/TLS) 통신을 하는 프라이빗 레지스트리(private registry) 구축하기

◆ **실습 시스템**
- docker2 시스템에 프라이빗 레지스트리 체제를 구축한다.
- docker1 시스템은 원격지에서 테스트할 목적으로 사용한다.

| 구성 예 |

시스템	설명	IP 주소 예
docker1	프라이빗 레지스트리 클라이언트로 원격의 테스트 시스템으로 사용한다.	192.168.56.129
docker2	프라이빗 레지스트리를 구성하는 서버로서 myregistry.com 이라는 가상의 도메인을 부여해서 사용한다.	192.168.56.130

◆ **실습 시나리오**
- 이전 실습에서 생성한 /auth/ 디렉터리의 개인 키와 인증서 파일을 사용하여 HTTPS(TLS) 통신을 할 수 있는 프라이빗 레지스트리를 구축한다.

① (docker2) SSL/TLS 인증서로 암호화된 통신을 사용하는 레지스트리 컨테이너 기동하기

    # docker run -d -p 443:443 --restart=always --name registry ₩
    -v /auth:/certs ₩
    -v /image-data:/var/lib/registry ₩
    -e REGISTRY_HTTP_TLS_CERTIFICATE=/certs/myregistry.com.crt ₩
    -e REGISTRY_HTTP_TLS_KEY=/certs/myregistry.com.key ₩
    -e REGISTRY_HTTP_ADDR=0.0.0.0:443 ₩
    registry

➡ (설명)

명령	설명
-v /auth:/certs	인증서 파일의 위치를 지정한다.
-v /image-data:/var/lib/registry	레지스트리 저장소 위치를 지정한다.
-e REGISTRY_HTTP_TLS_CERTIFICATE=/certs/myregistry.com.crt	인증서 파일을 지정한다.
-e REGISTRY_HTTP_TLS_KEY=/certs/myregistry.com.key	개인 키 파일을 지정한다.
-e REGISTRY_HTTP_ADDR=0.0.0.0:443	HTTPS 서비스 포트를 지정한다.

```
[root@www auth]# docker ps -a
CONTAINER ID   IMAGE        COMMAND              CREATED          STATUS
               PORTS                                              NAMES
29044ef480b6   registry     "/entrypoint.sh /etc…"   57 seconds ago   Up 56 secon
ds             0.0.0.0:443->443/tcp, :::443->443/tcp, 5000/tcp     registry
```

➡ 'docker ps -a' 명령으로 확인한다.

② (docker1) 테스트 이미지 생성 및 이미지 업로드 테스트

docker1 시스템에서 테스트를 위한 다음과 같은 과정을 진행한다. 아래 작업을 docker2 시스템에서 진행해도 된다.

가. 테스트용 컨테이너 이미지 다운로드 및 확인

docker pull docker.io/hello-world

```
[root@www ~]# docker image ls
REPOSITORY     TAG       IMAGE ID       CREATED        SIZE
hello-world    latest    9c7a54a9a43c   3 months ago   13.3kB
[root@www ~]#
```

➡ 'docker images' 명령으로 확인한다.

나. 태그 설정

docker tag docker.io/hello-world myregistry.com/hello-world

```
[root@www ~]# docker image ls
REPOSITORY                      TAG       IMAGE ID       CREATED        SIZE
hello-world                     latest    9c7a54a9a43c   3 months ago   13.3kB
myregistry.com/hello-world      latest    9c7a54a9a43c   3 months ago   13.3kB
[root@www ~]#
```

➡ 'docker images' 명령으로 확인한다.

다. 이미지 업로드

docker push myregistry.com/hello-world

라. 기존 로컬에서 이미지 삭제

docker rmi docker.io/hello-world myregistry.com/hello-world

마. 레지스트리에서 이미지를 다운로드 및 컨테이너 실행

    # docker run --name demo2 myregistry.com/hello-world

③ (docker1) 정리 작업

  가. 컨테이너 종료 및 삭제

    # docker rm -f demo2

  나. 이미지 삭제

    # docker rmi myregistry.com/hello-world

④ (docker2) 정리 작업

  # docker rm -v -f registry

    ➡ 레지스트리 컨테이너 종료하고 제거한다.

[실습] "HTTPS + 사용자 인증" 사용하는 프라이빗 레지스트리 구축

● 실습 시스템
- docker2 시스템에 프라이빗 레지스트리 체제를 구축한다.
- docker1 시스템은 원격지에서 테스트할 목적으로 사용한다.

┃구성 예┃

시스템	설명	IP 주소 예
docker1	프라이빗 레지스트리 클라이언트로 원격의 테스트 시스템으로 사용한다.	192.168.56.129
docker2	프라이빗 레지스트리를 구성하는 서버로서 myregistry.com 이라는 가상의 도메인을 부여해서 사용한다.	192.168.56.130

● 실습 시나리오
- 이전 실습에서 생성한 /auth/ 디렉터리의 인증서 파일들을 사용하여 HTTPS(TLS) 통신을 할 수 있는 기능과 사용자 인증을 할 수 있는 기능을 포함하는 프라이빗 레지스트리를 구축한다.

● 작업 시나리오
- SSL/TLS Termination과 Authentication 기능을 모두 제공하는 레지스트리 구축한다.

① (docker2) SSL Termination 기능과 Authentication 기능을 모두 제공하는 컨테이너 기동

  # docker run -d -p 443:443 --restart=always --name registry ₩

  -v /auth:/certs ₩

  -v /image-vol:/var/lib/registry ₩

  -e REGISTRY_HTTP_ADDR=0.0.0.0:443 ₩

-e REGISTRY_HTTP_TLS_CERTIFICATE=/certs/myregistry.com.crt ₩
-e REGISTRY_HTTP_TLS_KEY=/certs/myregistry.com.key ₩
-e "REGISTRY_AUTH=htpasswd" ₩
-e "REGISTRY_AUTH_HTPASSWD_REALM=Registry Realm" ₩
-e REGISTRY_AUTH_HTPASSWD_PATH=/certs/htpasswd ₩
registry

➡ (설명)

명령	설명
-v /image-vol:/var/lib/registry	Bind-mount 방식으로 볼륨 마운트를 진행한다.
-e REGISTRY_HTTP_ADDR=0.0.0.0:443	HTTPS 서비스 포트를 지정한다.
-e REGISTRY_HTTP_TLS_CERTIFICATE=/certs/myregistry.com.crt	인증서 파일을 지정한다.
-e REGISTRY_HTTP_TLS_KEY=/certs/myregistry.com.key	개인 키 파일을 지정한다.
-e "REGISTRY_AUTH=htpasswd"	사용자 인증 방식을 지정한다.
-e "REGISTRY_AUTH_HTPASSWD_REALM=Registry Realm"	레지스트리 서버가 인증하는 영역을 지정한다.
-e REGISTRY_AUTH_HTPASSWD_PATH=/certs/htpasswd	사용자 인증 정보 파일을 지정한다.

```
[root@www auth]# docker ps -a
CONTAINER ID   IMAGE      COMMAND              CREATED         STATUS
  PORTS                                        NAMES
9fd0aff85df7   registry   "/entrypoint.sh /etc…"   5 minutes ago   Up 5 minutes
  0.0.0.0:443->443/tcp, :::443->443/tcp, 5000/tcp   registry
[root@www auth]#
```

➡ 'docker ps -a' 명령으로 확인한다.

② (docker1) 테스트 이미지 생성 및 이미지 업로드 테스트

docker1 시스템에서 테스트를 위한 다음과 같은 과정을 진행한다. docker2 시스템에서 테스트를 진행해도 된다.

가. 로그인 작업

```
[root@www ~]# docker login myregistry.com
Username: demouser
Password:
WARNING! Your password will be stored unencrypted in /root/.docker/config.json.
Configure a credential helper to remove this warning. See
https://docs.docker.com/engine/reference/commandline/login/#credentials-store

Login Succeeded
[root@www ~]#
```

➡ 'docker login myregistry.com' 명령을 실행해서 'username: demouser' 및 'password: password'를 입력해서 로그인한다.

나. 컨테이너 이미지 다운로드

　　# docker pull docker.io/hello-world

　　# docker images

다. 태그 설정

　　# docker tag docker.io/hello-world myregistry.com/hello-world

　　# docker images

라. 이미지 push 하기

　　# docker push myregistry.com/hello-world

마. 기존 로컬에서 이미지 삭제

　　# docker rmi docker.io/hello-world myregistry.com/hello-world

바. 레지스트리에서 이미지 다운로드 및 컨테이너 실행

　　# docker run --name demo3 myregistry.com/hello-world

사. 컨테이너 실행 확인

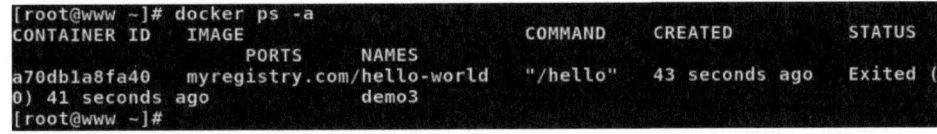

➡ 'docker ps -a' 명령으로 확인한다.

③ (docker1) 정리 작업

　　# docker rm -f demo3

　　　➡ demo3 컨테이너를 제거한다.

　　# docker rmi myregistry.com/hello-world

　　　➡ 이미지를 제거한다.

④ (docker2) 정리 작업

　　# docker rm -f registry

　　　➡ 레지스트리 컨테이너 종료 및 제거한다.

[실습] **docker-compose 이용한 도커 레지스트리 구축하기**

◆ 실습 시스템
- docker2 시스템에 프라이빗 레지스트리 체제를 구축한다.
- docker1 시스템은 원격지에서 테스트할 목적으로 사용한다.

▌구성 예▐

시스템	설명	IP 주소 예
docker1	프라이빗 레지스트리 클라이언트로 원격의 테스트 시스템으로 사용한다.	192.168.56.129
docker2	프라이빗 레지스트리를 구성하는 서버로서 myregistry.com 이라는 가상의 도메인을 부여해서 사용한다.	192.168.56.130

● 실습 시나리오
- docker-compose 사용하여 도커 레지스트리를 구축하고 사용한다.
- 도커 레지스트리를 구축하여 docker-compose 사용한다.

● 작업 순서

① (docker2) docker-compose 실행파일 다운로드 및 실행 권한 부여

Docker Compose 사용하기 위해서는 docker-compose 명령이 필요하다. 따라서, github.com 사이트에서 docker-compose 파일을 다운로드받은 후에 실행 권한을 부여한다. 다운로드 위치는 PATH 변수에 기본적으로 지정된 /usr/local/bin 디렉터리를 사용한다.

가. docker-compose 파일 다운로드

    # curl -sL ₩

    https://github.com/docker/compose/releases/download/1.25.0/₩

    docker-compose-`uname -s`-`uname -m` > ₩

    /usr/local/bin/docker-compose

나. 실행 권한 부여

    # chmod +x /usr/local/bin/docker-compose

② (docker2) docker-compose.yaml 파일 생성

가. 작업 디렉터리 생성

    # mkdir -p ~/docker/06_compose && cd ~/docker/06_compose

나. docker-compose.yaml 파일 생성

    # vi docker-compose.yaml

```
# docker run -d -p 443:443 \
# -e REGISTRY_HTTP_ADDR=0.0.0.0:443 -e ... \
# -v /image-vol:/var/lib/registry -v /auth:/certs \
# registry
registry:
  image: registry
```

```
  ports:
   - 443:443

  environment:
   REGISTRY_HTTP_ADDR: 0.0.0.0:443
   REGISTRY_HTTP_TLS_CERTIFICATE: /certs/myregistry.com.crt
   REGISTRY_HTTP_TLS_KEY: /certs/myregistry.com.key
   REGISTRY_AUTH: htpasswd
   REGISTRY_AUTH_HTPASSWD_PATH: /certs/htpasswd
   REGISTRY_AUTH_HTPASSWD_REALM: Registry Realm

  volumes:
   - /image-vol:/var/lib/registry
   - /auth:/certs
```

③ (docker2) 레지스트리 컨테이너 기동 및 확인

docker-compose up -d

➡ 분리 모드(-d, --detach)로 컨테이너를 실행한다. 분리 모드는 백그라운드로 컨테이너를 실행하고 컨테이너 이름을 출력한다.

```
[root@www 06_compose]# docker ps -a
CONTAINER ID   IMAGE      COMMAND                CREATED          STATUS
    PORTS                                            NAMES
2f3acccee768   registry   "/entrypoint.sh /etc…" 15 seconds ago   Up 14 second
s   0.0.0.0:443->443/tcp, :::443->443/tcp, 5000/tcp  06_compose_registry_1
[root@www 06_compose]#
```

➡ 'docker ps -a' 명령으로 확인한다.

④ (docker1) 테스트 이미지 생성 및 이미지 업로드 테스트

docker1 시스템에서 테스트를 위한 다음과 같은 과정을 진행한다. docker2 시스템에서 테스트를 진행해도 된다.

(docker1) # scp -r myregistry.com:/etc/docker/certs.d /etc/docker

 참고 | docker2 시스템에서 작업

(docker2) # scp -r /etc/docker/certs.d 192.168.56.129:/etc/docker

가. 로그인 작업

docker login myregistry.com

➡ 'docker login myregistry.com' 명령을 실행해서 'username: demouser' 및 'password: password'를 입력해서 로그인한다.

나. 컨테이너 이미지 다운로드

docker pull docker.io/hello-world

　　　　　　# docker images
　　　다. 태그 설정
　　　　　　# docker tag docker.io/hello-world myregistry.com/hello-world
　　　　　　# docker images
　　　라. 이미지 push 하기
　　　　　　# docker push myregistry.com/hello-world
　　　마. 기존 로컬에서 이미지 삭제
　　　　　　# docker rmi docker.io/hello-world myregistry.com/hello-world
　　　바. 이미지 다운로드 및 컨테이너 실행
　　　　　　# docker run --name demo4 myregistry.com/hello-world
⑤ (docker1) 정리작업
　　　가. 컨테이너 종료 및 삭제
　　　　　　# docker rm -f demo4
　　　나. 이미지 삭제
　　　　　　# docker rmi myregistry.com/hello-world
⑥ (docker2) 정리 작업
　　# docker-compose down --volume
　　　　➡ 컨테이너를 종료하면서 컨테이너와 연결된 볼륨을 제거한다.

[실습] docker registry WEB-UI

● 실습 시스템
- docker2 시스템에 프라이빗 레지스트리 서버 및 웹 UI 서버를 구축한다.
- docker1 시스템은 원격지에서 테스트할 목적으로 사용한다.

┃구성 예┃

시스템	설명	IP 주소 예
docker1	프라이빗 레지스트리 클라이언트로 원격의 테스트 시스템으로 사용한다.	192.168.56.129
docker2	프라이빗 레지스트리 서버 및 웹 UI 서버로 사용한다. myregistry.com이라는 가상의 도메인을 부여해서 사용한다.	192.168.56.130

● 실습 시나리오
- docker registry web ui 컨테이너를 사용하여 my private registry 안의 내용을 검색할 수 있도록 구성한다.

> **참고 | Docker Registry UI 제품**
>
> ① docker-registry-ui
>   - https://github.com/atcol/docker-registry-ui
>   - 개인 및 로컬 기반으로 간단히 사용할 수 있는 레지스트리 통합을 위한 Web UI이다. Docker V1 및 V2를 지원한다. 사용하기 쉽고 빠른 웹 애플리케이션이다.
> ② parabuzzle/craneoperator
>   - https://hub.docker.com/r/parabuzzle/craneoperator
>   - Docker 버전 2.0 이상에서 실행할 수 있는 도커 레지스트리 탐색 도구로서 간단한 웹 인터페이스를 제공한다.

● 사전 작업
- docker engine 설치
- docker-compose 설치

● 작업 순서

① (docker2) 프로젝트 디렉터리 생성

   # mkdir -p ~/docker/06_registry-ui && cd ~/docker/06_registry-ui

② (docker2) docker-compose.yml 파일 생성

   # vi docker-compose.yml

```
version: "3"
services:
  registry:
    image: registry
    volumes:
      - "/image-vol:/var/lib/registry"
      - "/auth:/certs"
    ports:
      - "443:443"
    restart: always
    environment:
      REGISTRY_HTTP_ADDR: 0.0.0.0:443
      REGISTRY_HTTP_TLS_CERTIFICATE: /certs/myregistry.com.crt
      REGISTRY_HTTP_TLS_KEY: /certs/myregistry.com.key
      REGISTRY_AUTH: htpasswd
      REGISTRY_AUTH_HTPASSWD_PATH: /certs/htpasswd
      REGISTRY_AUTH_HTPASSWD_REALM: Registry Realm
```

```
registry-ui:
  image: parabuzzle/craneoperator
  ports:
    - "80:80"
  environment:
    - REGISTRY_HOST=192.168.56.130
    - REGISTRY_PORT=443
    - REGISTRY_PROTOCOL=https
    - SSL_VERIFY=false
    - ALLOW_REGISTRY_LOGIN=true
    - REGISTRY_USERNAME=demouser
    - REGISTRY_PASSWORD=password
    - USERNAME=admin
    - PASSWORD=password
    - REGISTRY_ALLOW_DELETE= true
  restart: always
  depends_on:
    - registry
```

③ (docker2) 서비스 기동 및 확인

docker-compose up -d

➡ 서비스를 기동한다.

```
[root@www 06_registry-ui]# docker ps -a
CONTAINER ID   IMAGE                     COMMAND                  CREATED          NA
          STATUS          PORTS                                                MES
7e588783032b   parabuzzle/craneoperator  "bundle exec foreman…"   About a minut
e ago   Up About a minute   0.0.0.0:80->80/tcp, :::80->80/tcp            06
_registry-ui_registry-ui_1
c6358aa73230   registry                  "/entrypoint.sh /etc…"   About a minut
e ago   Up About a minute   0.0.0.0:443->443/tcp, :::443->443/tcp, 5000/tcp   06
_registry-ui_registry_1
[root@www 06_registry-ui]#
```

➡ 'docker ps -a' 명령으로 확인한다.

④ (docker1) 프라이빗 레지스트리에 이미지 push

가. 이미지 다운로드

docker pull alpine

docker images

나. 태그 설정

docker tag alpine myregistry.com/alpine

```
[root@www docker]# docker images
REPOSITORY              TAG       IMAGE ID       CREATED        SIZE
alpine                  latest    7e01a0d0a1dc   3 days ago     7.34MB
myregistry.com/alpine   latest    7e01a0d0a1dc   3 days ago     7.34MB
[root@www docker]#
```

➡ 'docker images' 명령으로 확인한다.

다. 프라이빗 레지스트리에 로그인

    # docker login myregistry.com

라. 프라이빗 레지스트리에 업로드

    # docker push myregistry.com/alpine

⑤ (docker1) Registry WEB UI에서 확인

    # firefox http://myregistry.com:80 &

       ➡ 아이디는 amdin, 패스워드는 password를 입력해서 로그인한다. 이미지를 선택하고 우측에 Information을 확인한다.

> **참고 | 확인 예**
>
>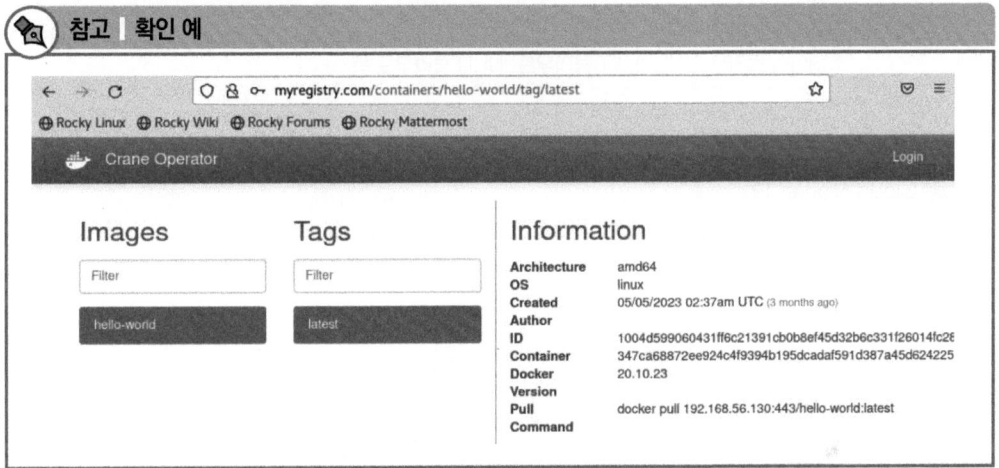

⑥ (docker1) 정리 작업

    가. 모든 웹 브라우저를 닫기

    나. 모든 컨테이너를 제거

        # docker rm -f $(docker ps -aq)

    다. 모든 볼륨과 네트워크 제거

        # docker network prune

        # docker volume prune

    라. 모든 이미지를 제거

        # docker rmi -f $(docker images -q)

5.3 구글 클라우드에 프라이빗 레지스트리 구성 작업

5.3.1 클라우드 플랫폼 소개

국내외에는 다양한 클라우드 플랫폼이 존재한다. 국내 클라우드 플랫폼은 네이버, KT, NHN 클라우드 등이 있고, 글로벌 클라우드 플랫폼으로는 Google GCP, Amazon AWS, MS Azure 등이 있다.

주요 클라우드 플랫폼

분류	플랫폼
국내	네이버 클라우드(NCP), KT 클라우드, NHN 클라우드 등
Global	Google Cloud, Amazon AWS, MS Azure 등

Global Cloud Market Share

다음은 "2022 4분기 Global Cloud Market Share"이다. 시장 점유율은 AWS, Azure, Google Cloud 순이다.

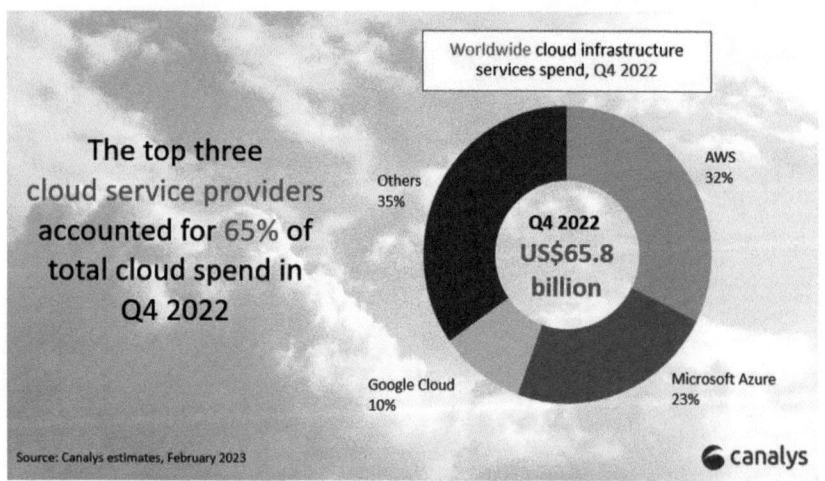

출처: https://www.canalys.com/newsroom/global-cloud-services-Q4-2022

국내 퍼블릭 클라우드 시장 점유율

2022년 12월 말에 발표된 공정거래위원회의 '클라우드 서비스 분야 실태조사 결과 발표'에 따르면 국내 퍼블릭 클라우드 시장은 2019년부터 2021년까지 최근 3년간 AWS가 70% 내외의 점유율로 1위를 차지했고, 약 12%를 점유한 MS Azure가 2위를 차지했다. 구글 클라우드는 2019년에 3위를 차지했으나 2020년부터는 국내 CSP인 네이버 클라우드가 약 7%의 점유율로 3위를 차지했다.

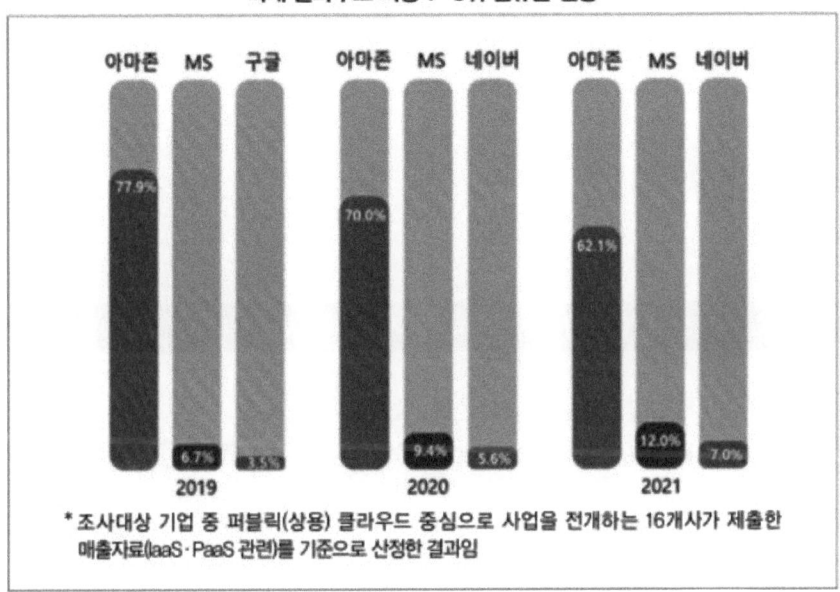

국내 클라우드 시장 1~3위 점유율 현황(출처: 공정거래위원회 클라우드 서비스 분야 실태조사 결과 발표)

출처: http://www.itdaily.kr/news/articleView.html?idxno=215553

5.3.2 구글 컨테이너 레지스트리 실습

▶ 개요

클라우드 플랫폼 내에서 프라이빗 레지스트리를 운영한다. 클라우드 플랫폼은 Google Cloud Platform(이하 GCP)을 사용한다.

▶ Google Container Registry 준비하기

GCP는 도커 이미지(Docker Image)를 프라이빗으로 관리할 수 있는 'Google Container Registry(이하 GCR)' 서비스를 제공한다. 이 서비스는 GCP의 오브젝트 스토리지 서비스인 'Google Cloud Storage'를 데이터 저장소를 사용하고 있다.

GCP 환경에서 GCR를 사용하기 위해서는 선수 작업으로 계정 등록 및 프로젝트를 생성한 이후에 API 사용 허가를 받아야 한다. 그 이후에 Cloud SDK(gcloud) 명령을 설치하면 Google Container Registry를 사용할 수 있는 상태가 된다.

선수 작업 순서

① Google Cloud Platform에 계정 등록하기
② 프로젝트 생성하기
③ API 사용 허가
④ Cloud SDK(gcloud) 설치

▶ 선수 작업 진행

[선수작업 1] GCP(Google Cloud Platform)에 계정 등록하기

① 구글 클라우드 플랫폼에 접속하고 [무료로 시작하기] 선택
  웹 브라우저를 이용해서 https://cloud.google.com 접속한 후에 [무료로 시작하기]를 선택한다.

실행 예

② 구글 계정 선택
  구글 계정이 없다면 '계정 만들기'를 선택하여 새로운 계정을 만들고, 구글 계정이 있다면 그 계정을 선택한다. 참고로 '국가와 통화', 계정 유형(사업자/개인), 이름 및 주소, 결제 수단(신용카드/체크카드), 사용 언어 등을 선택해야 한다.

③ 계정 정보 등록
  계정 정보가 확인되면 'Google Cloud 무료로 사용해 보기'라는 나타나면서 계정 정보를 확인한다. 2023년 8월 기준으로 총 2단계의 계정 정보를 확인하는 절차를 거친다.
  가. 총 2단계 중 1단계 계정 정보
  • 국가: (대한민국)
  • 조직 또는 니즈를 가장 잘 나타내는 설명은 무엇인가요?: (적당한 내용 선택)
  • '서비스 약관'에 동의한다.
  나. 총 2단계 중 2단계 결정 정보 확인
  • 계좌 유형: 개인
  • 이름 및 주소: (적당한 내용 입력)
  • 결제 옵션: (적당한 내용 입력)
  • [무료 평가판 시작하기]를 클릭한다.

④ 사용 목적 확인
  • Google Cloud를 방문하신 이유가 무엇인가요?: (개념 증명 테스트/구축)

- Google Cloud로 어떤 작업을 하고 싶으신가요?: (컨테이너화)
- 담당하는 역할을 가장 잘 설명하는 것이 무엇인가요?: (엔지니어/개발자)
- [완료]를 클릭한다.

⑤ 등록 확인

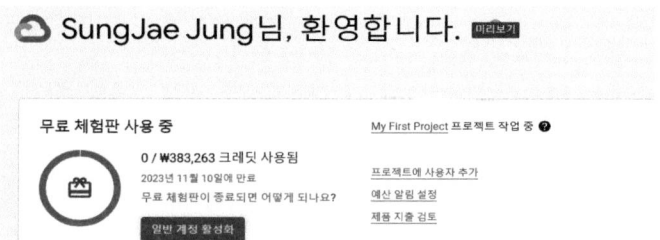

➡ 등록이 끝나면 GCP가 제공하는 다양한 서비스를 이용할 수 있다.

[선수작업 2] 새로운 프로젝트 생성하기

① 대시보드에서 새 프로젝트 만들기 선택

좌측 상단에 위치한 한자 삼(三) 모양의 [탐색 메뉴]를 선택하고 [IAM 및 관리자] → [리소스 관리] → [프로젝트 만들기]를 클릭한다.

 참고 | IAM(Identity and Access Management)이란?

구글 클라우드 서비스에 대한 접근을 편리하고 일관된 방식으로 제어해 준다. 사용자(ID)에게 특정 리소스에 대한 어떤 액세스 권한(역할)이 있는지 정의하여 액세스 제어를 관리하는 방식이다.

┃사용 예┃

➡ '리소스 관리' 화면이 나타나면 좌측 상단에 위치한 [프로젝트 만들기]를 클릭한다.

② 프로젝트에 대한 내용을 입력

프로젝트 ID는 글로벌 고유 ID이므로 유일해야 한다. 기본적으로는 구글에서 자동 할당되지만 실제 프로젝트 수행할 때는 [수정] 클릭해서 변경하는 것을 추천한다. 프로젝트 ID에는 소문자, 숫자, 하이픈(-)을 사용할 수 있으며, 소문자로 시작하고 문자나 숫자로 끝나야 한다.

│사용 예│

새 프로젝트

➡ [프로젝트 이름]은 dockertest로 입력하고, [위치]는 기본값인 '조직 없음' 상태이다. 수정이 끝났으면 [만들기]를 클릭한다.

[선수작업 3]　Google Container Registry를 이용하기 위한 API 사용 허가 설정

Google Container Registry를 이용하려면 API 사용을 허가해야 한다.

① 브라우저에서 웹 콘솔에 로그인하고 다음을 선택한다.

좌측 상단에 위치한 한자 삼(三) 모양의 [탐색 메뉴]를 선택하고 [API 및 서비스] → [라이브러리]를 클릭한다. 참고로 웹 브라우저에 따라 나타나는 메뉴는 조금씩 다를 수 있다.

│사용 예│

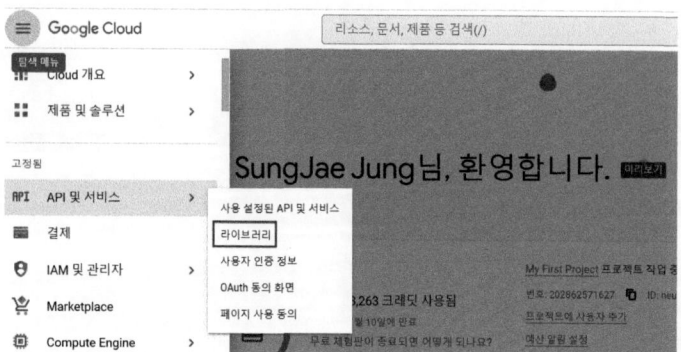

② API 및 서비스 검색에 'Google Container Registry' 단어를 검색

API 라이브러리 검색 창에서 'Google Container Registry'라고 입력하고 검색한다.

| 사용 예 |

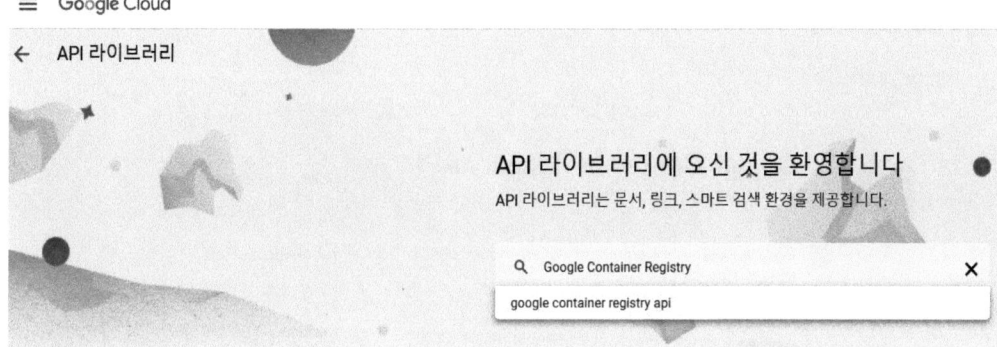

③ 검색 결과에서 'Google Container Registry API'를 클릭

| 검색 결과 예 |

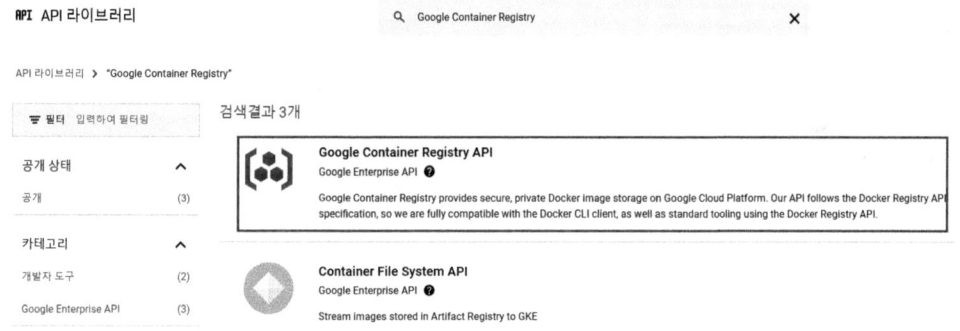

> **참고 | Google Container Registry API 란?**
>
> Google Container Registry는 Google Cloud Platform에서 안전한 비공개 Docker 이미지 스토리지를 제공한다. API는 Docker Registry API 사양을 따르므로 Docker CLI 클라이언트는 물론 Docker Registry API를 사용하는 표준 도구와도 완벽하게 호환되는 서비스이다.
>
> * 관련 정보
> https://cloud.google.com/container-registry/docs?hl=ko

④ Google Container Registry API 사용

Google Container Registry API 화면에서 [사용]을 클릭한다.

▌사용 예 ▌

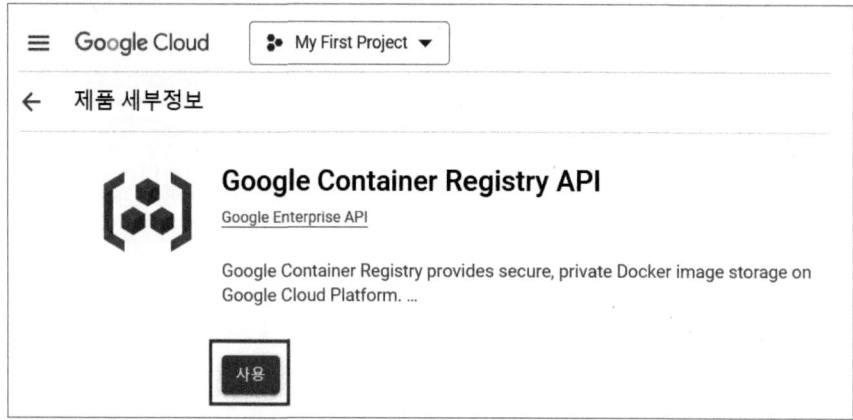

➡ 상단 메뉴에서 프로젝트명을 변경한 후에 [사용] 버튼을 클릭한다.

⑤ 정보 확인

➡ 상단 메뉴의 프로젝트명을 반드시 확인해야 한다.

[사전작업 4] Cloud SDK 설치하기

● **실습 시스템**
- 최신 버전의 Google Cloud CLI를 설치한 docker1 시스템을 준비한다.

│구성 예│

시스템	설명	IP 주소 예
docker1	최신 버전의 Google Cloud CLI가 설치될 시스템	192.168.56.129

● **Google Cloud SDK 소개**
- Google Cloud SDK는 GCP 서비스를 관리하기 위한 도구와 라이브러리를 모아 놓은 것이다. Cloud SDK는 Windows/MacOS/Linux에서 작동하며, 실행 시 Python 2.7이 필요하다.
- 웹 브라우저 상의 Cloud Console이나 Cloud Shell이 아니라, 임의의 클라이언트 PC에서 개발을 진행하려면 Cloud SDK를 설치해야 한다.
- Google Cloud SDK에는 Google Cloud CLI인 gcloud 명령이 포함되는데, 이 명령은 GCP의 각 서비스를 관리하기 위한 도구이다.

│gcloud 명령의 주요 기능│
① GCE(Google Compute Engine)의 가상 머신 인스턴스 관리
② Cloud SQL 인스턴스 관리
③ GKE(Google Kubernetes Engine)의 클러스터 관리
④ Cloud DNS 관리
⑤ Cloud Deployment Manager의 전개

> **참고 │ Cloud SDK 및 gcloud SDK 설치 관련 URL**
>
> ① Cloud SDK
> https://cloud.google.com/sdk/
> ② gcloud SDK Install
> https://cloud.google.com/sdk/docs/install-sdk#rpm

● **Google Cloud CLI 버전 설치 (Version 440.0.0, 2023.08.11 기준)**
① (docker1) gcloud CLI 명령을 사용한 YUM 저장소 추가

```
# tee -a /etc/yum.repos.d/google-cloud-sdk.repo << EOM
[google-cloud-cli]
```

name=Google Cloud CLI

baseurl=https://packages.cloud.google.com/yum/repos/cloud-sdk-el8-x86_64

enabled=1

gpgcheck=1

repo_gpgcheck=0

gpgkey=https://packages.cloud.google.com/yum/doc/rpm-package-key.gpg

EOM

```
[root@www ~]# cat /etc/yum.repos.d/google-cloud-sdk.repo
[google-cloud-cli]
name=Google Cloud CLI
baseurl=https://packages.cloud.google.com/yum/repos/cloud-sdk-el8-x86_64
enabled=1
gpgcheck=1
repo_gpgcheck=0
gpgkey=https://packages.cloud.google.com/yum/doc/rpm-package-key.gpg
[root@www ~]#
```

➡ 'cat /etc/yum.repos.d/google-cloud-sdk.repo' 명령으로 확인

② (docker1) google-cloud-cli 패키지 설치

dnf -y install google-cloud-cli

➡ 기본 용량도 있고 네트워크 상태에 따라 약간의 시간이 걸릴 수 있다.

③ (docker1) gcloud 명령 초기 설정

> **참고 | gcloud 명령어 사용법 확인**
>
> 다음의 명령을 실행하면 명령어에 대한 사용법을 확인할 수 있다. 참고로 화면에 출력이 되는 형태가 아닌 man 페이지 환경과 동일하게 less 명령어 실행 상태이다.
>
> # gcloud --help
> # gcloud init --help
> # gcloud cheat-sheet

gcloud init

➡ Google Cloud CLI 초기 설정을 실행한다. 주요 부분을 정리하면 다음과 같다.

가. 구글 계정 로그인 확인

```
You must log in to continue. Would you like to log in (Y/n)?  y
```

➡ y를 입력하고 [Enter]키를 누른다. 웹 브라우저가 실행되면서 구글 계정에 로그인하는 화면이 등장한다.

나. 웹 브라우저에서 구글 계정으로 로그인한다.

➡ 본인 구글 계정으로 로그인한다.

다. Google Cloud SDK에서 구글 계정에 접근 허용

➡ 내용을 확인하고 화면 하단에 있는 [허용]을 클릭한다.

라. 인증 내용 확인

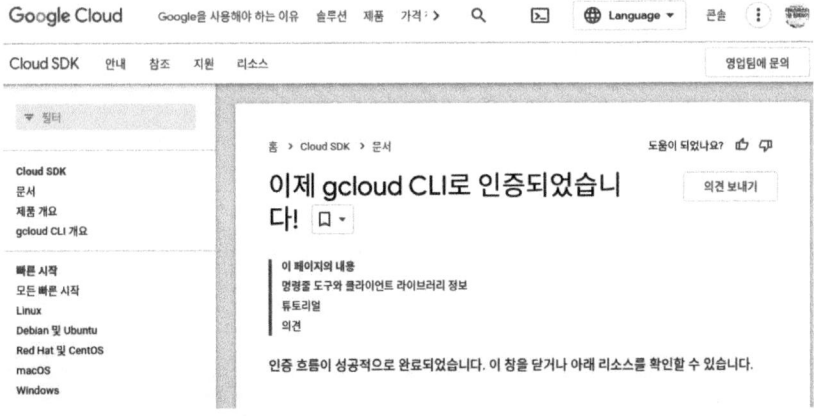

➡ 웹 브라우저에서 구글 계정에 로그인 후에 터미널 화면으로 전환한다.

마. 프로젝트 선택

```
You are logged in as: [posein@gmail.com].

Pick cloud project to use:
 [1] dockertest-395609
 [2] neural-foundry-395609
 [3] Enter a project ID
 [4] Create a new project
Please enter numeric choice or text value (must exactly match list item): 1
```

➡ 프로젝트 이름을 확인 후에 알맞은 번호하고 [Enter] 키를 누른다.

바. 설정 완료

```
Your Google Cloud SDK is configured and ready to use!

* Commands that require authentication will use posein@gmail.com by default
* Commands will reference project `dockertest-395609` by default
Run `gcloud help config` to learn how to change individual settings

This gcloud configuration is called [default]. You can create additional configu
rations if you work with multiple accounts and/or projects.
Run `gcloud topic configurations` to learn more.

Some things to try next:

* Run `gcloud --help` to see the Cloud Platform services you can interact with.
And run `gcloud help COMMAND` to get help on any gcloud command.
* Run `gcloud topic --help` to learn about advanced features of the SDK like arg
 files and output formatting
* Run `gcloud cheat-sheet` to see a roster of go-to `gcloud` commands.
[root@www ~]#
```

➡ 환경 설정이 완료되었다는 메시지와 사용법이 출력되면서 명령 프롬프트가 나타난다.

> **참고 | 구글 로그인이 되지 않은 상태인 경우**
>
> 구글 계정으로 로그인이 되지 않으면 진행이 불가하다. 다음 명령을 사용해서 웹페이지를 통한 로그인 작업을 수행해야 한다.
>
> **| 명령 예 |**
>
> # gcloud auth login

[실습] 도커 이미지 업로드

◆ 실습 시스템

- 최신 버전의 Google Cloud CLI를 설치한 docker1 시스템을 준비한다.

| 구성 예 |

시스템	설명	IP 주소 예
docker1	최신 버전의 Google Cloud CLI가 설치된 시스템	192.168.56.129

◆ 실습 시나리오
- 현재 사용중인 docker1 시스템에서 GCP의 Docker Registry API에 이미지 올리기를 진행한다.
- 작업은 이미지 다운로드, 태그 변경, 이미지 업로드 순으로 진행한다.

◆ 작업 순서

① 실습할 이미지 다운로드

docker pull ubuntu

➡ ubuntu 이미지를 다운로드한다.

```
[root@www ~]# docker image ls
REPOSITORY       TAG       IMAGE ID        CREATED        SIZE
ubuntu           latest    5a81c4b8502e    6 weeks ago    77.8MB
[root@www ~]#
```

➡ 'docker images' 명령으로 확인한다.

② 이미지 태그 설정

docker tag ubuntu asia.gcr.io/dockertest-395609/testimage

➡ 아시아 지역이고 프로젝트 아이디는 dockertest-395609, 태그는 testimage로 설정한 예제이다. 자세한 설명은 다음에 설명할 '참고' 부분에서 언급되어 있다.

```
[root@www ~]# docker image ls
REPOSITORY                                   TAG       IMAGE ID        CREATED
 SIZE
asia.gcr.io/dockertest-395609/testimage      latest    5a81c4b8502e    6 weeks ago
 77.8MB
ubuntu                                       latest    5a81c4b8502e    6 weeks ago
 77.8MB
[root@www ~]#
```

➡ 'docker images' 명령으로 확인한다.

> **참고 | docker tag 명령어 사용법**
>
> # docker tag [로컬이미지명] [구글_registry_호스트명]/[프로젝트_ID]/[이미지명]
>
> ▎구글 registry 호스트명 ▎
>
> | 지역 | 구글 registry 호스트명 |
> |---|---|
> | 기본 | gcr.io |
> | 미국 | us.gcr.io |
> | 유럽 | eu.gcr.io |
> | 아시아 | asia.gcr.io |
>
> ➡ 목록 중에 하나를 선택한다. 아시아 지역이므로 'asia.gcr.io'를 추천한다.
>
> ▎프로젝트 ID ▎
>
> 프로젝트 ID는 console.cloud.google.com 화면의 상단에 표시되어 있다. 프로젝트명을 클릭하면 프로젝트 ID를 확인할 수 있다. (예) dockertest-395609

참고 | gcloud docker 명령 사용법

https://cloud.google.com/container-registry/docs/support/deprecation-notices#gcloud-docker

 참고 | 프로젝트 목록 확인

│ 사용법 관련 URL │

https://cloud.google.com/sdk/gcloud/reference/projects/list

│ 사용법 │

gcloud projects list

│ 사용 예 │

```
[root@www ~]# gcloud projects list
PROJECT_ID              NAME                PROJECT_NUMBER
dockertest-395609       dockertest          519641310181
neural-foundry-395609   My First Project    202862571627
[root@www ~]#
```

참고 | Shell Script를 활용한 태그 설정 예

프로젝트 ID를 추출해서 환경 변수에 저장한 후에 환경 변수에 저장된 값을 활용해서 이미지 태그를 설정할 수 있다.
① 프로젝트 ID 추출
　　사용 예1)
　　# export PROJECT_ID=$(gcloud projects list | tail -n +2 | awk '{print $1}')
　　➡ 참고로 프로젝트 ID가 여러 개인 경우에는 파이프(|) 기호를 사용해서 한 번 더 필터링을 진행한다.
　　사용 예2)
　　# export PROJECT_ID=$(gcloud config list project --format "value(core.project)")
② 이미지 태그 설정
　　# docker tag ubuntu asia.gcr.io/$PROJECT_ID/testimage

③ 인증

　　# gcloud auth configure-docker

　　　　➡ 'gcloud auth configure-docker' 명령으로 인증을 진행한다.

④ 인증 동의

```
[root@www ~]# gcloud auth configure-docker
Adding credentials for all GCR repositories.
WARNING: A long list of credential helpers may cause delays running 'docker buil
d'. We recommend passing the registry name to configure only the registry you ar
e using.
After update, the following will be written to your Docker config file located
at [/root/.docker/config.json]:
{
  "credHelpers": {
    "gcr.io": "gcloud",
    "us.gcr.io": "gcloud",
    "eu.gcr.io": "gcloud",
    "asia.gcr.io": "gcloud",
    "staging-k8s.gcr.io": "gcloud",
    "marketplace.gcr.io": "gcloud"
  }
}

Do you want to continue (Y/n)? y

Docker configuration file updated.
[root@www ~]#
```

➡ y 키를 누르고 [Enter]키를 치면 도커 설정 파일이 업데이트되었다는 메시지를 확인할 수 있다.

⑤ 로컬 시스템의 파일을 통한 정보 확인

```
[root@www ~]# cat /root/.docker/config.json
{
  "auths": {
    "https://index.docker.io/v1/": {
      "auth": "cG9zZWluOiFsaW5qb29uMjNk"
    },
    "myregistry.com": {
      "auth": "ZGVtb3VzZXI6cGFzc3dk"
    }
  },
  "credHelpers": {
    "gcr.io": "gcloud",
    "us.gcr.io": "gcloud",
    "eu.gcr.io": "gcloud",
    "asia.gcr.io": "gcloud",
    "staging-k8s.gcr.io": "gcloud",
    "marketplace.gcr.io": "gcloud"
  }
}[root@www ~]#
[root@www ~]#
```

➡ 인증 정보는 'cat /root/.docker/config.json' 파일에서 확인할 수 있는데 credHelpers 부분이 추가된다.

⑥ 구글 레지스트리에 이미지 업로드

gcloud docker -- push asia.gcr.io/dockertest-395609/testimage

➡ 구글 레지스트리에 태그된 이미지를 업로드한다. 참고로 프로젝트 ID명은 실습 상황에 맞게 변경한다.

> **참고 | gcloud docker -- 명령 사용법**
>
> **|관련 URL|**
> https://cloud.google.com/sdk/gcloud/reference/docker
>
> **|사용 예|**
> # gcloud docker -- --version
> # gcloud docker -- pull gcr.io/〈PROJECT ID〉/〈IMAGE〉
> # gcloud docker -- push gcr.io/〈PROJECT ID〉/〈IMAGE〉

⑦ 이미지 제거 후 다운로드

   # docker rmi asia.gcr.io/dockertest-395609/testimage

     ➡ 도커 이미지를 삭제한다.

   # docker image ls

     ➡ 이미지 제거 여부를 확인한다.

   # docker pull asia.gcr.io/dockertest-395609/testimage

     ➡ 이미지를 다운로드한다.

   # docker image ls

     ➡ 이미지 다운로드 여부를 확인한다.

⑧ 웹에서 확인하기

   Google Cloud 웹페이지의 검색 창에서 'Container Registry' 입력 후 클릭하면 좌측에 [이미지] 메뉴를 클릭하면 확인할 수 있다.

|확인 예|

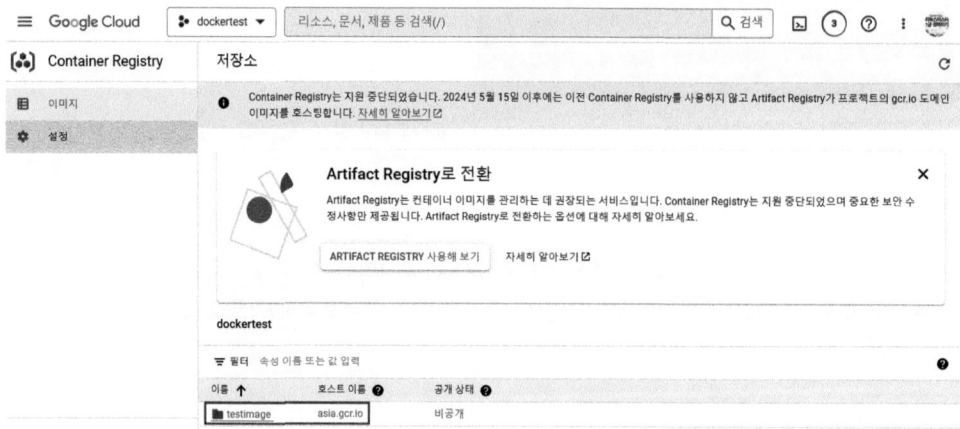

     ➡ 참고로 2024년 5월 15일 이후로는 Artifact Registry로 전환된다고 메시지가 나타난다. 미리 전환 사용해보는 것을 권장한다.

⑨ 확인 후 반드시 서비스를 중지

Google Cloud [결제] 메뉴의 [계정 관리]에서 '결제 계정 폐쇄'나 '결제 계정에 연결된 프로젝트'에서 결제 사용 중지, 결제 잠금 등을 선택한다. 특히 무료 평가판 기간이 지난 경우에 비용을 지불할 생각이 아니라면 사용을 중지해야 한다.

┃사용 예┃

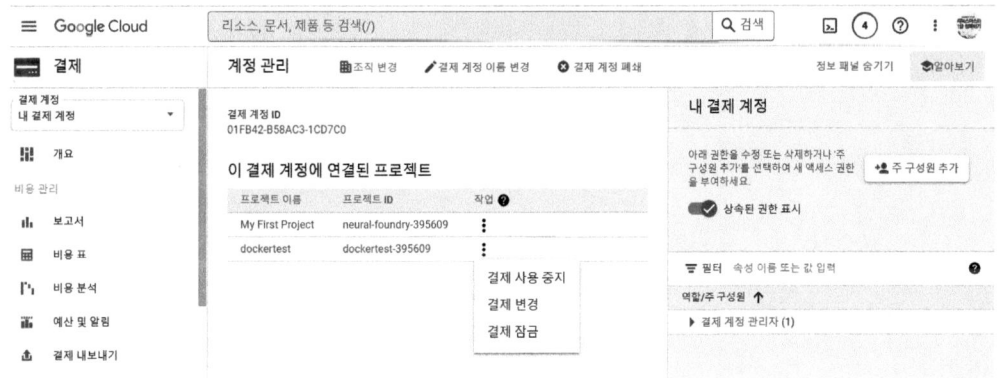

Chapter 06

Docker Compose

6.1 Docker Compose 개요 및 설치

6.2 Docker Compose 파일

6.3 Docker Compose 명령

Chapter 06 Docker Compose

6.1 Docker Compose 개요 및 설치

6.1.1 Docker Compose 소개

Docker Compose는 다중 컨테이너 도커 애플리케이션을 정의하고 실행하기 위한 도구이다. Docker Compose는 GO 언어로 만들어졌으며, YAML 파일(예 docker-compose.yml)을 사용하여 애플리케이션 서비스를 구성한다. 그 후 단일 명령으로 구성해서 모든 서비스를 만들고 시작한다. 따라서, Docker Compose는 YAML 파일을 통해 동일 호스트상의 여러 컨테이너를 일괄적으로 관리할 수 있다. Docker Compose는 docker-compose 명령을 이용해서 애플리케이션의 전체 수명 주기를 관리하기 위해 사용되고, 자세한 정보는 https://docs.docker.com/compose/ 확인할 수 있다.

┃ docker-compose 명령으로 관리되는 주요 기능 ┃

① 서비스 시작, 중지, 재시작
② 실행 중인 서비스 상태 확인
③ 실행 중인 서비스의 로그 출력 확인
④ 서비스에서 일회성 명령 실행

6.1.2 Docker Compose 설치

▶ Docker Compose 설치 개요

Docker Compose 설치는 docker-compose라는 명령어를 설치하는 것인데, 보통 /usr/local/bin/docker-compose에 위치시킨다. Linux, Windows, MacOS에서 사용되는 Docker Desktop을 사용하는 경우에는 docker-compose 명령이 설치되어 있다. 하지만 Docker Desktop을 사용하지 않는 경우라면 직접 설치해야 한다.

┃ Docker Compose 설치 관련 URL ┃

① https://docs.docker.com/compose/install/

② https://docs.docker.com/compose/install/linux/

▶ Docker Compose 설치 방법

리눅스 시스템에 Docker Compose를 설치하는 방법은 3가지 방법이 있는데, Docker's Repository를 설정하고 Docker CLI plugin 설치하는 경우와 Docker CLI Compose plugin을 직접 받는 경우가 있다. 마지막으로 docker-compose를 plugin 형태가 아닌 바이너리 명령어 형태로 받아서 사용하는 경우가 있는데, 이런 형태를 독립형 버전이라고 한다.

(1) Docker's Repository를 설정하고 Docker CLI Plugin 설치하는 경우의 예

① 설치 방법

　가. 데비안 계열

```
# apt-get install docker-compose-plugin
```

　나. 레드햇 계열

```
# dnf install docker-compose-plugin
```

② 확인

```
# docker compose version
```

(2) Docker CLI Compose Plugin을 직접 받는 경우의 예

▌설치 예▌

```
# DOCKER_CONFIG=${DOCKER_CONFIG:-$HOME/.docker}
# mkdir -p $DOCKER_CONFIG/cli-plugins
# curl -SL ₩
https://github.com/docker/compose/releases/download/v2.6.1/docker-compose-linux-x86_64 ₩
-o $DOCKER_CONFIG/cli-plugins/docker-compose
# chmod +x $DOCKER_CONFIG/cli-plugins/docker-compose
# docker compose version
```

(3) 독립형 버전: docker-compose 바이너리 명령어 형태로 사용하기

▌설치 예▌

```
# curl -sSL ₩
https://github.com/docker/compose/releases/download/v2.6.1/docker-compose-linux-x86_64 ₩
-o /usr/local/bin/docker-compose
```

```
# chmod +x /usr/local/bin/docker-compose
# docker-compose version
```

> **참고** | Docker Compose 설치 시 릴리즈(태그) 선택
>
> 리눅스에서 Docker Compose를 설치할 때 릴리즈(태그)를 선택할 수 있는데, 관련 정보는 다음의 URL을 참고하면 된다. 여러 가지 릴리즈 버전이 존재하는데, 안정화된 최신 버전을 설치하면 된다.
>
> ▍관련 URL ▍
> https://github.com/docker/compose/tags

▶ Docker Compose 구성 파일 개요

Docker Compose 구성 파일명은 보통 docker-compose.yml으로 작성한다. 이 파일에 웹 애플리케이션의 의존 관계(데이터베이스, 큐, 캐시, 애플리케이션 등)를 모아서 설정할 수 있다. 이 정의 파일을 바탕으로 docker-compose 명령을 실행하면 여러 개의 컨테이너를 모아서 시작하거나 정지할 수 있다. 또한 컨테이너의 구성 정보를 YAML 형식의 파일로 관리할 수 있으므로 지속적 배치(deploy)나 지속적 통합(integration) 프로세스에 사용할 수 있다. 특히 자동 테스트 기반의 환경 구축에도 그대로 이용할 수 있다.

Docker Compose 파일(예 docker-compose.yml) 작성에 대한 부분은 다음 장에 자세하게 다룬다.

[실습] Docker Compose 설치하기 - 독립형 버전 설치 방법

● 실습 시스템
- Docker Compose를 설치할 docker1 시스템을 준비한다.

▍구성 예 ▍

시스템	설명	IP 주소 예
docker1	Docker Compose를 설치할 시스템	192.168.56.129

● 실습 시나리오
- Rocky Linux 8 버전에 도커 엔진(docker-ce)을 설치한 경우에 Docker Compose는 기본으로 같이 설치된다. 따라서 Docker Compose 설치 유무 및 버전 정보를 확인한다.
- Docker Compose를 독립형 버전으로 설치한다. 릴리즈 사이트에 들어가서 버전을 확인하고, 알맞는 릴리즈를 설치한다.

- Docker Compose가 설치되면 간단한 웹-DB 구조로 실습을 진행하여, Docker Compose가 정상적으로 동작하는지 확인한다.

◆ 실습 목록
- Docker Compose Plugin 설치 확인
- Docker Compose 설치하기 - 독립형 버전 설치
- Docker Compose 동작 확인 - WEB(Flask)-DB(redis) 구조

◆ 작업 시나리오 1: Docker Compose Plugin 설치 확인
Rocky Linux 8 시스템에 Docker Engine을 설치하면, 패키지 의존성 때문에 Docker Compose Plugin이 같이 설치된다. 이 경우에는 별도의 설치가 불필요하고 관련 정보만 확인한다.

① Docker Compose Plugin 설치 확인
   가. 패키지 설치 확인

```
[root@www ~]# dnf list installed "docker*"
설치된 꾸러미
docker-buildx-plugin.x86_64          0.10.4-1.el8          @docker-ce-stable
docker-ce.x86_64                     3:23.0.6-1.el8        @docker-ce-stable
docker-ce-cli.x86_64                 1:23.0.6-1.el8        @docker-ce-stable
docker-ce-rootless-extras.x86_64     23.0.6-1.el8          @docker-ce-stable
docker-compose-plugin.x86_64         2.17.3-1.el8          @docker-ce-stable
[root@www ~]#
```

   ➡ 'dnf list installed "docker*"' 명령을 실행한다.

   나. 패키지가 설치한 파일 목록 확인

```
[root@www ~]# rpm -ql docker-compose-plugin
/usr/libexec/docker/cli-plugins/docker-compose
/usr/share/doc/docker-compose-plugin
/usr/share/doc/docker-compose-plugin/LICENSE
/usr/share/doc/docker-compose-plugin/MAINTAINERS
/usr/share/doc/docker-compose-plugin/NOTICE
/usr/share/doc/docker-compose-plugin/README.md
/usr/share/licenses/docker-compose-plugin
/usr/share/licenses/docker-compose-plugin/LICENSE
/usr/share/licenses/docker-compose-plugin/NOTICE
[root@www ~]#
```

   ➡ 'rpm -ql docker-compose-plugin' 명령으로 확인한다.

② Docker Compose 명령 버전 확인
   가. 버전 확인 명령 사용

```
[root@www ~]# docker compose version
Docker Compose version v2.17.3
[root@www ~]#
```

   ➡ 'docker compose version' 명령으로 확인한다. 참고로 2023년 8월 12일 기준으로 Rocky Linux 8에 설치된 내용이다.

> **참고 | docker compose 명령 도움말**
>
> # docker compose --help
> ➡ --help 옵션을 사용하면 명령어 사용법을 확인할 수 있다.

나. docker info 명령 사용

docker info | head
➡ 'docker info' 명령으로 확인할 수 있다.

◆ **작업 시나리오 2: Docker Compose 독립형 설치하기**
- 이번 실습에서는 최신 안정화 버전이 v2.20.3 버전을 설치한다.
- 실습 진행일에 따라 버전이 다를 수 있고, 버전이 바뀌면 Docker Compose 파일 안의 내용이 다를 수 있으니 주의해야 한다.

① Docker Compose 릴리즈(태그) 확인
웹 브라우저에서 Docker Compose 릴리즈(태그) 사이트를 지정한다.

▮ 사용 예 ▮

firefox https://github.com/docker/compose/tags &
➡ 2023년 8월 12일 현재 v2.20.3 버전이 최신 릴리즈이다. 1 버전 계열인 경우에는 1.29.2 버전이 가장 최근 릴리즈이다.

② Docker Compose 안정화 버전 설치
아래 예시는 단순한 예제이고, 실습 환경에 따라 자신의 시스템에 최적화된 최신 버전을 설치하면 된다.

▮ 사용법 ▮

```
# curl -sSL \
"https://github.com/docker/compose/releases/download/〈버전〉/docker-compose-$(uname -s)-$(uname -m)" -o /usr/local/bin/docker-compose
```
➡ 〈버전〉부분에는 설치하려는 버전을 명기하면 된다. 예를 들면 v2.20.3 형식으로 지정한다.

참고 | curl 명령 주요 옵션 설명

주요 옵션

옵션	설명
-s	진행 상황이나 에러 메시지를 출력하지 않는다. 단순히 HTTP 응답 코드만을 가져올 때 사용한다. (--silent)
-S	-s의 추가 옵션으로 사용하며 진행 상황은 출력하지 않지만 에러 메시지는 출력한다. (--show-error)
-L	서버로부터 HTTP 300번대 응답을 받는 경우에 리다이렉션 URL을 따라간다. (--location)

가. docker-compose v.2.20.3 설치

```
[root@www ~]# curl -sSL \
> "https://github.com/docker/compose/releases/download/v2.20.3/docker-compose-$(uname -s)-$(uname -m)" -o /usr/local/bin/docker-compose
[root@www ~]#
```

 참고 | docker-compose 1.29.2 버전 설치

```
# curl -SL "https://github.com/docker/compose/releases/download/1.29.2/docker-compose-$(uname -s)-$(uname -m)" -o /usr/local/bin/docker-compose
```

나. 실행 권한 부여

chmod +x /usr/local/bin/docker-compose

다. 버전 확인

```
[root@www ~]# docker-compose version
Docker Compose version v2.20.3
[root@www ~]#
```

➡ 'docker-compose version' 명령으로 확인한다.

라. 파일 정보 추가 확인

```
[root@www ~]# file /usr/local/bin/docker-compose
/usr/local/bin/docker-compose: ELF 64-bit LSB executable, x86-64, version 1 (SYSV), statically linked, not stripped
[root@www ~]#
```

➡ 'file /usr/local/bin/docker-compose' 명령으로 파일 타입 정보를 확인한다. 참고로 리눅스 계열 실행파일은 ELF이고, 윈도우 운영체제는 PE로 표시된다.

● 작업 시나리오 1: Docker Compose 동작 확인 - WEB(Flask)-DB(redis) 구조

• Frontend에 속하는 Flask 웹 서버에 Backend 기능을 하는 Redis DB 서버를 docker-compose 명령을 이용해서 구성한다.

> **참고 | Redis(REmote DIctionary Server) 패키지 설명**
>
> ANSI C로 작성된 key-value 형식의 데이터 저장소이다. 인메모리(In-memory) 기반의 공개 소프트웨어로 NoSQL 계열 중 key-value 분야에서는 가장 인기 있는 프로그램이다.

① 소스 코드 다운로드 및 디렉터리 구조 확인

    가. 작업 디렉터리 생성

        # mkdir -p ~/docker/07_compose && cd ~/docker/07_compose

    나. 소스 코드 다운로드

        # git clone https://github.com/asashiho/dockertext2

    다. 디렉터리 이동

        # cd dockertext2/chap07/

    라. 디렉터리 구조 확인

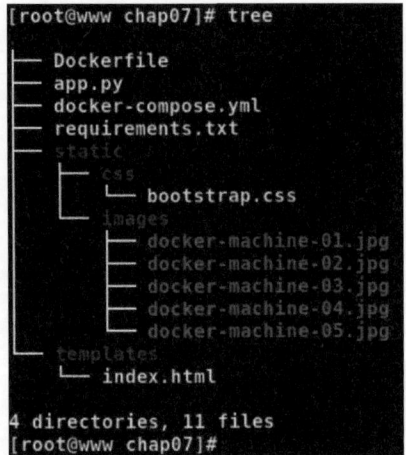

        ➡ tree 명령으로 확인한다.

    마. 파일 내용 확인

        # cat app.py

        # cat requirements.txt

        # cat Dockerfile

        # cat docker-compose.yml

② docker compose 실행

    가. docker-compose.yml 파일 내용 확인

        # cat docker-compose.yml

```
version: '3.3'
services:
  # WebServer config
  webserver:
    build: .                    # 현재 디렉터리를 이미지 빌드 디렉터리로 지정
    ports:
      - "80:80"                 # 서비스 포트 지정
    depends_on:
      - redis                   # redis DB를 먼저 기동(의존성 관계 지정)

  # Redis config
  redis:
    image: redis:4.0            # redis DB는 redis base image로 사용
```

나. docker-compose 명령 실행

docker-compose up

➡ Foreground 프로세스를 실행한다. 참고로 Background 프로세스로 실행하려면 'docker-compose up -d'로 실행한다.

③ 다른 터미널에서 실행된 컨테이너 확인

가. 다른 터미널을 실행

[터미널]을 추가로 실행한다.

나. 디렉터리 이동

cd ~/docker/07_compose/dockertext2/chap07

➡ docker-compose 명령은 docker-compose.yml 파일이 존재하는 위치에서 실행해야 한다.

다. 프로세스 확인

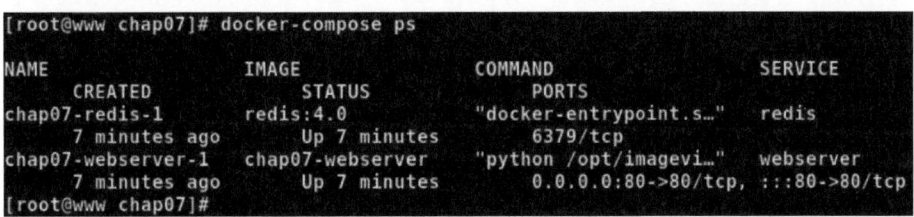

➡ 'docker-compose ps' 명령으로 확인한다.

라. 웹 브라우저에서 확인

firefox http://localhost &

➡ 이미지로 제작된 웹페이지를 확인할 수 있다. [F5]키를 눌러서 Refresh도 수행해본다.

④ 컨테이너 정지

docker-compose stop

⑤ 리소스 제거

docker-compose down --volumes

➡ 리소스를 제거하면 관련 볼륨도 제거한다.

6.2 Docker Compose 파일

Docker Compose 구성에 핵심적인 역할을 수행하는 docker-compose.yml 파일에는 시스템 안에서 기동하는 여러 서버의 구성을 모아서 정의한다. 이 정의 파일은 YAML(보통 야믈이라고 읽음) 형식으로 기술한다. Compose 파일에는 일반적으로 애플리케이션의 서비스(service), 네트워크(network), 볼륨(volume) 등을 정의한다.

> **참고 | Dockerfile와 Compose 파일 비교**
>
> | 파일 | 설명 |
> | --- | --- |
> | Dockerfile | 단일 컨테이너의 내용 및 시작 동작을 정의한다. 이미지 빌드 시 사용한다. |
> | Compose 파일 | 다중 컨테이너 애플리케이션의 동작을 정의한다. 컨테이너 관리 시 사용한다. |

6.2.1 YAML 파일

야믈(YAML) 파일은 YAML 포맷으로 작성된 텍스트 파일로서 일반적인 확장자로 .yml 또는 .yaml 사용한다. 데이터의 구조를 표현하기 위해 공백 문자를 사용하여 들여쓰기를 한다.

(1) YAML 파일의 기본적인 특징

① YAML은 Python과 같이 들여쓰기로 데이터 계층 구조를 나타낸다.
② 들여쓰기는 [Tab] 키가 아니라 [Space] 키를 사용한다.
③ 들여쓰기에 필요한 공백 수에 대해 엄격한 요구사항은 없지만 2가지 기본 규칙이 있다.
  가. 계층 구조상 동일한 수준에 있는 데이터 요소의 들여쓰기는 동일해야 한다.
  나. 하위 항목은 상위 항목보다 들여써야 한다.
④ YAML 파일은 쉽기 때문에 설정 파일 등에 많이 사용된다.
⑤ YAML 파일에서 데이터의 맨 앞에 '-'를 붙여서 배열을 나타낼 수 있다. '-' 다음에는 반드시 공백([Space])을 넣어야 한다.
⑥ YAML 파일은 키-값 쌍으로 이루어진 컬렉션이다.

(2) YAML 형식과 JSON 형식 비교 예

> 참고 | https://www.json2yaml.com/convert-yaml-to-json

YAML 형식	JSON 형식

# Version Definitions 	
version: "3.1"
 	
# Service Definitions 	
services:
  webserver:
    image: ubuntu
    ports:
      - "80:80"
    networks:
      - webnet
 	
  redis:
    image: redis
    networks:
      - webnet
 	
# Network Definitions 	
networks:
  webnet:
 	
# Volume Definitions 	
volumes:
  data-volume:
	{
	  "version": "3.1",
	  "services": {
	    "webserver": {
	      "image": "ubuntu",
	      "ports": [
	        "80:80"
	      ],
	      "networks": [
	        "webnet"
	      ]
	    },
	    "redis": {
	      "image": "redis",
	      "networks": [
	        "webnet"
	      ]
	    }
	  },
	  "networks": {
	    "webnet": null
	  },
	  "volumes": {
	    "data-volume": null
	  }
	}

(3) YAML 파일의 기본 문법

종류	설명

주석
(Comment)
	• 주석은 '#' 이다.
	
	`# Version Definitions`
	`version: "3.1"`
	
	`services:`
	`  # Web Server Configration`
	`  webserver:`
	`    image: ubuntu   # Base Image`

들여쓰기
(Indent)
	• 들여쓰기는 일반적으로 2칸 또는 4칸으로 한다.
	
	`services:`
	`  webserver:`
	`    image: ubuntu`
	`    ports:`
	`      - "80:80"`
	`      - "443:443"`

데이터 정의
(Map)
	• Key: Value 형식으로 정의한다.
	
	`version: "3"`
	`services:`
	`  webserver:`
	`    ports: ["80:80"]`
	`    networks: [webnet]`

배열정의
(Array)
	• 배열은 - 로 표시한다. 반드시 - 다음은 공백이 한 칸 이상은 존재해야 한다.
	
	`services:`　　　　`services:`
	`  webserver:`　　　`  webserver:`
	`    ports: ["80:80", "443:443"]`　`    ports:`
	　　　　　　　　　　　`      - "80:80"`
	　　　　　　　　　　　`      - "443:443"`

참/거짓	• 참/거짓: true/false, yes/no, 소문자 형식을 권장한다.
	
	`study_hard: yes`
	`give_up: no`
	`hello: True`
	`world: TRUE`
	`manual: False`

숫자표현	• 정수 또는 실수를 따옴표(") 없이 사용하면 숫자로 인식한다. # Number version: 3.1 # String version: "3.1"				
줄바꿈 (Newline)	• "|" : 지시어는 마지막 줄바꿈(\n)을 포함 • "|-" : 지시어는 마지막 줄바꿈(\n)을 제외 • "〉" : 지시어는 중간에 들어간 줄바꿈을 제외 • "〉-" : 지시어는 중간 및 마지막 줄바꿈을 제외 • (주의) 아래 내용에 마지막 줄이 한줄(빈공백라인) 더 있으므로 복사해서 사용한다.				
	newline: | ONE TWO THREE	newline: | ONE TWO THREE	newline: |- ONE TWO THREE	newline: 〉 ONE TWO THREE	newline: 〉- ONE TWO THREE

6.2.2 Docker Compose 파일

▶ 개요

Docker Compose 정의 파일에는 여러 컨테이너의 설정 내용을 모아서 하나의 파일에 기술한다. 특별히 지정하는 확장자는 없으며, YAML 파일에서 사용하는 '.yaml' 또는 '.yml'을 사용해도 무방하다. 이 파일에 대한 정보는 https://docs.docker.com/compose/compose-file/에서 확인할 수 있다. Docker Compose 파일명은 docker-compose.yml로 많이 사용된다. 이 파일에는 최상위 요소(Top-Level Element)와 하위 요소(Sub Element)가 존재한다.

(1) 최상위 레벨 요소(top-level element)

최상위요소	설명
version	[설명 URL] https://docs.docker.com/compose/compose-file/04-version-and-name/ https://docs.docker.com/compose/compose-file/compose-file-v3/ https://docs.docker.com/compose/compose-file/compose-file-v2/

version	**[설명]** Docker Compose 파일 버전을 지정한다. **[사용 예]** version: "3.9"
name	**[관련 URL]** https://docs.docker.com/compose/compose-file/04-version-and-name/ **[설명]** 프로젝트 이름을 지정한다. 프로젝트 이름은 지정하지 않으면 자동으로 생성되므로, 자동 체계를 사용하는 것을 권장한다. **[사용 예]** name: project1

services	**[관련 URL]**
	https://docs.docker.com/compose/compose-file/05-services/
	[설명]
	서비스를 지정한다. 서비스는 다른 구성 요소와 독립적으로 확장/교체할 수 있는 응용 프로그램 내의 컴퓨팅 리소스에 대한 추상적인 정의이다. 서비스는 복제 요구사항 및 배치 제약 조건에 따라 플랫폼에서 실행되는 컨테이너 집합으로 지원된다. 컨테이너의 지원을 받는 서비스는 도커 이미지와 런타임 인수 집합으로 정의된다. 서비스 내의 모든 컨테이너는 이러한 인수로 동일하게 생성된다. 각 서비스는 컨테이너를 실행하기 위한 런타임 제약 조건 및 요구사항을 정의한다.
	[사용 예]
	services:
	  mongo:
	    image: mongo
	    restart: always
	    environment:
	      MONGO_INITDB_ROOT_USERNAME: root
	      MONGO_INITDB_ROOT_PASSWORD: example

networks	**[관련 URL]**
	https://docs.docker.com/compose/compose-file/06-networks/
	[설명]
	네트워크를 지정한다. 네트워크는 서비스가 서로 통신할 수 있도록 하는 계층이다. 서비스에 노출되는 네트워킹 모델은 대상 서비스 및 외부 리소스와의 간단한 IP 연결로 제한되는 반면 네트워크 정의를 통해 플랫폼에서 제공하는 실제 구현을 미세 조정할 수 있다.
	[사용 예]
	services:
	  frontend:
	    image: some/webapp
	    networks:
	      - front-tier

|  | ```
      - backend-tier
    networks:
      front-tier:
      backend-tier:
``` |
| volumes | [관련 URL]<br>https://docs.docker.com/compose/compose-file/07-volumes/<br><br>[설명]<br>볼륨을 지정한다. 볼륨은 플랫폼에서 구현하는 영구 데이터 저상소이다. compose 시양은 볼륨을 탑재하는 서비스에 대한 중립적인 추상화와 인프라에 할당하기 위한 구성 매개 변수를 제공한다.<br><br>[사용 예]<br>```
services:
  backend:
    image: some/webapp
    volumes:
      - dbdata:/etc/data
  backup:
    image: backup-service
    volumes:
      - dbdata:/backup/data
volumes:
  dbdata:
``` |
| configs | [관련 URL]<br>https://docs.docker.com/compose/compose-file/08-configs/<br><br>[설명]<br>추가적인 구성을 지정한다. 구성(configs)을 사용하면 도커 이미지를 다시 빌드할 필요 없이 서비스 동작을 조정할 수 있다. 구성(configs)은 서비스의 컨테이너 파일시스템에 마운트가 되므로 서비스 관점에서는 볼륨과 비슷하다. 플랫폼에서 제공하는 구성을 얻기 위한 실제 구현 세부 정보는 구성 정의에서 설정할 수 있다.<br><br>[사용 예]<br>```
configs:
  http_config:
    file: ./httpd.conf
```<br>또는<br>```
configs:
  http_config:
    external: true
    name: "${HTTP_CONFIG_KEY}"
``` |
| | [관련 URL]
https://docs.docker.com/compose/compose-file/09-secrets/ |

secrets	[설명]
	민감한 정보를 지정한다. 비밀(secrets)은 민감한 데이터에 중점을 준 구성의 특징이며, 이 용도에 대한 특정 제약 조건이 있다. 플랫폼 구현에 구성과 크게 다를 수 있으므로 전용 비밀 섹션에서 관련 리소스를 구성할 수 있다.
	
	[사용 예]
	secrets:
	  server-certificate:
	    file: ./server.cert
	또는
	secrets:
	  server-certificate:
	    external: true
	    name: "{CERTIFICATE_KEY}"

(2) 하위 레벨 요소(sub-level element)

각 상위 레벨 요소(top-level element)에는 하위 레벨 요소(sub-level element)들을 지정할 수 있다. 하위 레벨 요소(sub-level element)는 https://docs.docker.com/compose/compose-file/에서 확인할 수 있다.

(3) Docker Compose 파일 이름과 Compose 파일 지정

docker-compose 명령이 작업 디렉터리에 존재하는 자동 인식되는 파일 이름은 다음과 같다.

┃주요 파일명┃

자동 인식되는 파일명
compose.yaml
compose.yml
docker-compose.yaml
docker-compose.yml

만약 Compose 파일을 직접 지정하고 싶다면 docker-compose 명령에서 -f 옵션을 사용하고, -f 옵션을 여러 개를 사용하면 여러 개의 Compose 파일을 지정할 수 있다.

┃사용 예┃

docker-compose -f docker-compose-admin.yml up -d

docker-compose -f docker-compose-base.yml -f docker-compose-prod.yml up -d

▶ 구성 요소 사용법

(1) Docker Compose 정의 파일 버전(version)

Docker Compose 정의 파일(docker-compose.yml)은 버전에 따라 기술할 수 있는 항목이 다르다. 버전을 지정할 때는 compose 정의 파일의 맨 앞의 다음과 같이 정의한다.

┃사용 예┃

```
version: '3.3'
```

➡ 버전을 명시적으로 지정하지 않았을 때는 '1.0'으로 작동한다. 또한, 여러 개의 compose 정의 파일이나 확장 서비스를 사용하는 경우 각 파일에서 동일한 버전을 사용해야 한다.

┃버전에 대한 설명 URL┃

https://docs.docker.com/compose/compose-file/compose-file-v3/
https://docs.docker.com/compose/compose-file/compose-file-v2/

┃Compose file 포맷과 Docker Engine 버전과의 관계┃

compose file format	Docker Engine release
3.8	19.03.0+
3.7	19.03.0+
3.6	18.02.0+
3.5	17.12.0+
3.4	17.09.0+
3.3	17.06.0+
3.2	17.04.0+
3.1	1.13.1+
3.0	1.13.0+
2.3	17.06.0+
2.2	1.13.0+
2.1	1.12.0+
2.0	1.10.0+

(2) 이미지 지정(image)

도커 컨테이너의 바탕이 되는 베이스 이미지를 지정하려면 image를 사용한다. 이미지에는 이미지의 이름 또는 이미지 ID 중 하나를 지정해야 한다. 공식 이미지뿐만 아니라 도커 허브에 공개된 이미지는 모두 지정이 가능하다.

사용 예

services:
  webserver:
    image: ubuntu
	services:
	  webserver:
	    image: jang4sc/dockersample:1.0

services:
  dbserver:
    image: redis:7.0-rc3-alpine
	services:
	  os1:
	    image: myregistry.com:5000/postgresql

➡ (유사한 docker 실행 명령)
    # docker pull ubuntu
    # docker run ubuntu

(3) 이미지 빌드(build)

이미지의 작성을 Dockerfile에 기술하고, 기술한 내용을 자동으로 빌드하여 베이스 이미지로 지정할 때 build를 사용한다. build에는 Dockerfile의 파일 경로를 지정한다.

① 현재 디렉터리에 존재하는 Dockerfile로 빌드하기

사용 예

```
services:
  webserver:
    build: .                    # 현재 디렉터리를 나타낸다. 현재 디렉터리에 Dockerfile 존재해야 한다.
```

➡ (유사한 docker 실행 명령)
    # docker build -t webserver .' 명령을 실행하는 것이다.

② 다른 위치에 존재하는 Dockerfile 지정하기

임의의 이름으로 된 Dockerfile을 가지고 빌드할 때는 'dockerfile' 지시자를 사용한다. 이 때 Dockerfile이 있는 디렉터리의 경로나 Git Repository의 URL을 'context'로 지정한다. 참고로 build 지시자 하위에 dockerfile를 사용한 경우에는 반드시 context를 사용하여 경로를 지정해야 한다.

사용 예

```
services:
  webserver:
    build: /data/Dockerfile-alternate
```

```
services:
  webserver:
    build:
      context: /data
      dockerfile: Dockerfile-alternate
```

➡ (유사한 docker 실행 명령)
　# docker build -t webserver -f Dockerfile-alternate /data

③ 이미지 빌드시 인수(인자) 지정하기(args)

Docker 이미지를 빌드할 때에 인수를 'args'로 지정할 수 있다. 부울(bool) 연산자(true/false/yes/no)를 사용하는 경우에는 따옴표 기호 안에 넣어야 한다. 변수의 값은 Docker Compose를 실행하는 머신 위에서만 유효하다.

┃사용 예┃

```
services:
 webserver:
  build:
   args:
    projectno: 1
    user: sktuser
```

➡ (유사한 docker 실행 명령)
　# docker build --build-args projectno=1 --build-args user=sktuser -t webserver .

(4) 컨테이너 안에서 작동하는 명령 지정(command/entrypoint)

컨테이너 안에서 작동하는 명령 지정은 command 또는 entrypoint를 사용한다.

① command 사용

컨테이너에서 작동하는 명령은 command로 지정한다. 베이스 이미지에서 지정되어 있을 때는 그 명령을 덮어쓴다.

┃사용 예┃

```
command: /bin/bash
```

➡ Dockerfile에 사용되는 CMD 또는 ENTRYPOINT 명령과 유사하다.
　(유사한 docker 실행 명령)
　# docker run -d --name os1 centos /bin/bash

② entrypoint 사용

entrypoint를 덮어쓸 때는 entrypoint 사용한다.

┃사용 예┃

```
entrypoint: php -d memory_limit=-1
```

```
entrypoint:                              # entryponit: ["php", "-d", "memory_limit=-1"]
  - php
  - -d
  - memory_limit=-1
```

➡ 참고로 Dockerfile에서는 'ENTRYPOINT ["php", "-d", "memory_limit=-1"]' 으로 지정한다. 지정할 때 shell 형식과 exec 형식 2가지 모두 사용이 가능하다.
(유사한 docker 실행 명령)
docker run -d --name os1 --entrypoint="php -d memory_limit=-1" centos

(5) 컨테이너 간 연결(links)

다른 컨테이너에 대한 링크 기능을 사용하여 연결하고 싶을 때는 links를 사용하여 연결할 컨테이너 명을 설정한다. 예를 들어 logserver라는 이름의 컨테이너와 링크하려면 다음과 같이 지정한다. 또한, 컨테이너명과는 별도로 앨리어스명을 붙이고 싶을 때는 '서비스명:앨리어스명'으로 지정한다.

┃사용 예┃

```
links:
  - logserver
  - logserver:log01
```

➡ (유사한 docker 실행 명령)
docker run ..... --link logserver:logserver --link logserver:log01 .....

서비스 간의 의존 관계는 depends_on을 사용하여 지정할 수 있다. depends_on은 서비스를 시작하는 순서도 지정할 수 있다.
컨테이너 간에는 private IP 주소를 기반으로 통신한다. 그런데 컨테이너가 재시작되면 IP 주소가 바뀔 수 있다. 이 문제를 해결하는 방법으로 link를 사용한다. 컨테이너가 통신하는 bridge network를 사용하는 경우에는 IP 주소가 아닌 컨테이너 이름을 기반으로 통신할 수 있기 때문이다. 만약 사용자 정의 네트워크를 추가로 만들어서 컨테이너를 기동시킨 경우라면 --link 옵션은 필요가 없다. 예를 들어, master 컨테이너와 slave 컨테이너가 존재하는 상태에서 slave는 master와 link를 맺었다. slave 컨테이너 내에서 ping master를 하면 정상적으로 작동한다. 즉 컨테이너 이름으로 통신이 되는 것이다.

┃master/slave의 예제에 대한 명령 수행 예┃
docker run -it -h master --name master -p 50070:50070 ₩
 -p 8088:8088 ubuntu:hadoop_2.7.7
docker run -it -h slave --name slave --link master:master ubuntu:hadoop_2.7.7

➡ --link 옵션은 '--link 〈링크 컨테이너 이름〉:〈앨리어스 이름〉' 형태로 지정한다.

만약 이 문제를 원천적으로 해결하기 위해서는 새로운 사용자 정의 네트워크(User Defined Network)를 별도로 만들고, 해당 네트워크에 통신하고 싶은 컨테이너들을 구성하면 자동 검색기능(Auto Discovery, Auto Service Discovery)이 제공되어 이름에 기반한 통신이 가능해진다. 일반적으로는 이런 방식을 권장한다.

(6) 컨테이너 간 통신(ports/expose)

컨테이너가 공개하는 포트는 ports로 지정한다. '〈호스트 머신의 포트 번호〉:〈컨테이너의 포트 번호〉'를 지정하거나, '〈컨테이너의 포트 번호〉'만 지정한다. '〈컨테이너의 포트 번호〉'만 지정한 경우는 호스트 머신의 포트는 랜덤한 값으로 설정된다.

YAML 파일에서 xx:yy 형식은 시간으로 해석하므로 포트 번호를 설정할 때는 반드시 겹따옴표(")로 둘러싸서 문자열로 정의해야 한다.

┃사용 예┃

```
ports: [ "3000", "8000:8000" ]
ports:
  - "3000"
  - "8000:8000"
  - "49100:22"
  - "127.0.0.1:8001:8001"
```

➡ (유사한 docker 실행 명령)
   # docker run --name web -p 3000 -p 8000:8000 ... nginx

호스트 머신에 대한 포트를 공개(ports)하지 않고, 링크(links) 기능을 사용하여 연결하는 컨테이너에게만 포트를 공개할 때는 expose를 사용한다. 로그 서버와 같이 호스트 머신에서 직접 액세스하지 않고 웹 애플리케이션 서버 기능을 갖는 컨테이너를 경유해서만 액세스하고 싶은 경우 등에 사용한다.

┃사용 예┃

```
expose:
  - "3000"
  - "8000"
```

참고 | ports vs expose

┃관련 URL┃

https://stackoverflow.com/questions/40801772/what-is-the-difference-between-docker-compose-ports-vs-expose

┃설명┃

ports와 expose는 모두 컨테이너 포트를 노출시키는 역할을 한다는 점에서 동일하지만, expose는 사용하여 포트를 노출시키는 경우 호스트 내부에서만 접근이 가능하다. 반면, ports로 포트를 노출시키는 경우 호스트 외부의 다른 호스트들도 ports에 설정한 호스트 포트를 통해 접근이 가능하다.
예를 들어, 다음과 같은 그림의 컨테이너 구조와 같이 frontend 컨테이너와 backend 컨테이너가 있다고 가정한다. Compose 파일을 설정할 때, webapp(frontend service) 컨테이너는 외부에 서비스를 진행하기 위해서는 'ports: ["443:443"]' 설정하고, database(backend service) 컨테이너는 내부 컨테이너에 서비스를 진행하기 위해서는 'expose: ["5432"]'와 같이 설정한다.

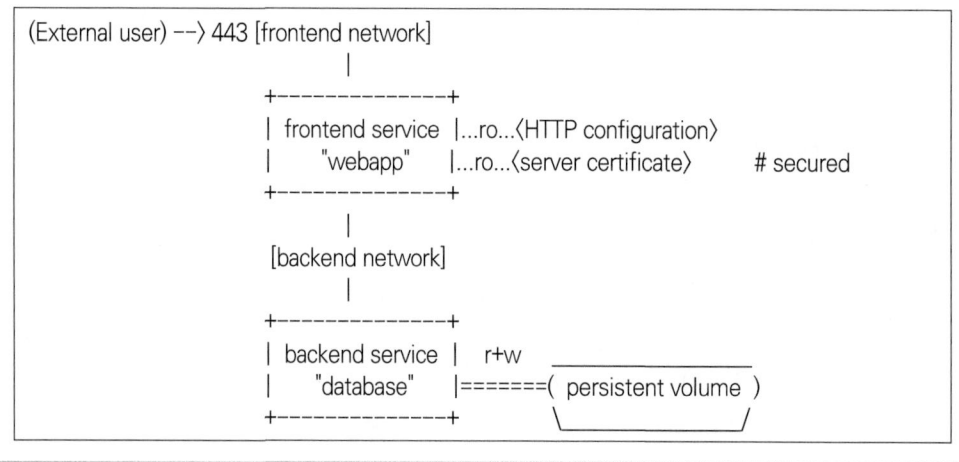

(7) 서비스의 의존 관계 정의(depends_on)

여러 서비스의 의존 관계를 정의할 때는 depends_on을 지정한다. 예를 들어 webserver 컨테이너를 시작하기 전에 db 컨테이너와 redis 컨테이너를 시작하고 싶을 때는 다음과 같이 설정한다.

┃사용 예┃

```
services:
  webserver:
    build: .
    depends_on:
      - db
      - redis
```

```
redis:
  image: redis
db:
  image: postgres
```

depends_on 사용 시에 주의할 점은 컨테이너의 시작 순서만 제어할 뿐 컨테이너상의 애플리케이션이 이용 가능할 때까지 기다리고 제어를 하지 않는다. 즉, 의존 관계에 있는 데이터베이스 서비스의 준비가 끝날 때까지 기다리는 것은 아니기 때문에 애플리케이션 측에서 이에 대한 대책을 세울 필요가 있다.

▌depends_on 사용 시 Startup 제어 관련 URL▐

https://docs.docker.com/compose/startup-order/

▌참고할 만한 템플릿▐

패키지명	관련 URL
wait-for-it	https://github.com/vishnubob/wait-for-it
dockerize	https://github.com/powerman/dockerize
RelayAndContainers	https://github.com/jasonsychau/RelayAndContainers

(8) 컨테이너 환경 변수 지정(environment/env_file)

컨테이너 안의 환경 변수를 지정할 때는 environment 사용한다. YAML 배열 형식 또는 해시 형식 중 하나로 변수를 지정한다. env_file은 많은 변수 사용이 필요할 때 미리 해당 내용을 파일에 정의하고, 이 파일명을 지정할 때 사용한다.

▌YAML 파일과 JSON 형식 사용 예 비교▐

YAML 파일에서 설정	JSON 포맷으로 해석

`# 배열(Array) 형식으로 지정`
`environment:`
`  - HOGE=fuga`
`  - FOO`
or
`environment: ["HOGE=fuga", "FOO"]`
	`{`
	`  "environment": [`
	`    "HOGE=fuga",`
	`    "FOO"`
	`  ]`
	`}`

`# 해시(Hash) 형식으로 지정`
`environment:`
`  HOGE: fuga`
`  FOO:`
	`{`
	`  "environment": {`
	`    "HOGE": "fuga",`
	`    "FOO": null`
	`  }`
	`}`

▎env_file 사용 예 ▎

① 환경 변수가 저장된 envfile라는 이름의 파일 작성

```
HOGE=fuga
FOO=bar
```

➡ envfile에 2개의 변수를 선언한 상태이다.

② YAML 파일에서 env_file 지시자 사용 (예 docker-compose.yml)

```
env_file: envfile
```

➡ (유사한 docker 실행 명령)
    # docker run --name web -e HOGE=fuga -e FOO=bar ...
    # docker run --name web --env-file=envfile ....

▎env_file 다수 파일 지정 사용 예 ▎

```
env_file:
 - ./envfile1        # 상대경로
 - ./app/envfile2    # 상대경로
 - /tmp/envfile3     # 절대경로
```

➡ 환경 변수를 정의한 파일은 여러 개를 읽어 들일 수도 있는데, YAML 배열 형식으로 지정한다. 파일의 경로 지정은 상대 경로와 절대 경로 모두 사용할 수 있다.

(9) 컨테이너 정보 설정(container_name/labels)

Dockerfile Compose로 생성되는 컨테이너에 이름을 붙일 때는 container_name을 지정한다. 예를 들어, webserver라는 이름으로 정의한 컨테이너에 web-container라는 이름을 붙일 때는 다음의 사용 예와 같이 지정한다.

▎사용 예 ▎

```
container_name: web-container
```

➡ (유사한 docker 실행 명령)
    # docker run --name web-container ....

지정하는 컨테이너명은 고유해야 하므로 직접 지정하면 여러 컨테이너로 스케일 아웃(Scale Out)할 수 없어진다. 따라서, Compose 파일을 설정할 때는 container_name으로 설정하는 것은 권장하지 않는다. 참고로 여러 개의 컨테이너가 같은 이름으로 지정될 수도 있다.

컨테이너에 docker label을 이용하여 메타데이터를 추가할 수 있다. 여러 개의 라벨을 붙일 때는 YAML의 배열 또는 해시 형식을 사용한다.

➡ --link 옵션은 '--link 〈링크 컨테이너 이름〉:〈앨리어스 이름〉' 형태로 지정한다.

만약 이 문제를 원천적으로 해결하기 위해서는 새로운 사용자 정의 네트워크(User Defined Network)를 별도로 만들고, 해당 네트워크에 통신하고 싶은 컨테이너들을 구성하면 자동 검색기능(Auto Discovery, Auto Service Discovery)이 제공되어 이름에 기반한 통신이 가능해진다. 일반적으로는 이런 방식을 권장한다.

(6) 컨테이너 간 통신(ports/expose)

컨테이너가 공개하는 포트는 ports로 지정한다. '〈호스트 머신의 포트 번호〉:〈컨테이너의 포트 번호〉'를 지정하거나, '〈컨테이너의 포트 번호〉'만 지정한다. '〈컨테이너의 포트 번호〉'만 지정한 경우는 호스트 머신의 포트는 랜덤한 값으로 설정된다.

YAML 파일에서 xx:yy 형식은 시간으로 해석하므로 포트 번호를 설정할 때는 반드시 겹따옴표(")로 둘러싸서 문자열로 정의해야 한다.

｜사용 예｜

```
ports: [ "3000", "8000:8000" ]
ports:
  - "3000"
  - "8000:8000"
  - "49100:22"
  - "127.0.0.1:8001:8001"
```

➡ (유사한 docker 실행 명령)
　　# docker run --name web -p 3000 -p 8000:8000 ... nginx

호스트 머신에 대한 포트를 공개(ports)하지 않고, 링크(links) 기능을 사용하여 연결하는 컨테이너에게만 포트를 공개할 때는 expose를 사용한다. 로그 서버와 같이 호스트 머신에서 직접 액세스하지 않고 웹 애플리케이션 서버 기능을 갖는 컨테이너를 경유해서만 액세스하고 싶은 경우 등에 사용한다.

｜사용 예｜

```
expose:
  - "3000"
  - "8000"
```

> **참고** | ports vs expose
>
> ┃관련 URL┃
> https://stackoverflow.com/questions/40801772/what-is-the-difference-between-docker-compose-ports-vs-expose
>
> ┃설명┃
> ports와 expose는 모두 컨테이너 포트를 노출시키는 역할을 한다는 점에서 동일하지만, expose는 사용하여 포트를 노출시키는 경우 호스트 내부에서만 접근이 가능하다. 반면, ports로 포트를 노출시키는 경우 호스트 외부의 다른 호스트들도 ports에 설정한 호스트 포트를 통해 접근이 가능하다.
> 예를 들어, 다음과 같은 그림의 컨테이너 구조와 같이 frontend 컨테이너와 backend 컨테이너가 있다고 가정한다. Compose 파일을 설정할 때, webapp(frontend service) 컨테이너는 외부에 서비스를 진행하기 위해서는 'ports: ["443:443"]' 설정하고, database(backend service) 컨테이너는 내부 컨테이너에 서비스를 진행하기 위해서는 'expose: ["5432"]'와 같이 설정한다.
>
>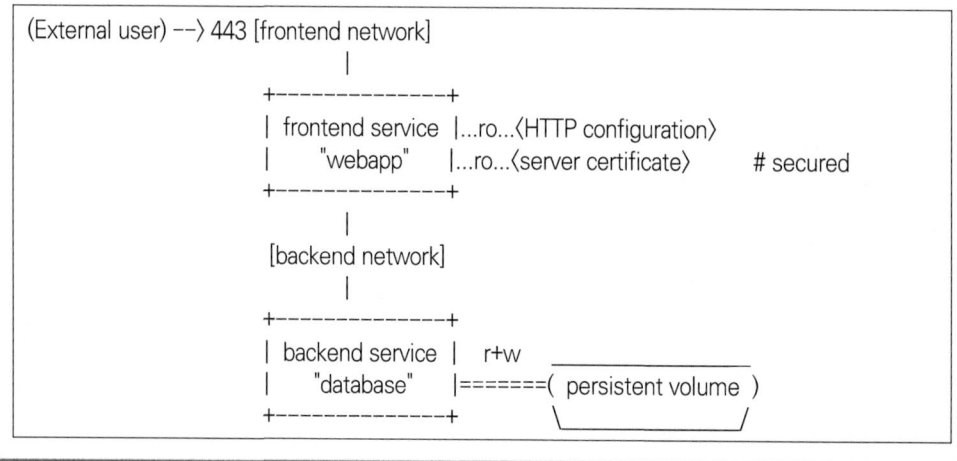

(7) 서비스의 의존 관계 정의(depends_on)

여러 서비스의 의존 관계를 정의할 때는 depends_on을 지정한다. 예를 들어 webserver 컨테이너를 시작하기 전에 db 컨테이너와 redis 컨테이너를 시작하고 싶을 때는 다음과 같이 설정한다.

┃사용 예┃

```
services:
  webserver:
    build: .
    depends_on:
      - db
      - redis
```

```
redis:
  image: redis
db:
  image: postgres
```

depends_on 사용 시에 주의할 점은 컨테이너의 시작 순서만 제어할 뿐 컨테이너상의 애플리케이션이 이용 가능할 때까지 기다리고 제어를 하지 않는다. 즉, 의존 관계에 있는 데이터베이스 서비스의 준비가 끝날 때까지 기다리는 것은 아니기 때문에 애플리케이션 측에서 이에 대한 대책을 세울 필요가 있다.

▌depends_on 사용 시 Startup 제어 관련 URL ▌

https://docs.docker.com/compose/startup-order/

▌참고할 만한 템플릿 ▌

패키지명	관련 URL
wait-for-it	https://github.com/vishnubob/wait-for-it
dockerize	https://github.com/powerman/dockerize
RelayAndContainers	https://github.com/jasonsychau/RelayAndContainers

(8) 컨테이너 환경 변수 지정(environment/env_file)

컨테이너 안의 환경 변수를 지정할 때는 environment 사용한다. YAML 배열 형식 또는 해시 형식 중 하나로 변수를 지정한다. env_file은 많은 변수 사용이 필요할 때 미리 해당 내용을 파일에 정의하고, 이 파일명을 지정할 때 사용한다.

▌YAML 파일과 JSON 형식 사용 예 비교 ▌

YAML 파일에서 설정	JSON 포맷으로 해석

# 배열(Array) 형식으로 지정 	
environment:
 - HOGE=fuga
 - FOO
or
environment: ["HOGE=fuga", "FOO"]
	{
	 "environment": [
	 "HOGE=fuga",
	 "FOO"
	]
	}

# 해시(Hash) 형식으로 지정 	
environment:
 HOGE: fuga
 FOO:
	{
	 "environment": {
	 "HOGE": "fuga",
	 "FOO": null
	 }
	}

▍env_file 사용 예 ▍

① 환경 변수가 저장된 envfile라는 이름의 파일 작성

```
HOGE=fuga
FOO=bar
```

➡ envfile에 2개의 변수를 선언한 상태이다.

② YAML 파일에서 env_file 지시자 사용 (예 docker-compose.yml)

```
env_file: envfile
```

➡ (유사한 docker 실행 명령)
```
# docker run --name web -e HOGE=fuga -e FOO=bar ...
# docker run --name web --env-file=envfile ....
```

▍env_file 다수 파일 지정 사용 예 ▍

```
env_file:
  - ./envfile1        # 상대경로
  - ./app/envfile2    # 상대경로
  - /tmp/envfile3     # 절대경로
```

➡ 환경 변수를 정의한 파일은 여러 개를 읽어 들일 수도 있는데, YAML 배열 형식으로 지정한다. 파일의 경로 지정은 상대 경로와 절대 경로 모두 사용할 수 있다.

(9) 컨테이너 정보 설정(container_name/labels)

Dockerfile Compose로 생성되는 컨테이너에 이름을 붙일 때는 container_name을 지정한다. 예를 들어, webserver라는 이름으로 정의한 컨테이너에 web-container라는 이름을 붙일 때는 다음의 사용 예와 같이 지정한다.

▍사용 예 ▍

```
container_name: web-container
```

➡ (유사한 docker 실행 명령)
```
# docker run --name web-container ....
```

지정하는 컨테이너명은 고유해야 하므로 직접 지정하면 여러 컨테이너로 스케일 아웃(Scale Out)할 수 없어진다. 따라서, Compose 파일을 설정할 때는 container_name으로 설정하는 것은 권장하지 않는다. 참고로 여러 개의 컨테이너가 같은 이름으로 지정될 수도 있다.

컨테이너에 docker label을 이용하여 메타데이터를 추가할 수 있다. 여러 개의 라벨을 붙일 때는 YAML의 배열 또는 해시 형식을 사용한다.

▌사용 예▐

```
# 배열 형식(list)으로 지정
labels:
  - "com.example.description=Accounting webapp"
  - "com.example.departement=Finance"

# 해시 형식(dict)으로 지정
labels:
  com.example.description: "Accounting webapp"
  com.example.department: "Finance"
```

➡ Dockerfile의 'LABEL 〈key1〉=〈value1〉 〈key2〉=〈value〉 ....' 사용과 유사하다.
  (유사한 docker 실행 명령)
  # docker run -l "my-label" --label "com.example.foo=bar" ubunt bash

▌설정된 라벨 확인 명령▐

docker-compose config

➡ 설정한 라벨을 확인할 때는 docker-compose config 명령을 사용한다.

(10) 컨테이너 데이터 관리(volumes)

컨테이너에서 사용하는 볼륨을 마운트할 때는 volumes로 지정한다. 예를 들어, 호스트 운영체제의 볼륨을 /var/lib/mysql에 마운트하기 위해서는 다음과 같이 지정한다.

▌사용 예▐

```
volumes:
  - /var/lib/mysql           # volume
  - dbvol:/var/lib/mysql     # volume
  - cache/:/tmp/cache        # bind-mount
```

➡ (유사한 docker 실행 명령)
  # docker run --name db -v /var/lib/mysql ....   (volume 방식)
  # docker run --name db -v dbvol:/var/lib/mysql ....   (volume 방식)
  # docker run --name db -v ./cache:/tmp/cache ....   (bind mount 방식)

볼륨을 지정할 때 ro를 추가로 기재하면 읽기 전용으로 마운트 할 수 있다. 설정 파일이 저장된 볼륨 등과 같이 쓰기를 금지할 때 사용하면 된다.

사용 예

```
volumes:
 - ~/configs:/etc/configs/:ro
```

➡ (유사한 docker 실행 명령)
    # docker run --name web -v ~/configs:/etc/configs:ro ....

[실습] Docker Compose 실습

● 실습 시스템
- docker1 시스템을 사용한다.

● 실습 시나리오
- YAML 파일을 vi/vim 편집기를 이용하여 편집할 때 들여쓰기를 [Space] 키를 사용해야 하나 [Tab] 키를 습관적으로 사용하는 경우에는 문제가 발생한다. 사용자 홈 디렉터리에 .vimrc 파일을 생성하고 이 안에 YAML 파일 편집 시에 사용하면 편리한 기능을 설정한다.
- 도커 허브(hub.docker.com) 사이트에서는 많은 도커 이미지를 제공하고, 이미지를 제작한 원작자는 이미지 사용에 관한 정보를 사이트내에 제공하고 있다. 이 정보들을 분석하여 docker-compose.yml 파일을 생성한다.

● 실습 목록
① $HOME/.vimrc 설정하기: VI/VIM 이용한 YAML 파일 편집 시 ~/.vimrc 파일 설정하기
② 도커 허브 사이트의 nginx 대한 자세한 내용 분석 및 실습
③ 도커 허브 사이트의 MongoDB 대한 자세한 내용 분석 및 실습
④ 도커 허브 사이트의 PostgreSQL DB 대한 자세한 내용 분석 및 실습

● 작업 시나리오 1
- vi 및 vim 편집기의 환경 설정 파일인 $HOME/.vimrc을 이용해서 YAML 파일 편집 시에 유용한 기능을 설정한다.
- YAML 파일 편집할 때 들여쓰기는 공백 문자를 사용해야 한다. $HOME/.vimrc 파일에 들여쓰기 할 때 유용한 설정을 추가한다.

① $HOME/.vimrc 파일 편집
vi ~/.vimrc

```
syntax on
autocmd FileType yaml setlocal ts=2 sw=2 st=2 ai nu et
autocmd FileType python setlocal ts=2 sw=2 st=2 ai nu et
```

➡ (환경 설정 설명)

환경 변수	설명
syntax on	구문 강조 기능을 활성화한다. 다양한 색상을 지원해서 프로그래밍 언어를 작성할 때 유용한다.
autocmd, au	특정 이벤트가 발생할 때 자동으로 명령을 지정할 때 사용한다. 예를 들면 특정 파일 형식을 지정해서 해당 파일을 편집할 때 자동 세팅된 명령이 실행되도록 할 수 있다.
FileType	특정 파일 형식을 지정할 때 사용한다. 보통 autocmd와 함께 자동 명령이 세팅되도록 할 때 사용한다. 지정하는 파일 형식에는 python, yaml 등이 있다.
setlocal	일종의 지역 변수와 같은 개념으로 지정한 상황에서만 특정 환경 변수가 적용되도록 설정한다. 예를 들면 yaml 파일을 편집할 때만 적용되도록 세팅할 때 사용한다.
tapstop, ts	탭의 크기를 표시한다. '=n'를 붙이면 탭의 크기를 n 값에 따라 부여할 수 있다.
shiftwidth, sw	자동 들여쓰기할 때의 [Tab] 키의 칸 수를 설정한다.
autoindent, ai	[Enter] 키를 입력하여 행 변경 시 커서를 바로 윗줄의 시작 열(column)과 같은 곳에 위치시킨다. 프로그램 작성 시에 사용하면 편리하다.
number, nu	행의 앞에 행 번호를 붙여준다.
softtabstop, st	편집할 때 [Tab] 키의 칸 수를 설정한다.
expandtab, et	[Tab] 키를 [Space] 형식으로 변환한다.

② $HOME/.bashrc 파일 편집 및 적용

사용자의 환경 설정 역할을 수행하는 $HOME/.bashrc 파일에 vi 명령 실행 시에 vim 편집기가 실행되도록 alias를 설정한다. 설정 이후 변경된 내용일 현재 셸에 적용되도록 추가 명령을 실행한다.

가. ~/.bashrc 파일 편집

vi $HOME/.bashrc

```
alias vi='/usr/bin/vim'
```

➡ 이 내용을 추가한다. 참고로 리눅스 배포판에 따라 기본으로 설정된 경우도 있다.

나. ~/.bashrc 파일 내용 적용

source ~/.bashrc

➡ 이 파일은 로그인 시에 적용되므로 현재 셸에 적용되려면 파일명 앞에 source 또는 .(dot) 기호를 첨부해서 실행하면 된다.

③ 테스트

다음 예처럼 여러 종류의 파일을 하나씩 작성해서 테스트한다. 작성된 파일을 저장할 필요는 없다.

가. 확장자가 .yml인 YAML 파일

vi test.yml

```
1 person:
2   name: baik
3   company: soldesk
4   job: instructor
5   corefield:
6     - security
7     - cloud security
```

➡ (실행 후 확인할 내용)

　　가. 줄 번호 확인: set nu

　　나. [Tab] 키 입력시 2칸 이동 확인: set ts=2, set sw=2, set st=2, set et

　　다. [Enter] 키 입력시 자동 들여쓰기 확인: set ai

　　라. 모든 설정이 YAML 파일(.yaml, .yml)일 때만 적용 유무 확인: Filetype

나. 확장자가 .yaml인 YAML 파일

vi test.yaml

➡ test.yml 파일 작업과 동일한 명령 세팅이 적용된다.

다. 확장자가 .c 인 파일

vi /test/test.c

➡ YAML 파일 형식이 아니므로 자동 명령 세팅이 적용되지 않는다.

● 작업 시나리오 2

- Docker Hub 사이트의 nginx 웹페이지에 접속하고, nginx 컨테이너를 실행하는 docker 명령의 예시 및 관련 옵션을 확인한다.
- 확인된 내용을 바탕으로 docker-compose.yml 파일을 작성하고 컨테이너를 실행한다.

① 도커 허브의 nginx 웹페이지에 접속 및 확인

　　https://hub.docker.com/_/nginx

　　➡ 'How to use this image' 항목을 살펴보면 컨테이너 실행과 관련해서 'Hosting some simple static content', 'Exposing external port', 'Running nginx in debug mode' 등을 확인할 수 있다.

② 확인된 내용을 토대로 docker-compose.yml 구문 표현 확인

　　3가지 실행 방법을 분석해서 docker-compose.yml 파일로 작성한다.

참고 | 도커 구문을 docker-compose 구문으로 변환 시 참고 URL

- https://docs.docker.com/compose/compose-file/
- https://docs.docker.com/compose/compose-file/build/

③ Hosting some simple static content 구문 변환 학습

```
docker run --name some-nginx -v /some/content:/usr/share/nginx/html:ro -d nginx
```

```
# 기본 방식
version: "3"

services:
  web:
    container_name: some-nginx              # 기본 방식
    image: nginx
    volumes: ["/some/content:/usr/share/nginx/html:ro"]
```

```
# 권장하는 방식 (기본 방식을 권장방식으로 전환)
version: "3"

services:
  web:
    container_name: some-nginx              # 제거해서 자동 부여로 전환
    image: nginx
    volumes:                                # 권장 방식
      - "/some/content:/usr/share/nginx/html:ro"   # 권장 방식
```

```
# 실습 시 사용하는 예제
version: "3"

services:
  web:
    image: nginx
    volumes:
      - "/some/content:/usr/share/nginx/html:ro"
```

 참고 | 관련 문법 학습

① image 문법(https://docs.docker.com/compose/compose-file/#image)
   (형식) image: nginx
② volumes 문법(https://docs.docker.com/compose/compose-file/#volumes)
   (형식) volumes: ["VOLUME:CONTAINER_PATH:ACCESS_MODE"]

④ 실습 진행

    가. 작업 디렉터리 및 관련 파일 생성

        # mkdir -p ~/docker/07_compose/01_nginx && cd ~/docker/07_compose/01_nginx

        # mkdir -p /some/content && echo 'Nginx Web' 〉 /some/content/index.html

    나. docker-compose.yml 파일 작성

        # vi docker-compose.yml

          ➡ ③번의 학습 내용을 토대로 작성한다.

    다. 컨테이너 실행 및 확인

        # docker-compose up -d

```
[root@www 01_nginx]# docker-compose ps -a
NAME                    IMAGE           COMMAND                     SERVICE
     CREATED            STATUS                  PORTS
01_nginx-web-1          nginx           "/docker-entrypoint.…"      web
     29 seconds ago     Up 28 seconds           80/tcp
[root@www 01_nginx]#
```

          ➡ 'docker-compose ps -a' 명령으로 컨테이너 이름을 확인하면 01_nginx-web-1으로 자동 부여된다.

        # docker volume ls

          ➡ 볼륨 목록을 확인하면 volume bind 방식이어서 출력되는 내용이 없다.

```
[root@www 01_nginx]# docker network ls
NETWORK ID      NAME                DRIVER      SCOPE
81b5aea456cb    01_nginx_default    bridge      local
8dd0aa4167ea    bridge              bridge      local
29a978ca929d    host                host        local
48b8421f4187    none                null        local
[root@www 01_nginx]#
```

          ➡ 'docker network ls' 명령으로 확인하면 01_nginx_default라는 새로운 네트워크가 생성된 것을 확인할 수 있다.

    라. 컨테이너 중지 및 관련 내용 삭제

        # docker-compose down -v && rm -rf /some

⑤ Exposing external port 구문 변환 학습

> docker run --name some-nginx -d -p 8080:80 some-content-nginx

```
# 기본 방식
version: "3"

services:
  web
    container_name: some-nginx                              # 기본 방식
    image: some-content-nginx
    ports: ["8080:80"]
```

```
# 권장하는 방식(기본 방식을 권장방식으로 전환)
version: "3"

services:
  web:
    container_name: some-nginx              # 제거해서 자동 부여로 전환
    image: some-content-nginx
    ports:                                   # 권장 방식
      - "8080:80"                            # 권장 방식
```

```
# 실습시 사용하는 예제
version: "3"

services:
  web:
    image: nginx                             # 이미지 변경
    ports:
      - "8080:80"
```

> 참고 | 관련 문법 학습
>
> ports 문법(https://docs.docker.com/compose/compose-file/#ports)
> (형식) ports: ["80/tcp", "443/tcp"]

⑥ 실습 진행

    가. 작업 디렉터리 생성

        # mkdir -p ~/docker/07_compose/02_nginx && cd ~/docker/07_compose/02_nginx

    나. docker-compose.yml 파일 작성

        # vi docker-compose.yml

        ➡ ⑤번의 학습 내용을 토대로 작성한다.

    다. 컨테이너 실행

        # docker-compose up -d

    라. 웹 문서 내용 확인

        # curl http://localhost:8080

    마. 컨테이너 관련 정보 확인

```
[root@www 02_nginx]# docker-compose ps -a
NAME              IMAGE         COMMAND                  SERVICE
     CREATED           STATUS          PORTS
02_nginx-web-1    nginx         "/docker-entrypoint.…"   web
     39 seconds ago   Up 39 seconds   0.0.0.0:8080->80/tcp, :::8080->80/tcp
[root@www 02_nginx]#
```

➡ 'docker-compose ps -a' 명령으로 컨테이너 이름을 확인하면 02_nginx-web-1으로 자동 부여된다.

docker volume ls

➡ 볼륨 구성이 없는 관계로 출력 내용도 없다.

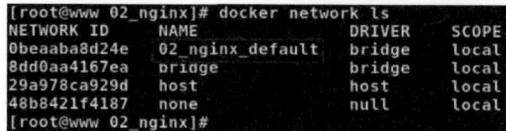

➡ 'docker network ls' 명령으로 확인하면 02_nginx_default라는 새로운 네트워크가 생성된 것을 확인할 수 있다.

바. 컨테이너 중지

docker-compose down -v

⑦ Running nginx in debug mode 구문 변환 학습

> docker run -p 80:80 -v $(pwd)/nginx.conf:/etc/nginx/nginx.conf:ro nginx ₩
> nginx-debug -g 'daemon off;'

```
# 기본 방식
version: "3"

services:
 web:
  image: nginx
  ports: [ "80:80" ]
  volumes:
    - "./nginx.conf:/etc/nginx/nginx.conf:ro"
  command: ["nginx-debug", "-g", "daemon off;"]     # 기본 방식

# 권장하는 방식(기본 방식을 권장방식으로 전환)
version: "3"

services:
 web:
  image: nginx
  ports:
    - "80:80"
  volumes:
    - ./nginx.conf:/etc/nginx/nginx.conf:ro
  command:
    - "nginx-debug"                                  # 권장 방식
    - "-g"                                           # 권장 방식
    - "daemon off;"                                  # 권장 방식
```

```
# 실습 시 사용하는 예제                          # 권장 방식과 동일
version: "3"

services:
  web:
    image: nginx
    ports:
      - "80:80"
    volumes:
      - ./nginx.conf:/etc/nginx/nginx.conf:ro
    command:
      - "nginx-debug"
      - "-g"
      - "daemon off;"
```

> **참고 | 관련 문법 학습**
>
> command 문법(https://docs.docker.com/compose/compose-file/#command)
> (형식) command: ["nginx-debug", "-g", "daemon off;"]

⑧ 실습 진행

    가. 작업 디렉터리 생성

        # mkdir -p ~/docker/07_compose/03_nginx && cd ~/docker/07_compose/03_nginx

    나. 로컬 호스트에 nginx 설치 및 환경 설정 파일 복사

        # dnf install -y nginx

        # cp /etc/nginx/nginx.conf .

    다. docker-compose.yml 파일 작성

        # vi docker-compose.yml

           ➡ ⑦번의 학습 내용을 토대로 작성한다.

    라. 컨테이너 실행 및 웹 문서 확인

        # docker-compose up -d

        # curl http://localhost:80

    마. 컨테이너 관련 정보 확인

```
[root@www 03_nginx]# docker-compose ps -a
NAME              IMAGE       COMMAND                  SERVICE
    CREATED             STATUS         PORTS
03_nginx-web-1    nginx       "/docker-entrypoint.…"   web
    51 seconds ago      Up 50 seconds  0.0.0.0:80->80/tcp, :::80->80/tcp
[root@www 03_nginx]#
```

➡ 'docker-compose ps -a' 명령으로 컨테이너 이름을 확인하면 03_nginx-web-1으로 자동 부여된다.

docker volume ls

➡ 볼륨 구성이 없는 관계로 출력 내용도 없다.

```
[root@www 03_nginx]# docker network ls
NETWORK ID     NAME              DRIVER    SCOPE
984fc5a53c6b   03_nginx_default  bridge    local
8dd0aa4167ea   bridge            bridge    local
29a978ca929d   host              host      local
48b8421f4187   none              null      local
[root@www 03_nginx]#
```

➡ 'docker network ls' 명령으로 확인하면 03nginx_default라는 새로운 네트워크가 생성된 것을 확인할 수 있다.

바. 컨테이너를 중지

docker-compose down -v

◆ 작업 시나리오 3

- Docker Hub 사이트의 MongoDB 웹페이지에 접속하고, MongoDB 컨테이너를 실행하는 docker 명령의 예시 및 관련 옵션을 확인한다.
- 웹페이지에 제공된 내용으로 docker-compose.yml 파일을 생성하고 컨테이너를 실행한다.

① 도커 허브의 mongo DB 웹페이지에 접속 및 확인

https://hub.docker.com/_/mongo

➡ 'How to use this image' 항목을 살펴보면 컨테이너 실행과 관련해서 'Connect to MongoDB from another Docker container'의 도커 실행 명령을 확인한다.

② docker-compose.yml 파일 내용 확인

웹페이지에 제공된 docker-compose.yml 파일의 내용을 확인한다.

```
# Use root/example as user/password credentials
version: '3.1'

services:
  mongo:
    image: mongo
    restart: always                                    # restart 문법 사용
    environment:
      MONGO_INITDB_ROOT_USERNAME: root
      MONGO_INITDB_ROOT_PASSWORD: example

  mongo-express:
    image: mongo-express
    restart: always                                    # restart 문법 사용
```

```
    ports:
      - 8081:8081
    environment:                                          # environment 문법 사용
      ME_CONFIG_MONGODB_ADMINUSERNAME: root
      ME_CONFIG_MONGODB_ADMINPASSWORD: example
      ME_CONFIG_MONGODB_URL: mongodb://root:example@mongo:27017/
```

> **참고 | 관련 문법 학습**
>
> ① restart 문법(https://docs.docker.com/compose/compose-file/#restart)
>   (형식) restart: always
>   ➡ always : 정책이 제거될 때까지 항상 컨테이너를 다시 시작한다.
> ② environment 문법(https://docs.docker.com/compose/compose-file/#environment)
>   가. MAP 형식
>   environment:
>   USER: admin
>   PASS: password
>   나. Array 형식
>   environment:
>   - USER=admin
>   - PASS=password

> **참고 | 대표적인 DB Listener Port**
>
> | 데이터베이스명 | 포트 번호 |
> |---|---|
> | Oracle 19c | 1521/tcp |
> | MS SQL 2019 | 1433/tcp |
> | MySQL/MariaDB | 3306/tcp |
> | PostgreSQL | 5432/tcp |
> | MongoDB | 27017/tcp |
> | Redis | 6379/tcp |

③ 실습 진행

    가. 작업 디렉터리 생성

       # mkdir -p ~/docker/07_compose/04_mongo && cd ~/docker/07_compose/04_mongo

    나. docker-compose.yml 파일 작성

       # vi docker-compose.yml

          ➡ ②번 내용을 토대로 작성한다.

    다. 컨테이너 실행

       # docker-compose up -d

    라. 웹페이지 확인

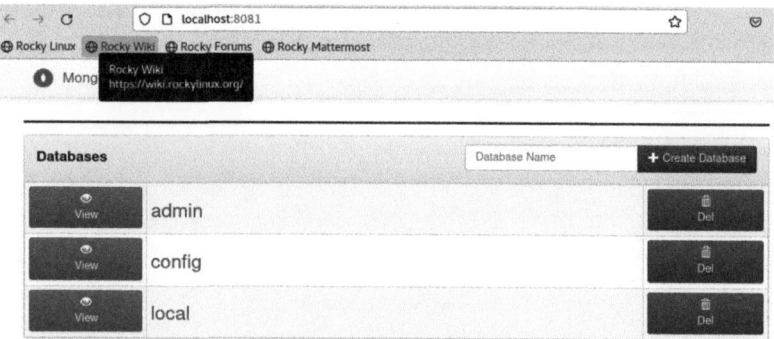

       ➡ 'firefox http://localhost:8081 &' 실행하면 Mongo Express 웹페이지를 확인할 수 있다. 간단하게 Database를 하나 생성하고 삭제하는 실습을 진행한다.

    마. 컨테이너 관련 정보 확인

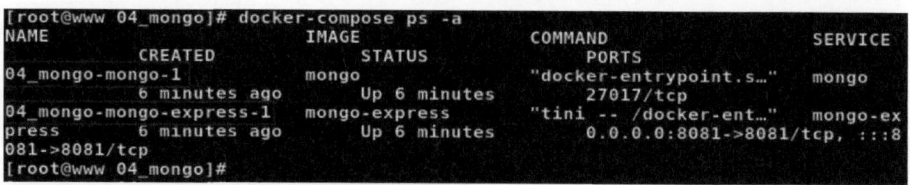

       ➡ 'docker-compose ps -a' 명령을 실행하면 04_mongo-mongo-1 및 04_mongo-mongo-express-1 라는 2개의 컨테이너를 확인할 수 있다.

       ➡ 'docker volume ls' 명령을 실행하면 볼륨을 확인할 수 있다.

참고 | docker cotainer inspect 명령 사용해서 확인

▌사용 예▐
docker container inspect --format="{{ .Mounts }}" 04_mongo-mongo-1

```
[root@www 04_mongo]# docker network ls
NETWORK ID     NAME               DRIVER    SCOPE
3a500d23eba3   04_mongo_default   bridge    local
8dd0aa4167ea   bridge             bridge    local
29a978ca929d   host               host      local
48b8421f4187   none               null      local
[root@www 04_mongo]#
```

➡ 'docker network ls' 명령으로 확인하면 04_mongo_default라는 새로운 네트워크가 생성된 것을 확인할 수 있다.

바. 컨테이너를 중지한다.

    # docker-compose down -v

④ docker 명령으로 구성해 본다.

```
# docker network create mynet

# docker run -d --name mongodb --network mynet --restart=always \
-e MONGO_INITDB_ROOT_USERNAME=root \
-e MONGO_INITDB_ROOT_PASSWORD=example \
mongo

# docker run -d --name mongoexpress --network mynet --restart=always \
-p "8081:8081" \
-e ME_CONFIG_MONGODB_ADMINUSERNAME=root \
-e ME_CONFIG_MONGODB_ADMINPASSWORD=example \
-e ME_CONFIG_MONGODB_URL="mongodb://root:example@mongodb:27017/" \
mongo-express

# firefox http://localhost:8081 &
```

```
# docker ps -a
# docker volume ls
# docker network ls
```

```
# docker rm -f $(docker ps -aq)
# docker volume prune -f
# docker network prune -f
```

● 작업 시나리오 4
- Docker Hub 사이트의 PostgreSQL 웹페이지에 접속하고, PostgreSQL 컨테이너를 실행하는 docker 명령의 예시 및 관련 옵션을 확인한다.
- 웹페이지에 제공된 내용으로 docker-compose.yml 파일을 생성하고 컨테이너를 실행한다.

① 도커 허브의 mongo DB 웹페이지에 접속 및 확인

   https://hub.docker.com/_/postgres

   ➡ 'How to use this image' 항목을 살펴보면 컨테이너 실행과 관련해서 'start a postgres instance' 의 도커 실행 명령을 확인한다.

② docker-compose.yml 파일 내용 확인

   웹페이지에 제공된 docker-compose.yml 파일의 내용을 확인한다.

```yaml
# Use postgres/example user/password credentials
version: '3.1'

services:
  db:
    image: postgres
    restart: always
    environment:
      POSTGRES_PASSWORD: example

  adminer:
    image: adminer
    restart: always
    ports:
      - 8080:8080
```

③ 실습 진행

   가. 작업 디렉터리 생성

   ```
   ## mkdir -p ~/docker/07_compose/05_postgres && cd ~/docker/07_compose/05_postgres
   ```

   나. docker-compose.yml 파일 작성

   ```
   # vi docker-compose.yml
   ```
   ➡ ②번 내용을 토대로 작성한다.

   다. 컨테이너 실행

   ```
   # docker-compose up -d
   ```

라. 웹페이지 확인

![localhost:8080 Adminer 로그인 화면]

➡ 'firefox http://localhost:8080 &' 실행하면 데이터베이스 관리자 웹페이지를 확인할 수 있다. 다음의 내용으로 변경하고 [로그인] 클릭하면 접근할 수 있다.

항목	값
데이터베이스 형식	PostgreSQL
서버	db
사용자이름	postgres
비밀번호	example
데이터베이스	

> **참고 | PostgreSQL 사용법 관련 URL**
>
> https://www.postgresql.org/docs/
> https://valuefactory.tistory.com/491

마. 컨테이너 관련 정보 확인

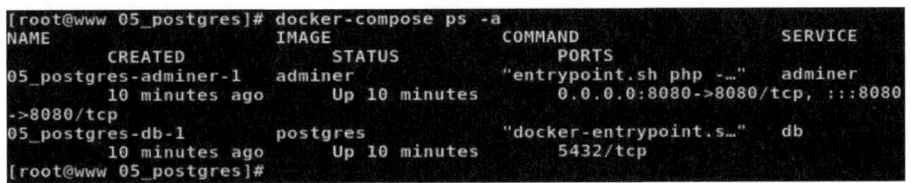

➡ 'docker-compose ps -a' 명령을 실행해서 컨테이너 정보를 확인한다.

docker volume ls

➡ 'docker volume ls' 명령을 실행해서 볼륨 목록을 확인한다. 볼륨 결과가 나오는 경우에는 아래 (참고) 명령을 실행해본다. 만약 결과가 없다면 직접적인 연관이 없는 볼륨이다.

참고 | docker cotainer inspect 명령 사용해서 확인

▎사용 예▎
docker container inspect --format="{{ .Mounts }}" 05_postgres-adminer-1

```
[root@www 05_postgres]# docker network ls
NETWORK ID     NAME                  DRIVER    SCOPE
d8d1824f5b66   05_postgres_default   bridge    local
8dd0aa4167ea   bridge                bridge    local
29a978ca929d   host                  host      local
48b8421f4187   none                  null      local
[root@www 05_postgres]#
```

➡ 'docker network ls' 명령으로 확인하면 05_postgres_default라는 새로운 네트워크가 생성된 것을 확인할 수 있다.

바. 컨테이너를 중지한다.

docker-compose down -v

④ docker 명령으로 구성해 본다.

docker network create mynet # docker run -d --name postgresdb --network=mynet \\ --restart=always \\ -e POSTGRES_PASSWORD=example \\ postgres # docker run -d --name adminer --network mynet \\ --restart=always -p 8080:8080 \\ adminer
docker ps -a # docker volume ls # docker network ls
docker rm -f $(docker ps -aq) # docker volume prune -f # docker network prune -f

6.3 Docker Compose 명령

docker-compose 명령을 실행하면 YAML 파일(docker-compose.yml)을 해석(parsing)하여 docker 명령 구문으로 전환하고 docker 데몬에게 전송이 된다. 결국 docker-compose 명령어는 docker 명령에 많은 옵션을 파일에 넣은 형태로 볼 수 있다. docker-compose 파일의 내용은 docker 명령형식으로 변환할 수 있다.

| 전달 과정 |

```
                                    docker CMD        ⇨ docker API ⇨ dockerd
docker-compose.yml -- (parsing) ⇨ docker-compose CMD ⇨ docker API ⇨ dockerd
```

| docker compose 명령 관련 URL |

https://docs.docker.com/compose/reference/

| Docker Compose 주요 서브 명령 |

명령	설명
docker compose build	컨테이너 서비스를 빌드 또는 리빌드할 때 사용한다.
docker compose config	작성 파일을 플랫폼의 표준 형식으로 변환하여 출력한다.
docker compose cp	컨테이너와 로컬 시스템 간에 파일이나 디렉터리를 복사한다.
docker compose create	서비스를 위한 컨테이너를 생성한다.
docker compose down	컨테이너 및 네트워크를 중지하고 제거한다.
docker compose events	컨테이너로부터 실시간 이벤트를 받는다.
docker compose exec	기동 중인 컨테이너 안에 명령을 실행한다.
docker compose images	생성된 컨테이너에 의해 사용 중인 이미지 목록을 출력한다.
docker compose kill	서비스 중인 컨테이너를 강제로 중지한다.
docker compose logs	컨테이너 관련 로그 정보를 출력한다.
docker compose ls	기동 중인 compose 프로젝트를 목록으로 출력한다.
docker compose pause	컨테이너 서비스를 일시적으로 멈춘다.
docker compose port	포트 바인딩을 위한 공용 포트(public port) 정보를 출력한다.
docker compose ps	컨테이너 서비스 목록을 출력한다.
docker compose pull	서비스 이미지를 다운로드한다.
docker compose push	서비스 이미지를 업로드한다.
docker compose restart	컨테이너를 재시작한다.

docker compose rm	중지된 서비스 컨테이너를 제거한다.
docker compose run	컨테이너에 일회성 명령을 실행한다.
docker compose start	컨테이너 서비스를 시작한다.
docker compose stop	컨테이너 서비스를 중지한다.
docker compose top	동작 중인 프로세스를 상태정보를 출력한다. 리눅스 명령어인 ps와 유사한 출력 결과를 보여준다.
docker compose unpause	일시 중지된 컨테이너 서비스를 시작한다.
docker compose up	여러 컨테이너를 생성하고 시작한다.
docker compose version	docker compose 버전 정보를 출력한다.

6.3.1 Docker Compose 버전 확인

docker compose 버전을 확인하기 위해서는 --version 또는 version 지정하면 된다.

│docker compose version 명령 참고 URL│

https://docs.docker.com/engine/reference/commandline/compose_version/

> 참고 │ [Docker Compose release notes]
>
> https://docs.docker.com/compose/release-notes
> ➡ 최신 버전부터 관련 설명을 확인할 수 있다.

│사용법│

docker compose version
docker-compose version
docker-compose --version

[실습] docker compose 버전 확인

● 실습 시스템
- docker1 시스템을 준비한다.

● 실습 시나리오
- docker compose 버전을 확인한다.

◆ **실습 목록**
- docker-compose 명령어를 사용해서 버전을 확인한다.
- docker system info 명령어를 사용해서 버전을 확인한다.
- 참고: docker compose 명령어도 사용해서 버전을 확인한다. docker-compose 명령만 별도로 설치한 경우에는 버전 표시 정보가 다르게 나타난다.

① docker-compose 명령 사용

```
[root@www ~]# docker-compose version
Docker Compose version v2.20.3
[root@www ~]#
```

➡ 'docker-compose version' 명령으로 확인한다.

② docker system info 명령 사용

```
[root@www ~]# docker system info | head
Client:
 Context:    default
 Debug Mode: false
 Plugins:
  buildx: Docker Buildx (Docker Inc.)
    Version:  v0.10.4
    Path:     /usr/libexec/docker/cli-plugins/docker-buildx
  compose: Docker Compose (Docker Inc.)
    Version:  v2.17.3
    Path:     /usr/libexec/docker/cli-plugins/docker-compose
[root@www ~]#
```

➡ 'docker system info' 또는 'docker info' 명령으로 확인한다. 참고로 관련 내용이 10줄 이내에 위치하고 있으므로 파이프(|) 기호와 head로 필터링하면 쉽게 확인할 수 있다.

6.3.2 여러 컨테이너 생성 및 시작

작성한 compose 파일(예 docker-compose.yml)을 바탕으로 여러 개의 컨테이너를 생성하고 시작할 때는 docker-compose up 명령을 사용한다. 만약 백그라운드로 실행하려면 -d(--detach) 옵션을 사용하면 된다.

| docker compose up 명령 참고 URL |

https://docs.docker.com/engine/reference/commandline/compose_up/

| 사용법 |

docker compose up [OPTIONS] [SERVICE...]

주요 옵션

옵션	설명
-d, --detach	일종의 분리 모드로 컨테이너를 백그라운드로 실행한다.
--build	컨테이너를 시작하기 전에 이미지를 빌드한다.
--no-deps	연결된 서비스는 시작하지 않는다.
-t, --timeout	컨테이너가 실행 중이거나 연결된 경우 컨테이너 종료를 위해 제한 시간을 설정한다. 단위는 초(second)이고 기본값은 10이다.
--scale	서비스를 N개의 인스턴스로 확장한다. compose 파일이 있는 경우에는 스케일 설정을 재정의한다. (예) --scale server_a=5)

사용 예

\# docker-compose up

➡ 여러 컨테이너를 생성하고 시작한다.

\# docker-compose up -d

➡ 여러 컨테이너를 생성하고 백그라운드로 시작한다.

\# docker-compose up --build

➡ Dockerfile을 빌드하고 컨테이너를 시작한다.

\# docker-compose up --scale server_a=10 --scale server_b=20

➡ server_a는 10개, server_b는 20개의 컨테이너를 생성한다.

[실습] docker compose up 명령을 사용한 여러 컨테이너 생성

◆ 실습 시스템

- docker1 시스템을 준비한다.

구성 예

시스템	설명
docker1	컨테이너 이미지를 생성하고 운영하는 시스템으로 2개의 터미널(TERM1, TERM2)을 이용해서 실습을 진행

◆ 실습 시나리오

- 여러 개의 컨테이너를 기동하고, 컨테이너 상태를 확인한다.
- docker compose up 명령의 scale 옵션을 사용한다.

◆ 실습 목록

① docker-compose up 명령어 실습
② 여러 개의 컨테이너 다중(scale out)으로 실행

◆ 작업 시나리오 1: docker-compose up 명령어 실습

- 2개의 터미널(TERM1과 TERM2)을 가지고 작업을 진행한다.
- 첫 번째 터미널인 TERM1에서 여러 개의 컨테이너를 기동하고, 두 번째 터미널인 TERM2에서 컨테이너의 상태를 확인하고 종료한다.

① [TERM1] docker-compose.yml 파일 생성

   # mkdir -p ~/docker/07_compose-cmd/02_up && cd ~/docker/07_compose-cmd/02_up

   # vi docker-compose.yml

```
version: '3.3'
services:
  server_a:
    image: nginx

  server_b:
    image: redis
```

> **참고 | docker-compose 명령에 대한 alias**
>
> **┃사용 예┃**
> ```
> # vi ~/.bashrc
> alias dockerc='docker-compose'
> alias up='docker-compose up -d'
> alias down='docker-compose down -v'
> ```

② [TERM1] 컨테이너 기동(foreground)

   # docker-compose up

      ➡ Foreground 실행이라서 종료하려면 [Ctrl]+[c] 키를 입력해야 한다.

③ [TERM2] 두 번째 터미널에서 정보 확인

   가. 디렉터리 이동

      # cd ~/docker/07_compose-cmd/02_up

         ➡ docker-compose.yml 파일이 위치한 디렉터리로 이동한다.

나. 표준 형식으로 변환된 내용 확인

docker-compose config

```
name: 02_up                        # 자동 프로젝트 이름
services:
  server_a:
    image: nginx
    networks:                      # 자동 네트워크 이름
      default: null
  server_b:
    image: redis
    networks:                      # 자동 네트워크 이름
      default: null
networks:                          # 자동 네트워크 정의
  default:
    name: 02_up_default
```

원본 파일 내용

```
version: '3.3'

services:
  server_a:
    image: nginx

  server_b:
    image: redis
```

➡ 작성된 docker-compose.yml 파일을 표준 형식으로 변환해서 출력한다. 원본 파일 내용과 비교해서 확인한다.

다. docker-compose 명령으로 동작 확인

```
[root@www 02_up]# docker-compose ps -a
NAME               IMAGE      COMMAND                   SERVICE
    CREATED           STATUS             PORTS
02_up-server_a-1   nginx      "/docker-entrypoint.…"    server_a
    18 minutes ago    Up 18 minutes      80/tcp
02_up-server_b-1   redis      "docker-entrypoint.s…"    server_b
    18 minutes ago    Up 18 minutes      6379/tcp
[root@www 02_up]#
```

➡ 'docker-compose ps -a' 명령으로 확인한다.

라. docker 명령으로 동작 확인

```
[root@www 02_up]# docker ps -a
CONTAINER ID   IMAGE    COMMAND                   CREATED          STATUS
    PORTS         NAMES
a35d3ff3bb40   nginx    "/docker-entrypoint.…"    20 minutes ago   Up 20 minutes
    80/tcp        02_up-server_a-1
2999c925da07   redis    "docker-entrypoint.s…"    20 minutes ago   Up 20 minutes
    6379/tcp      02_up-server_b-1
[root@www 02_up]#
```

➡ 'docker ps -a' 명령으로 확인한다.

마. 볼륨 확인

```
[root@www 02_up]# docker volume ls
DRIVER      VOLUME NAME
local       af048d7233b31d0e78560c58a1b6dc70968b3203fbdb716e803dd88088569021
[root@www 02_up]#
```

➡ 'docker volume ls' 명령으로 확인한다.

docker container inspect --format="{{ .Mounts }}" 02_up-server_b-1

➡ 볼륨 정보를 추가로 확인한다. 참고로 redis 서버가 볼륨을 사용한다.

바. 네트워크 확인

```
[root@www 02_up]# docker network ls
NETWORK ID       NAME            DRIVER   SCOPE
b0a00f6d0fff    02_up_default   bridge   local
8dd0aa4167ea    bridge          bridge   local
29a978ca929d    host            host     local
48b8421f4187    none            null     local
[root@www 02_up]#
```

➡ 'docker network ls' 명령으로 확인한다.

④ [TERM2] 컨테이너 중지 및 삭제

docker-compose down -v

● 작업 시나리오 2: 여러 개의 컨테이너 다중(scale out)으로 실행하기

- docker compose up 명령의 --scale 옵션을 이용하여 여러 개의 컨테이너를 scale out하여 실행한다.
- 실습 예로 server_a 컨테이너 5개, server_b 컨테이너를 10개 기동한다.

> **참고 | 용어 정리: Scale Out과 Scale In, Scale Up과 Scale Down**
>
> 서버의 처리 능력을 사용하는 방법으로는 Scale Out과 Scale Up이 있다. 두 가지는 모두 각각의 특성이 있으며 상호 보완적이다. Scale Up은 서버 자체의 성능을 높여서 처리 능력을 향상하는 것으로 대표적인 방법이 고성능의 프로세서로 교체하는 것이 해당한다. Scale Out은 접속되는 서버의 대수를 늘려서 처리 능력을 향상하는 것을 의미한다. Scale In과 Scale Down은 각각 Scale Out과 Scale Up의 반대 의미라고 보면 된다.

① 여러 컨테이너 다중으로 실행하기

　가. 디렉터리 이동

　　# cd ~/docker/07_compose-cmd/02_up

　나. docker-compose.yml 파일 내용 확인

　　# docker-compose config

　　　➡ 이전 실습에서 사용한 내용과 동일하다. server_a와 server_b가 존재 여부를 한 번 더 확인한다.

　다. 컨테이너 기동

　　# docker-compose up -d --scale server_a=5 --scale server_b=10

　　　➡ 컨테이너 기동할 때 -d 옵션을 이용해서 백그라운드로 실행한다. 아울러 server_a 컨테이너는 5개, server_b 컨테이너는 10개를 추가 기동한다.

② 두 번째 터미널에서 확인

참고로 컨테이너를 백그라운드로 기동한 상태라 첫 번째 터미널에서 실습을 진행해도 된다.

　가. 실행 확인

　　# docker-compose ps -a

　　# docker ps -a

➡ 2가지 명령어의 출력 결과를 비교해본다.

나. 스케일 아웃 확인

docker-compose ps -a | grep -w server_a | wc -l
docker-compose ps -a | grep -w server_b | wc -l

➡ server_a와 server_b의 컨테이너 실행 수를 확인한다.

③ 정리 작업

다음 명령어를 수행하고 출력 결과를 분석한다.

docker-compose down
docker-compose ps -a
docker volume ls
docker network ls
docker volume prune -f

6.3.3 여러 컨테이너 상태 확인

(1) docker-compose ps

docker compose 명령을 사용하여 실행한 컨테이너 확인은 'docker-compose ps' 명령을 사용한다. 'docker ps' 명령어와 비교하면 사용법 및 출력 결과가 비슷하다.

❙ docker compose ps 명령 참고 URL ❙

https://docs.docker.com/engine/reference/commandline/compose_ps/

❙ 사용법 ❙

docker compose ps [OPTIONS] [SERVICE...]

❙ 주요 옵션 ❙

옵션	설명
-a, --all	모든 컨테이너의 상태를 출력한다. 즉 기동 중인 컨테이너뿐만 아니라 중지된 컨테이너 정보도 출력한다.
-q, --quiet	컨테이너 ID만 출력한다.
--format	출력에 형식을 지정한다. 기본값은 table 형식이며 json 형식을 지정할 수 있다.

❙ 사용 예 ❙

docker-compose ps

➡ 여러 컨테이너의 상태를 확인한다.

docker-compose ps -a
- ➡ 모든 컨테이너의 상태정보를 출력한다.

docker-compose ps --format json | jq .
- ➡ 컨테이너의 상태를 JSON 포맷으로 출력하는데, jq 명령으로 필터링을 진행한다.

docker-compose ps -q
- ➡ 컨테이너 ID만 출력한다.

(2) docker-compose logs

'docker-compose ps' 명령 이외에도 추가로 컨테이너의 상태를 확인하는 방법으로는 로그 분석이 있다. 컨테이너 로그는 'docker-compose logs' 명령을 사용하는데, 이 명령은 'docker logs' 명령과 비슷하다.

| docker compose logs 명령 참고 URL |

https://docs.docker.com/engine/reference/commandline/compose_logs/

| 사용법 |

docker compose logs [OPTIONS] [SERVICE...]

| 주요 옵션 |

옵션	설명
-f, --follow	로그 출력을 계속 확인할 수 있도록 해준다. tail 명령어의 -f 옵션과 유사하다.
--t, --timestamps	타임스탬프 정보를 출력한다.

| 사용 예 |

docker-compose logs
- ➡ 컨테이너의 로그 정보를 출력한다.

> **참고 | docker-compose logs와 docker container logs 명령 비교**
>
> docker-compose logs는 기동 중인 모든 컨테이너 관련 로그를 출력하지만, docker container logs 명령은 컨테이너 ID를 기재해서 확인해야 한다.
>
> **| 사용법 |**
>
> # docker container logs [OPTIONS] CONTAINER

[실습] docker compose ps 및 logs 명령 실습

◆ 실습 시스템
- docker1 시스템을 준비한다.

◆ 실습 시나리오
- 이전 실습에 사용한 docker-compose.yml 파일을 이용해서 컨테이너를 기동한다.
- docker compose ps 명령과 docker compose logs 명령을 실행해서 결과를 확인한다.
- 참고: 기동된 컨테이너는 다음 실습을 위해 삭제하지 않는다.

◆ 실습 목록
① docker-compose ps 명령어 실습
② docker-compose logs 명령어 실습

◆ 작업 시나리오: docker-compose ps/logs 명령어 실습
- 이전 실습에 작성한 docker-compose.yml 파일을 이용해서 다수의 컨테이너를 기동하고 명령어를 실습한다.

① 여러 컨테이너 기동

　가. 디렉터리 이동

　　　# cd ~/docker/07_compose-cmd/02_up

　　　➡ 이전 실습할 때 작성한 docker-compose.yml 파일이 있는 디렉터리로 이동한다.

　나. 컨테이너를 기동

```
[root@www 02_up]# docker-compose up -d
+] Running 3/3
 ✔ Network 02_up_default         Created                    0.3s
 ✔ Container 02_up-server_b-1    Started                    0.0s
 ✔ Container 02_up-server_a-1    Started                    0.0s
[root@www 02_up]#
```

　　　➡ 'docker-compose up -d' 명령으로 컨테이너를 기동한다.

② 기동된 컨테이너 확인

```
[root@www 02_up]# docker-compose ps
NAME                  IMAGE            COMMAND                   SERVICE
   CREATED                  STATUS            PORTS
02_up-server_a-1      nginx            "/docker-entrypoint.…"    server_a
   2 minutes ago      Up 2 minutes      80/tcp
02_up-server_b-1      redis            "docker-entrypoint.s…"    server_b
   2 minutes ago      Up 2 minutes      6379/tcp
[root@www 02_up]#
```

　　　➡ 'docker-compose ps' 명령으로 확인한다.

③ 기동시 컨테이너 로그 확인

```
[root@www 02_up]# docker-compose logs
02_up-server_a-1  | /docker-entrypoint.sh: /docker-entrypoint.d/ is not empty, w
ill attempt to perform configuration
02_up-server_a-1  | /docker-entrypoint.sh: Looking for shell scripts in /docker-
entrypoint.d/
02_up-server_a-1  | /docker-entrypoint.sh: Launching /docker-entrypoint.d/10-lis
ten-on-ipv6-by-default.sh
02_up-server_a-1  | 10-listen-on-ipv6-by-default.sh: info: Getting the checksum
of /etc/nginx/conf.d/default.conf
```

➡ 'docker-compose logs' 명령으로 로그 정보를 확인한다.

④ 명령어의 주요 옵션 실습

명령어의 주요 옵션을 기재하여 추가 실습을 진행한다.

┃사용 예┃

\# docker-compose ps --format json | jq .

\# docker-compose logs -f

6.3.4 컨테이너에서 명령 실행

docker-compose 명령으로 컨테이너 서비스를 지정하여 임의의 명령을 실행하고 싶을 때는 docker-compose run 명령을 사용한다. 보통 일회성(one-off) 명령을 실행할 때 사용한다.

 참고 ┃ docker-compose run과 docker exec 명령 비교

\# docker exec -it CONTAINER /bin/bash
\# docker compose run SERVICE /bin/bash

┃docker compose run 명령 참고 URL┃

https://docs.docker.com/engine/reference/commandline/compose_run/

┃사용법┃

\# docker compose run [OPTIONS] SERVICE [COMMAND] [ARGS...]

\# docker compose run [OPTIONS] [-v VOLUME...] [-p PORT...] [-e KEY=VALUE...] ₩
[-l KEY=VALUE...] SERVICE [COMMAND] [ARGS...]

｜주요 옵션｜

옵션	설명
-d, --detach	일종의 분리 모드로 컨테이너를 백그라운드로 실행하고 컨테이너 ID를 출력한다.
--build	컨테이너를 시작하기 전에 이미지를 빌드한다.
--no-deps	연결된 서비스는 시작하지 않는다.

｜사용 예｜

docker-compose run server_a /bin/bash

➡ server_a 컨테이너 서비스에 접속해서 배시셸을 실행한다.

[실습] docker compose run 명령 실습

◆ **실습 시스템**
- docker1 시스템을 준비한다.

｜구성 예｜

시스템	설명
docker1	컨테이너 이미지를 생성하고 운영하는 시스템으로 2개의 터미널(TERM1, TERM2)을 이용해서 실습을 진행

◆ **실습 시나리오**
- 기동 중인 컨테이너 서비스에 접속해서 셸을 호출해서 실행한다.
- 이전 실습에 사용한 server_a 및 server_b 컨테이너를 기동한다.
- docker compose run 명령을 실습한다.
- 참고: 기동된 컨테이너는 다음 실습을 위해 제거하지 않는다.

◆ **작업 시나리오: docker-compose run 명령어 실습**
- 첫 번째 터미널인 TERM1에서 기동 중인 server_a 컨테이너 서비스에 접근 후 배시셸을 실행한다.
- 두 번째 터미널인 TERM2에서 관련 프로세스 정보를 확인한다.

> **참고** | server_a 및 server_b 서비스 기동
>
> 이전 실습으로 진행한 server_a 및 server_b 컨테이너를 기동하지 않았다면 다음 명령을 순서대로 실행한다.
>
> ▍실행 예 ▍
> \# cd ~/docker/07_compose-cmd/02_up
> \# docker-compose up -d

① [TERM1] 현재 기동 중인 서비스 확인

   가. 디렉터리 이동

      \# cd ~/docker/07_compose-cmd/02_up

   나. 컨테이너 서비스 확인

```
[root@www 02_up]# docker-compose ps
NAME                IMAGE         COMMAND                SERVICE
     CREATED           STATUS            PORTS
02_up-server_a-1    nginx         "/docker-entrypoint.…" server_a
     49 seconds ago   Up 48 seconds    80/tcp
02_up-server_b-1    redis         "docker-entrypoint.s…" server_b
     49 seconds ago   Up 48 seconds    6379/tcp
[root@www 02_up]#
```

     ➡ 'docker-compose ps' 명령으로 동작 중인 컨테이너 서비스명을 확인한다.

② [TERM1] server_a 컨테이너 서비스에 접근하여 /bin/bash로 배시셸 실행

```
[root@www 02_up]# docker-compose run server_a /bin/bash
root@9f7fdae1719d:/#
```

     ➡ 'docker-compose run server_a /bin/bash' 명령으로 컨테이너 서비스에 배시셸을 실행한다.

③ [TERM2] 컨테이너 상태 확인

   가. 디렉터리 이동

      \# cd ~/docker/07_compose-cmd/02_up

   나. 컨테이너 서비스 확인

```
[root@www 02_up]# docker-compose ps -a
NAME                              IMAGE
  SERVICE              CREATED          STATUS            PORTS
02_up-server_a-1                  nginx
  server_a             12 minutes ago   Up 12 minutes     "/docker-entrypoint.…"
                                                          80/tcp
02_up-server_a-run-5cd9e1ccda6c   nginx
  server_a             6 minutes ago    Up 6 minutes      "/docker-entrypoint.…"
                                                          80/tcp
02_up-server_b-1                  redis
  server_b             12 minutes ago   Up 12 minutes     "docker-entrypoint.s…"
                                                          6379/tcp
[root@www 02_up]#
```

     ➡ 'docker-compose ps -a" 명령으로 관련 컨테이너 서비스를 확인한다.

④ [TERM1] 컨테이너 접속 종료

```
root@9f7fdae1719d:/# exit
exit
[root@www 02_up]#
```

     ➡ exit 명령을 입력해서 접속을 종료한다.

⑤ [TERM1] 컨테이너 상태 확인 및 삭제

　가. 컨테이너 상태 확인

```
[root@www 02_up]# docker-compose ps -a
NAME                                IMAGE
  SERVICE              CREATED      STATUS                   PORTS
02_up-server_a-1                    nginx
  server_a             27 minutes ago    Up 27 minutes        "/docker-entrypoint.…"
                                                              80/tcp
02_up-server_a-run-5cd9e1ccda6c     nginx
  server_a             21 minutes ago    Exited (0) 10 minutes ago   "/docker-entrypoint.…"
02_up-server_b-1                    redis                     "docker-entrypoint.s…"
  server_b             27 minutes ago    Up 27 minutes        6379/tcp
[root@www 02_up]#
```

　　➡ 'docker-compose ps -a' 명령으로 확인한다.

　나. 중지된 컨테이너 제거

　　# docker container ls -a

　　# docker container rm 〈컨테이너 ID〉

　　　➡ 'docker container ls -a' 명령으로 확인한 후 'docker container rm 〈컨테이너 ID〉' 형식으로 제거해도 한다. 참고로 'docker-compose rm 〈서비스명〉' 형식으로 제거할 수 있으나 위의 경우에는 server_a라는 서비스명이 2개가 존재한다. 따라서 'docker container' 계열 명령을 사용하는 것을 추천한다.

　다. 컨테이너 서비스 보전

　　02_up-server_a-1, 02_up-server_b-1 컨테이너는 다음 실습에서 사용할 예정이니 제거하지 않는다.

6.3.5 여러 컨테이너 시작, 중지, 재시작

docker-compose 명령을 사용하여 여러 개의 서비스를 일괄적으로 시작, 일시 정지, 정지, 재시작할 수 있다. 이때 인자값으로 start|stop|restart|pause|unpause 사용한다.

▎docker compose 시작, 중지, 재시작 명령 참고 URL▎

https://docs.docker.com/engine/reference/commandline/compose_start/
https://docs.docker.com/engine/reference/commandline/compose_stop/
https://docs.docker.com/engine/reference/commandline/compose_restart/
https://docs.docker.com/engine/reference/commandline/compose_pause/
https://docs.docker.com/engine/reference/commandline/compose_unpause/

▎사용법▎

dockek-compose start [SERVICE…]
docker-compose stop [OPTIONS] [SERVICE…]

docker-compose restart [OPTIONS] [SERVICE...]
docker compose pause [SERVICE...]
docker compose unpause [SERVICE...]

▌사용 예▐

docker-compose start
   ➡ 컨테이너 서비스를 시작한다.
docker-compose stop
   ➡ 컨테이너 서비스를 중지한다.
docker-compose restart
   ➡ 컨테이너 서비스를 재시작한다.
docker-compose pause
   ➡ 컨테이너 서비스를 일시중지한다.
docker-compose unpause
   ➡ 일시중지된 컨테이너 서비스를 해제해서 다시 시작한다.

[실습] docker compose 시작, 중지, 재시작 명령 실습

◆ 실습 시스템
- docker1 시스템을 준비한다.

◆ 실습 시나리오
- 이전 실습에 사용한 server_a 및 server_b 컨테이너를 기동한다.
- docker compose run 명령을 실습한다.
- 참고: 기동된 컨테이너는 다음 실습을 위해 제거하지 않는다.

◆ 실습 목록
① docker-compose stop 명령어 실습
② docker-compose start 명령어 실습
③ docker-compose restart 명령어 실습
④ docker-compose pause 명령어 실습
⑤ docker-compose unpause 명령어 실습

◆ 작업 시나리오: docker-compose start/stop/resteart/pause/unpause 명령어 실습
- 이전 실습에서 기동한 여러 컨테이너를 가지고 관련 명령어를 실습한다.

- 만일 컨테이너를 기동하지 않았다면 이전 실습을 참고해서 먼저 컨테이너를 기동한다.

① 작업 디렉터리로 이동

    # cd ~/docker/07_compose-cmd/02_up

        ➡ docker-compose 명령 사용을 위해 관련 디렉터리로 이동한다.

② 서비스 중지

    가. 기동 중인 컨테이너 서비스 확인

```
[root@www 02_up]# docker-compose ps
NAME              IMAGE           COMMAND                  SERVICE
   CREATED                STATUS              PORTS
02_up-server_a-1  nginx                "/docker-entrypoint.…"  server_a
   2 hours ago         Up 2 hours          80/tcp
02_up-server_b-1  redis                "docker-entrypoint.s…"  server_b
   2 hours ago         Up 2 hours          6379/tcp
[root@www 02_up]#
```

        ➡ 'docker-compose ps' 명령으로 확인한다. 참고로 'docker ps -a' 명령을 실행해도 비슷한 결과를 확인할 수 있다.

    나. 기동 중인 서비스 중지

```
[root@www 02_up]# docker-compose stop
[+] Stopping 2/2
 ✔ Container 02_up-server_b-1  Stopped                                    0.2s
 ✔ Container 02_up-server_a-1  Stopped                                    0.2s
[root@www 02_up]#
```

        ➡ 'docker-compose stop' 명령을 실행한다.

    다. 컨테이너 서비스 확인

        # docker-compose ps

            ➡ 중지된 컨테이너 서비스를 출력되지 않는다.

```
[root@www 02_up]# docker-compose ps -a
NAME              IMAGE           COMMAND                  SERVICE
   CREATED                STATUS              PORTS
02_up-server_a-1  nginx           "/docker-entrypoint.…"   server_a
   18 hours ago        Exited (0) 16 hours ago
02_up-server_b-1  redis           "docker-entrypoint.s…"   server_b
   18 hours ago        Exited (0) 16 hours ago
[root@www 02_up]#
```

        ➡ 'docker-compose ps -a' 명령을 실행하면 중지된 서비스를 확인할 수 있다.

③ 서비스 시작

    가. 서비스 시작

```
[root@www 02_up]# docker-compose start
[+] Running 2/2
 ✔ Container 02_up-server_a-1  Started                                    0.5s
 ✔ Container 02_up-server_b-1  Started                                    0.7s
[root@www 02_up]#
```

        ➡ 'docker-compose start' 명령으로 컨테이너 서비스를 시작한다.

    나. 서비스 확인

        # docker-compose ps

            ➡ 명령을 실행하면 STATUS 항목에 'Up'이라고 표시되면서 기동 중인 상태임을 알 수 있다.

④ 서비스 재시작

가. 서비스 기동 확인

```
[root@www 02_up]# docker-compose top
02_up-server_a-1
UID     PID     PPID    C    STIME    TTY    TIME       CMD
root    30533   30511   0    10:55    ?      00:00:00   nginx: master process ngi
nx -g daemon off;
101     30648   30533   0    10:55    ?      00:00:00   nginx: worker process
101     30649   30533   0    10:55    ?      00:00:00   nginx: worker process

02_up-server_b-1
UID      PID     PPID    C    STIME    TTY    TIME       CMD
systemd+ 30575   30553   0    10:55    ?      00:00:00   redis-server *:6379
```

➡ 'docker-compose top' 명령으로 기동 중인 서비스를 확인한다. 특히 할당된 PID값을 확인한다.

나. 서비스 재시작

```
[root@www 02_up]# docker-compose restart
[+] Restarting 2/2
  ✓ Container 02_up-server_a-1  Started                          0.8s
  ✓ Container 02_up-server_b-1  Started                          0.7s
[root@www 02_up]#
```

➡ 'docker-compose restart' 명령을 실행한다.

다. 서비스 기동 재확인

```
[root@www 02_up]# docker-compose top
02_up-server_a-1
UID     PID     PPID    C    STIME    TTY    TIME       CMD
root    31130   31099   0    11:05    ?      00:00:00   nginx: master process ngi
nx -g daemon off;
101     31268   31130   0    11:05    ?      00:00:00   nginx: worker process
101     31269   31130   0    11:05    ?      00:00:00   nginx: worker process

02_up-server_b-1
UID      PID     PPID    C    STIME    TTY    TIME       CMD
systemd+ 31185   31165   0    11:05    ?      00:00:00   redis-server *:6379
```

➡ 'docker-compose top' 명령을 실행하면 변경된 PID 값을 통해 서비스가 재시작한 것을 알 수 있다.

⑤ 서비스 일시 정지

가. 서비스 일시 정지

```
[root@www 02_up]# docker-compose pause
[+] Pausing 2/0
  ✓ Container 02_up-server_b-1  Paused                           0.0s
  ✓ Container 02_up-server_a-1  Paused                           0.0س
[root@www 02_up]#
```

➡ 'docker-compose pause' 명령으로 일시 정지시킨다.

나. 서비스 상태 확인

```
[root@www 02_up]# docker-compose ps
NAME                IMAGE    COMMAND                  SERVICE
  CREATED                    STATUS                 PORTS
02_up-server_a-1    nginx    "/docker-entrypoint.…"   server_a
  19 hours ago               Up 7 minutes (Paused)  80/tcp
02_up-server_b-1    redis    "docker-entrypoint.s…"   server_b
  19 hours ago               Up 7 minutes (Paused)  6379/tcp
[root@www 02_up]#
```

➡ 'docker-compose ps' 명령으로 확인하면 STATUS 항목에 Pause라고 표시된다.

⑥ 일시 정지된 서비스 해제

　가. 명령 실행

```
[root@www 02_up]# docker-compose unpause
[+] Running 2/0
 ✓ Container 02_up-server_a-1  Unpaused                      0.0s
 ✓ Container 02_up-server_b-1  Unpaused                      0.0s
[root@www 02_up]#
```

　　➡ 'docker-compose unpause' 명령을 실행한다.

　나. 서비스 상태 확인

```
[root@www 02_up]# docker-compose ps
NAME              IMAGE       COMMAND                  SERVICE
      CREATED               STATUS         PORTS
02_up-server_a-1  nginx       "/docker-entrypoint.…"   server_a
      19 hours ago          Up 24 minutes  80/tcp
02_up-server_b-1  redis       "docker-entrypoint.s…"   server_b
      19 hours ago          Up 24 minutes  6379/tcp
[root@www 02_up]#
```

　　➡ 'docker-compose ps' 명령으로 STATUS 항목을 확인하면 다시 Up으로 변경된다.

⑦ 정리 작업

　# docker-compose down -v

　　➡ 컨테이너 및 네트워크를 제거한다.

6.3.6 서비스 구성 확인

(1) docker-compose port

포트 바인딩을 위한 공용 포트(public port)를 출력할 때 'docker-compose port' 명령을 수행한다.

❙ docker compose port 명령 참고 URL ❙

https://docs.docker.com/engine/reference/commandline/compose_port/

❙ 사용법 ❙

docker compose port [OPTIONS] SERVICE PRIVATE_PORT

❙ 주요 옵션 ❙

옵션	설명
--index	컨테이너 서비스가 복제되어 여러 개가 운영될 경우에 인덱스를 지정한다.
--protocol	프로토콜을 명시한다. 기본값은 tcp이다.

❙ 사용 예 ❙

docker-compose port webserver 80

　➡ webserver라는 컨테이너 서비스의 80번 포트에 할당된 공용 포트를 출력한다.

(2) docker-compose config

작성된 compose 파일을 플랫폼의 표준 형식으로 확인할 때는 'docker-compose config' 명령을 사용한다.

┃docker compose config 명령 참고 URL┃

https://docs.docker.com/engine/reference/commandline/compose_config/

┃사용법┃

docker compose config [OPTIONS] [SERVICE...]

┃주요 옵션┃

옵션	설명
--format	출력 형식을 지정한다. 기본값은 yaml이고 json을 지정할 수 있다.
--output, -o	파일로 저장한다. 기본값은 표준 출력인 모니터이다.

┃사용 예┃

docker-compose config
➡ 작성된 compose 파일을 표준 형식으로 출력한다.

6.3.7 여러 컨테이너 강제 정지 및 삭제

(1) docker-compose kill

실행 중인 컨테이너를 강제로 정지시킬 때는 'docker-compose kill' 명령을 사용한다. 이 명령을 사용하면 컨테이너에게 시그널을 전송할 수 있다.

┃docker compose kill 명령 참고 URL┃

https://docs.docker.com/engine/reference/commandline/compose_kill/

┃사용법┃

docker compose kill [OPTIONS] [SERVICE...]

┃주요 옵션┃

옵션	설명
--signal, -s	컨테이너에서 시그널을 전송한다. 기본 전송되는 시그널은 SIGKILL이다.

사용 예

docker-compose kill -s SIGINT
➡ 컨테이너 서비스에 SIGINT 시그널을 전송한다.
docker-compose kill -s SIGINT
➡ 컨테이너 서비스에 SIGKILL 시그널을 전송한다.

(2) docker-compose rm

생성한 여러 컨테이너를 삭제할 때는 'docker-compose rm' 명령을 사용한다. 명령을 실행하면 정말로 삭제해도 좋은지 확인 메시지가 표시되므로 y 또는 N을 입력한다. -f 옵션을 사용하면 확인 메시지를 표시하지 않고 강제적으로 제거한다.

docker compose rm 명령 참고 URL

https://docs.docker.com/engine/reference/commandline/compose_rm/

사용법

docker compose rm [OPTIONS] [SERVICE...]

주요 옵션

옵션	설명
--force, -f	제거 확인 요청을 하지 않고 무조건 제거한다.
--stop, -s	제거 전에 필요하면 컨테이너 서비스를 중지한다.
--volumes, -v	컨테이너에 붙여진 익명의 볼륨도 함께 제거한다.

사용 예

docker-compose rm
➡ 컨테이너를 제거한다. 제거 확인 과정이 나타난다.
docker-compose rm -f
➡ 제거 확인 과정 없이 무조건 컨테이너를 제거한다.

(3) docker-compose down

compose 정의 파일을 바탕으로 'docker-compose up' 명령으로 생성한 컨테이너나 docker 이미지를 모아서 삭제할 때는 'docker-compose down' 명령을 사용한다. 이 명령은 실행 중인 컨테이너를 정지한 후 docker 컨테이너, 네트워크, 데이터 볼륨을 일괄적으로 삭제한다.

| docker compose down 명령 참고 URL |

https://docs.docker.com/engine/reference/commandline/compose_down/

| 사용법 |

docker compose down [OPTIONS] [SERVICE...]

| 주요 옵션 |

옵션	설명
--volumes, -v	익명(anonymous)의 볼륨뿐만 아니라 'volumes' 영역에 정의한 볼륨도 함께 제거한다.
--timeout, -t	명시한 초(second)후에 시스템을 종료한다.
--rmi	서비스에 사용된 이미지를 제거한다. local 및 all을 지정할 수 있는데, local은 사용자 지정 태그가 없는 이미지만 제거한다.

| 사용 예 |

docker-compose down
➡ 컨테이너 서비스를 중시시킨 후 일괄 삭제한다.

docker-compose down --volumes
➡ 컨테이너 서비스를 중시시킨 후 일괄 삭제하는데, 볼륨인 경우 익명(anonymous)의 볼륨뿐만 아니라 'volumes' 영역에 정의한 볼륨도 함께 제거한다.

6.3.8 Docker Compose를 활용한 구성 실습

[실습] docker-compose를 활용한 HAProxy 구성 실습

● 실습 시스템

- docker1 시스템에 도커 컨테이너 기반의 서버를 운영한다.
- docker2 시스템은 서버로 운영되는 docker1 시스템에 접근을 위한 클라이언트로 사용한다. docker2 시스템 구성이 불가한 경우에는 docker1 시스템으로 접근 실습을 진행한다.

| 구성 예 |

시스템	설명	IP 주소 예
docker1	도커 컨테이너가 운영되는 서버 역할을 수행한다.	192.168.56.129
docker2	웹 서버에 접근하는 클라이언트 역할을 수행한다. 반드시 필요하지는 않다.	192.168.56.130

◆ 실습 시나리오
- 다수의 웹 서버 역할을 수행하는 컨테이너와 효율적인 웹 서버 운영을 위한 로드 밸런서 역할을 수행하는 하나의 컨테이너를 구성한다.
- 로드 밸런서는 HAProxy를 사용해서 구성한다.
- HAProxy를 구성하는 환경에서의 첫 번째 실습은 Docker 명령어를 직접 입력해서 구성하고, 두 번째 실습은 Docker Compose를 활용해서 구성한다. 세 번째 실습은 Docker Compose 파일의 최적화를 통해 구축하는 방법을 실습한다.

◆ 실습 목록
① HAProxy를 직접 구성하기
② HAProxy를 Docker Compose를 활용해서 구성하기
③ 최적화된 Docker Compose 파일을 이용한 HAProxy 구성하기

◆ 작업 시나리오 1: HAProxy 직접 구성하기
- 웹 서버 역할을 수행하는 컨테이너 3개를 구성한다.
- 로드 밸런서(Load Balancer) 역할을 수행하는 컨테이너를 추가로 구성하여 HAProxy 환경을 구축한다.
- 이 모든 구성을 명령어로 직접 작업하고 동작 여부를 확인한다.
- 접근을 통한 동작 확인 시 docker2 시스템이 존재하는 경우에는 docker2 시스템을 이용하고, 미구성 시에는 docker1 시스템에서만 테스트를 진행한다.

① 프로젝트 디렉터리 생성

　# mkdir -p ~/docker/07_haproxy-cmd && cd ~/docker/07_haproxy-cmd

② 네트워크 생성 및 확인

　# docker network create mynetwork

　　➡ mynetwork라는 이름으로 네트워크를 생성한다.

```
[root@www 07_haproxy-cmd]# docker network ls
NETWORK ID     NAME         DRIVER    SCOPE
8dd0aa4167ea   bridge       bridge    local
29a978ca929d   host         host      local
8483e251a968   mynetwork    bridge    local
48b8421f4187   none         null      local
[root@www 07_haproxy-cmd]#
```

　　➡ 'docker network ls' 명령으로 확인한다.

③ 웹 컨테이너 3개 기동

　가. 컨테이너 생성 및 기동 명령 실행

　　　# docker run -d --name web1 --net mynetwork jmalloc/echo-server

　　　# docker run -d --name web2 --net mynetwork jmalloc/echo-server

　　　# docker run -d --name web3 --net mynetwork jmalloc/echo-server

참고 | Bash의 히스토리 기능 활용

실행하려는 명령이 바로 직전 명령에서 문자열 일부만 다른 경우 히스토리 변환 기능을 활용하면 쉽게 실행할 수 있다.

┃사용 예┃
docker run -d --name web1 --net mynetwork jmalloc/echo-server
^web1^web2
^web2^web3

나. 컨테이너 기동 확인

```
[root@www 07_haproxy-cmd]# docker ps -a
CONTAINER ID   IMAGE                   COMMAND              CREATED
STATUS         PORTS        NAMES
e4ff649a2fb1   jmalloc/echo-server     "/bin/echo-server"   About a minute ago
Up About a minute   8080/tcp   web3
b4a08c4219d6   jmalloc/echo-server     "/bin/echo-server"   About a minute ago
Up About a minute   8080/tcp   web2
8d4c4f80a8e9   jmalloc/echo-server     "/bin/echo-server"   About a minute ago
Up About a minute   8080/tcp   web1
[root@www 07_haproxy-cmd]#
```

➡ 'docker ps -a' 명령을 확인한다.

④ HAProxy 설정 파일 생성하기

가. 구성 설계

```
            +-- web1
LB -------+-- web2
            +-- web3
```

나. haproxy.cfg 파일 생성

 참고 | HAProxy 환경 설정 파일 예시 관련 URL

https://github.com/haproxy/haproxy/tree/master/examples

vi haproxy.cfg

```
global
  stats socket /var/run/api.sock user haproxy group haproxy mode 660 level admin expose-fd
listeners
  log stdout format raw local0 info

defaults
  mode http
  timeout client 10s
  timeout connect 5s
```

```
    timeout server 10s
    timeout http-request 10s
    log global

    frontend stats
      bind *:8404                                    # 서비스 포트 확인
      stats enable
      stats uri /
      stats refresh 10s

    frontend myfrontend                              # 프론트엔드 이름 지정
      bind :80                                       # 웹 포트 확인
      default_backend webservers                     # 연동되는 백엔드 이름 지정

    backend webservers                               # 백엔드 이름 및 구성 설정
      server s1 web1:8080 check                      # 서비스 포트 설정
      server s2 web2:8080 check                      # 서비스 포트 설정
      server s3 web3:8080 check                      # 서비스 포트 설정
```

⑤ HAProxy 컨테이너 기동 및 확인

　가. 컨테이너 기동

　　# docker run -d --name haproxy --net mynetwork ₩
　　-v $(pwd):/usr/local/etc/haproxy:ro ₩
　　-p 80:80 -p 8404:8404 haproxytech/haproxy-alpine:2.4

　나. 확인

```
[root@www 07_haproxy-cmd]# docker ps -a
CONTAINER ID   IMAGE                             COMMAND                  CREA
TED            STATUS          PORTS             NAMES
3c0f24fae69e   haproxytech/haproxy-alpine:2.4    "/docker-entrypoint.…"   14 se
conds ago      Up 13 seconds   0.0.0.0:80->80/tcp, :::80->80/tcp, 0.0.0.0:8404->8
404/tcp, :::8404->8404/tcp      haproxy
e4ff649a2fb1   jmalloc/echo-server               "/bin/echo-server"       23 m
inutes ago     Up 23 minutes   8080/tcp
                                                 web3
b4a08c4219d6   jmalloc/echo-server               "/bin/echo-server"       23 m
inutes ago     Up 23 minutes   8080/tcp
                                                 web2
8d4c4f80a8e9   jmalloc/echo-server               "/bin/echo-server"       23 m
inutes ago     Up 23 minutes   8080/tcp
                                                 web1
[root@www 07_haproxy-cmd]#
```

　　➡ 'docker ps -a' 명령으로 확인한다.

⑥ 서비스 확인 및 통계 정보 확인

　호스트 시스템의 80번 포트로 서비스를 요청하면 HAProxy에 의해 관리되는 3대의 웹 서버에 부하 분산 중임을 확인할 수 있다. 또한 호스트 시스템의 8404번 포트로 서비스를 요청하면 HAProxy의 통계 정보를 확인할 수 있다.

가. 웹 브라우저를 이용한 접근 1

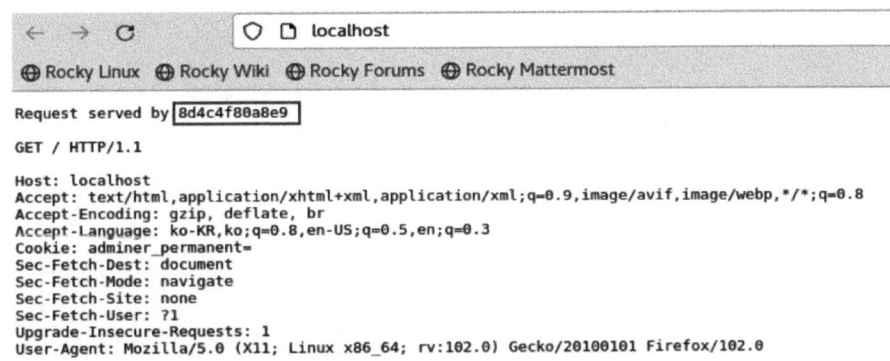

➡ 'firefox http://localhost &' 명령을 실행해서 확인한다. 페이지 상단에는 연결된 컨테이너의 ID가 표시된다. 웹 브라우저에서 [F4] 키를 누르면 서버 상황에 따라 다른 컨테이너로 연결되는지를 확인한다.

나. 웹 브라우저를 이용한 접근 2

(docker2) # firefox http://192.168.56.129 &

➡ docker2 시스템이 존재하는 경우에는 docker1 시스템의 IP 주소를 입력해서 접근한다.

다. 통계 정보 확인

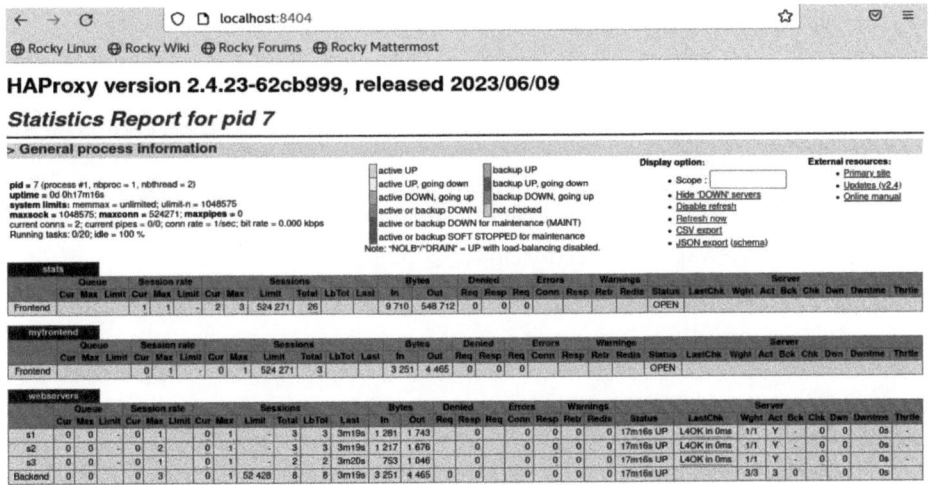

➡ 'firefox http://localhost:8404 &' 명령으로 통계 정보를 확인한다. 다른 웹 브라우저에서 [F5] 키를 눌러 요청하면 갱신되는 것을 확인할 수 있다.

⑦ 컨테이너 중지 및 삭제

docker stop web1 && docker rm web1

docker stop web2 && docker rm web2

docker stop web3 && docker rm web3

```
# docker stop haproxy && docker rm haproxy
# docker network rm mynetwork
```

◆ **작업 시나리오 2: Docker Compose 파일을 이용해서 HAProxy 구성하기**
- 작업 시나리오 1에서 구축한 내용과 동일한 환경을 구축한다.
- HAProxy 구성의 환경 설정 파일인 haproxy.cfg 파일은 이전 실습인 'HAProxy 직접 구성하기'에서 만든 haproxy.cfg 파일을 그대로 사용한다.
- 이전 실습에서 구성한 Docker 명령어를 분석한 후 docker-compose.yml 파일을 생성하고 서비스를 기동한다.

> **참고 | Docker Compose 파일 관련 URL 안내**
>
> https://docs.docker.com/compose/compose-file/compose-file-v3/
> https://docs.docker.com/compose/compose-file/

① 프로젝트 작업 디렉터리 만들기

    가. 작업 디렉터리 생성

```
# mkdir -p ~/docker/07_haproxy-compose && cd ~/docker/07_haproxy-compose
```
        ➡ 작업 디렉터리를 생성한다.

```
# mkdir -p config
```
        ➡ haproxy.cfg 파일을 복사하기 위한 디렉터리를 생성한다.

    나. haproxy.cfg 파일 복사

```
# cp ~/docker/07_haproxy-cmd/haproxy.cfg config
```
        ➡ 이전 실습에서 작성한 haproxy.cfg 파일을 config 디렉터리로 복사한다.

② docker-compose.yml 파일 만들기

    가. 이전 실습에서 작성한 명령어 분석

```
# docker network create mynetwork
# docker run -d --name web1 --net mynetwork jmalloc/echo-server
# docker run -d --name web2 --net mynetwork jmalloc/echo-server
# docker run -d --name web3 --net mynetwork jmalloc/echo-server
# docker run -d --name haproxy --net mynetwork \
-v $(pwd):/usr/local/etc/haproxy:ro \
-p 80:80 -p 8404:8404 \
haproxytech/haproxy-alpine:2.4
```
        ➡ 이전 실습에서 진행한 도커 명령어를 분석한다.

나. docker-compose.yml 파일 작성

vi docker-compose.yml

```yaml
version: "3"

services:
 # docker run -d --name web1 --net mynetwork jmalloc/echo-server
 web1:
   container_name: web1                               # 첫 번째 웹 서버
   image: jmalloc/echo-server
   networks:
     - mynetwork

 # docker run -d --name web2 --net mynetwork jmalloc/echo-server
 web2:
   container_name: web2                               # 두 번째 웹 서버
   image: jmalloc/echo-server
   networks:
     - mynetwork

 # docker run -d --name web3 --net mynetwork jmalloc/echo-server
 web3:
   container_name: web3                               # 세 번째 웹 서버
   image: jmalloc/echo-server
   networks:
     - mynetwork

 # docker run -d --name haproxy --net mynetwork \
 # -v $(pwd)/config:/usr/local/etc/haproxy:ro \
 # -p 80:80 -p 8404:8404 \
 # haproxytech/haproxy-alpine:2.4
 haproxy:
   container_name: haproxy                            # haproxy
   image: haproxytech/haproxy-alpine:2.4
   networks:
     - mynetwork
   volumes:
     - "./config:/usr/local/etc/haproxy:ro"
   ports:
     - "80:80"
     - "8404:8404"
   depends_on:
     - web1
     - web2
     - web3

# docker network create mynetwork
networks:
 mynetwork:
```

③ 여러 컨테이너 기동

　가. 컨테이너 기동 명령 실행

```
[root@www 07_haproxy-compose]# docker-compose up -d
[+] Running 5/5
 ✓ Network 07_haproxy-compose_mynetwork    Created    0.3s
 ✓ Container web1                          Started    0.0s
 ✓ Container web2                          Started    0.0s
 ✓ Container web3                          Started    0.0s
 ✓ Container haproxy                       Started    0.0s
[root@www 07_haproxy-compose]#
```

　　　➡ 'docker-compose up -d' 명령을 실행한다.

　나. 기동 확인

　　# docker-compose ps -a

　　　➡ 명령을 실행해서 확인한다.

④ 웹을 통한 서비스 확인

　# firefox http://localhost &

　# firefox http://localhost:8404 &

　　➡ 웹 페이지 및 통계 정보 페이지를 확인한다.

⑤ 서비스(컨테이너) 중지 및 삭제

　# docker-compose down -v

◆ **작업 시나리오 3: 개선된 Docker Compose로 다시 HAProxy 구성하기**
- 작업 시나리오 2에서 사용된 docker-compose.yml 파일의 내용을 분석하고, 최적화해서 docker-compose-edit.yml 파일을 작성한다.
- 새롭게 작성한 docker-compose-edit.yml 파일을 이용해서 HAProxy를 구성한다.
- haproxy.cfg 파일은 최적화 작업으로 인해 일부 수정 작업을 진행한다.

① 작업 디렉터리 이동

　# cd ~/docker/07_haproxy-compose

　　➡ 이전 실습과 동일한 디렉터리에서 작업한다.

② docker-compose.yml 파일 분석 및 최적화

　이전 실습에 사용한 docker-compose.yml 파일을 분석해서 최적화시킨다.

```
version: "3"

services:
 web1:                                        # 이름을 (web1 -> web)으로 변경
   container_name: web1
   image: jmalloc/echo-server
   networks:
     - mynetwork
```

```
  web2:
    container_name: web2
    image: jmalloc/echo-server
    networks:
      - mynetwork
  web3:
    container_name: web3
    image: jmalloc/echo-server
    networks:
      - mynetwork
  haproxy:
    container_name: haproxy
    image: haproxytech/haproxy-alpine:2.4
    networks:
      - mynetwork
    volumes:
      - "./config:/usr/local/etc/haproxy:ro"
    ports:
      - "80:80"
      - "8404:8404"
    depends_on:
      - web1                                        # 이름을 (web1 -> web)으로 변경
      - web2
      - web3
networks:
  mynetwork:
```

③ docker-compose-edit.yml 파일 생성

    가. 기존 파일 복사

        # cp docker-compose.yml docker-compose-edit.yml

            ➡ 기존 Docker Compose 파일을 docker-compose-edit.yml 파일로 복사한다.

    나. 최적화된 내용을 토대로 편집

        # vi docker-compose-edit.yml

```
version: "3"
services:
  web:                                              # web 하나만 지정
    image: jmalloc/echo-server
  haproxy:
    image: haproxytech/haproxy-alpine:2.4
```

```
    volumes:
      - "./config:/usr/local/etc/haproxy:ro"
    ports:
      - "80:80"
      - "8404:8404"
    depends_on:
      - web                                             # web만 지정
```

④ haproxy.cfg 파일 작성

　가. 기존 파일 백업

```
# cp config/haproxy.cfg{,~}
```
➡ 편집 작업 실패를 대비해서 haproxy.cfg 파일을 haproxy.cfg~ 파일로 백업해둔다.

　나. haproxy.cfg 파일 편집

```
# vi config/haproxy.cfg
```

```
global
  stats socket /var/run/api.sock user haproxy group haproxy mode 660 level admin expose-fd
listeners
  log stdout format raw local0 info

defaults
  mode http
  timeout client 10s
  timeout connect 5s
  timeout server 10s
  timeout http-request 10s
  log global

frontend stats
  bind *:8404
  stats enable
  stats uri /
  stats refresh 10s

frontend myfrontend
  bind :80
  default_backend webservers

backend webservers
  server s1 07_haproxy-compose-web-1:8080 check
  server s2 07_haproxy-compose-web-2:8080 check
  server s3 07_haproxy-compose-web-3:8080 check
```

⑤ 개선된 docker-compose-edit.yml 파일을 이용한 기동 및 확인

가. 컨테이너 서비스 기동

docker-compose -f docker-compose-edit.yml up -d --scale web=3

➡ 'docker-compose up' 명령의 스케일 옵션을 이용해서 웹 컨테이너를 3개 기동한다.

나. 서비스 확인

```
[root@www 07_haproxy-compose]# docker-compose ps -a
NAME                    IMAGE                              COMMAND
        SERVICE         CREATED              STATUS                  PORTS
07_haproxy-compose-haproxy-1   haproxytech/haproxy-alpine:2.4   "/docker-entrypo
int.…"   haproxy       About a minute ago   Up About a minute    0.0.0.0:80
->80/tcp, :::80->80/tcp, 0.0.0.0:8404->8404/tcp, :::8404->8404/tcp
07_haproxy-compose-web-1       jmalloc/echo-server              "/bin/echo-serve
r"       web           About a minute ago   Up About a minute    8080/tcp
07_haproxy-compose-web-2       jmalloc/echo-server              "/bin/echo-serve
r"       web           About a minute ago   Up About a minute    8080/tcp
07_haproxy-compose-web-3       jmalloc/echo-server              "/bin/echo-serve
r"       web           About a minute ago   Up About a minute    8080/tcp
[root@www 07_haproxy-compose]#
```

➡ 'docker-compose ps -a' 명령으로 확인한다.

⑥ 웹을 통한 서비스 확인

firefox http://localhost &

firefox http://localhost:8404 &

➡ 웹 페이지 및 통계 정보 페이지를 확인한다.

⑦ 정리 작업

가. 관련 서비스 및 컨테이너 제거

 # docker-compose -f docker-compose-edit.yml down -v

나. 확인

docker ps -a

docker volume ls

docker network ls

 참고 | docker swarm과 scale out 실습

이번 실습에서는 이름을 직접 지정하는 방식을 사용하였다. 다음 장인 docker swarm 영역에서는 haproxy.cfg 파일의 편집이 없이도 scale out이 가능하도록 구성할 예정이다.

[실습] Get started with Docker Compose

● **실습 참고**: Get started with Docker Compose
- https://docs.docker.com/compose/gettingstarted/

● **실습 시스템**
- docker1 시스템을 사용한다.

● **실습 시나리오**
- 간단한 Python 웹 애플리케이션을 빌드한다. 애플리케이션은 Flask 프레임워크를 사용하고, Redis에서 요청에 대한 카운터를 유지 관리한다.

● **실습 단계별 분석**

소스코드	도커 파일	compose 파일	빌드 및 실행	앱 업데이트	테스트 작업
1단계	2단계	3단계	4단계	7단계	8단계
설정(코드)	Dockerfile 생성	Compose 파일 서비스 정의	Compose 앱 빌드 및 실행	애플리케이션 업데이트	여러 가지 명령 테스트

		5단계	6단계		
		Compose 파일 편집(바인드 마운트 추가)	Compose 앱 다시 빌드 및 실행		

● **전제 조건**
- Docker Engine, Docker Compose 설치되어 있어야 한다.
- 확인 예

```
# systemctl status docker
# which docker-compose
```

● **작업 시나리오 1: (1단계) 설정(Configuration)**
- 프로젝트를 진행할 디렉터리를 생성하고, 필요한 소스 코드를 개발한다.
- 소스 코드를 개발할 때 필요한 패키지를 파일에 정의한다.
- 개발된 소스 코드와 소스 코드 개발에 필요한 패키지 목록은 이미지를 빌드할 때 사용한다.

① 프로젝트 디렉터리 생성

```
# mkdir -p ~/docker/07_composetest && cd ~/docker/07_composetest
```

② app.py 파일 생성

vi app.py

```python
import time
import redis
from flask import Flask

app = Flask(__name__)
cache = redis.Redis(host='redis', port=6379) # 호스트 이름: redis, redis 기본 포트: 6379

def get_hit_count():
    retries = 5
    while True:
        try:
            return cache.incr('hits')
        except redis.exceptions.ConnectionError as exc:
            if retries == 0:
                raise exc
            retries -= 1
            time.sleep(0.5)

@app.route('/')          # http://localhost/
def hello():
    count = get_hit_count()
    return 'Hello World! I have been seen {} times.\n'.format(count)
```

③ requirements.txt 파일 생성

vi requirements.txt

```
flask
redis
```

● 작업 시나리오 2: (2단계) Dockerfile 생성

- 이미지 빌드할 때 사용할 Dockerfile을 만든다.
- (주의) 다음에 제공한 Dockerfile에서 한글 설명을 첨부한 모든 주석(#) 부분은 제거해야 한다.

vi Dockerfile

```dockerfile
# syntax=docker/dockerfile:1
FROM python:3.7-alpine              # base image 설정

WORKDIR /code                       # 작업 디렉터리

ENV FLASK_APP=app.py                # 환경변수
ENV FLASK_RUN_HOST=0.0.0.0          # 환경변수
```

RUN apk add --no-cache gcc musl-dev linux-headers	# gcc 및 기타 종속성 패키지 설치
COPY requirements.txt requirements.txt	# python 종속성 파일 복사
RUN pip install -r requirements.txt	# python 종속성 패키지 설치
EXPOSE 5000	# 컨테이너 대기 포트 5000
COPY . .	# 이미지의 작업 디렉터리(.)에 현재 프로젝트 디렉터리 복사
CMD ["flask", "run"]	# 컨테이너 실행 기본 명령 설정

➡ (주의) 반드시 한글 설명을 첨부한 모든 주석(#)은 제거해야 한다.

◆ 작업 시나리오 3: (3단계) Compose 파일 서비스 정의

- docker-compose.yml 파일을 만들고 web 및 redis 서비스에 대해 정의한다.
- web 서비스: 현재 디렉터리의 Dockerfile로부터 웹서비스 이미지를 빌드한다. 컨테이너의 Flask Web server의 기본 포트인 5000번 포트를 사용한다.
- redis 서비스: 도커 허브 레지스트리의 redis 이미지를 사용한다.

vi docker-compose.yml

```
version: "3.9"
services:
  web:
    build: .
    ports:
      - "8000:5000"
  redis:
    image: "redis:alpine"
```

◆ 작업 시나리오 4: (4단계) Compose 앱 빌드 및 실행

- docker-compose up 명령을 사용하여 컨테이너를 기동한다.
- 웹 브라우저 또는 두 번째 터미널에서 웹서비스를 호출해서 동작 여부를 확인한다.

① docker-compose up 실행

docker-compose up

➡ (실행 결과 확인) 경고 메시지가 나타나지만, 테스트 진행에는 문제가 없는 내용이므로 무시한다.

```
07_composetest-web-1  | * Serving Flask app 'app.py'
07_composetest-web-1  | * Debug mode: off
07_composetest-web-1  | WARNING: This is a development server. Do not use it
                        in a production deployment. Use a production WSGI server instead.
07_composetest-web-1  | * Running on all addresses (0.0.0.0)
07_composetest-web-1  | * Running on http://127.0.0.1:5000
07_composetest-web-1  | * Running on http://192.168.16.2:5000
07_composetest-web-1  | Press CTRL+C to quit
```

② 웹 브라우저에서 확인

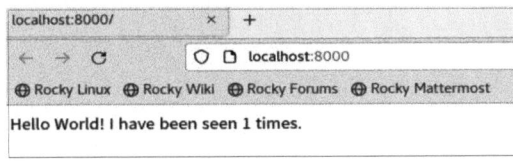

➡ 두 번째 터미널에서 'firefox http://localhost:8000 &' 명령을 실행하거나 웹 브라우저에서 localhost:8000 호출해서 확인한다. 참고로 [F5] 키를 여러 번 눌러서 변경되는 내용도 확인한다.

③ 이미지에 대한 정보 확인

　가. 이미지 생성 확인

　　# docker images 07_composetest-web

　　# docker images redis:alpine

　나. 상세 정보 확인

　　# docker inspect 07_composetest-web

　　# docker inspect redis:alpine

④ Flask 웹 서버 중지

　첫 번째 터미널(TERM1)에서 [Ctrl] +[c] 키를 사용해서 Flask 웹 서버를 종료한다.

● 작업 시나리오 5: (5단계) Compose 파일 편집(바인드 마운트 추가)

- docker-compose.yml 파일에 서비스에 대한 바인드 마운트를 추가한다.

vi docker-compose.yml

```
version: "3.9"
services:
 web:
  build: .
  ports:
   - "8000:5000"
  volumes:                      # 볼륨 선언 추가
   - .:/code                    # 볼륨 선언 추가
  environment:
   FLASK_DEBUG: "true"          # 볼륨 선언 추가
 redis:
  image: "redis:alpine"
```

● 작업 시나리오 6: (6단계) Compose 앱 다시 빌드 및 실행
• 프로젝트를 진행할 디렉터리를 생성하고, 필요한 소스 코드를 개발한다.

docker-compose up

➡ 'docker-compose up' 명령으로 다시 실행한다.

(실행 결과 예)

```
07_composetest-web-1    | * Running on all addresses (0.0.0.0)
07_composetest-web-1    | * Running on http://127.0.0.1:5000
07_composetest-web-1    | * Running on http://192.168.16.2:5000
07_composetest-web-1    | Press CTRL+C to quit
07_composetest-web-1    | * Restarting with stat
07_composetest-web-1    | * Debugger is active!
07_composetest-web-1    | * Debugger PIN: 588-539-680
```

● 작업 시나리오 7: (7단계) 애플리케이션 업데이트
• 두 번째 터미널(TERM2)을 호출해서 앱 소스 코드를 수정한다.

① 앱 소스 코드 수정

(TERM2) # cd ~/docker/07_composetest

(TERM2) # vi app.py

```
import time

import redis
from flask import Flask

app = Flask(__name__)
cache = redis.Redis(host='redis', port=6379)

def get_hit_count():
    retries = 5
    while True:
        try:
            return cache.incr('hits')
        except redis.exceptions.ConnectionError as exc:
            if retries == 0:
                raise exc
            retries -= 1
            time.sleep(0.5)

@app.route('/')
def hello():
    count = get_hit_count()
    return 'Hello from Docker! I have been seen {} times.\n'.format(count) # 메시지 수정
```

② 웹 브라우저에서 확인

➡ 두 번째 터미널에서 'firefox http://localhost:8000 &' 명령을 실행하거나 웹 브라우저에서 localhost:8000 호출해서 확인한다. 참고로 [F5] 키를 여러 번 눌러서 변경되는 내용도 확인한다.

③ Flask 웹 서버 중지

첫 번째 터미널(TERM1)에서 [Ctrl] +[c] 키를 사용해서 Flask 웹 서버를 종료한다.

● 작업 시나리오 8: (8단계) 여러 가지 명령 테스트

• 여러 가지 명령어를 테스트한다.

① 백그라운드로 실행

가. 백그라운드로 실행

```
[root@www 07_composetest]# docker-compose up -d
[+] Running 2/2
 ✔ Container 07_composetest-redis-1   Started                            0.0s
 ✔ Container 07_composetest-web-1     S...                               0.0s
```

➡ 'docker-compose up -d' 명령을 실행한다.

나. 실행 확인

```
[root@www 07_composetest]# docker-compose ps -a
NAME                      IMAGE                  COMMAND                  SERVICE
     CREATED              STATUS                 PORTS
07_composetest-redis-1    redis:alpine           "docker-entrypoint.s…"   redis
     2 hours ago          Up 7 minutes           6379/tcp
07_composetest-web-1      07_composetest-web     "flask run"              web
     47 minutes ago       Up 7 minutes           0.0.0.0:8000->5000/tcp, :::80
00->5000/tcp
[root@www 07_composetest]#
```

➡ 'docker-compose ps -a' 명령을 실행한다.

② 일회성 명령 실행

docker-compose run 명령은 일회성으로 실행이 된다. 다음 예는 web 서비스에서 사용 가능한 환경변수를 확인하는 예이다.

```
[root@www 07_composetest]# docker-compose run web env
PATH=/usr/local/bin:/usr/local/sbin:/usr/local/bin:/usr/sbin:/usr/bin:/sbin:/bin
HOSTNAME=e092cd54b4b8
TERM=xterm
FLASK_DEBUG=true
LANG=C.UTF-8
GPG_KEY=0D96DF4D4110E5C43FBFB17F2D347EA6AA65421D
PYTHON_VERSION=3.7.17
PYTHON_PIP_VERSION=23.0.1
PYTHON_SETUPTOOLS_VERSION=57.5.0
PYTHON_GET_PIP_URL=https://github.com/pypa/get-pip/raw/9af82b715db434abb94a0a6f3
569f43e72157346/public/get-pip.py
PYTHON_GET_PIP_SHA256=45a2bb8bf2bb5eff16fdd00faef6f29731831c7c59bd9fc2bf1f3bed51
1ff1fe
FLASK_APP=app.py
FLASK_RUN_HOST=0.0.0.0
HOME=/root
[root@www 07_composetest]#
```

➡ 'docker-compose run web env' 명령을 실행한다.

③ 서비스 중지하기

```
[root@www 07_composetest]# docker-compose stop
[+] Stopping 2/2
 ✓ Container 07_composetest-redis-1    Stopped                    0.3s
 ✓ Container 07_composetest-web-1      S...                       0.3s
[root@www 07_composetest]#
```

➡ 'docker-compose stop' 명령을 실행한다.

④ 서비스 삭제 및 볼륨 삭제

```
[root@www 07_composetest]# docker-compose down --volumes
[+] Running 3/3
 ✓ Container 07_composetest-redis-1    Removed                    6.0s
 ✓ Container 07_composetest-web-1      R...                       0.0s
 ✓ Network 07_composetest_default      R...                       0.2s
[root@www 07_composetest]#
```

➡ 'docker-compose down --volumes' 명령을 실행한다.

[실습] Minecraft 개인 서버 구축하기

◆ 실습 참고
- https://github.com/docker/awesome-compose
- https://github.com/docker/awesome-compose/tree/master/minecraft

◆ 실습 시스템
- docker1에 마인크래프트 서버를 구축한다.
- 참고로 마인크래프트 클라이언트 프로그램은 유료인 관계로 개인적으로 실습을 진행해야 한다.

◆ 실습 시나리오
- Github 사이트에 공개된 마인크래프트 서버를 구성하는 YAML 파일을 이용해서 서버를 기동해 본다.

① 프로젝트 디렉터리 생성

mkdir -p ~/docker/07_minecraft && cd ~/docker/07_minecraft

② docker-compose.yml 파일 생성

vi docker-compose.yml

```
services:
 minecraft:
  image: itzg/minecraft-server
  ports:
   - "25565:25565"
```

```
    environment:
      EULA: "TRUE"
    deploy:
      resources:
        limits:
          memory: 1.5G
    volumes:
      - "~/minecraft_data:/data"
```

③ 서비스 기동 및 로그 확인

　가. 서비스 기동

```
[root@www 07_minecraft]# docker-compose up -d
[+] Running 25/1
 ✔ minecraft 24 layers [■■■■■■■■■■■■■■■■■■■■■■■■]    0B/0B    Pulled    20.1s
[+] Running 2/2
 ✔ Network 07_minecraft_default       C...             0.3s
 ✔ Container 07_minecraft-minecraft-1  Started         0.3s
[root@www 07_minecraft]#
```

　　➡ 'docker-compose up -d' 명령을 실행한다.

　나. 로그 확인

　　# docker-compose logs

　　➡ 로그를 확인하면 잘 실행된 것을 알 수 있다.

　　(실행 결과: 일부 발췌)

```
07_minecraft-minecraft-1  | [16:16:10] [Server thread/INFO]: Done (50.406s)! For help, type "help"
07_minecraft-minecraft-1  | [16:16:10] [Server thread/INFO]: Starting remote control listener
07_minecraft-minecraft-1  | [16:16:10] [Server thread/INFO]: Thread RCON Listener started
07_minecraft-minecraft-1  | [16:16:10] [Server thread/INFO]: RCON running on 0.0.0.0:25575
```

④ 마인크래프트 클라이언트 프로그램 설치

마인크래프트 클라이언트 프로그램이 유료라서 개인적으로 실습해 보기 바란다.

　가. 설치 관련 URL

　　https://www.minecraft.net/ko-kr/download

　나. 접속 설정

　　접속 서버 IP 주소는 'Docker Host IP 주소'를 기재하고 접속 포트는 '25565'를 기재한다.

　다. 접속 화면 예

⑤ 정리 작업

```
[root@www 07_minecraft]# docker-compose down -v
+] Running 2/2
 ✓ Container 07_minecraft-minecraft-1    Removed          3.2s
 ✓ Network 07_minecraft_default          R...             0.2s
[root@www 07_minecraft]#
```

➡ 'docker-compose down --volumes' 명령을 실행한다.

[과제]   Frontend - Backend Service 구축하기

● 실습 시스템
- docker1 시스템에 도커 컨테이너 기반의 서버를 운영한다.

● 실습 시나리오
- 다음의 구성도를 분석하고 서비스를 구성할 수 있는 docker-compose.yml 파일을 작성한다.

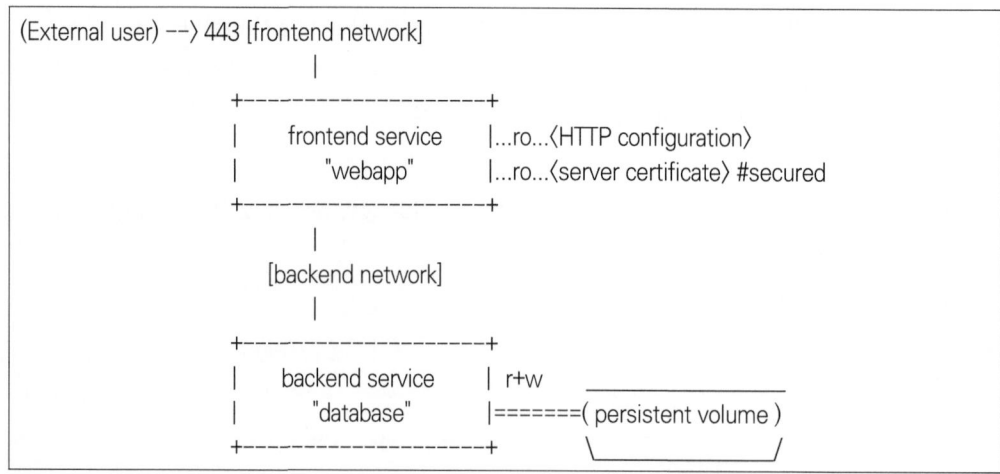

● 작업 조건 예시
① 프론트엔드 서비스인 webapp과 백엔드 서비스인 database라는 2개의 서비스를 구축한다.
② 프론트엔드에는 HTTP 및 HTTPS 서비스를 구축한다.
③ 백엔드에는 1개의 영구 볼륨을 붙인다.
④ 2개의 네트워크를 구성한다.
⑤ 제공된 docker-compose.yml 파일을 참고한다.

● (참고용) docker-compose.yml

```yaml
services:
  frontend:
    image: awesome/webapp
    ports:
      - "443:8043"
    networks:
      - front-tier
      - back-tier
    configs:
      - httpd-config
    secrets:
      - server-certificate

  backend:
    image: awesome/database
    volumes:
      - db-data:/etc/data
    networks:
      - back-tier

volumes:
  db-data:
    driver: flocker
    driver_opts:
      size: "10GiB"

configs:
  httpd-config:
    external: true

secrets:
  server-certificate:
    external: true
```

```
networks:
  # The presence of these objects is sufficient to define them
  front-tier: {}
  back-tier: {}
```

● 세부 작업 조건 정하기

항목별 예제

항목	구성 예
어떤 운영체제를 사용할까?	① Base Image 　예) ubuntu:latest
웹 서버는 어떻게 구현할까?	① 웹 서버 프로그램 　예) Apache httpd ② 웹 프로그래밍 언어 　예) PHP 8.1 ③ 볼륨 사용 유무
DB 서버는 어떻게 구현할까?	① 데이터베이스 서버 　예) MySQL 8.0 ② 볼륨 사용 유무
Web과 DB 연동 시 필요한 것인 무엇인가?	① 연동 시 필요한 변수는 무엇인가? ② 연동 시 실행 순서가 중요한가?

● 작업 절차

① 설정
② Dockerfile 작성
③ docker-compose 파일 작성
④ 빌드 및 배포

● 작업 1: 설정

① 프로젝트 디렉터리 생성

　　# mkdir -p ~/docker/07_apm && cd ~/docker/07_apm

② 소스 코드 개발 또는 소스 코드 가져오기

　　설정을 위한 소스 코드를 개발하거나 작성된 코드를 이용한다. 본 실습에서는 인터넷에 공개된 자료를 이용한다.

　　가. 소스 코드 입수

　　　　# git clone https://github.com/hatpub/apm_to_docker-compose

나. 자료 확인 및 디렉터리 이동

   # ls

   # cd apm_to_docker-compose

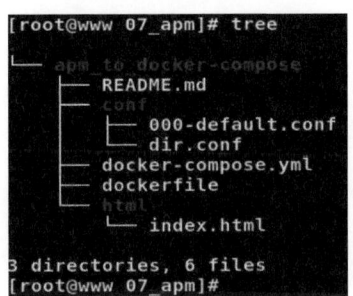

➡ Github에서 다운로드한 자료를 분석하면 apm_to_docker-compose라는 디렉터리가 있고 tree 명령을 실행하면 전체 자료의 목록을 확인할 수 있다.

● 작업 2: Dockerfile 작성

제공된 dockerfile을 분석하고 수정한다.

① 파일 내용 확인

   # cat dockerfile

```
# 베이스 이미지 설정
FROM ubuntu:18.04

# 인자값 설정
ARG DEBIAN_FRONTEND=noninteractive

# 웹 서버 패키지(아파치 httpd) 설치
RUN apt-get -y update && apt-get -y install apache2 software-properties-common

# APT 리포지토리(repository) 추가
RUN LC_ALL=C.UTF-8 add-apt-repository ppa:ondrej/php

# PHP, MySQL, HTTPD-PHP 연동 패키지, MySQL-PHP 연동패키지 설치
RUN apt-get update \
&& apt-get install -y libapache2-mod-php7.0 php7.0 php7.0-cli php7.0-mysql

# 아파치 httpd에서 rewrite 모듈을 올리기(load)하기 위해 a2enmod 명령 사용
RUN a2enmod rewrite

# 내부 네트워크에서 연결할 수 있는 포트 선언
EXPOSE 80

# 아파치 httpd 데몬을 foreground로 실행
CMD apachectl -D FOREGROUND
```

➡ 베이스 이미지를 우분투 최신 권장 버전으로 변경하고, 패키지 설치 도구를 최근 우분투에서 권장하는

apt로 변경한다. PHP 패키지도 최신 권장 버전인 8.0으로 변경한다.

② 파일 수정

vi dockerfile

```
FROM ubuntu:latest   # ubuntu 최신 버전 이미지로 변경

ARG DEBIAN_FRONTEND=noninteractive

~~RUN apt-get -y update && apt-get -y install apache2 software-properties-common~~

~~RUN LC_ALL=C.UTF-8 add-apt-repository ppa:ondrej/php~~

# 패키지 설치 도구 및 패키지 변경
RUN apt update -y && apt install -y apache2 php php-mysql

RUN a2enmod rewrite

EXPOSE 80

CMD apachectl -D FOREGROUND
```

➡ 우분투 베이스 이미지, 패키지 설치 도구, 웹 관련 패키지를 변경한다.

● 작업 3: docker-compose 파일 작성

제공된 docker-compose.yml 파일을 분석하고, 구축 환경에 맞게 수정한다.

① 제공된 docker-compose.yml 분석

vi docker-compose.yml

```
version: '3.3'

services:
 webserver:
  build: .
  ports:
   - "9001:80"
  links:
   - mysql:mysql                                # DB 서버 확인
  restart: always
  volumes:
   - ./html:/var/www/html/
   - /etc/timezone:/etc/timezone:ro             # 파일이 없어서 문제가 발생할 수 있음
   - /etc/localtime:/etc/localtime:ro
  depends_on:
   - mysql

 mysql:
  image: mysql:8.0                              # DB 서버 버전 확인 및 수정
```

```
environment:
  MYSQL_ROOT_PASSWORD: 'db_root_password'
  MYSQL_USER: 'db_id'
  MYSQL_PASSWORD: 'db_password'
  MYSQL_DATABASE: [ 'db_name', 'db_name2' ]
volumes:
  - ./data:/var/lib/mysql
  - /etc/timezone:/etc/timezone:ro        # 파일이 없어서 문제가 발생할 수 있음
  - /etc/localtime:/etc/localtime:ro
ports:
  - "3306:3306"
```

➡ MySQL 버전을 8.0으로 변경하고, 볼륨 영역에서 제시된 파일이 존재하는지 확인이 필요하다.

② docker-compose.yml 파일 정보 확인

가. 볼륨 설정 중 "./html:/var/www/html/" 정보 확인

```
[root@www apm_to_docker-compose]# cat html/index.html
hello world
[root@www apm_to_docker-compose]#
```

➡ 'cat html/index.html' 명령을 실행해서 내용을 확인한다.

나. 볼륨 설정 중 "/etc/timezone:/etc/timezone:ro" 정보 확인

```
[root@www apm_to_docker-compose]# ls -l /etc/timezone
ls: cannot access '/etc/timezone': No such file or directory
[root@www apm_to_docker-compose]#
```

➡ 'ls -l /etc/timezone' 명령을 실행하면 파일이 존재하지 않는 것을 확인할 수 있다.

다. /etc/timezone 파일 생성

vi /etc/timezone

```
Asia/Seoul
```

➡ 파일이 존재하지 않으면 타임존 형식에 맞는 설정값을 기재해서 생성한다. 설정값은 tzselect 명령을 실행해서 확인할 수 있다.

> **참고 | 타임존(timezone) 설정값 확인법**
>
> ① tzselect 명령어 사용
> tzselect 명령을 실행하면 대화형으로 진행되는데, 먼저 대륙이나 대양을 선택하고 국가를 선택하면 타임존(TZ) 설정값을 출력한다.
>
> ② timedatectl 명령어 사용
> timedatectl 명령어를 옵션 없이 사용하면 시스템에 설정된 날짜 및 시간 정보를 출력하는데, 이 출력 정보에서 Time zone값을 확인할 수 있다. 추가로 'timedatectl list-timezones' 명령을 실행하면 전체 목록값을 확인할 수 있다.

라. 볼륨 설정 중 "/etc/localtime:/etc/localtime:ro" 정보 확인

```
[root@www apm_to_docker-compose]# ls -l /etc/localtime
lrwxrwxrwx. 1 root root 32 Mar 16 15:45 /etc/localtime -> ../usr/share/zoneinfo/Asia/Seoul
[root@www apm_to_docker-compose]#
```

➡ 'ls -l /etc/localtime' 명령을 실행하면 파일이 존재하는 것을 확인할 수 있다.

◆ 작업 4: 빌드 및 배포

이미지를 빌드하고 애플리케이션을 실행한다. 또한 관련 서비스가 잘 동작하는지 확인한다.

① 이미지 빌드

　# docker-compose build --no-cache

② 앱 실행 및 확인

　# docker-compose up -d

③ 서비스, 볼륨, 네트워크 정보 확인

　가. 서비스 기동 확인

```
[root@www apm_to_docker-compose]# docker-compose ps -a
NAME                              IMAGE                               STATUS           COMMAND           PORTS
                  SERVICE         CREATED
apm_to_docker-compose-mysql-1     mysql:8.0                           Up 4 minutes     "docker-en         0.0.0
trypoint.s…"      mysql           4 minutes ago
.0:3306->3306/tcp, :::3306->3306/tcp, 33060/tcp
apm_to_docker-compose-webserver-1  apm_to_docker-compose-webserver    "/bin/sh -
c 'apachec…"     webserver        4 minutes ago                       Up About a minute  0.0.0
.0:9001->80/tcp, :::9001->80/tcp
[root@www apm_to_docker-compose]#
```

➡ 'docker-compose ps -a'

　나. 볼륨 및 네트워크 정보 확인

　　# docker volume ls

　　# docker network ls

④ 웹을 통한 서비스 확인

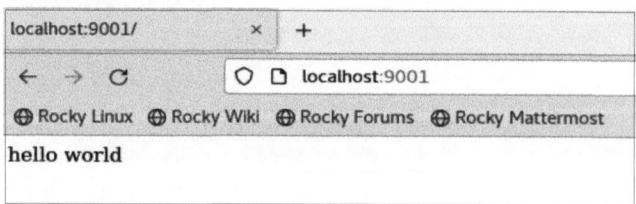

➡ 웹 브라우저에서 호출하거나 'firefox http://localhost:9001/ &' 명령을 실행해서 확인한다.

⑤ PHP 연동 확인

　가. PHP 파일 작성

　　# vi html/index.php

　　<?php phpinfo(); ?>

➡ PHP 정보를 출력하는 index.php 파일을 작성한다.

나. 웹페이지를 통한 확인

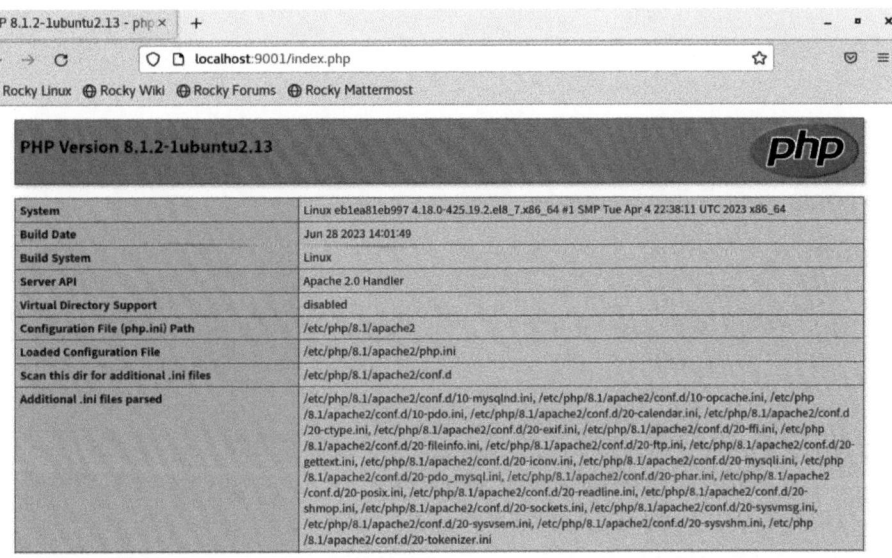

➡ 웹 브라우저에서 'http://localhost:9001/index.php'를 호출하거나 'firefox http://localhost:9001/index.php &' 명령을 실행해서 확인한다.

⑥ 데이터베이스 연동 테스트

> 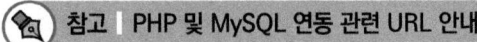 **참고 | PHP 및 MySQL 연동 관련 URL 안내**
>
> PHP Tutorial (https://www.w3schools.com/php/)
> - MySQL Connect : https://www.w3schools.com/php/php_mysql_connect.asp
> - MySQL Create DB : https://www.w3schools.com/php/php_mysql_create.asp
> - MySQL Create Table : https://www.w3schools.com/php/php_mysql_create_table.asp
> - MySQL Insert Data : https://www.w3schools.com/php/php_mysql_insert.asp
> - MySQL Select Data : https://www.w3schools.com/php/php_mysql_select.asp
> - PHP If..Else..Elseif : https://www.w3schools.com/php/php_if_else.asp

가. DB 연동 PHP 파일 작성

vi html/db.php

```
<?php

$servername = "mysql";
$username = "db_id";
$password = "db_password";

$conn = mysqli_connect($servername, $username, $password);
```

```
if (!$conn) {
 die("Connection failed: " . mysqli_connect_error());
}
echo "Connected successfully";
?>
```

나. 웹페이지를 통한 확인

➡ 웹 브라우저에서 'http://localhost:9001/db.php'를 호출하거나 'firefox http://localhost:9001/db.php &' 명령을 실행해서 확인한다.

⑦ 참고: 추가 제공된 아파치 설정 파일 분석

프로젝트 작업 디렉터리에는 conf/*.conf 설정 파일을 추가로 제공하고 있다. 환경 설정 변경이 필요하면 conf/*.conf 설정 파일들을 수정하고 dockerfile에 정의한 뒤에 다시 'docker-compose up -d' 명령을 수행하면 된다.

가. conf/000-default.conf 파일 내용 확인

```
[root@www apm_to_docker-compose]# egrep -v '^#|^$|.*#.*' conf/000-default.conf
<VirtualHost *:80>
        ServerAdmin webmaster@localhost
        DocumentRoot /var/www/html/
        <Directory /var/www/html>
                Options Indexes FollowSymLinks MultiViews
                AllowOverride All
                Require all granted
        </Directory>
        ErrorLog ${APACHE_LOG_DIR}/error.log
        CustomLog ${APACHE_LOG_DIR}/access.log combined
        <FilesMatch "(mobingi-init\.sh$|mobingi-install\.sh$)">
                Require all denied
        </FilesMatch>
</VirtualHost>
[root@www apm_to_docker-compose]#
```

나. conf/dir.conf 파일 내용 확인

```
[root@www apm_to_docker-compose]# cat conf/dir.conf
<IfModule mod_dir.c>
        DirectoryIndex index.php
</IfModule>
[root@www apm_to_docker-compose]#
```

⑧ 정리 작업

가. 관련 서비스 및 컨테이너 제거

docker-compose down -v

나. 확인

docker ps -a

docker volume ls
docker network ls

[공부] 추가로 공부할 만한 내용 정리

1 추가로 진행하면 좋은 실습 목록

(1) 필수

https://docs.docker.com/language/

➡ 프로그래밍 언어별 시작 가이드로 Docker를 사용하여 언어별로 애플리케이션 컨테이너화를 시작하는 과정을 안내한다.

(2) 과제

① Quickstart: Compose and Django

   https://docs.docker.com/samples/django/

② Quickstart: Compose and Rails

   https://docs.docker.com/samples/rails/

③ Quickstart: Compose and WordPress

   https://docs.docker.com/samples/wordpress/

2 다양한 서비스에 대한 확인 및 실습

https://github.com/docker/awesome-compose

➡ django, flask, minecraft 등 다양한 서비스를 구성 및 실습할 수 있는 Docker Compose 예제 목록을 제공한다.

3 도커를 사용하여 유명한 애플리케이션 실행에 대한 실습

① https://docs.docker.com/samples/#tutorial-labs
② https://docs.docker.com/samples/#sample-applications

Chapter 07

클라우드 환경 컨테이너 관리

7.1 클라우드 환경에서 Docker 오케스트레이션

7.2 Kubernetes

7.3 GCP를 사용한 실습

Chapter 07 클라우드 환경 컨테이너 관리

7.1 클라우드 환경에서 Docker 오케스트레이션

7.1.1 분산 환경에서의 컨테이너 운용 관리

도커 컨테이너를 사용할 때 단순한 개발 환경과 같이 한 대의 머신에서 가동될 때는 간편히 도입할 수 있다. 하지만, 멀티 호스트로 구성된 실제 환경을 클러스터 구성으로 가동하려면 컨테이너의 시작 및 정의와 같은 조작뿐만 아니라 호스트 간의 네트워크 연결이나 스토리지 관리, 컨테이너를 어떤 호스트에서 기동할지와 같은 스케줄링 기능이 필요하다. 운영 중에는 컨테이너가 정상적으로 작동하고 있는지를 감시할 장치도 필요하다. 이러한 기능을 갖추고 컨테이너를 통합 관리할 수 있는 도구를 컨테이너 오케스트레이션(Container Orchestration) 도구라고 한다.

┃컨테이너 오케스트레이션(Container Orchestration) 요소 관련 URL┃

https://www.slideshare.net/deview/221-docker-orchestration

┃주요 오케스트레이션 도구┃

① Kubernetes(k8s): Gold Standard
　가. Amazon ECS(EC2 Container Service), Amazon EKS
　나. MS ACS(Azure Container Service), MS AKS
　다. Google GCE(Google Container Engine), Google GKE
② Docker Engine(Swarm 모드)
③ CoreOS Fleet
④ Cloud Foundary's Diego
⑤ Apache Marathon/Mesos(메소스사의 마라톤)

7.1.2 퍼블릭 클라우드가 제공하는 매니지드 서비스

컨테이너 오케스트레이션 도구를 온프레미스 환경에 도입하려면 하드웨어나 네트워크에 대한 지식이 필요하다. 클라우드의 가상 머신 인스턴스로 구축할 때는 하드웨어 관리에서 해방되지만, 인프라

환경 구축과 더불어 컨테이너 오케스트레이션 도구, 감시 도구의 사용법이나 시스템 운용 및 장애 대응 등 여러 분야에 걸친 인프라 기술에 관한 지식이 필요하다.

일반적으로 클러스터 환경의 구축 및 운용은 기술적인 난이도가 높고, 이를 운용하려면 어느 정도의 실무 경험이 필요하다. 더욱이 운용에 걸리는 부하는 시스템이 대규모일수록 커진다. 그래서 충분한 스킬과 경험을 가진 엔지니어가 없는 경우 도커 컨테이너를 제품 환경에서 운용할 때는 퍼블릭 클라우드가 제공하는 매니지드 서비스(Managed Service)를 이용하는 것이 좋다.

매니지드 서비스를 잘 이용하면 인프라에 관한 깊은 지식이나 경험이 없어도 높은 가용성을 가진 클러스터 환경에서 컨테이너를 쉽게 운용할 수 있으며, 개발자는 본업인 애플리케이션 개발, 도커 이미지 작성 및 실행, 테스트 등과 같은 개발 업무에 주력할 수 있다.

❘ 대표적인 퍼블릭 클라우드 업체가 제공하는 컨테이너 매니지드(k8s) 서비스 ❘

① Amazone EC2 Container Service(ECS)
② Azure Container Service(AKS)
③ Google Kubernetes Engine(GKE)

7.1.3 구글 클라우드 플랫폼의 컨테이너 관련 서비스

관련 서비스	설명
Google Container Builder	Google container Builder는 Dockerfile을 바탕으로 Docker 이미지를 GCP 상에서 작성하기 위한 명령 도구이다. Dockerfile을 저장하는 소스 리포지토리에 저장된 Dockerfile로부터 이미지를 빌드하고 Container Registry로 자동으로 업로드한다. 소스 리포지토리는 Google Source Repositories, GitHub, Bitbucker를 이용할 수 있다. Container Builder로 작성한 Docker 이미지의 저장 위치는 GCP의 오브젝트 스토리지 서비스인 Google Cloud Storage(유럽/아시아/미국 리전)를 지정할 수 있다. 스토리지에 액세스할 수 있는 사용자를 지정할 수 있어서 프라이빗한 환경에서 이미지를 안전하게 관리할 수 있다.
Google Kubernetes Engine	Google Kubernetes Engine(GKE)은 Docker 컨테이너를 관리하는 풀 매니지드 서비스이다. 사용자가 정의한 CPU나 메모리와 같은 인프라 요구사항을 바탕으로 컨테이너를 클러스터에 스케줄링하여 자동으로 관리한다. GKE는 오픈 소스 컨테이너 오케스트레이션 도구인 Kubernetes를 이용하고 있으며, Kubernetes의 클러스터 환경으로 장비를 마련하지 않아도 컨테이너 오케스트레이션을 할 수 있는 서비스이다. 애플리케이션의 요구 변화에 맞춰 컨테이너에 할당되는 클러스터 리소스나 컨테이너 클러스터의 크기를 조정할 수 있다. GKE는 Kubernetes의 kubectl 명령 또는 Cloud console에서 조작할 수 있다.
Google Container Registry	Google Container Registry는 Docker 이미지를 GCP의 제품 안에서 관리할 수 있는 프라이빗 레지스트리 서비스이다. Docker Registry V2 API를 사용하여 프라이빗한 레지스트리에 대해 Docker 이미지의 업로드(push)와 다운로드(pull)를 할 수 있다. Docker 이미지의 저장 위치는 GCP가 제공하는 오브젝트 스토리지 서비스인 Cloud Storage이다. 유럽, 아시아, 미국의 지역별 Cloud Storage 버킷 중에서 Compute Engine 인스턴스와 지리적으로 가까운 것을 지정함으로써 다운로드에 걸리는 시간을 단축할 수 있다. 또한 이미지의 아카이브를 Cloud Storage Nearline 버킷에 저장할 수 있다.

7.2 Kubernetes

Kubernetes는 여러 개의 호스트를 하나로 묶어서 관리하는 Docker를 위한 오케스트레이션 도구로서 분산 환경에서 마치 한 대의 컴퓨터처럼 투과적으로 컨테이너에 액세스할 수 있다. 더욱이 시스템 이용자로부터 발생하는 부하의 급증에 대해서도 유연하게 스케일링(scaling)하는 장치나 다수의 컨테이너를 효율적으로 통합 관리하는 장치도 있다.

7.2.1 쿠버네티스의 개요

(1) 쿠버네티스(Kubernetes)란?

쿠버네티스는 컨테이너화된 워크로드(Workload)와 서비스를 관리하기 위한 이식성이 있고, 확장 가능한 오픈 소스 플랫폼이다. 쿠버네티스는 선언적 구성과 자동화를 모두 용이하게 해준다. 쿠버네티스는 크고, 빠르게 성장하는 생태계를 가지고 있다. 쿠버네티스 서비스, 기술 지원 및 도구는 어디서나 쉽게 이용할 수 있다.

쿠버네티스란 명칭은 키잡이(helmsman)나 파일럿을 뜻하는 그리스어에서 유래했다. K8s라는 표기는 "K"와 "s"와 그 사이에 있는 8글자를 나타내는 약식 표기이다. 구글이 2014년에 쿠버네티스 프로젝트를 오픈소스화했다. 쿠버네티스는 프로덕션 워크로드를 대규모로 운영하는 15년 이상의 구글 경험과 커뮤니티 최고의 아이디어와 적용 사례가 결합 되어 있다.

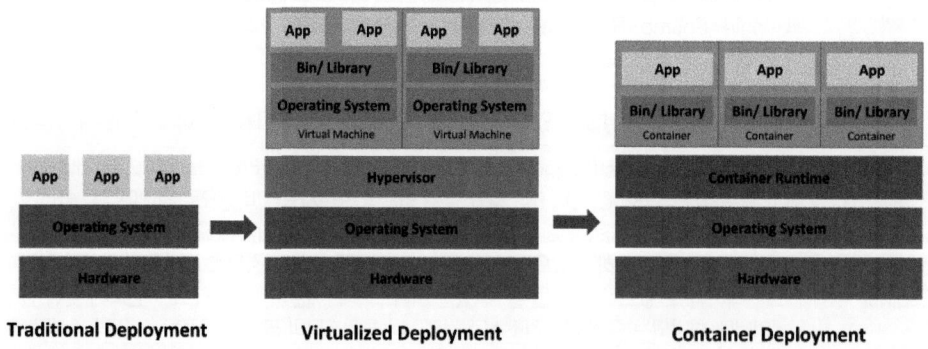

(2) 쿠버네티스의 역사

쿠버네티스는 2014년 6월 7일에 구글에 의해 처음 발표되었고, v1.0은 2015년 7월 21일에 출시되었다. 구글은 쿠버네티스 v1.0 출시와 함께 리눅스 재단과 파트너십을 맺고 클라우드 네이티브 컴퓨팅 재단(Cloud Native Computing Foundation, CNCF)을 설립하면서 시드 테크놀로지(seed technology)로 제공하였다.

┃Kubernetes 관련 URL┃

① 쿠버네티스 웹 사이트
   https://kubernetes.io/
② CNCF 사이트
   https://www.cncf.io/

(3) 쿠버네티스의 주요 기능

① 자동화된 롤아웃 및 롤백(Automated rollouts and rollbacks)
② 서비스 검색 및 로드 밸런싱(Service discovery and load balancing)
③ 스토리지 오케스트레이션(Storage orchestration)
④ 비밀 및 구성 관리(Secret and configuration management)
⑤ 자동 바이너리 포장(Automatic bin packing)
⑥ 일괄 실행(Batch execution)
⑦ IPv4/IPv6 이중 스택(IPv4/IPv6 dual-stack)
⑧ 수평적 스케일링(Horizontal scaling)
⑨ 자가 치유(Self-healing)
⑩ 확장성을 위한 설계(Designed for extensibility)

7.2.2 쿠버네티스의 구성 요소

▶ Kubernetes 서버 구성

쿠버네티스 클러스터는 컨테이너화된 애플리케이션을 실행하는 노드(Node)라고 하는 워커 머신(Worker Machine)의 집합이다. 모든 클러스터는 최소 하나의 워커 노드(Worker Node)를 갖는다. 워커 노드(Worker Node)는 애플리케이션의 구성 요소인 포드(Pod)를 호스트한다. 컨트롤 플레인(Control Plane)은 워커 노드와 클러스터 내 포드를 관리한다. 프로덕션 환경에서는 일반적으로 컨트롤 플레인이 여러 컴퓨터에 걸쳐 실행되고, 클러스터는 일반적으로 여러 노드를 실행하므로 내결함성(Fault Tolerance)과 고가용성(High Availability)이 제공된다.

┃Kubernetes Components 관련 URL┃

https://kubernetes.io/docs/concepts/overview/components/

쿠버네티스 구성 요소

Components	주요 구성 요소
Control Plane 구성 요소 (Master Node)	• kube-apiserver • etcd • kube-scheduler • kube-controller-manager • cloud-controller-manager
Node 구성 요소 (Worker Node)	• kubelet • kube-proxy • container Runtime
Addons	• DNS • WEB UI(Dashboard) • Container Resource Monitoring • Cluster-level Logging • Network Plugins

Kubernetes Core Architecture

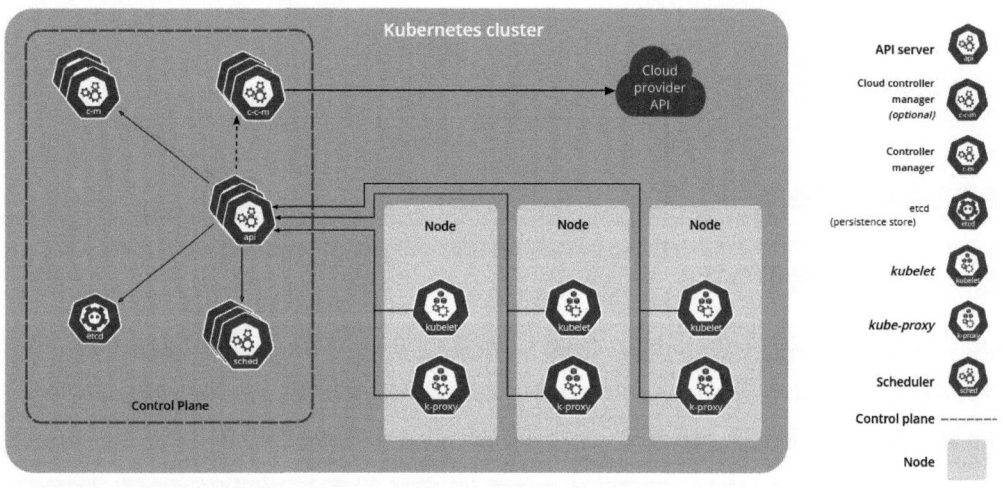

(1) Control Plane 구성 요소

컨트롤 플레인 컴포넌트는 클러스터에 관한 전반적인 결정(예를 들면 스케줄링)을 수행하고 클러스터 이벤트(예를 들면 디플로이먼트의 replicas 필드에 대한 요구 조건이 충족되지 않을 경우 새로운 포드를 구동시키는 것)를 감지하고 반응한다.

컨트롤 플레인 컴포넌트는 클러스터 내 어떠한 머신에서든지 동작할 수 있다. 그러나 간결성을 위하여 구성 스크립트는 보통 동일 머신 상에 모든 컨트롤 플레인 컴포넌트를 구동시키고, 사용자 컨테이너는 해당 머신 상에 동작시키지 않는다.

관련 URL

https://kubernetes.io/docs/concepts/overview/components/#control-plane-components

① kube-apiserver

API 서버는 쿠버네티스 API를 노출하는 프론트엔드이다. 쿠버네티스 API 서버의 구현한 kube-apiserver이고, kube-apiserver는 수평으로 확장되도록 디자인되었다. 즉 더 많은 인스턴스를 배포해서 확장할 수 있다. 여러 kube-apiserver 인스턴스를 실행하고, 해당 인스턴스간의 트래픽을 균형있게 조설할 수 있다.

② etcd

etcd는 모든 클러스터 데이터를 담는 쿠버네티스 백업의 저장소로 사용된다. 일관되고 가용성이 높은 키-값 저장소이다. 쿠버네티스 클러스터에서 etcd를 백업의 저장소로 사용한다면, 이 데이터를 백업하는 계획은 필수로 고려해야 한다.

③ kube-scheduler

노드가 배정되지 않은 새로 생성된 포드를 감지하고, 실행할 노드를 선택하는 컨트롤 플레인 컴포넌트이다. 스케줄링 결정을 위해서 고려되는 요소는 리소스에 대한 개별 및 총체적 요구사항, 하드웨어/소프트웨어/정책적 제약, 어피니티(affinity) 및 안티-어피니티(anti-affinity) 명세, 데이터 지역성, 워크로드-간 간섭, 데드라인을 포함한다.

④ kube-controller-manager

컨트롤러 프로세스를 실행하는 컨트롤 플레인 컴포넌트이다. 논리적으로 보면 각 컨트롤러는 분리된 프로세스이지만, 복잡성을 낮추기 위해 모두 단일 바이너리로 컴파일되고 단일 프로세스 내에서 실행된다.

주요 컨트롤러 유형

유형	설명
노드 컨트롤러 (Node controller)	노드가 다운되었을 때 이를 인지하고 대응하는 역할을 수행한다.
작업 컨트롤러 (Job controller)	일회성 작업을 나타내는 작업 개체를 감시한 다음 해당 작업을 완료할 때까지 실행하는 Pod를 만든다.
엔드포인트슬라이스 컨트롤러 (EndpointSlice Controller)	EndpointSlice 개체를 채운다.(서비스와 포드 간의 연결 제공)
서비스어카운트 컨트롤러 (ServerAccount Controller)	새 네임스페이스에 대한 기본 ServiceAccount를 생성한다.

⑤ cloud-controller-manager

클라우드 관련 제어 논리를 포함하는 쿠버네티스 컨트롤 플레인 컴포넌트이다. 클라우드 컨트롤러 매니저를 사용하면 클러스터를 클라우드 공급자의 API에 연결하고, 해당 클라우드 플랫폼과 상호 작용하는 구성 요소와 클러스터를 구분할 수 있게 한다.

cloud-controller-manager는 클라우드 제공자와 관련된 컨트롤러만 실행한다. 자신의 사내 또는 PC 내부의 학습 환경에서 쿠버네티스를 실행하는 경우에는 클라우드 컨트롤러 매니저가 존재하지 않는다. kube-controller-manager와 마찬가지로 cloud-controller-manager는 논리적으로 독립적인 여러 제어 루프를 단일 프로세스로 실행하는 단일 바이너리로 결합한다. 수평으로 확장(두 개 이상의 복제 실행)해서 성능을 향상하거나 장애를 견딜 수 있다.

| 클라우드 제공 사업자에 의존성을 갖는 컨트롤러 |

유형	설명
노드 컨트롤러 (Node controller)	노드가 응답을 멈춘 후 클라우드에서 노드가 삭제되었는지 판별하기 위해 클라우드 제공 사업자에게 확인한다.
경로 컨트롤러 (Route controller)	기본 클라우드 인프라에서 경로 설정용으로 사용된다.
서비스 컨트롤러 (Service Controller)	클라우드 제공 사업자 로드 밸런서 생성, 업데이트 및 삭제용으로 사용된다.

(2) Node 구성 요소(Node Component)

노드 컴포넌트는 모든 노드에 실행되어 동작 중인 포드를 유지 관리하고 쿠버네티스 런타임 환경을 제공한다.

① kubelet

클러스터의 각 노드에서 실행되는 에이전트로 컨테이너가 포드에서 동작하고 있는지를 확인한다. Kubelet은 다양한 메커니즘을 통해 제공된 포드스펙(PodSpec)의 세트를 가져오고, 해당 포드스펙에 설명된 컨테이너가 실행되고 정상 상태인지를 확인한다. Kubelet은 쿠버네티스를 통해 생성되지 않는 컨테이너는 관리하지 않는다.

② kube-proxy

kube-proxy는 클러스터의 각 노드에서 실행되는 네트워크 프록시로서 쿠버네티스 서비스 개념의 일부를 구현한다. kube-proxy는 노드의 네트워크 규칙을 유지 관리한다. 이러한 네트워크 규칙이 내부 네트워크 세션이나 클러스터 바깥에서 포드로 네트워크 통신을 할 수 있도록 해준다. kube-proxy는 운영체제에 사용 가능한 패킷 필터링 계층이 있는 경우 이를 사용한다. 만약 패킷 필터링 계층이 없으면 kube-proxy는 트래픽 자체를 포워드(forward)한다.

③ Container-Runtime

Kubernetes가 컨테이너를 효과적으로 실행할 수 있도록 하는 기본 구성 요소이다. Kubernetes 환경 내에서 컨테이너의 실행 및 수명 주기를 관리한다. Kubernetes는 containerd, CRI-O 및 기타 Kubernetes CRI(컨테이너 런타임 인터페이스) 구현과 같은 컨테이너 런타임을 지원한다.

(3) Addons(애드온)

애드온은 쿠버네티스 리소스(DaemonSet, Deployment 등)를 이용하여 클러스터 기능을 구현한다. 이들은 클러스터 수준 기능을 제공하기 때문에 애드온에 대한 네임스페이스 리소스는 kube-system 네임스페이스에 속한다. 다음은 일부 애드온은 아래에 설명하였고, 사용 가능한 전체 확장 애드온 리스트는 애드온을 참조한다.

┃관련 URL┃
https://kubernetes.io/docs/concepts/overview/components/#addons

① DNS(Domain Name System)

여타 애드온들이 절대적으로 요구되지 않지만, 많은 예시에서 필요하므로 쿠버네티스 클러스터는 클러스터 DNS를 반드시 존재해야 한다. 클러스터 DNS는 구성환경 내 다른 DNS 서버와 더불어, 쿠버네티스 서비스를 위해 DNS 레코드를 제공하는 DNS 서버다. 쿠버네티스에 의해 구동되는 컨테이너는 DNS 검색에서 이 DNS 서버를 자동으로 포함한다.

② WEB-UI(Dashboard)

대시보드는 쿠버네티스 클러스터를 위한 범용의 웹 기반 UI다. 사용자가 클러스터 자체뿐만 아니라, 클러스터에서 동작하는 애플리케이션을 관리하고 문제 해결을 할 수 있도록 해준다.

③ 컨테이너 리소스 모니터링(Container Resource Monitoring)

컨테이너 리소스 모니터링은 중앙 데이터베이스 내의 컨테이너들에 대한 포괄적인 시계열 매트릭스를 기록하고, 관련 데이터를 열람하기 위한 UI를 제공한다.

④ 클러스터 레벨 로깅(Cluster-Level Logging)

클러스터-레벨 로깅 메커니즘은 컨테이너 로그를 검색 및 탐색 인터페이스가 있는 중앙 로그 저장소에 저장하는 역할을 수행한다.

⑤ 네트워크 플러그인(Network Plugins)

네트워크 플러그인은 CNI(Container Network Interface) 사양을 구현하는 소프트웨어 구성 요소입니다. 포드에 IP 주소를 할당하고 클러스터 내에서 서로 통신할 수 있도록 한다.

애플리케이션 구성 관리(Pod, ReplicaSet, Deployment)

Kubernetes는 애플리케이션 실행 환경의 오케스트레이션을 유연하게 수행하기 위해 다양한 추상화를 하고 있다. 여기서는 Kubernetes를 사용하여 Docker 컨테이너를 다루기 위해 이해해 두어야 할 기본적인 개념을 설명한다.

(1) Pod(포드)

Kubernetes에서는 여러 개의 컨테이너를 모아서 Pod로 관리한다. 예를 들어 Pod 안에 애플리케이션 서버용 Docker 컨테이너와 프록시 서버용 컨테이너 등과 같이 관련된 것을 Pod로 모은다. Kubernetes에서는 Pod가 애플리케이션의 전개 단위가 되며, Pod 단위로 컨테이너 작성/시작/정지/삭제와 같은 조작을 수행한다. 따라서, 웹 프론트 서버와 데이터베이스 서버와 같이 역할이 다른 기능을 하나의 Pod에 저장하면 안 된다.

Pod 단위로 애플리케이션을 관리하고, Pod가 여러 개의 노드에 걸치는 경우는 없다. Pod는 반드시 동일한 노드 상에서 동시에 전개된다는 특징이 있다. 이것은 Pod 안의 여러 컨테이너가 가상 NIC(프라이빗 IP 주소)를 공유하는 구성을 취하기 때문에 컨테이너끼리 localhost 경유로 통신을 할 수 있다. 또한, 공유 디렉터리를 통하여 로그 정보를 주고받을 수도 있으며, 노드 안에는 여러 개의 Pod가 배치된다.

(2) ReplicaSet(리플리카 셋)

ReplicaSet은 Kubernetes 클러스터 상에서 미리 지정된 Pod를 작성하여 실행시켜 두는 장치이다. 간단히 말하자면 클러스터 상에 정해진 수의 Pod를 반드시 실행시켜 둔다는 것이다. ReplicaSet은 실행 중인 Pod를 감시하여 장애와 같은 이유로 정지되는 경우에 해당 Pod를 삭제하고, 새로운 Pod를 실행시킨다. 즉 Pod가 필요한 수만큼 실행시킨 상태를 클라우드 안에 항상 만들어 두는 역할을 한다. 클라우드 안에 실행시키는 Pod의 수를 리플리카(Replica) 수라고 한다.

예를 들어 5대의 노드에서 7개의 Pod를 실행시킨 상태로 ReplicaSet을 구성하고 있다. 만일 어떤 이유로 Pod가 이상 종료된 경우에는 새로운 Pod를 실행시켜 클러스터 전체에서 항상 7개의 Pod가 실행된 상태를 유지한다. 즉, ReplicaSet은 지정한 수만큼의 Pod를 항상 실행시켜 두는 장치이다.

Pod의 수를 동적으로 변경하여 오토스케일을 구현할 수도 있다. ReplicaSet을 사용하면 애플리케이션 개발자는 전개한 Pod가 어떤 상태인지를 신경 쓸 필요 없이 항상 지정한 개수만큼 Pod가 실행된 상태를 Kubernetes가 유지해 준다.

(3) Deployment(디플로이먼트, 전개)

Deployment는 Pod와 ReplicaSet을 모은 것으로 ReplicaSet의 이력을 관리하는 것이다. Deployment

는 ReplicaSet의 템플릿을 기반으로 Pod의 구성을 정의하여 해당 템플릿을 따르는 ReplicaSet을 만들고, 이력을 관리한다. 예를 들어 Pod 안 컨테이너의 버전업을 하는 경우 시스템을 정지시키지 않고 업데이트할 수 있고, 안정적이지 못한 경우에는 이전 배포 버전으로 롤백(Rollback)한다.

정의된 리플리카의 수를 유지하는 역할을 수행하는 것이 ReplicaSet이고, ReplicaSet의 작성이나 갱신을 정의하는 것이 Deployment라고 생각하면 이해하기 쉬울 것이다. 본 교재에서는 이 Deployment를 사용한 애플리케이션을 '블루 그린 디플로이먼트' 방법을 설명한다.

그 외에도 노드별로 감시 에이전트와 같은 특정 Pod를 반드시 배치하고 싶을 때에 이용하는 'DaemonSet'이나 웹 서버와 같은 상주 서비스가 아니라 수치 연산 처리와 같이 프로그램의 시작부터 종료까지 완료되는 프로그램을 Pod에서 실행시키는 잡(Jobs) 등이 있다. 아울러 CronJob을 사용하면 Linux의 cron과 같이 Pod를 실행시킬 타이밍도 지정할 수 있다.

▶ 네트워크 관리(Service)

Kubernetes 클러스터 안에서 실행되는 Pod에 대해 외부로부터 액세스할 때는 서비스를 정의한다. 서비스는 Kubernetes 네트워크를 관리하는 것으로 몇 가지 종류가 있다. 그 중 하나의 Load Balancer는 Service에 대응하는 IP 주소 및 포트 번호에 액세스하면 여러 Pod에 대한 Layer-4 수준의 부하 분산이 일어난다.

서비스에 의해 할당되는 IP 주소에는 Cluster IP와 External IP가 있다. Cluster IP는 클러스터 안의 Pod끼리 통신을 하기 위한 프라이빗 IP 주소이다. 클러스터 안의 Pod에서 Cluster IP로 보내는 패킷은 나중에 설명할 노드 상의 Proxy 데몬이 받아 수신 Pod로 전송된다. 한편 External IP는 외부 클라이언트가 연결하기 위한 public IP 주소이다. Pod를 새로 실행하면 기존 서비스의 IP 주소와 포트 번호는 환경변수로 참조할 수 있다.

Kubernetes는 서비스 외에도 Ingress라는 Pod에 대한 통신을 제어하는 기능이 있다. Ingress는 서비스와 연결되어 통신 내용을 프록시한다. Ingress는 Kubernetes가 작동하는 환경에 따라 내용이 다른데, GCP의 경우는 HTTP Load Balancer를 사용한다. 이것을 사용하면 Layer-7에서 작동하기 때문에 리퀘스트 URL별 분류나 버추얼 호스트 기능보다 세세한 네트워크 제어를 할 수 있다.

▶ Label을 사용한 리소스 식별

Kubernetes에서는 리소스를 식별하기 위해 내부에서 자동으로 랜덤한 이름이 할당한다. 하지만 이것으로는 리소스를 적절히 관리하기 어려운 관계로 알기 쉬운 Label을 붙여서 관리할 수 있다. Label은 리소스를 식별하기 위한 Key-Value형으로 임의의 문자열이 되며, 이 Label을 식별자로 하여 리소스를 일괄적으로 처리할 수 있다. 예를 들어 버전이 다른 Pod에 각각 app:v1.0, app:v2.0라는 Label을 설정한다. 그리고 서비스 정의에서 Selector를 app:v1.0로 지정하면 app:v1.0라는 Label이

붙은 Pod로만 리퀘스트가 전송되도록 할 수 있다. Label이 붙은 리소스를 참조하려면 selector로 지정한다.

Label은 하나의 리소스에 여러 개 설정할 수 있으므로 Pod의 역할별로 임의의 이름을 붙이거나 관련 있는 Pod별로 모아서 유연하게 관리하고 싶을 때 임의의 Label을 설정한다. 또한 Label은 Kubernetes의 정의 파일인 매니페스트 파일을 참조할 때도 사용한다.

대규모 웹 시스템에서는 수많은 Pod나 버전이 다른 Pod를 관리해야 한다. Label을 사용하여 논리적인 그룹화하여 운용 부담을 줄일 수 있다.

7.3 GCP를 사용한 실습

7.3.1 GCP를 사용한 Docker 애플리케이션 개발 실습

▶ 애플리케이션 개발 흐름

웹 애플리케이션을 퍼블릭 클라우드(Public Cloud)인 Google Cloud Platform(GCP)의 쿠버네티스 매니지드 (Kubernetes Managed) 서비스인 Google Kubernetes Engine(GKE)을 사용하여 인터넷상에 서비스를 공개하는 방법에 대해 학습한다.

┃참고 URL┃

https://livebook.manning.com/book/kubernetes-in-action/about-this-book/

┃GCP 기반 애플리케이션 개발 단계┃

1단계	2단계	3단계	4단계
GCP 프로젝트 설정	GCP Registry 설정	소스 코드 관리 (GitHub)	Docker 이미지 빌드
프로젝트 생성 웹 승인 요청	Cloud Source Repository API	소스 저장소 생성 git CMD	Google Cloud Build API

(1) GCP 프로젝트 생성 및 설정

① 프로젝트 생성 및 설정

새로운 프로젝트가 필요하면 추가한다. 프로젝트를 생성하는 방법은 이전 챕터의 '구글 컨테이너 레지스트리 실습'을 참고한다. 아울러 생성된 프로젝트에 대한 정보는 다음과 같다고 가정한다.

프로젝트 생성 예

항목	설정
프로젝트 이름	posein
프로젝트 ID	posein-1234

② (Cloud Shell) 프로젝트 확인

프로젝트 ID는 개인이 직접 설정한 이름이므로 실습 환경에 따라 다르다. 연결된 프로젝트를 확인하고 작업하려는 프로젝트 ID와 다른 경우에는 변경한다. 관련 내용은 다음의 URL을 참고한다.

Cloud Shell 관련 URL

- https://cloud.google.com/shell/docs/quickstart
- https://cloud.google.com/shell/docs/examples

가. 관련 명령어 사용법 확인

```
[root@www ~]# gcloud config
ERROR: (gcloud.config) Command name argument expected.
Available groups for gcloud config:

     configurations            Manage the set of gcloud named configurations.

Available commands for gcloud config:

     get                       Print the value of a Google Cloud CLI property.
     list                      List Google Cloud CLI properties for the currently
                               active configuration.
     set                       Set a Google Cloud CLI property.
     unset                     Unset a Google Cloud CLI property.

For detailed information on this command and its flags, run:
  gcloud config --help
[root@www ~]#
```

➡ 'gcloud config' 명령을 실행해서 사용법을 확인한다. 더욱 자세한 내용은 'gcloud config --help' 명령을 사용한다.

나. 연결된 프로젝트 확인

gcloud config list

➡ 현재 연결된 프로젝트 정보를 확인할 수 있다. 참고로 승인 요청이 웹으로 요청될 수 있다. 이 경우 "확인" 선택하면 된다.

gcloud config list project

➡ [core] 영역에 포함된 프로젝트 ID 항목과 값만 출력한다.

gcloud config list project --format "value(core.project)"

➡ 프로젝트 ID 값만 출력한다.

> **참고 | 프로젝트 ID를 변수로 저장**
>
> 프로젝트 아이디를 변수로 저장하면 프로젝트 변경할 때 유용하게 사용할 수 있다.
> ① 프로젝트 ID를 변수로 저장하고 확인
>   # PROJECT_ID=$(gcloud config list project --format "value(core.project)")
>   # echo $PROJECT_ID
> ② 프로젝트 변경에 사용
>   # gcloud config set project $PROJECT_ID

다. 프로젝트 변경 및 확인

작업하려는 프로젝트 ID가 다른 경우에 실행한다.

```
[root@www ~]# gcloud config set project posein-1234
Updated property [core/project].
[root@www ~]#
```

➡ 'gcloud config set project 〈Project ID〉' 명령을 사용해서 프로젝트 ID를 변경한다.

```
[root@www ~]# gcloud config list
[core]
account = posein@gmail.com
disable_usage_reporting = True
project = posein-1234

Your active configuration is: [default]
[root@www ~]#
```

➡ 'gcloud config list' 명령을 사용해서 변경된 프로젝트 ID를 확인한다.

(2) GCP 레지스트리 설정(Cloud Source Repositories)

Cloud Source Repositories API를 검색해서 활성화해야 한다. Cloud Source Repositories는 구글에서 호스팅하는 개인용 GitHub 사이트 역할을 수행한다고 이해하면 된다.

① Google Cloud 콘솔에서 라이브러리 검색창 호출

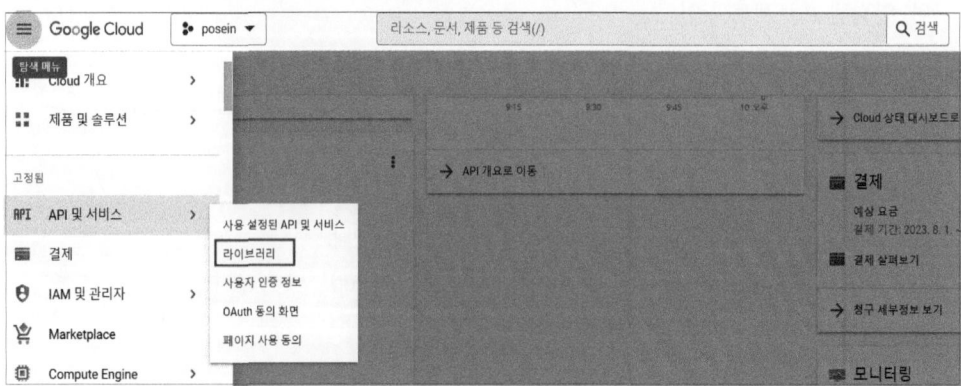

➡ 구글 클라우드 콘솔 사이트에서 [탐색 메뉴]를 클릭하고 [API 및 서비스] ⇨ [라이브러리]를 클릭해서 검색창을 호출한다.

② 'Cloud Source Repositories API' 검색

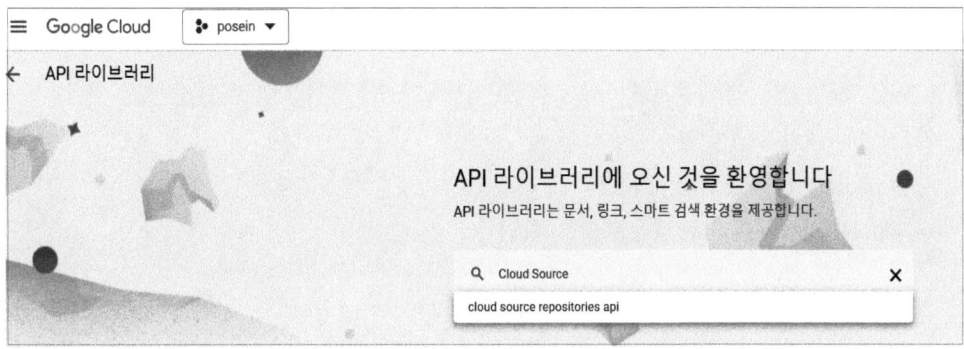

➡ API 라이브러리 검색창에서 'Cloud Source Repositories API'를 입력하고 검색한다.

③ 검색 결과에서 'Cloud Source Repositories API'를 선택하고 [사용]을 클릭

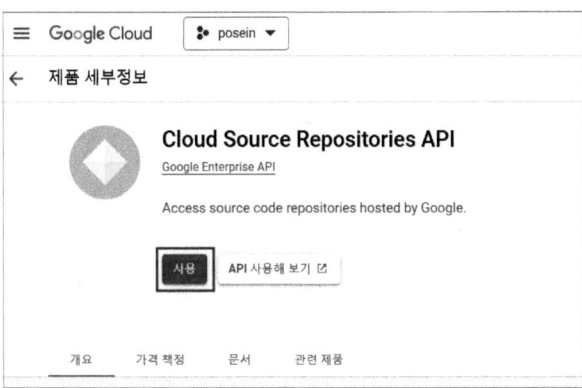

④ 결과 확인

(3) 소스 코드 관리(GitHub)

원격 저장소를 추가하는 방법에 대해서는 다음을 참고한다.

┃원격 저장소 추가 관련 URL┃

https://cloud.google.com/source-repositories/docs/adding-repositories-as-remotes

① (Cloud Shell) 샘플 앱 다운로드하고 로컬 git 저장소가 있는 디렉터리로 변경

    가. 작업 디렉터리 생성 및 이동

        # mkdir project && cd project

    나. GitHub에 공개된 자료 다운로드 및 확인

        # git clone https://github.com/asashiho/dockertext2

         ➡ git 명령을 이용해서 자료를 다운로드한다.

```
[root@www project]# ls
dockertext2
[root@www project]#
```

         ➡ ls 명령으로 다운로드 받은 자료를 확인한다.

        # cd dockertext2/chap09

         ➡ 소스가 위치한 디렉터리로 이동한다.

```
[root@www chap09]# pwd
/root/project/dockertext2/chap09
[root@www chap09]#
```

         ➡ pwd 명령으로 확인한다. 참고로 작업 디렉터리는 이용하는 사용자 계정에 따라 다를 수 있다.

② (Cloud Shell) 리눅스에서 사용자 인증 정보 도우미 스크립트를 실행

    가. 관련 Shell 스크립트 실행

```
[root@www chap09]# git config --global credential.'https://source.developers.goo
le.com'.helper gcloud.sh
[root@www chap09]#
```

         ➡ 다음의 Shell 스크립트를 실행한다.

> # git config \
> --global credential.'https://source.developers.google.com'.helper gcloud.sh

    나. 설정 내용 확인

```
[root@www chap09]# git config --list
credential.https://source.developers.goole.com.helper=gcloud.sh
core.repositoryformatversion=0
core.filemode=true
core.bare=false
core.logallrefupdates=true
remote.origin.url=https://github.com/asashiho/dockertext2
remote.origin.fetch=+refs/heads/*:refs/remotes/origin/*
branch.master.remote=origin
branch.master.merge=refs/heads/master
[root@www chap09]#
```

         ➡ 'git config --list' 명령으로 확인한다.

③ (Cloud Shell) Cloud Source Repositories 저장소 생성

Cloud Repositories에 GitHub로부터 다운로드한 샘플 코드를 관리하기 위한 리포지토리를 작성한다.

```
[root@www chap09]# gcloud source repos create dockertext2
Created [dockertext2].
WARNING: You may be billed for this repository. See https://cloud.google.com/source-repositories/docs/pricing for details.
[root@www chap09]#
```

➡ 'gcloud source repos create dockertext2' 명령을 실행한다. 참고로 dockertext2는 저장소 이름이다. 실습 환경에 맞게 임의로 이름을 변경하여 실행하면 된다.

④ (Cloud Shell) 저장소를 추가한다.

Source Repositories에 작성한 리포지토리를 Git의 리모트(remote)로 설정한다.

가. 저장소 추가

```
[root@www chap09]# git remote add google ssh://posein@gmail.com@source.developers.google.com:2022/p/posein-1234/r/dockertext2
[root@www chap09]#
```

➡ 다음의 Shell 스크립트를 실행한다. 프로젝트 ID 및 저장소 이름은 상황에 맞게 변경한다.

> \# git remote add google \
> ssh://⟨Gmail 계정⟩@source.developers.google.com/p/$PROJECT_ID/r/dockertext2

 참고 | 저장소 제거

> \# git remote remove google

나. 저장소 생성 확인

웹 브라우저를 이용해서 https://source.cloud.google.com/repos 접속한 후 이름 및 '프로젝트 ID'를 클릭해서 확인한다.

⑤ 저장소를 원격으로 사용

Google Cloud 저장소는 모든 기능을 갖춘 git 저장소이다. push, pull, log를 포함한 git 명령어 표준 집합을 사용하여 저장소와 상호작용할 수 있다.

> **참고 | 관련 명령어 주요 사용법 정리**
>
> ① Google Cloud 저장소로 PUSH
> $ git push google master
> ② Google Cloud 저장소에서 가져오기
> $ git pull google master
> ③ Google Cloud 저장소의 커밋 기록 보기
> $ git log google/master

```
[root@www chap09]# git push google master
Warning: Permanently added the ECDSA host key for IP address '[64.233.188.82]:20
22' to the list of known hosts.
오브젝트 나열하는 중: 84, 완료.
오브젝트 개수 세는 중: 100% (84/84), 완료.
Delta compression using up to 2 threads
오브젝트 압축하는 중: 100% (56/56), 완료.
오브젝트 쓰는 중: 100% (84/84), 756.95 KiB | 84.11 MiB/s, 완료.
Total 84 (delta 17), reused 82 (delta 17), pack-reused 0
remote: Resolving deltas: 100% (17/17)
remote: Waiting for private key checker: 8/40 objects left
To ssh://gmail.com@source.developers.google.com:2022/p/posein-1234/r/dockertext2
 * [new branch]      master -> master
[root@www chap09]#
```

➡ 'git push google master' 명령을 실행해서 저장소에 자료를 업로드한다.

⑥ 업로드된 소스 코드를 CGP의 Cloud Console에서 확인하기

Cloud Console에서 'Cloud Source Repositories'를 검색해서 'dockertext2'를 선택해서 확인한다.

▎확인 예 ▎

(4) Docker 이미지 빌드(Cloud Container Builder)

Dockerfile을 빌드하고, Docker 이미지를 작성한다. docker CMD를 사용하여 빌드할 수도 있지만, Cloud container Builder를 사용하면 Dockerfile의 빌드부터 Cloud source Repositories에 업로드까지 하나의 명령으로 실행할 수 있다.

① API 사용 설정하기

Google Cloud Platform Console에서 Google Cloud Builder API를 사용으로 설정한다. 절차는 구글 클라우드 콘솔 사이트에서 [탐색 메뉴]를 클릭하고 [API 및 서비스] ⇨ [라이브러리]를 클릭해서 검색창을 호출하고 다음의 API를 사용으로 설정한다.

가. Google Kubernetes Engine API
나. Google Container Registry API
다. Cloud Build API

② 도커 이미지 빌드 파일

Cloud Shell을 실행하여 도커 이미지 빌드 파일(chap09/config/cloudbuild.yaml)을 확인한다. 이 파일은 Container Builder를 사용하여 도커 이미지를 작성할 때 송신될 빌드 request를 정의한다. JSON 또는 YAML 형식으로 기술하는 텍스트 파일이다.

가. 디렉터리 이동

```
# cd ~/project/dockertext2/chap09
```

나. 파일 내용 확인

```
[root@www chap09]# cat config/cloudbuild.yaml
steps:
- name: 'gcr.io/cloud-builders/docker'
  args: ['build', '-t', 'gcr.io/$PROJECT_ID/imageview:blue', './blue']
- name: 'gcr.io/cloud-builders/docker'
  args: ['build', '-t', 'gcr.io/$PROJECT_ID/imageview:green', './green']
images: ['gcr.io/$PROJECT_ID/imageview:blue', 'gcr.io/$PROJECT_ID/imageview:green']
[root@www chap09]#
```

➡ 'cat confg/cloudbuild.yaml' 명령으로 내용을 확인한다. 파일 내용을 docker 명령으로 해석하면 다음과 같다.

(Docker 명령으로 해석)

• 빌드 스텝

docker build -t gcr.io/$PROJECT_ID/imageview:blue ./blue
docker build -t gcr.io/$PROJECT_ID/imageview:green ./green

• 빌드 구성 파일의 이미지명 정의

docker tag gcr.io/$PROJECT_ID/imageview:blue
docker tag gcr.io/$PROJECT_ID/imageview:green

다. 추가 맵 파일 확인

프로젝트 ID에 따라 쉬운 설정 변경을 위해 config/configmap.yaml 파일이 제공되고 있다. 관련 내용을 확인한다.

```
[root@www chap09]# cat config/configmap.yaml
apiVersion: v1
kind: ConfigMap
metadata:
    name: projectid
data:
    project.id: "hello-docker"
[root@www chap09]#
```

➡ 'cat config/configmap.yaml' 명령을 실행해서 확인한다. 항목 중 'project.id' 부분을 자신의 프로젝트 ID(예: posein-1234)로 변경한다.

라. 맵 파일의 내용 수정

$ vi config/configmap.yaml

➡ vi 편집기를 이용해서 수정한다.

수정 예

```
[root@www chap09]# cat config/configmap.yaml
apiVersion: v1
kind: ConfigMap
metadata:
    name: projectid
data:
    project.id: "posein-1234"
[root@www chap09]#
```

 참고 | Google Kubernetes Engine(GKE) 관련 URL

https://cloud.google.com/kubernetes-engine
https://cloud.google.com/kubernetes-engine/docs/

마. 수정된 설정 파일을 기반으로 빌드 실행

gcloud builds submit --config config/cloudbuild.yaml .

➡ 빌드 명령 후 마지막에 'SUCCESS'라는 메시지를 확인할 수 있다.

(확인 예)

```
ID                                      CREATE_TIME                DURATION  SOURC
E
    IMAGES                                                STATUS
cbb76e2b-9427-45e6-b7bd-d405c66d118d    2023-08-18T16:56:37+00:00  1M5S      gs://
posein-1234_cloudbuild/source/1692377791.953414-c7bb7b019c89453f96bec863c7ee1ab7
.tgz  gcr.io/posein-1234/imageview:blue (+1 more)  SUCCESS
[root@www chap09]#
```

> **참고 | 빌드 로그 분석**
>
> ① 도커 이미지를 생성하기 위해 필요한 소스 코드를 tar로 묶어서 GCP의 클라우드 스토리지 서비스인 Google cloud Storage로 송신한다.
> ② Dockerfile의 빌드가 시작된다. 2개의 도커 이미지를 빌드하고 있다는 것을 확인할 수 있다.
> ③ 생성한 이미지를 Google Container Registry에 업로드한다. 2개의 이미지를 처리하고 있는 것을 확인할 수 있다.

③ 빌드된 이미지 확인

Cloud Console에서 'Container Registry'를 검색해서 메뉴를 통해 확인한다. 절차는 'Cloud Console' ⇨ Container Registry ⇨ 이미지 ⇨ imageview 선택하면 2개의 이미지가 존재하는 것을 확인할 수 있다.

확인 예

7.3.2 GCP를 사용한 컨테이너 애플리케이션 실행 환경 구축

제품 환경에서 서비스를 제공하는 애플리케이션의 도커 이미지 준비가 되면, GCP의 컨테이너 매니지드 서비스인 GKE를 사용하여 실행 환경을 구축하고 애플리케이션을 전개한다.

1단계	2단계	3단계	4단계
쿠버네티스 클러스터 구축	앱 설정 정보 설정	앱 배포	서비스 공개
kubernetes	ConfigMap Secrets	Deployment	Service

5단계	6단계
앱 버전 업	배치 잡 실행
Deployment	CronJob

(1) Kubernetes 클러스터 구축

애플리케이션을 실행하기 위한 여러 대의 서버가 협력하여 작동하는 Kubernetes 클러스터를 구축한다. GKE는 Kubernetes의 매니지드 서비스이므로 Cloud Console에서 Kubernetes 클러스터를 구축할 수 있다.

◆ 실습 시나리오
- 구글 Cloud Console에서 Kubernetes Engine 클러스터를 구성한다.
- 3개의 Compute Engine 노드를 구성한다.

｜구성 예｜

노드	설명
Node1	Compute Engine - Pod, .
Node2	Compute Engine - Pod, .
Node3	Compute Engine - Pod, .

① (web console) Kubernetes 클러스터 만들기

Cloud Console 메뉴에서 클러스터 만들기를 선택한다. 구글 클라우드 콘솔 사이트에서 [탐색 메뉴]를 클릭하고 [Kubernetes Engine] ⇨ [클러스터] ⇨ 만들기 ⇨ Standard 모드 선택 ⇨ 구성 순으로 진행한다.

가. 클러스터 기본 사항 입력

항목	설정값
이름	imageview
영역	asia-northeast3

➡ 이름은 imageview로 입력하고, 영역을 클릭한 뒤 asia-northeast3-a(아시아 서울)를 선택한다.

클러스터 기본사항 화면 예

나. 왼쪽 메뉴의 default-pool 노드 풀 선택

[크기] 항목의 [노드 수]를 3으로 변경하고, 나머지는 기본값으로 설정한다.

노드 풀 세부정보 화면 예

다. 화면 하단의 [만들기] 클릭

이름을 비롯하여 노드 수, 총 vCPU, 총 메모리 등의 내용이 표시된다. 클러스터링 생성에 상당한 시간이 소요되므로 기다림이 필요할 수도 있다.

▌확인 예 ▐

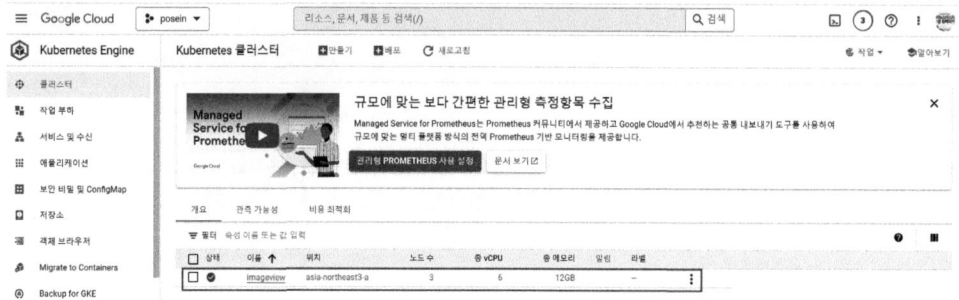

② (Cloud Shell) 클러스터 관리 인증 정보 만들기

kubectl 명령을 실행하면 설정 파일 $HOME/.kube/config가 생성되어 Cloud shell에서 kubectl 명령으로 클러스터를 조작할 수 있다. kubectl 명령을 사용하기 위해서는 반드시 인증 절차를 거쳐야 한다.

> 참고 | kubectl 명령 사용을 위한 인증 받기 명령 형식
>
> ▌관련 URL ▐
> https://cloud.google.com/sdk/gcloud/reference/container/clusters/get-credentials
>
> ▌사용법 ▐
> # gcloud container clusters get-credentials 〈Cluster Name〉 \
> --zone=〈Cluster Name〉   --project 〈Project ID〉

가. kubectl 명령 사용을 위한 인증

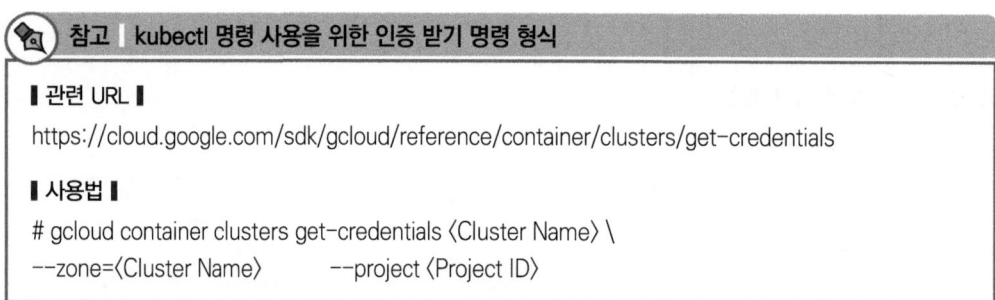

➡ 'gcloud container clusters get-credentials imageview --zone=asia-northeast3-a --project posein-1234' 명령을 실행한다. 프로젝트 ID는 실습 환경에 따라 설정한다.

참고 | kubectl 명령 사용을 위한 추가 패키지 설치

명령행에서 kubectl 명령어를 사용하면 인증 관련 패키지 등이 없어서 실행되지 않는 경우가 있다. 메시지를 확인해서 관련 패키지를 먼저 설치해야 사용할 수 있다.

| 설치 예 |
dnf install google-cloud-cli-gke-gcloud-auth-plugin

　나. 인증 확인

　　# cat ~/.kube/config

　　　➡ 인증 관련 내용을 확인할 수 있다. cat ~/.kube/conifg | egrep 'server: | name:' 형식으로 추출해서 볼 수도 있다.

　다. 생성된 노드 확인

```
[root@www ~]# kubectl get nodes
NAME                                              STATUS   ROLES    AGE    VERSION
gke-imageview-default-pool-9b92463a-8q51          Ready    <none>   170m   v1.27.3-gke.
100
gke-imageview-default-pool-9b92463a-99bw          Ready    <none>   170m   v1.27.3-gke.
100
gke-imageview-default-pool-9b92463a-ld78          Ready    <none>   170m   v1.27.3-gke.
100
[root@www ~]#
```

　　➡ 'kubectl get nodes' 명령으로 생성된 노드 목록을 확인한다. 참고로 'kubectl get nodes -o yaml' 명령을 실행하면 YAML 형식으로 확인할 수 있다.

 참고 | kubectl 명령행 완성 기능(kubectl completion bash) 설정

kubectl 명령어를 사용할 때 다음에 기재해야 하는 command를 시작 일부만 입력하고 나머지 부분을 자동으로 완성되게 할 수 있다.

| 관련 URL |
https://kubernetes.io/ko/docs/tasks/tools/included/_print/

| 설정 예 |
kubectl completion bash 〉/etc/bash_completion.d/kubectl
source /etc/bash_completion.d/kubectl

(2) 애플리케이션의 설정 정보 관리(ConfigMap, Secrets)

애플리케이션 안에서 이용하는 설정 정보나 외부 서비스를 이용하기 위한 API 키 등은 환경에 의존하기 때문에 분산 환경에서 작동하는 도커 컨테이너 안에서 관리하는 것이 아니라 다른 방법으로 관리하는 것이 바람직하다. Kubernetes는 이러한 설정 정보를 관리하는 기능을 제공하고 있다.

◆ 실습 시나리오
- ConfigMap 설정 및 확인하는 실습을 진행한다.
- Secrets 설정 및 확인하는 실습을 진행한다.

◆ 작업 시나리오 1: ConfigMap 설정 및 확인

ConfigMap은 애플리케이션에서 공통으로 이용하는 프로퍼티(property)를 정의한 것이다. 설정할 값은 key-value 형식으로 지정할 수 있고, 설정한 값은 etcd에서 평문(plaintext)으로 관리 된다.

① (Cloud Shell) 애플리케이션 프로퍼티 정보(ConfigMap) 확인

   가. 현재 작업 중인 Project ID 확인

      # gcloud projects list

        ➡ 프로젝트 ID 목록 정보를 출력한다. 이 목록에서 대상이 되는 프로젝트 ID를 확인한다.

   나. 작업 디렉터리 이동

      # cd ~/project/dockertext2/chap09

   다. ConfigMap 파일 확인

```
[root@www chap09]# cat config/configmap.yaml
apiVersion: v1
kind: ConfigMap
metadata:
    name: projectid
data:
    project.id: "posein-1234"
[root@www chap09]#
```

      ➡ 'config/configmap.yaml' 명령으로 확인한다. name 항목에 설정한 이름으로 등록되고, 보통 name 항목을 map-name이라고 부르는데 이 값이 기준이 된다. 추가로 project.id 항목에 설정된 값이 작업 중인 프로젝트 ID가 맞는지 확인하고, 필요하면 name 및 project.id 항목은 적절하게 수정한다.

② ConfigMap 등록

```
[root@www chap09]# kubectl create -f config/configmap.yaml
configmap/projectid created
[root@www chap09]#
```

      ➡ 'kubectl create -f config/configmap.yaml' 명령을 실행한다.

> **참고** | kubectl 명령어의 ConfigMap 관련 사용법 정리
>
> ▍관련 URL ▍
> https://kubernetes.io/docs/tasks/configure-pod-container/configure-pod-configmap/
>
> ▍사용법 ▍
> ① ConfigMap 정보 등록하기
>   # kubectl create configmap ⟨map-name⟩ ⟨data-source⟩

② ConfigMap 정보 확인하기
　# kubectl get configmaps
　# kubectl get configmaps <map-name> -o yaml
③ ConfigMap 정보 삭제하기
　# kubectl delete configmaps <map-name>

③ 등록된 정보 확인법 1
　등록된 ConfigMap 정보를 확인하는 첫 번째 방법은 구글 Cloud Console에서 확인하는 것이다.
　가. Cloud Console의 탐색 메뉴에서 선택

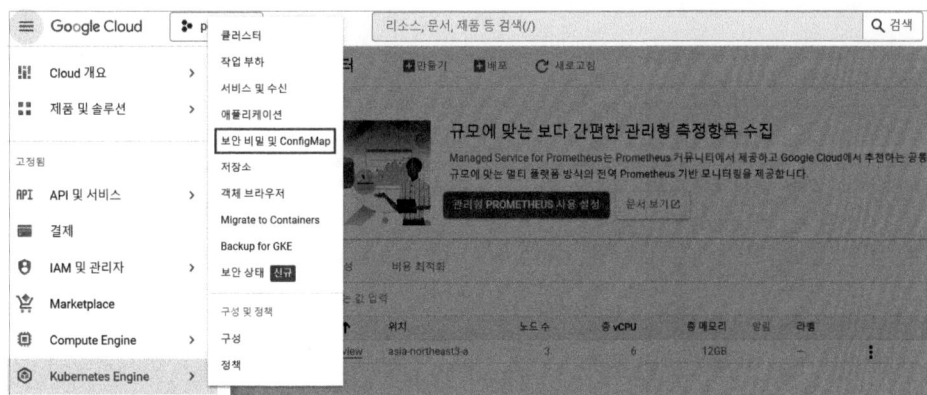

➡ Cloud Console의 탐색 메뉴의 [Kubernetes Engine] ⇨ [보안 비밀 및 ConfigMap] 순서로 클릭한다.

　나. 지정한 이름 클릭

➡ 본 교재에서는 기본값인 [projectid]를 사용한 관계로 이 부분을 클릭한다.

다. 구성 맵 세부정보에서 YAML 클릭

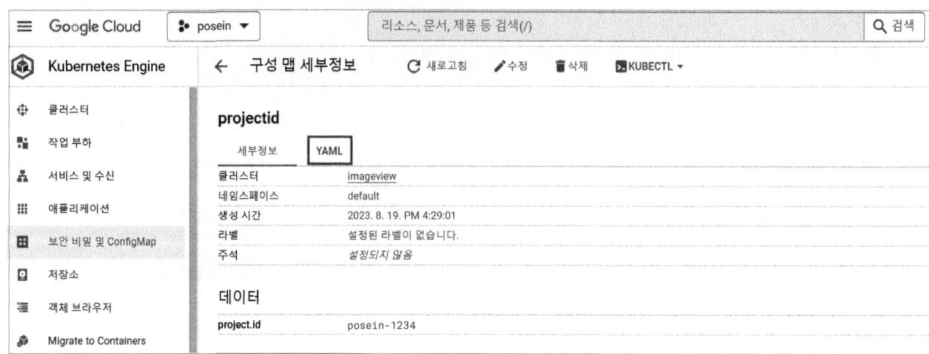

➡ projecid의 [YAML]을 클릭한다.

라. 등록한 ConfigMap 확인

④ 등록된 정보 확인법 2

등록된 ConfigMap 정보를 확인하는 두 번째 방법은 명령행에서 'kubectl get configmaps' 명령을 사용해서 확인한다.

가. ConfigMap 목록 확인

```
[root@www chap09]# kubectl get configmaps
NAME               DATA   AGE
kube-root-ca.crt   1      4h45m
projectid          1      30m
[root@www chap09]#
```

➡ 'kubectl get configmaps' 명령으로 목록을 확인한다.

나. ConfigMap 내용 확인

```
[root@www chap09]# kubectl get configmaps projectid -o yaml
apiVersion: v1
data:
  project.id: posein-1234
kind: ConfigMap
metadata:
  creationTimestamp: "2023-08-19T07:29:01Z"
  name: projectid
  namespace: default
  resourceVersion: "120166"
  uid: 80b76c37-f88c-43c6-b1fc-1a6746c20709
[root@www chap09]#
```

➡ 'kubectl get configmaps <map-name> -o yaml' 명령을 실행하면 YAML 형식으로 내용을 확인할 수 있다.

● 작업 시나리오 2: Secrets 설정 및 확인

- 다른 시스템에서 호출하여 사용하는 API 키나 데이터베이스 연결을 위한 ID 및 비밀번호와 같은 기밀 데이터는 Secrets를 사용하여 관리한다.
- ConfigMap은 데이터가 평문(plaintext)으로 저장되지만, Secrets는 base64 인코딩 값을 사용하여 Cloud Console에서도 설정값을 확인할 수 없다.
- 설정할 값은 ConfigMap과 마찬가지로 key-value 형식으로 지정할 수 있다. Secrets으로 설정한 값은 Kubernetes의 etcd에서 평문(plaintext)으로 관리된다.
- Secrets 파일에 설정할 값은 다음과 같다.

```
id: asa
key: aBcD123
```

> **참고 | Base64 인코딩**
>
> 바이너리 데이터를 문자 코드에 영향을 받지 않는 공통 ASCII 문자로 표현하기 위해 만들어진 인코딩이다. ASCII 문자 하나가 64진법의 숫자 하나를 의미하기 때문에 Base64라는 이름을 가졌다. 리눅스에서는 base64 라는 명령을 이용해서 인코딩(encoding) 및 디코딩(decoding)을 진행한다.
>
> **| 사용 예 |**
>
> ```
> [posein@www ~]$ echo -n 'posein' | base64
> cG9zZWlu
> [posein@www ~]$ echo cG9zZWlu | base64 -d
> posein[posein@www ~]$
> ```
>
> ➡ posein이라는 문자열을 base64 명령으로 인코딩하면 'cG9zZWlu'라는 값이 출력된다. 이 값을 다시 -d(--decode) 옵션을 이용해서 디코딩하면 posein이라는 원래의 문자열을 추출할 수 있다.

① (Cloud Shell) Secrets 파일 작성하기

미리 제공된 secrets.yaml 파일을 사용한다. 만약 id 및 key값을 변경하려면 위의 참고를 기반으로 변환해서 사용하면 된다.

가. 작업 디렉터리 이동

cd ~/project/dockertext2/chap09

나. 제공된 파일의 내용 확인

```
[root@www chap09]# cat config/secrets.yaml
apiVersion: v1
kind: Secret
metadata:
  name: apikey
type: Opaque
data:
  id: YXNh
  key: YUJjRDEyMw==
[root@www chap09]#
```

➡ 'cat config/secrets.yaml' 명령으로 제공된 파일의 내용을 확인한다.

다. 인코딩을 통한 평문 확인

```
[root@www chap09]# echo -n YXNh | base64 --decode | cut -f1
asa
[root@www chap09]# echo -n YUJjRDEyMw== | base64 --decode | cut -f1
aBcD123
[root@www chap09]#
```

➡ base64 명령어의 -d 옵션을 사용해서 평문을 확인한다. 참고로 base64 명령의 결과가 줄바꿈을 하지 않아서 cut 명령을 이용해서 첫 번째 필드만 출력하도록 추가하였다.

② Secrets 등록

```
[root@www chap09]# kubectl create -f config/secrets.yaml
secret/apikey created
[root@www chap09]#
```

➡ 'kubectl create -f config/secrets.yaml' 명령으로 Secrets를 등록한다.

> **참고 | Secrets 관련 URL 안내**
>
> ① Secrets
> - https://kubernetes.io/docs/concepts/configuration/secret/
> - https://kubernetes.io/docs/tasks/configmap-secret/managing-secret-using-config-file/
>
> ② Encrypting Secret Data at Rest
> - https://kubernetes.io/docs/tasks/administer-cluster/encrypt-data

> **참고 | kubectl 명령어의 Secrets 관련 사용법 정리**
>
> ▎사용법 ▎
> ① Secret 생성하기
> # kubectl create -f ./secret.yaml

② Secret 확인하기
   # kubectl get secret
   # kubectl get secret <secret-name> -o yaml
③ 삭제하기
   # kubectl delete secret <secret-name>

③ Secrets 정보 확인법 1
등록된 Secrets 정보를 확인하는 첫 번째 방법은 구글 Cloud Console에서 확인하는 것이다.
가. Cloud Console의 탐색 메뉴에서 선택

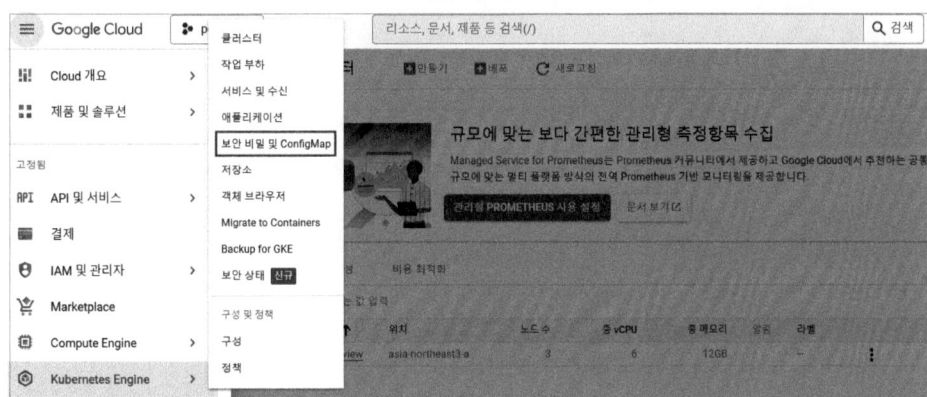

➡ Cloud Console의 탐색 메뉴의 [Kubernetes Engine] ⇨ [보안 비밀 및 ConfigMap] 순서로 클릭한다.

나. 화면 오른쪽 [구성] 메뉴의 이름 목록에서 'apikey'를 클릭

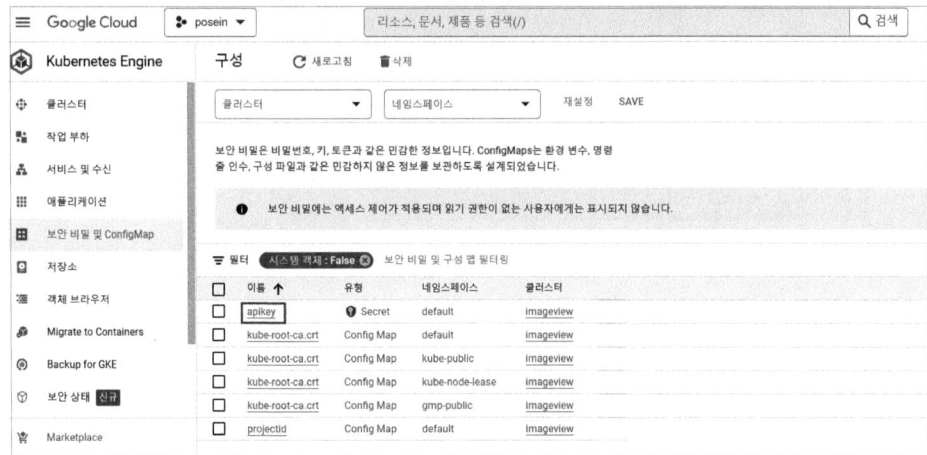

다. [보안 비밀 세부정보] 화면 하단에 등록

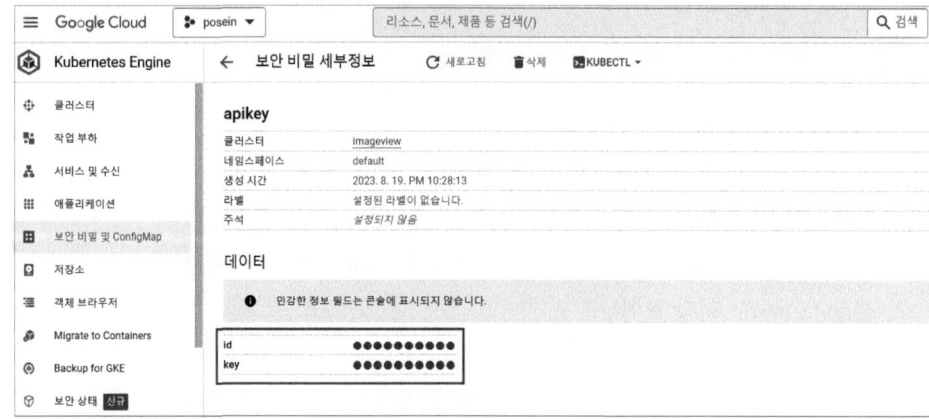

④ Secrets 정보 확인법 2

등록된 Secrets 정보를 확인하는 두 번째 방법은 명령행에서 'kubectl get secrets' 명령을 사용해서 확인한다.

가. Secrets 목록 확인

```
[root@www chap09]# kubectl get secrets
NAME      TYPE      DATA   AGE
apikey    Opaque    2      17m
[root@www chap09]#
```

➡ 'kubectl get secrets' 명령으로 목록을 확인한다. NAME 항목의 값을 사용한다.

나. Secrets 내용 확인

```
[root@www chap09]# kubectl get secrets apikey -o yaml
apiVersion: v1
data:
  id: YXNh
  key: YUJjRDEyMw==
kind: Secret
metadata:
  creationTimestamp: "2023-08-19T13:28:13Z"
  name: apikey
  namespace: default
  resourceVersion: "288237"
  uid: f66f6fb0-e310-4d22-a746-1b71c0403f74
type: Opaque
[root@www chap09]#
```

➡ 'kubectl get secrets [NAME] -o yaml' 명령을 실행하면 YAML 형식으로 내용을 확인할 수 있다.

(3) 앱 배포

Kubernetes 클러스터를 사용하여 노드 안에 애플리케이션을 배포한다. Kubernetes에서는 노드에 컨테이너를 Pod 단위로 배포한다.

● 작업 시나리오
• 이번 실습에서는 'Blue'와 'Green'과 같이 다른 라벨이 설정된 컨테이너가 작동하는 2종류의 애플리케이션이 움직이는 Pod를 마련한다.

① deployment 정의 파일의 작성
　가. 작업 디렉터리로 이동
　　　# cd ~/project/dockertext2/chap09
　나. config/depolyment-blue.yaml 파일 수정
　　　# vi config/deployment-blue.yaml

```
apiVersion: apps/v1              # 수정, 기존 내용은 apiVersion: extensions/v1beta1
kind: Deployment
metadata:
  name: webserver-blue
spec:
  selector:                      # 내용 추가
    matchLabels:                 # 내용 추가
      type: webserver            # 내용 추가
  replicas: 3
  template:
    metadata:
      labels:
        type: webserver
        color: blue
    spec:
      containers:
      - image: gcr.io/posein-1234/imageview:blue    # <Project ID> 수정
        name: webserver-container
        env:
        - name: PROJECT_ID
          valueFrom:
            configMapKeyRef:
              name: projectid
              key: project.id
        - name: SECRET_ID
          valueFrom:
            secretKeyRef:
              name: apikey
              key: id
        - name: SECRET_KEY
          valueFrom:
            secretKeyRef:
```

```
          name: apikey
          key: key
      ports:
      - containerPort: 80
        name: http-server
```

다. config/depolyment-blue.yaml 파일 수정

vi config/deployment-green.yaml

```
apiVersion: apps/v1                    # 수정, 기존 내용은 apiVersion: extensions/v1beta1
kind: Deployment
metadata:
  name: webserver-green
spec:
  selector:                            # 내용 추가
    matchLabels:                       # 내용 추가
      type: webserver                  # 내용 추가
  replicas: 3
  template:
    metadata:
      labels:
        type: webserver
        color: green
    spec:
      containers:
      - image: gcr.io/posein-1234/imageview:green     # 〈Project ID〉 수정
        name: webserver-container
        env:
        - name: PROJECT_ID
          valueFrom:
            configMapKeyRef:
              name: projectid
              key: project.id
        - name: SECRET_ID
          valueFrom:
            secretKeyRef:
              name: apikey
              key: id
        - name: SECRET_KEY
          valueFrom:
            secretKeyRef:
              name: apikey
              key: key
```

```
        ports:
        - containerPort: 80
          name: http-server
```

② 애플리케이션 배포

디플로이(Deploy) 정의 파일이 미리 준비(예 config/deployment-{blue,green}.yaml)된 관계로 명령을 실행하여 애플리케이션을 배포한다. kubectl create 명령에서 -f 옵션을 사용하여 blue, green 각각의 디플로이 정의 파일을 지정한다.

가. 작업 디렉터리 이동

cd ~/project/dockertext2/chap09

나. Deployment의 API 버전 확인

```
[root@www chap09]# kubectl api-resources | head -1
NAME                    NAMESPACED  KIND           SHORTNAMES  APIVERSION
[root@www chap09]# kubectl api-resources | grep -i deployment
deployments                                        deploy      apps/v1
            true        Deployment
[root@www chap09]#
```

➡ 'kubectl api-resources | grep -i deployment' 명령으로 APIVERSION 값을 확인할 수 있다. 이 값을 반드시 확인하고 deployment-{blue,gree}.yaml 파일에 적용해야 한다.

 참고 | Deployment 관련 항목 설명

Deployment 관련 항목에 대한 설명은 다음 명령을 실행하면 확인할 수 있다.

┃사용 예┃
kubectl explain deploy

다. YAML 파일 등록

```
[root@www chap09]# kubectl create -f config/deployment-blue.yaml
deployment.apps/webserver-blue created
[root@www chap09]# kubectl create -f config/deployment-green.yaml
deployment.apps/webserver-green created
[root@www chap09]#
```

➡ 'kubectl create -f config/deployment-*.yaml' 명령으로 등록한다.

 참고 | 등록된 YAML 파일 제거

┃사용 예┃
kubectl delete -f config/deployment-green.yaml

③ 애플리케이션 배포 확인법 1

애플리케이션 배포 여부를 확인하는 첫 번째 방법은 구글 Cloud Console에서 확인하는 것이다.

가. Cloud Console의 탐색 메뉴에서 선택

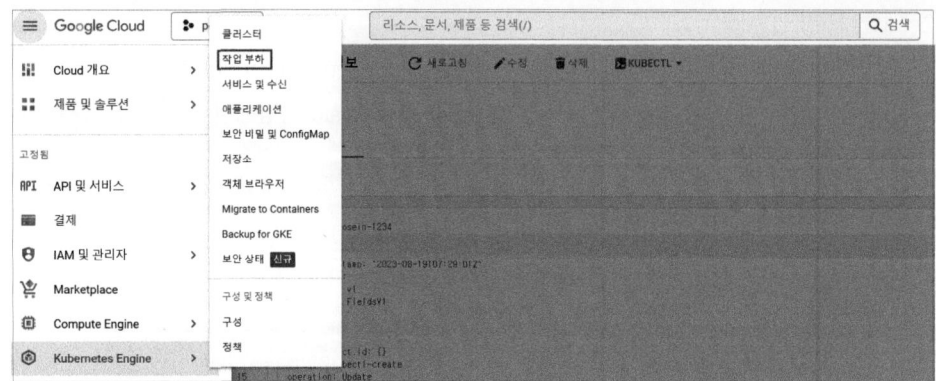

➡ Cloud Console의 탐색 메뉴의 [Kubernetes Engine] ⇨ [작업 부하] 순서로 클릭한다.

나. 지정한 이름 클릭

➡ 화면 오른쪽 [작업 부하] 메뉴의 [이름] 항목에서 [webserver-blue] 또는 [webserver-green]을 선택해서 클릭한다.

다. 선택한 노드 정보 확인

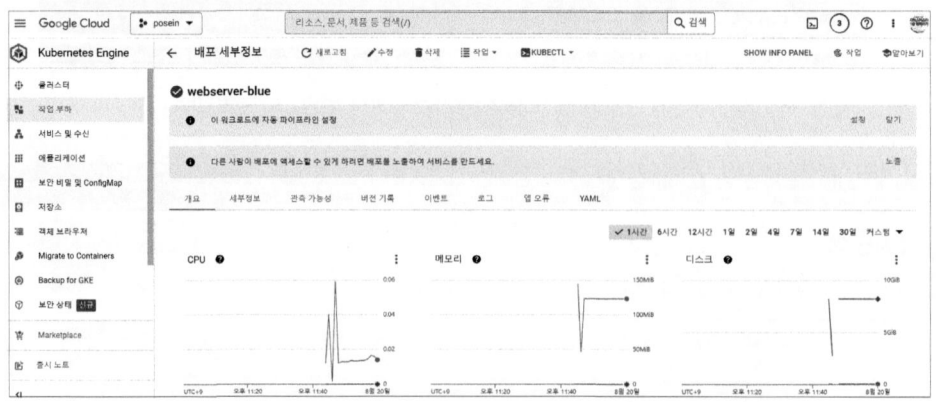

➡ [webserver-blue] 노드를 선택한 결과로써 워크로드 등 다양한 정보를 확인할 수 있다.

④ 애플리케이션 배포 확인법 2

애플리케이션 배포 여부를 확인하는 두 번째 방법은 명령행에서 'kubectl get pods' 명령을 사용해서 확인한다.

```
[root@www chap09]# kubectl get pods
NAME                                READY   STATUS    RESTARTS   AGE
webserver-blue-544d64bb4c-7hgjd     1/1     Running   0          18m
webserver-blue-544d64bb4c-kth4p     1/1     Running   0          18m
webserver-blue-544d64bb4c-s7rhh     1/1     Running   0          18m
webserver-green-6479c687f7-nkl9f    1/1     Running   0          8m10s
webserver-green-6479c687f7-pb4wk    1/1     Running   0          8m10s
webserver-green-6479c687f7-ptjrb    1/1     Running   0          8m10s
[root@www chap09]#
```

➡ 'kubectl get pods' 명령으로 확인한다. webserver-blue 및 webserver-green이 각각 3개의 Pod가 실행 중임을 확인할 수 있다.

⑤ 하나의 Pod를 정지시켜 확인

ReplicaSet의 기능을 확인하기 위해서 Pod 하나를 일부러 정지시켜 본다. 두 개의 터미널을 실행해서 하나의 터미널(TERM1)에서는 Pod 한 개를 선택해서 정지시키고, 다른 터미널(TERM2)에서는 모니터링을 진행한다.

가. TERM1에서 임의의 Pod 정지하기

```
[root@www chap09]# kubectl delete pod webserver-blue-544d64bb4c-7hgjd
pod "webserver-blue-544d64bb4c-7hgjd" deleted
[root@www chap09]#
```

➡ 'kubectl delete pod <NAME>' 명령으로 특정 Pod를 정지시킨다.

나. TERM2에서 모니터링하기

```
Every 2.0s: kubectl get pods                          www: Sun Aug 20 00:20:51 2023

NAME                                READY   STATUS    RESTARTS   AGE
webserver-blue-544d64bb4c-fh4vm     1/1     Running   0          2m24s
webserver-blue-544d64bb4c-kth4p     1/1     Running   0          34m
webserver-blue-544d64bb4c-s7rhh     1/1     Running   0          34m
webserver-green-6479c687f7-nkl9f    1/1     Running   0          24m
webserver-green-6479c687f7-pb4wk    1/1     Running   0          24m
webserver-green-6479c687f7-ptjrb    1/1     Running   0          24m
```

➡ 'watch kubectl get pods' 명령을 실행하면 새로운 [NAME]의 Pod가 동작하면 AGE 항목값도 변경된 것을 확인할 수 있다. 종료하려면 [Ctrl]+[c] 키를 누른다.

> **참고 | kubectl 명령어의 Pod 정지 사용법 정리**
>
> **| 사용법 |**
> ① 지정된 Pod 정지하기
>   # kubectl delete pod <NAME>
> ② 배포된 전체 Pod 정지하기
>   # kubectl delete -f <지정한 YAML 파일명>

> **┃사용 예┃**
> \# kubectl delete pod config/deployment-blue-544d64bb4c-fh4vm
> \# kubectl delete -f config/deployment-green.yaml

(4) 서비스 공개

현재는 Blue 라벨 Pod 3개, Green 라벨 Pod 3개가 동작 중이지만 외부에서 액세스할 수는 없는 상태이다. 따라서, Kubernetes에서는 배포된 앱을 외부에 공개할 때 서비스를 사용한다. GKE에서 유형을 'LoadBalancer'인 서비스를 작성하면 GCP의 부하분산 기능인 'Cloud Load Balancing'이 자동으로 만들어진다. 이것은 TCP 부하분산이라는 것으로 Compute Engine의 인스턴스 풀에서 TCP 트래픽을 분산시키고 헬스체크를 사용하여 정상적으로 인스턴스로만 트래픽이 전송된다.

① 서비스 정의 파일 작성

    가. 작업 디렉터리로 이동

        \# cd ~/project/dockertext2/chap09

    나. 제공된 서비스 파일 내용 확인

        \# cat config/service.yaml

```
apiVersion: v1
kind: Service
metadata:
  name: webserver
spec:
  type: LoadBalancer
  ports:
   - port: 80
     targetPort: 80
     protocol: TCP
  selector:
    type: webserver
    color: blue
```

② 서비스 공개

```
[root@www chap09]# kubectl create -f config/service.yaml
service/webserver created
[root@www chap09]#
```

    ➡ 'kubectl create -f config/service.yaml' 명령을 실행한다.

③ 공개된 서비스 확인법 1

    공개된 서비스를 확인하는 첫 번째 방법은 구글 Cloud Console에서 확인하는 것이다.

    가. Cloud Console의 탐색 메뉴에서 선택

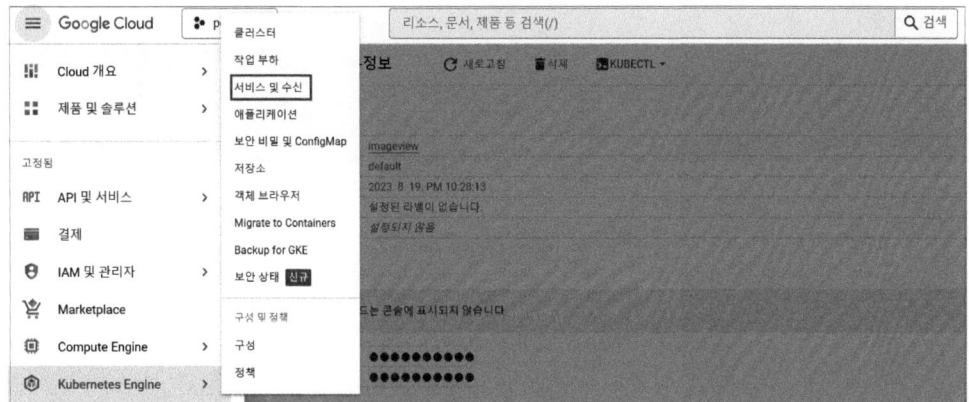

➡ Cloud Console의 탐색 메뉴의 [Kubernetes Engine] ⇨ [서비스 및 수신] 순서로 클릭한다.

나. 지정한 이름 클릭

➡ 화면 오른쪽 [서비스 및 인그레스] 메뉴의 [이름] 항목에서 [webserver]를 클릭한다.

다. [서비스 세부정보] 확인

➡ 서비스에 대한 전반적인 정보를 확인할 수 있다. 특히 확인해야 할 부분이 [외부 엔드포인트] 항목에 기재된 IP 주소이다.

④ 애플리케이션 배포 확인법 2

공개된 서비스를 확인하는 두 번째 방법은 명령행에서 'kubectl get services' 명령을 사용해서 확인한다.

▌사용 예▐

```
[root@www chap09]# kubectl get services
NAME          TYPE           CLUSTER-IP    EXTERNAL-IP     PORT(S)        AGE
kubernetes    ClusterIP      10.72.0.1     <none>          443/TCP        24h
webserver     LoadBalancer   10.72.2.183   34.64.127.153   80:30693/TCP   26m
[root@www chap09]#
```

➡ 'kubectl get servicess' 명령으로 확인한다. [EXTERNAL-IP]에 기재된 IP 주소를 확인한다.

⑤ 서비스 확인

웹 브라우저를 띄워서 External-IP(예 34.64.127.153) 주소 접속해 본다.

▌확인 예▐

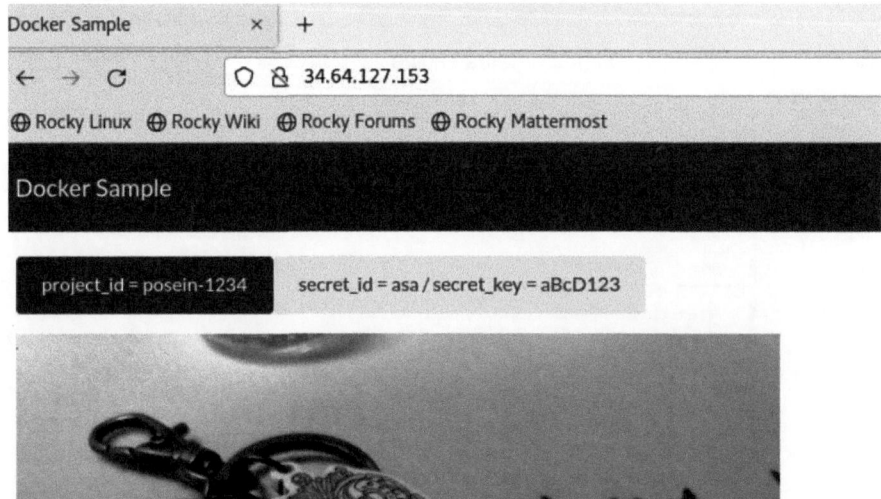

➡ 웹 페이지가 나타나는 것을 확인한다. 참고로 [F5] 키를 눌러 Refresh 작업을 통해 샘플로 제시된 이미지가 바뀌는지도 확인한다.

(5) 앱의 버전업(Blue-Green Deployment)

블루-그린 디플로이먼트(Blue-Green Deployment)란 기동 중인 서버, 애플리케이션을 갱신할 때 사용되는 방법 중에 하나이다. 현재 가동 중인 서버(블루)와는 별도로 새로운 서버(그린)를 나란히 가동하고, 접근함으로써 시스템을 업데이트한다. 이런 환경에서 만일 새로운 서버에 어떤 문제가 발생하면 바로 이전 서버로 되돌릴 수 있다. 이러한 방식을 블루-그린 디플로이먼트라고 한다.

지금까지의 절차로 버전이 다른 2개의 샘플 애플리케이션이 kubernetes에 배포되어 기동되고 있었는데, 엔드 유저로부터 요청이 오면 서비스 정의 파일대로 'Blue' 라벨이 붙은 Pod로 전송된다.

① 엔드 유저 요청을 처리하는 Pod(Blue) 확인

가. 서비스 중인 [webserver]의 [세부 정보] 클릭

➡ Cloud Console의 탐색 메뉴의 [Kubernetes Engine] ➪ [서비스 및 수신] 순서로 클릭한다. [webserver]를 선택하면 화면 오른쪽에 [서비스 세부정보]가 나타나는데, [세부 정보] 탭을 선택한다.

나. [webserver]의 세부 정보 확인

② 실행 중인 Green으로 전송처를 변경(Blue -> Green)

가. [webserver]의 [서비스 세부정보] 화면에서 상단의 [수정]을 클릭

➡ [webserver]의 [YAML] 파일 내용에서 [selector]의 [color] 부분을 현재 지정된 'blue'에서 'green'으로 수정을 진행한다. 상단의 [수정] 메뉴를 클릭해서 수정하면 디플로이먼트 정의 파일에서 Pod에 설정된 [color]가 'green'으로 변경되어 요청의 전송처가 변경된다. 변경 후에는 반드시 상단의 [저장]을 클릭한다.

나. 수정된 내용 확인

```
selector:
  color: green
  type: webserver
```

③ 전송처 변경 확인

변경된 전송처는 [webserver]의 [세부정보] 탭에서 확인한다.

| 확인 예 |

④ 웹 브라우저를 이용한 확인

웹 브라우저를 띄워서 External-IP(예: 34.64.127.153) 주소 접속해 본다.

| 확인 예 |

firefox http://34.64.127.153 &

➡ 웹 페이지를 살펴보면 상단 부분에 있는 글자 및 바탕색이 Green으로 전환된 내용을 확인할 수 있다. 만약 바뀌지 않았다면 파이어폭스 웹 브라우저의 [설정] ⇨ [개인 정보 및 보안] ⇨ [쿠키 및 사이트 데이터] 항목에서 [데이터 지우기]를 실행한 후에 새시노하면 된다.

⑤ kubectl 명령을 사용한 전송처 변경(Green-Blue)

kubectl 명령어를 사용해서 전송처를 Green Pod에서 다시 Blue Pod로 변경한다.

가. 서비스 확인

```
[root@www ~]# kubectl get svc
NAME         TYPE          CLUSTER-IP    EXTERNAL-IP    PORT(S)         AGE
kubernetes   ClusterIP     10.72.0.1     <none>         443/TCP         25h
webserver    LoadBalancer  10.72.2.183   34.64.127.153  80:30693/TCP    87m
[root@www ~]#
```

➡ 'kubectl get service' 명령으로 서비스 내용을 확인한다. 참고로 service 대신에 약어인 svc로 기재할 수 있다.

나. 전송처 변경

kubectl edit svc webserver

➡ 이 명령을 실행하면 vi 편집기가 실행되면서 [세부정보] 항목의 YAML 파일 내용이 나타난다. 'color: green' 항목에서 green을 blue로 변경한다.

| 변경 예 |

```
18  allocateLoadBalancerNodePorts: true
19  clusterIP: 10.72.2.183
20  clusterIPs:
21  - 10.72.2.183
22  externalTrafficPolicy: Cluster
23  internalTrafficPolicy: Cluster
24  ipFamilies:
25  - IPv4
26  ipFamilyPolicy: SingleStack
27  ports:
28  - nodePort: 30693
29    port: 80
30    protocol: TCP
31    targetPort: 80
32  selector:
33    color: blue
34    type: webserver
35  sessionAffinity: None
36  type: LoadBalancer
```

⑥ 전송처 변경 확인

변경된 전송처는 'kubectl get svc' 명령으로 확인할 수도 있고, Cloud Console에서 [webserver]의 [세부 정보]를 통해 확인할 수 있다.

가. 명령어를 사용한 확인

➡ 'kubectl get svc webserver -o yaml' 명령으로 확인한다.

나. Google Cloud Console에서 확인

➡ Cloud Console의 탐색 메뉴의 [Kubernetes Engine] ⇨ [서비스 및 수신] ⇨ [webserver]를 선택하면 화면 오른쪽에 [서비스 세부정보]가 나타나는데, [세부 정보] 탭에서 확인한다.

⑦ 웹 브라우저를 이용한 확인

웹 브라우저를 띄워서 External-IP(예: 34.64.127.153) 주소 접속해 본다.

|확인 예|
firefox http://34.64.127.153 &

➡ 웹 페이지를 살펴보면 상단 부분에 있는 글자 및 바탕색이 다시 Blue로 전환된 내용을 확인할 수 있다.

(6) 배치 잡 실행(CronJob)

메일의 정기적인 일괄 송신이나 일별/주별/월별 집계 처리 등과 같은 배치 잡을 kubernetes 클러스터에서 실행하고 싶을 때는 CronJob을 사용한다. CronJob을 이용해서 애플리케이션의 실행 타이밍을 설정할 수 있다.

CronJob을 작동시키기 위해서는 관련 정의 파일의 [kind] 항목값을 CronJob으로 설정하고, [schedule]에 실행한 스케줄(Shedule)을 등록한다. Schedule의 지정 방법은 다음과 같이 Linux의 cron과 동일하다.

Schedule 형식

```
schedule: " '분' '시' '일' '월' '요일' "
```

Schedule 항목

항목	설정값
분	0~59
시	0~23
일	1~31
월	1~12
요일	0.7(일), 1(월), 2(화), 3(수), 4(목), 5(금), 6(토)

➡ 설정값에 와일드카드인 *를 지정하면 매분/매시/매일/매월/매요일이 된다. 예를 들면 10분마다 작동시키고 싶을 때는 '*/10'으로 기술해서 간격을 지정할 수 있다.

CronJob 관련 URL

https://kubernetes.io/docs/concepts/workloads/controllers/cron-jobs/

① CronJob 정의 파일(ex: cronjob.yaml) 파일 설정

　가. 작업 디렉터리로 이동

　　　# cd ~/project/dockertext2/chap09

　　　$ vi config/cronjob.yaml

```
apiVersion: batch/v1                    # 수정, 기존 내용은 apiVersion: batch/v1beta1
kind: CronJob
metadata:
  name: showdate
spec:
  schedule: "*/1 * * * *"
  jobTemplate:
    spec:
      template:
        spec:
          containers:
          - name: showdate                # showdate라는 이름으로 지정
            image: busybox
            args:
            - /bin/sh
            - -c
            - date; echo Hello Docker
          restartPolicy: OnFailure
```

② CronJob 실행

```
[root@www chap09]# kubectl create -f config/cronjob.yaml
cronjob.batch/showdate created
[root@www chap09]#
```

➡ 'kubectl create -f config/cronjob.yaml' 명령을 실행한다.

> **참고** | kubectl 명령어의 CronJob 관련 사용예 정리
>
> ① CronJob 실행
>   \# kubectl create -f config/cronjob.yaml
> ② CronJob 삭제
>   \# kubectl delete -f config/cronjob.yaml
> ③ CronJob 정보 확인
>   \# kubectl get cronjobs.batch
>   \# kubectl get cronjobs.batch showdate -o yaml
>   \# kubectl get jobs --watch

③ CronJob 확인

```
[root@www chap09]# kubectl get cronjob
NAME       SCHEDULE      SUSPEND   ACTIVE   LAST SCHEDULE   AGE
showdate   */1 * * * *   False     0        48s             3m50s
[root@www chap09]#
```

➡ 'kubectl get cronjob' 명령을 실행한다.

④ CronJob 실행 상태 확인

```
[root@www chap09]# kubectl get jobs --watch
NAME                 COMPLETIONS   DURATION   AGE
showdate-28208560    1/1           4s         2m24s
showdate-28208561    1/1           3s         84s
showdate-28208562    1/1           3s         24s
```

➡ 'kubectl get jobs --watch' 명령을 실행한다. 명령을 실행하면 1분 간격으로 잡이 실행되는 것을 확인할 수 있다. 종료하려면 [Ctrl]+[c] 키를 누른다.

⑤ CronJob 삭제

```
[root@www chap09]# kubectl delete -f config/cronjob.yaml
cronjob.batch "showdate" deleted
[root@www chap09]#
```

➡ 'kubectl delete -f config/cronjob.yaml' 명령을 실행한다.

 참고 | Kubernetes의 CronJob과 Jobs

Kubernetes에도 리눅스 운영체제의 at처럼 잡(job)을 한 번만 실행하는 'Jobs'가 존재한다. 야간이나 새벽처럼 트래픽이 적은 시간에 클러스터의 리소스를 유효하게 활용하여 정기적으로 배치 처리를 하고 싶을 때는 CronJob을 사용하고, 심층 학습이나 수치해석과 같은 잡(job)을 실행할 때는 'Jobs'를 사용하는 등 목적에 맞춰 나눠서 사용하면 좋다.

> **관련 URL**
> ① CronJob
>   https://kubernetes.io/docs/concepts/workloads/controllers/cron-jobs/
> ② Jobs
>   https://kubernetes.io/docs/concepts/workloads/controllers/job/

7.3.3 클라우드 환경에서 Docker 실행 환경의 운용 관리

시스템은 개발만 하면 끝나는 것이 아니라 시스템 릴리즈 후에도 리소스 모니터링, 데이터 백업, 장애 감지, 복구 대응 등 사용자가 지속적으로 서비스를 이용할 수 있도록 시스템을 운용해야 한다.

▶ 시스템 운용의 기초 지식

시스템 개발 및 구축은 프로젝트가 발족한 후부터 실제 릴리즈를 향해 가는 작업이 메인이 되지만, 시스템 운용은 실제 릴리즈 이후 시스템이 사용자에게 서비스를 완전히 종료할 때까지 계속되는 작업이다. 시스템을 장기 가동하는 경우에는 운용의 좋고 나쁨이 시스템의 서비스 레벨을 정한다고 해도 과언이 아니다.

시스템 운용 관리의 주요 영역

영역	운용 내용
가용성 관리	• Cold-Standby 방식 • Hot-Standby 방식 • 헬스 체크 • 로드 밸런싱(Load Balancing)
시스템 관리	• 머신의 활동 감시 • 서비스의 가동 감시 • 서버/네트워크 리소스 감시 • 잡 감시 • 장애 대응 및 퍼포먼스 튜닝

▶ GKE를 사용한 Docker 실행 환경 운용

GKE(Google Kubernetes Engine)를 사용한 Docker 실행 환경 운용법은 다음과 같은 주제에 대해 학습한다.

GKE 기반 학습 주제

영역	주요 내용
Kubernetes 상태 확인	• 클러스터(Cluster) 상태 확인 • 노드(Node)의 상태 확인 • 포드(Pod)의 상태 확인 • 서비스(Service) 확인
Kubernetes 포드(Pod) 관리	Pod 수 지정과 상태 확인
Kubernetes 노드 관리	노드(Node) 추가 및 노드 상태 확인
Kubernetes 리소스 작성/삭제/변경	리소스 작성, 적용, 삭제, 변경
Kubernetes 업그레이드/다운그레이드	노드 확인, 관련 명령어 실습
Kubernetes 클러스터 삭제	서비스 삭제, 노드 삭제, 클러스터 삭제, GCP 서비스 종료, 프로젝트 삭제

▶ Kubernetes 상태 확인

Kubernetes 상태 확인에서는 클러스터(Cluster), 노드(Node), 포드(Pod)의 상태 확인하는 방법과 서비스(Service)를 확인하는 방법에 대해 학습한다.

(1) 클러스터 상태 확인

> **참고** | 클러스터(Cluster) 관련 명령어 참고 URL
>
> - https://cloud.google.com/sdk/gcloud/reference/container/clusters/
> - https://cloud.google.com/sdk/gcloud/reference/container/clusters/create
> - https://cloud.google.com/sdk/gcloud/reference/container/clusters/delete
> - https://cloud.google.com/sdk/gcloud/reference/container/clusters/update
> - https://cloud.google.com/sdk/gcloud/reference/container/clusters/upgrade
> - https://cloud.google.com/sdk/gcloud/reference/container/clusters/list

> **참고** | 클러스터(Cluster) 관련 명령어의 주요 사용법 정리
>
> ① 컨테이너 실행을 위한 클러스터 생성
>   # gcloud container clusters create 〈클러스터이름〉
> ② 컨테이너 실행을 위한 존재하는 클러스터 삭제
>   # gcloud container clusters delete 〈클러스터이름〉
> ③ 기존 컨테이너 클러스터에 대한 설정 업데이트
>   # gcloud container clusters update
> ④ 기존 컨테이너 클러스터의 Kubernetes 버전 업그레이드
>   # gcloud container clusters upgrade 〈NAME〉

⑤ 컨테이너 실행을 위한 기존 클러스터 목록 확인
gcloud container clusters list

① 명령어로 확인

'gloud container clusters list' 명령을 사용하여 클러스터 상태를 확인할 수 있다. 자세한 명령어 사용법은 'gcloud container clusters list --help' 실행해서 확인한다.

┃확인 가능한 항목┃

항목	설명	예
NAME	실행 중인 클러스터의 이름	mageview
LOCATION	지역	asia-northeast3-a
MASTER_VERSION	쿠버네티스 버전	1.27.3-gke.100
MASTER_IP	IP 주소	34.64.73.218
MACHINE_TYPE	머신 타입	e2-medium
NODE_VERSION	노드 버전	1.27.3-gke.100 3
NUM_NODES	노드 수	3
STATUS	클러스터 상태	RUNNING

┃사용 예┃

```
[root@www ~]# gcloud container clusters list
NAME       LOCATION          MASTER_VERSION   MASTER_IP      MACHINE_TYPE   NODE_V
ERSION        NUM_NODES   STATUS
imageview  asia-northeast3-a 1.27.3-gke.100   34.64.73.218   e2-medium      1.27.3
-gke.100       3           RUNNING
[root@www ~]#
```

➡ 'cloud container clusters list' 명령을 실행해서 확인한다.

② 컴포넌트의 액세스 방법 확인

'kubectl cluster-info' 명령을 사용하여 컴포넌트의 액세스 방법을 확인할 수 있다.

┃사용 예┃

```
[root@www ~]# kubectl cluster-info
Kubernetes control plane is running at https://34.64.73.218
GLBCDefaultBackend is running at https://34.64.73.218/api/v1/namespaces/kube-sys
tem/services/default-http-backend:http/proxy
KubeDNS is running at https://34.64.73.218/api/v1/namespaces/kube-system/service
s/kube-dns:dns/proxy
Metrics-server is running at https://34.64.73.218/api/v1/namespaces/kube-system/
services/https:metrics-server:/proxy

To further debug and diagnose cluster problems, use 'kubectl cluster-info dump'.
[root@www ~]#
```

➡ 'kubectl cluster-info' 명령을 실행한다. 'kubectl cluster-info dump' 명령을 수행하면 클러스터에 대한 자세한 상세 정보를 출력한다.

③ 구글의 Cloud 콘솔에서 확인

　　Cloud Console의 탐색 메뉴의 [Kubernetes Engine] ⇨ [클러스터]에서 클러스터 이름(예: imageview)을 클릭하고 [세부정보] 탭에서 확인한다.

┃확인 예┃

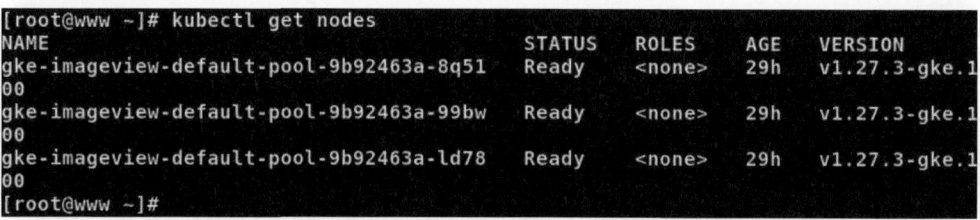

(2) 노드(Node)의 상태 확인

클러스터를 구성한 노드의 상태를 확인할 때는 'kubectl get nodes' 명령을 사용한다. 또한 구글의 Cloud 콘솔에서도 확인할 수 있다.

① 명령어로 확인

┃사용 예┃
```
[root@www ~]# kubectl get nodes
NAME                                         STATUS   ROLES    AGE   VERSION
gke-imageview-default-pool-9b92463a-8q51     Ready    <none>   29h   v1.27.3-gke.1
00
gke-imageview-default-pool-9b92463a-99bw     Ready    <none>   29h   v1.27.3-gke.1
00
gke-imageview-default-pool-9b92463a-ld78     Ready    <none>   29h   v1.27.3-gke.1
00
[root@www ~]#
```

➡ 'kubectl get nodes'를 실행한다. 추가로 '-o wide' 또는 '-o yaml'을 옵션을 지정하면 더욱 자세한 정보를 확인할 수 있다.

② 구글의 Cloud 콘솔에서 확인

　　Cloud Console의 탐색 메뉴의 [Kubernetes Engine] ⇨ [클러스터]에서 클러스터 이름(예: imageview)을 클릭하고 [노드] 탭에서 확인한다.

▌확인 예▐

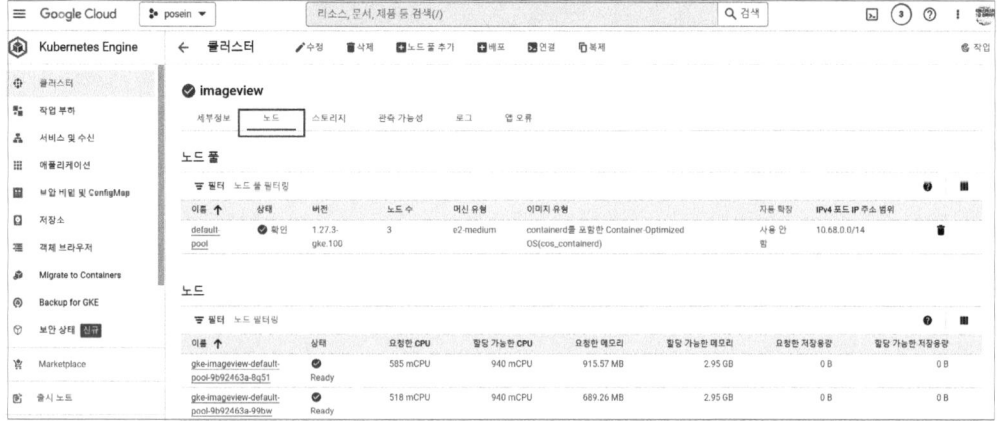

(3) 포드(Pod)의 상태 확인

노드 안에서 움직이는 Pod의 상태를 확인할 때는 'kubectl get pods' 명령을 사용한다. 또한 구글의 Cloud 콘솔에서도 확인할 수 있다.

① 명령어로 확인

```
[root@www ~]# kubectl get pods
NAME                              READY   STATUS    RESTARTS   AGE
webserver-blue-544d64bb4c-fh4vm   1/1     Running   0          17h
webserver-blue-544d64bb4c-kth4p   1/1     Running   0          17h
webserver-blue-544d64bb4c-s7rhh   1/1     Running   0          17h
webserver-green-6479c687f7-nkl9f  1/1     Running   0          17h
webserver-green-6479c687f7-pb4wk  1/1     Running   0          17h
webserver-green-6479c687f7-ptjrb  1/1     Running   0          17h
[root@www ~]#
```

➡ 'kubectl get pods' 명령을 실행한다. 추가로 '-o wide' 옵션을 지정하면 더욱 자세한 정보를 확인할 수 있다.

② Pod를 지정하여 상세 정보 확인

```
[root@www ~]# kubectl describe pods webserver-blue-544d64bb4c-fh4vm
Name:             webserver-blue-544d64bb4c-fh4vm
Namespace:        default
Priority:         0
Service Account:  default
Node:             gke-imageview-default-pool-9b92463a-99bw/10.178.0.5
Start Time:       Sun, 20 Aug 2023 00:18:27 +0900
Labels:           color=blue
                  pod-template-hash=544d64bb4c
                  type=webserver
Annotations:      <none>
Status:           Running
IP:               10.68.2.11
IPs:
  IP:             10.68.2.11
Controlled By:    ReplicaSet/webserver-blue-544d64bb4c
```

➡ 'kubectl describe pods 〈NAME〉' 형식으로 Pod의 이름을 지정하면 상세 정보를 확인할 수 있다. 참고로 명령 실행 결과는 앞부분 일부만 첨부한 내용이다.

③ 구글의 Cloud 콘솔에서 확인

Cloud Console의 탐색 메뉴의 [Kubernetes Engine] ⇨ [작업부하]에서 이름(예 webserver-blue)을 클릭하고 화면 하단의 [관리형 pod] 영역에서 확인할 수 있다. 추가로 [이름]을 클릭하면 세부 정보를 확인할 수 있다. 참고로 작업부하(Workload)는 클러스트에서 만들고 관리할 수 있는 배포 가능한 컴퓨팅 단위이다.

확인 예

(4) 서비스(Service) 확인

서비스에 할당된 IP 주소를 확인할 때는 'kubectl get services' 명령을 실행하는데, services 대신에 service, svc도 사용할 수 있다. 또한 구글의 Cloud 콘솔에서도 확인할 수 있다.

① 명령어로 확인

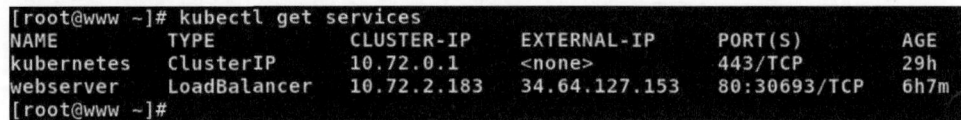

➡ 'kubectl get services' 명령을 실행한다. 추가로 '-o wide' 옵션을 지정하면 더욱 자세한 정보를 확인할 수 있다.

② 구글의 Cloud 콘솔에서 확인

Cloud Console의 탐색 메뉴의 [Kubernetes Engine] ⇨ [서비스 및 수신]에서 확인한다. 이 영역을 살펴보면 서비스 및 인그레스에 대한 설명이 나타난다. 서비스(Service)는 탐색 및 부하분산에 사용할 수 있는 네트워크 엔드포인트가 포함된 pod 집합이고, 인그레스는 외부 HTTP(S) 트래픽을 서비스로 라우팅하기 위한 규칙 모음이다.

│ 확인 예 │

▶ Kubernetes 포드(Pod) 관리

Kubernetes Pod 관리에서는 Pod 수 지정과 상태를 확인하는 방법에 대해 학습한다. kubernetes 클러스터 안에서 작동하는 Pod의 수를 증가시키려면 'kubectl scale' 명령을 사용한다. 이 명령어의 --replicas 옵션에서 Pod의 수를 지정할 수 있다.

① 현재 상태 Pod 확인

```
[root@www ~]# kubectl get pods
NAME                                      READY   STATUS    RESTARTS   AGE
webserver-blue-544d64bb4c-fh4vm           1/1     Running   0          18h
webserver-blue-544d64bb4c-kth4p           1/1     Running   0          18h
webserver-blue-544d64bb4c-s7rhh           1/1     Running   0          18h
webserver-green-6479c687f7-nkl9f          1/1     Running   0          18h
webserver-green-6479c687f7-pb4wk          1/1     Running   0          18h
webserver-green-6479c687f7-ptjrb          1/1     Running   0          18h
[root@www ~]#
```

➡ 'kubectl get pods' 명령을 실행한다.

② Pod 수 조정하기 1

이전 실습에서 진행한 webserver-green Pod의 수를 3개에서 5개로 변경한다.

가. 작업 디렉터리로 변경

cd ~/project/dockertext2/chap09

나. 관련 명령 실행

```
[root@www chap09]# kubectl scale --replicas=5 -f config/deployment-green.yaml
deployment.apps/webserver-green scaled
[root@www chap09]#
```

➡ 'kubectl scale --replicas=5 -f config/deployment-green.yaml' 명령을 실행한다.

다. 확인

```
[root@www chap09]# kubectl get pods
NAME                              READY   STATUS    RESTARTS   AGE
webserver-blue-544d64bb4c-fh4vm   1/1     Running   0          18h
webserver-blue-544d64bb4c-kth4p   1/1     Running   0          18h
webserver-blue-544d64bb4c-s7rhh   1/1     Running   0          18h
webserver-green-6479c687f7-5tc6l  1/1     Running   0          2m48s
webserver-green-6479c687f7-nkl9f  1/1     Running   0          18h
webserver-green-6479c687f7-pb4wk  1/1     Running   0          18h
webserver-green-6479c687f7-ptjrb  1/1     Running   0          18h
webserver-green-6479c687f7-xwwc7  1/1     Running   0          2m48s
[root@www chap09]#
```

➡ 'kubectl get pods' 명령으로 확인한다. webserver-green Pod 수가 5개로 2개 증가한 것을 알 수 있다.

③ Pod 수 조정하기 2

webserver-green Pod의 수를 5개에서 2개로 변경한다.

가. 작업 디렉터리로 변경

cd ~/project/dockertext2/chap09

나. 관련 명령 실행

```
[root@www chap09]# kubectl scale --replicas=2 -f config/deployment-green.yaml
deployment.apps/webserver-green scaled
[root@www chap09]#
```

➡ 'kubectl scale --replicas=2 -f config/deployment-green.yaml' 명령을 실행한다.

다. 확인

```
[root@www chap09]# kubectl get pods
NAME                              READY   STATUS    RESTARTS   AGE
webserver-blue-544d64bb4c-fh4vm   1/1     Running   0          18h
webserver-blue-544d64bb4c-kth4p   1/1     Running   0          18h
webserver-blue-544d64bb4c-s7rhh   1/1     Running   0          18h
webserver-green-6479c687f7-pb4wk  1/1     Running   0          18h
webserver-green-6479c687f7-ptjrb  1/1     Running   0          18h
[root@www chap09]#
```

➡ 'kubectl get pods' 명령으로 확인한다. webserver-green Pod 수가 2개로 감소한 것을 알 수 있다.

▶ Kubernetes 노드(Node) 관리

시스템 운용을 시작하면 액세스 부하에 맞춰 클러스터를 구성하는 노드를 증감시킬 필요가 있다. GKE를 사용하여 클러스터 구성을 변경할 때는 gloud 명령을 사용한다. 자세한 노드 크기 조절 관련 명령어 사용법은 'gcloud container clusters resize --help' 명령을 실행해서 확인한다.

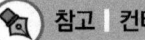 참고 | 컨테이너 클러스터 크기 조절 관련 URL

https://cloud.google.com/kubernetes-engine/docs/resize-cluster

① 현재 상태 확인

```
[root@www chap09]# gcloud container clusters list
NAME        LOCATION          MASTER_VERSION   MASTER_IP      MACHINE_TYPE   NODE_V
ERSION      NUM_NODES   STATUS
imageview   asia-northeast3-a   1.27.3-gke.100   34.64.73.218   e2-medium      1.27.3
-gke.100    3           RUNNING
[root@www chap09]#
```

➡ 'gcloud container clusters list' 명령을 실행한다. 컨테이너 클러스터의 지역(LOCATION)은 asia-northeast3-a이고, 노드의 개수(NUM_NODES)는 3개이다.

② 노드 개수 조정

동작하는 노드의 개수를 3개에서 5개로 변경한다.

실행 예

```
[root@www chap09]# gcloud container clusters resize imageview --num-nodes 5 \
> --zone asia-northeast3-a
Pool [default-pool] for [imageview] will be resized to 5 node(s) in each zone it
 spans.

Do you want to continue (Y/n)?  Y

Resizing imageview...done.
Updated [https://container.googleapis.com/v1/projects/posein-1234/zones/asia-nor
theast3-a/clusters/imageview].
[root@www chap09]#
```

➡ 'gcloud container clusters resize imageview --num-nodes 5 --zone asia-northeast3-a' 명령을 실행한다. 명령을 진행할 것인지 한 번 더 묻는데, 'Y'를 입력한다. 변경된 내용을 진행하는 과정에서 약간의 대기 시간이 필요하다.

③ 변경된 상태 확인

가. gcloud 명령으로 확인

```
[root@www chap09]# gcloud container clusters list
NAME        LOCATION          MASTER_VERSION   MASTER_IP      MACHINE_TYPE   NODE_V
ERSION      NUM_NODES   STATUS
imageview   asia-northeast3-a   1.27.3-gke.100   34.64.73.218   e2-medium      1.27.3
-gke.100    5           RUNNING
[root@www chap09]#
```

➡ 'gcloud container clusters list' 명령을 실행해서 변경된 노드의 수를 확인한다.

나. kubectl 명령으로 확인

```
[root@www chap09]# kubectl get nodes
NAME                                          STATUS   ROLES    AGE    VERSION
gke-imageview-default-pool-9b92463a-0088      Ready    <none>   5m49s  v1.27.3-gke
.100
gke-imageview-default-pool-9b92463a-8q51      Ready    <none>   35h    v1.27.3-gke
.100
gke-imageview-default-pool-9b92463a-98rn      Ready    <none>   5m48s  v1.27.3-gke
.100
gke-imageview-default-pool-9b92463a-99bw      Ready    <none>   35h    v1.27.3-gke
.100
gke-imageview-default-pool-9b92463a-ld78      Ready    <none>   35h    v1.27.3-gke
.100
[root@www chap09]#
```

➡ 'kubectl get nodes' 명령을 실행하면 2개의 노드가 증가한 것을 확인할 수 있다. 참고로 Kubernetes 노드의 실체는 GCE 인스턴스이다. 따라서, 기동 중인 노드의 대수만큼 GCE 인스턴스 사용료가 부과되므로 비용과 부하의 균형을 잘 검토해서 노드를 조정해야 한다.

④ 노드 개수 재조정

동작하는 노드의 개수를 5개에서 3개로 변경한다.

가. 노드 개수 조정 명령 실행

gcloud container clusters resize imageview --num-nodes 3 --zone asia-northeast3-a

나. 노드 개수 확인

```
[root@www chap09]# kubectl get nodes
NAME                                              STATUS   ROLES    AGE   VERSION
gke-imageview-default-pool-9b92463a-8q51          Ready    <none>   35h   v1.27.3-gke.1
00
gke-imageview-default-pool-9b92463a-98rn          Ready    <none>   12m   v1.27.3-gke.1
00
gke-imageview-default-pool-9b92463a-99bw          Ready    <none>   35h   v1.27.3-gke.1
00
[root@www chap09]#
```

➡ 'kubectl get nodes' 명령을 실행해서 확인한다. 노드 개수가 줄어든 것을 확인할 수 있다.

Kubernetes 리소스 작성/삭제/변경

(1) 리소스(Resources) 개요

리소스란 애플리케이션을 구성하는 부품과 같이 노드, 네임스페이스, Pod 등을 가리킨다. 리소스(Resources)를 작성하려면 'kubectl create' 명령을 사용한다. 보통 명령 실행 시 -f 옵션을 사용하여 리소스가 정의된 YAML을 읽어들여서 적용한다. 리소스의 종류는 'kubectl api-resources' 명령으로 확인할 수 있다.

> 🔍 **참고** | kubectl 명령어 참고 URL
>
> https://kubernetes.io/docs/reference/generated/kubectl/kubectl-commands#create
> • https://kubernetes.io/docs/reference/generated/kubectl/kubectl-commands#apply
> • https://kubernetes.io/docs/reference/generated/kubectl/kubectl-commands#delete

> **참고 | kubectl 리소스 관련 명령의 주요 사용 예 정리**
>
> ① 파일 또는 표준 입력에서 리소스 생성 예
>   # kubectl create -f config/secrets.yaml
> ② 파일 또는 표준 입력에서 리소스 구성 적용 예
>   # kubectl apply -f config/secrets.yaml
> ③ 파일 또는 표준 입력의 내용을 기반으로 리소스 삭제 예
>   # kubectl delete -f config/secrets.yaml

(2) 리소스 관련 명령 실습

① 리소스(Resources) 작성

리소스 작성은 'kubectl create' 명령을 사용한다.

┃사용 예┃

kubectl delete -f config/secrets.yaml
➡ coinfig/secrets.yaml 파일 내용을 토대로 리소스를 작성한다.

kubectl create -f config/
➡ coinfig 디렉터리에 존재하는 YAML 파일들의 내용을 토대로 리소스를 작성한다.

② 리소스 구성 적용

리소스 구성 적용은 'kubectl apply' 명령을 사용한다.

┃사용 예┃

kubectl apply -f config/secrets.yaml
➡ coinfig/secrets.yaml 파일 내용을 토대로 리소스 구성을 적용한다. 참고로 리소스가 생성되지 않은 경우에는 create 명령과 동일하다.

kubectl apply -f config/
➡ coinfig 디렉터리에 존재하는 YAML 파일들의 내용을 토대로 리소스를 작성한다.

③ 리소스 삭제

리소스 삭제는 'kubectl delete' 명령을 사용한다.

┃사용 예┃

kubectl delete -f config/secrets.yaml
➡ coinfig/secrets.yaml 파일 내용을 토대로 구성된 리소스를 삭제한다.

kubectl delete -f config/

➡ coinfig 디렉터리에 존재하는 YAML 파일들의 내용을 토대로 구성된 리소스를 삭제한다.

④ 리소스 변경

리소스의 내용을 변경하기 위해서는 'kubectl edit' 명령을 사용한다.

▌사용 예▐

kubectl edit -f config/secrets.yaml

➡ vi 편집기가 실행되면서 config/secrets.yaml 파일을 열어서 보여준다.

▶ Kubernetes 업그레이드/다운그레이드

Kubernetes 버전을 업그레이드하기 위해서는 먼저 클러스터 노드의 지역(LOCATION)을 확인하고 'gcloud container get-sever-config' 명령을 사용해서 지원되는 버전 목록을 확인한다. 그 후에 버전 변경을 할 수 있다.

① 노드 확인

    가. 클러스터의 LOCATION 확인

        # gcloud container clusters list

            ➡ 이 명령을 실행해서 LOCATION 항목의 값을 확인한다. 참고로 본 실습에서는 'asia-northeast3-a'이라고 가정한다.

    나. 지역(LOCATION)의 유효 버전 확인

        # gcloud container get-server-config --zone=asia-northeast3-a

            ➡ 명령을 실행하면 채널명이 RAPID, REGULAR, STABLE로 구분해서 버전을 확인할 수 있고, 기본 적용되는 버전은 defaultClusterVersion 항목에서 확인할 수 있다. 또한 validMaster Versions 항목과 validNoeVersions 항목별로 유효한 버전을 확인할 수 있다.

② 노드 업그레이드 또는 다운그레이드

    # gcloud container clusters upgrade imageview --cluster-version=1.9.6-gke.1

        ➡ 노드를 업그레이드할 때는 upgrade 명령을 사용하고 --cluster-version 옵션을 사용해서 변경하려는 버전을 명기하면 된다.

▶ Kubernetes 클러스터 삭제

Kubernetes 클러스터를 삭제할 때는 서비스(Service)나 배포(Deployment) 등 작성한 리소스를 삭제한 후에 Cloud console의 [Kubernetes Engine]에서 [클러스터]를 선택하여 삭제하기를 권장한다. 종류에 따라서 삭제되는데 약간의 시간이 걸린다.

(1) 서비스 삭제

Cloud Console의 탐색 메뉴의 [Kubernetes Engine] ⇨ [서비스 및 수신] 순서로 클릭한다. 이름 항목에 나타나는 서비스(예 webserver)를 선택하고 상단의 [삭제]를 누른다.

▌사용 예 ▌

(2) 노드 삭제

Cloud Console의 탐색 메뉴의 [Kubernetes Engine] ⇨ [작업 부하] 순서로 클릭한다. 이름 항목에 나타나는 노드(예 webserver-blue, webserver-green)를 전부 선택하고 상단의 [삭제]를 누른다.

▌사용 예 ▌

(3) 클러스터 삭제

Cloud Console의 탐색 메뉴의 [Kubernetes Engine] ⇨ [클러스터] 순서로 클릭한다. 이름 항목에 나타나는 클러스터(예 imageview)를 선택하고 상단 나타나는 메시지 부분에서 [DELETE]를 누른다. [DELETE]를 누르면 팝업창 형식으로 클러스터 이름을 입력하고 [삭제]를 눌러야 한다.

① Cloud Console 사용 예

② 팝업창 사용 예

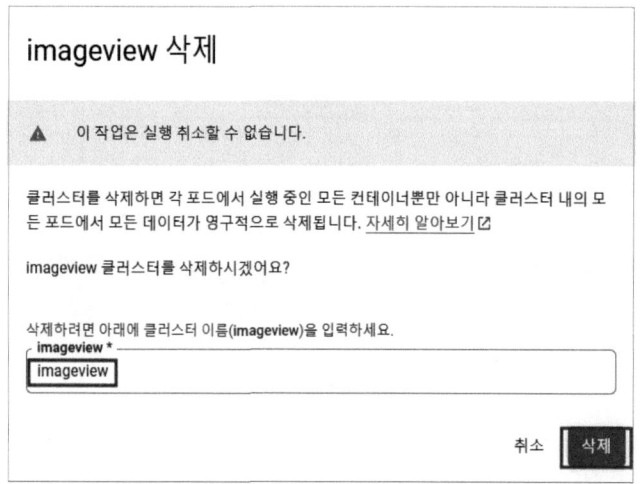

(4) 프로젝트 삭제

Cloud Console의 탐색 메뉴의 [IAM 및 관리자] ⇨ [리소스 관리] 순서로 클릭한다. 이름 항목에 나타나는 프로젝트 이름(예 posein)을 선택하고 상단의 [삭제]를 누른다. [삭제]를 누르면 팝업창 형식으로 프로젝트 ID(예 posein-1234)를 입력하고 [삭제]를 눌러야 한다.

① Cloud Console 사용 예

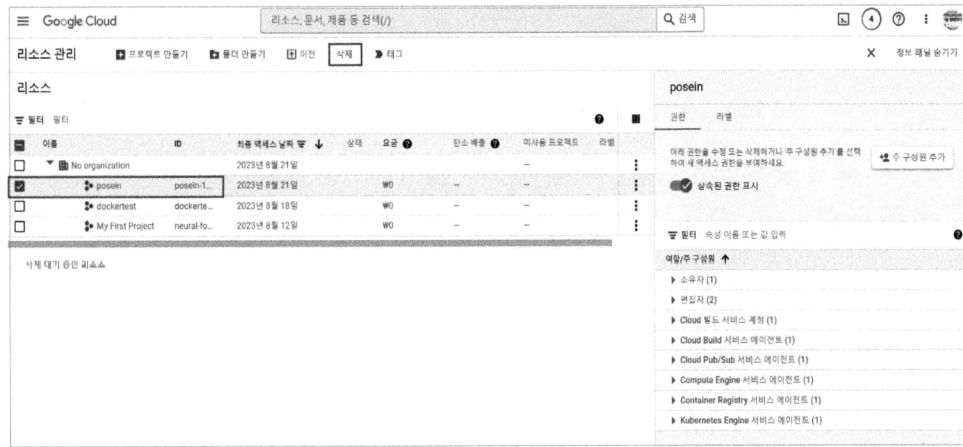

② 팝업창 사용 예

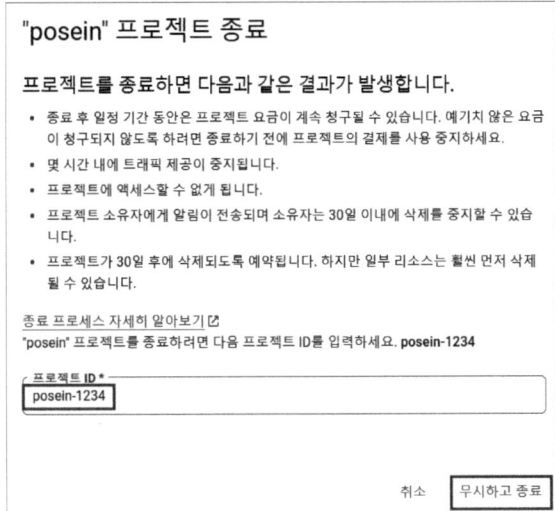

③ 마지막 확인 예

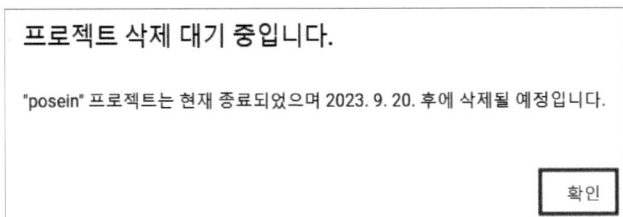

➡ '프로젝트 삭제 대기 중입니다.' 팝업창이 나타나는데, 삭제 예정일은 한달 후로 나타난다. 마지막으로 [확인]을 클릭하면 된다.

참고문헌

정성재, 배유미, 박정수, 신병웅, 전영재, 이광용 공저, "Rocky Linux 8로 리눅스 핵심 이해하기(2쇄)", 북스홀릭, 2023년 03월.

정성재, 배유미, 신병웅, 박정수, 신준희, 이광용 공저, "CentOS7으로 리눅스 핵심 이해하기(3쇄)", 북스홀릭, 2019년 11월.

정성재 배유미, 이광용 공저, "CentOS 7로 이해하는 리눅스 관리 및 시스템 보안(3쇄)", 북스홀릭, 2021년 10월.

정성재, "CentOS 7으로 리눅스마스터 1급 정복하기(3쇄)", 북스홀릭, 2022년 8월.

정성재, "CentOS 7으로 리눅스마스터 2급 정복하기", 북스홀릭, 2021년 1월.

이영란 옮김, "완벽한 IT 인프라 구축을 위한 Docker", 정보문화사, 2018년 9월.

도커 허브, https://hub.docker.com

도커 문서 정보 사이트, https://docs.docker.com

쿠버네티스, https://kubernetes.io/docs/concepts/overview/

CNCF, https://www.cncf.io

찾아보기

가상화 / 10

도커 데스크톱 / 80

베어메탈 / 10

프라이빗 레지스트리 / 282

ADD / 246

Base64 / 437

CD(Continuous Delivery) / 281
cgroups / 78
chroot / 77
CI(Continuous Integration) / 281
cloud-controller-manager / 416
CMD / 233
Container-Runtime / 417
container_name / 342
COPY / 246
CronJob / 452
curl / 325

Dangling Image / 200
depends_on / 340
Deployment / 418
dockek-compose start / 372
docker attach / 167
docker build / 217
docker commit / 189
Docker Compose / 320
docker compose pause / 373
docker compose ps / 366
docker compose run / 369
docker compose unpause / 373
docker compose up / 361

Docker Compose 파일 / 328
docker container attach / 167
docker container commit / 189
docker container cp / 174
docker container diff / 175
docker container exec / 168
docker container export / 196
docker container logs / 177
docker container port / 171
docker container rename / 172
docker container top / 170
docker create / 106
docker events / 181
docker exec / 169
docker export / 196
docker history / 233
Docker Hub / 90
docker image build / 217
docker image import / 198
docker image load / 203
docker image save / 202
docker images / 95
docker import / 198
docker inspect / 96
docker load / 204
docker login / 100
docker logout / 100
docker network connect / 153
docker network create / 150
docker network disconnect / 153
docker network inspect / 151
docker network ls / 148
docker network rm / 155
docker port / 171
docker pull / 93
docker push / 102
docker rename / 173

docker restart / 112
docker rm / 114
docker rmi / 99
docker run / 108, 145
docker save / 202
docker search / 91
docker start / 112
docker stats / 181
docker stop / 112
docker tag / 97
docker top / 170
docker-compose / 321
docker-compose config / 377
docker-compose down / 378
docker-compose kill / 377
docker-compose logs / 367
docker-compose port / 376
docker-compose ps / 366
docker-compose restart / 373
docker-compose rm / 378
docker-compose stop / 372
Dockerfile / 208

ENTRYPOINT / 234
environment / 341
env_file / 341
etcd / 415
/etc/rocky-release / 63
EXPOSE / 249
expose / 339

gcloud / 310
gcloud docker / 316
Google Cloud SDK / 309
Google Container Registry / 303

htpasswd / 290

IAM / 305

jq / 261

kube-apiserver / 415
kube-controller-manager / 415
kube-proxy / 416
kube-scheduler / 415
kubectl / 433
kubectl completion bash / 433
kubelet / 416
Kubernetes / 412

LABEL / 249
labels / 342
lsb_release / 64
LVM / 38
LVM 씬 프로비저닝 / 38

namespace / 77

ONBUILD / 240

pip / 255
Pod / 418
ports / 339
/proc/version / 64

ReplicaSet / 418
RUN / 230

Secrets / 438
Storage Driver / 133

timedatectl / 403
timezone / 403
tzselect / 403

uname / 64
USER / 245
/usr/lib/os-release / 63

VOLUME / 249
volumes / 343

WORKDIR / 243

YAML 파일 / 328

저자 약력

백승찬
한남대학교 전자공학과 공학석사
RedHat 공인강사, 시험감독관
KG ITBANK 평생교육원 컴퓨터시스템 관리교수
전) 한국정보통신진흥협회 전문위원(리눅스마스터)
    한국정보통신자격협회 전문위원(네트워크관리사, 인터넷보안관리사)
    한남대학교 정보산업대학원 정보기술학과 겸임교수
    한남대학교 국제IT교육센터 전임강사
자격증: RHCSA, RHCE, RHCI, RHCX, CEH, ComTIA Security+, IBM CSA, EMCCISA, EMCSA, Oracle OCA, 인터넷 보안 관리사, 정보보안진단원, 정보보안관제사

박지안
광주소프트웨어마이스터고등학교 교사
전) ㈜LG데이콤종합연구소
    한남대학교 컴퓨터무인통신기술학과 강의
    서원대학교 정보보안학과 강의
자격증: 리눅스마스터 1급, 정보처리산업기사, 네트워크관리사 2급, NCS확인강사(직종-인공지능, 정보기술개발, 정보보호), 직업능력개발훈련교사(직종-정보기술개발)

정성재
한남대학교 컴퓨터공학과 공학박사
㈜엔버 기업부설연구소장/CTO/이사
청주대학교 디지털보안학과 겸임교수
목원대학교 컴퓨터공학과 겸임교수
서원대학교 소프트웨어학부 소프트웨어응용전공 겸임교수
한국정보통신진흥협회 전문위원(리눅스마스터)
한국정보통신자격협회 전문위원(네트워크관리사)
전) 한국정보통신진흥협회 자문위원(자문PM)
    한남대학교 국제IT교육센터 전임강사
저 서: Rocky Linux 8로 리눅스 핵심 이해하기, CentOS7으로 리눅스 핵심 이해하기, CentOS 7으로 리눅스마스터 1급 정복하기, CentOS 7으로 리눅스마스터 2급 정복하기, CentOS 7로 이해하는 리눅스 관리 및 시스템 보안 외
자격증: RHCE, RHCI, RHCX, LPIC Level-1, LPIC Level-2, 리눅스마스터 1급 및 2급, Novell Certified Linux Administrator, Novell Data Center Technical Specialist